Quantitative Betriebswirtschaftslehre Band III

Thomas Bonart · Jürgen Bär

Quantitative Betriebswirtschaftslehre Band III

Marketing und Marktforschung, Technische Zuverlässigkeit

Springer Gabler

Thomas Bonart
Hochschule Trier
Trier, Deutschland

Jürgen Bär
Hochschule Trier
Trier, Deutschland

ISBN 978-3-658-27936-3   ISBN 978-3-658-27937-0 (eBook)
https://doi.org/10.1007/978-3-658-27937-0

Die Deutsche Nationalbibliothek verzeichnet diese Publikation in der Deutschen Nationalbibliografie; detaillierte bibliografische Daten sind im Internet über http://dnb.d-nb.de abrufbar.

Springer Gabler
© Springer Fachmedien Wiesbaden GmbH, ein Teil von Springer Nature 2020

Springer Gabler ist ein Imprint der eingetragenen Gesellschaft Springer Fachmedien Wiesbaden GmbH und ist ein Teil von Springer Nature.
Die Anschrift der Gesellschaft ist: Abraham-Lincoln-Str. 46, 65189 Wiesbaden, Germany

Vorwort

Das mehrbändige Lehrbuch „Quantitative BWL" ist für Studierende der Wirtschaftswissenschaften und des Wirtschaftsingenieurwesens im Bachelor- und Masterprogramm konzipiert. Insbesondere Bd. III eignet sich auch zum Einsatz in Data-Science-Studiengängen.

In der Reihe werden die theoretischen quantitativen Grundlagen der betrieblichen Entscheidungen und des marktwirtschaftlichen Umfelds dargestellt. Zu jedem Kapital gibt es Übungsaufgaben mit Lösungshinweisen. Die Lehrbuchreihe kann in Vorlesungen eingesetzt und zum Selbststudium genutzt werden.

Bei der Erstellung des vorliegenden Lehrbuchs Bd. III hat uns besonders unser Mitarbeiter, Herr Philipp Weinacht, Assistent an der Hochschule Trier, geholfen. Wir danken ihm hierfür herzlich. Unser Dank gilt auch Frau Merle Kammann, die uns als Lektorin des Springer-Gabler-Verlags unterstützte.

Fehler und Versäumnisse lassen sich in einem solchen Buch trotz aller Mühe nicht vermeiden. Aufmerksamen Lesern und Leserinnen danken wir für Hinweise auf Unzulänglichkeiten.

September 2019

Thomas Bonart
Jürgen Bär

Inhaltsverzeichnis

Marketing und Marktforschung

1.1 Symbol- und Variablenverzeichnis

a	Gewichtung
a, b	berechnete Regressionskoeffizienten
A, B	wahre Regressionskoeffizienten
α	Fehlerwahrscheinlichkeit (Fehler 1. Ordnung)
B($\dots$)	Binomialverteilung
β	Fehlerwahrscheinlichkeit (Fehler 2. Ordnung)
$\hat{b}$	konkreter Schätzwert für b
Cov($\dots$)	Kovarianz
Cy	Zyklische Komponente
χ^2_f	Chi-Quadrat verteilte Zufallsvariable mit f Freiheitsgraden
$\chi^2_{1-\alpha}$	kritischer Wert
d, D	Rangdifferenz, Summe der Rangdifferenzen
Δ	Differenz
e	Kreuzpreiselastizität, Residuen, Eulersche Zahl
E	stochastische Restgröße (Regression)
E($\dots$)	Erwartungswert
ε	stochastische Größe (Weißes Rauschen)
f($\dots$)	Dichtefunktion
F($\dots$)	Verteilungsfunktion
f	Anzahl der Freiheitsgrade
g	Zeitreihenwert (gleitender Durchschnitt)
G	Gini-Koeffizient
γ	Autokovarianz
GE	Geldeinheit
$\Gamma(\dots)$	Gammafunktion

© Springer Fachmedien Wiesbaden GmbH, ein Teil von Springer Nature 2020
T. Bonart, J. Bär, *Quantitative Betriebswirtschaftslehre Band III*,
https://doi.org/10.1007/978-3-658-27937-0_1

h	relative Häufigkeit, Index
$h_{i\bullet}$, $h_{\bullet j}$	relative Randhäufigkeiten (Kontingenzmatrix)
H	absolute Häufigkeit
H	Herfindahl-Index
H_0, H_1	Nullhypothese, Gegenhypothese
i, j, k	Index
k	Stückkosten, Anzahl der Schichten, Skalar
k	Zeilenanzahl (Kontingenzmatrix)
k_v	variable Stückkosten
K, K_v, K'	Gesamtkosten, variable Gesamtkosten, Grenzkosten
Korr(...)	Korrelation
l	Skalar
l	Anzahl der Summanden, Länge des Filters (Stützbereich)
ℓ	Spaltenanzahl (Kontingenzmatrix)
M	Merkmal
MA	Marktanteil
Max	Maximum
Min	Minimum
MW	Marktwachstum
μ	Erwartungswert, Mittelwert
$\hat{\mu}$	Schätzung des Erwartungswerts von Θ (geschichtete Stichprobe)
n, N	absolute Häufigkeit, Gesamtanzahl, Umfang der Grundgesamtheit
$n_{i\bullet}$, $n_{\bullet j}$	absolute Randhäufigkeit (Kontingenzmatrix)
N(...)	Normalverteilung
$\mathbb{N}$	Menge natürlicher Zahlen
Ω	Grundgesamtheit
p, p^*	Preis, Gleichgewichtspreis
P	Produkt
p, P	Punktwahrscheinlichkeit, Wahrscheinlichkeit
$p_{i\bullet}$, $p_{\bullet j}$	Randpunktwahrscheinlichkeit (Kontingenzmatrix)
p_s	Anteil der Schicht s an der Grundgesamtheit
q, Q	individuelle bzw. aggregierte Angebotsmenge, Absatzmenge
Q(...)	aggregierte Angebotsfunktion
$\mathbb{Q}$	Menge rationaler Zahlen
Q^{max}	Kapazitätsbeschränkung
Q^*	Gesamtangebotsmenge im Gleichgewicht
QK	Quadratische Kontingenz
r_{RS}	Rangkorrelationskoeffizient (Spearman)
r_{XY}	Korrelationskoeffizient
r_{XY}^{par}	partieller Korrelationskoeffizient
ϱ, R	Realisation von R, Rang R
$\overline{\varrho}$	Mittelwert von ϱ

$\mathbb{R}$	Menge reeller Zahlen
R^2	Bestimmtheitsmaß
ρ	Autokorrelation
s	Marktanteil, Schicht
s^{rel}	relativer Marktanteil
s_X, s_X^2	empirische Standardabweichung bzw. Varianz von X
$\hat{s}_X, \hat{s}_X^2$	geschätzte empirische Standardabweichung bzw. Varianz von X
s_{XY}	empirische Kovarianz
S	Summe, periodische Komponente, Menge der Schichten
ς, S	Realisation von S, Rang S
$\overline{\varsigma}$	Mittelwert von ς
SGE	strategische Geschäftseinheit
SGF	strategisches Geschäftsfeld
Sta(...)	Standardabweichung
SQA(...)	Summe quadrierter Abweichungen
σ_X, σ_X^2	Standardabweichung bzw. Varianz von X
t, T	Periode, Zeithorizont
t, T_f	Realisation von T_f, t-verteilte Zufallsvariable (f Freiheitsgrade)
t_0	Anfangsperiode
$\hat{t}$	konkreter Schätzwert für t
t^*	zukünftige Periode
t_D	Zeitpunkt der Diskontinuität
Tr	Trendkomponente
ϑ	Merkmalsausprägung (theta)
Θ	Merkmal (Theta)
$\overline{\Theta}$	Mittelwert von Θ in der Grundgesamtheit
$\overline{\Theta}_s$	Mittelwert von Θ in Schicht s
u	Wert in der Urliste, Realisation der Störgröße U (Regression)
U	Störgröße (Regression), Restkomponente, Umsatz, Messwert, Bewertung
$\overline{u}, \overline{U}$	Mittelwert von u bzw. U
U^T	Transformation der Bewertung U
V	Produktvariante
v	variabel
ν	Periodenverschiebung (gleitender Durchschnitt)
Var(...)	Varianz
w, W	Wahrscheinlichkeitswert, Wahrscheinlichkeit
x, X	Realisation von X, Zufallsvariable X
X(...)	Gesamtnachfragemenge, Nachfragefunktion
X^*	Gesamtnachfragemenge im Gleichgewicht
$\overline{x}, \overline{X}$	Mittelwert von x bzw. von X
y, Y	Realisation von Y, Zufallsvariable Y
$\overline{y}, \overline{Y}$	Mittelwert von y bzw. von Y

$\hat{y}$ Schätzwert, Prognosewert für y

z, Z   Realisation von Z, Zufallsvariable Z (standardisiert)

$\hat{z}$ konkreter Schätzwert für Z

1.2   Vorbemerkung

Die Marktforschung ist ein wissenschaftliches Gebiet, das weit in die Sozialforschung hinein reicht und große Teile der Statistik umfasst. Wir betrachten die Marktforschung aus der Perspektive des Marketing. Insofern beginnen wir nachfolgend mit einer Einführung in die Marketingwissenschaft und begründen die Aufgaben der Marktforschung aus dem betrieblichen Informationsbedarf.

1.3   Marktorientierte Unternehmensführung

1.3.1   Leistung

Geld wird dadurch verdient, dass Leistungen angeboten werden, die für Menschen nützlich sind und für die diese mehr bezahlen, als die Bereitstellung kostet. Dem Begriff der Leistung ordnen wir Rohstoffe, Vor- und Endprodukte, Dienstleistungen aber auch z. B. Wertpapiere unter. Die wesentliche ökonomische Eigenschaft der Leistungsbereitstellung ist es nicht, stofflich-materielle Gegenstände anzubieten oder Tätigkeiten zuzusichern oder Rechte zu versprechen. Die wesentliche ökonomische Eigenschaft der Leistungsbereitstellung ist es, Menschen eine subjektive Nutzenerwartung zu ermöglichen.

Leistungen können sowohl materiell als auch immateriell sein. Sachleistungen, Dienstleistungen und Rechte werden auf verschiedenen Märkten gehandelt:

- Rohstoff-, Vorprodukt- und Endproduktmärkte,
- Arbeits- bzw. Dienstleistungsmärkte,
- Märkte für Lizenzen, Konzessionen, Patente,
- Wertpapiermärkte.

Sachleistungen

Sachleistungen sind materiell. Sie werden von Unternehmen des primären Sektors (Land- und Forstwirtschaft, Fischerei, Bergbau) und des sekundären Sektors (Handwerk, Baugewerbe, Industrie) hergestellt. Wir unterscheiden insbesondere Produktionsgüter, Investitionsgüter und Konsumgüter (siehe Abb. 1.1). Produktionsgüter sind solche, die im industriellen Prozess in kurzer Zeit verbraucht werden und stofflich in andere Produkte eingehen. Investitionsgüter besitzen eine relativ lange Lebenszeit, werden als Werkzeuge im Produktionsprozess eingesetzt und verbrauchen sich hierbei zwar wertmäßig, gehen

Abb. 1.1 Stoffkreislauf

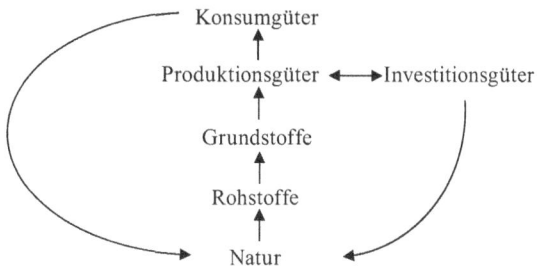

aber nicht stofflich in die erzeugte Leistung ein. Das letztendliche Ziel des Produktionsprozesses ist die Erzeugung von Konsumprodukten, die von privaten Haushalten erworben werden. Konsum- und Investitionsgüter sind Endprodukte im Erzeugungsprozess.

In der Industrie ist es zweckmäßig, zwischen Commodities und Spezialitäten zu unterscheiden:

Bei Commodities finden die Tauschbeziehungen in einem Umfeld mit guten und sicheren Informationen über Anwendung, Beschaffenheit und Preise aller im Wettbewerb zueinander stehenden Produkte statt. Commodities sind standardisiert, nicht erklärungsbedürftig und ihr Verkauf erfolgt bei einer hohen Markttransparenz ohne eine intensive persönliche Kontaktaufnahme. Die Kunden können mit geringen Informationsbeschaffungskosten Commodities auswählen, was zu einem hohen Wettbewerb zwischen den Anbietern führt. Durch niedrige Preise oder spezielle Dienstleistungen am Kunden kann bei Commodities ein Vorteil im Markt erlangt werden. Typische Commodities sind Metalle, Erdöl, Basischemikalien, Sand und Erden, Zement, einfache Werkstoffe und einfache Maschinenbauteile.

Davon unterscheidet man die hinsichtlich ihrer Anwendung und Beschaffenheit erklärungsbedürftigen Spezialitäten. Produzenten können sie nur dann verkaufen, wenn Außendienstmitarbeiter den Kunden die Anwendung und Vorteilhaftigkeit persönlich erklären. Man vereinbart längere Versuchsreihen, bevor es zu einem Verkauf kommt. Spezialitäten zeichnen sich durch zahlreiche Varianten bei geringer Markttransparenz aus. Zwischen den Anbietern herrscht ein relativ geringer Wettbewerb, da Kunden nur mit erheblichen Suchkosten und großem Risiko von einem Lieferanten zum anderen wechseln können.

Dienstleistungsmarkt

Im Gegensatz zu den Sachleistungen handelt es sich bei Dienstleistungen um immaterielle Produkte. Sie sind nicht lager- und transportfähig, Herstellung und Verbrauch fallen zusammen. Dienstleistungen werden vom tertiären Sektor, also vom Staat, von Dienstleistungsunternehmen und von privaten Haushalten angeboten. Der Staat ist z. B. für Bildung und Ausbildung, für Sicherheit, für das Meldewesen, für Sozialleistungen, für die Organisation und Finanzierung des Straßenbaus und die Versorgung mit Wasser zuständig. Er betreibt öffentliche Unternehmen in den Bereichen Nah- und Fernverkehr, Postwesen,

Müllentsorgung, Gesundheitswesen u. a. Seine Dienstleistungen erbringt er auf kommunaler, auf Länder-, auf Bundes- und auf europäischer Ebene.

Im Dienstleistungsmarkt bieten außerdem eine Vielzahl von Unternehmen ihre Produkte teils ergänzend, teils in Konkurrenz zum Staat an, wie z. B. Kreditinstitute, Versicherungen, Handelsunternehmen, Krankenhäuser, Altenheime und gastronomische Betriebe. Die privaten Haushalte treten mit selbständigen Dienstleistungen wie z. B. Reinigungshilfen in den Markt ein. Überwiegend erbringen sie aber Dienstleistungen in Arbeitsverhältnissen (Arbeitsmarkt).

Kapitalmarkt

Auf dem Kapitalmarkt werden bestimmte Rechte gehandelt, z. B. in Form von Anleihen und Aktien, aktiv und passiv geführten Fondsanteilen, Zertifikaten, Futures, die zukünftige Kauf- und Verkaufsmaßnahmen festlegen und in Form von Wertpapieren, deren Zweck die Versicherung gegen einen möglichen Verlust ist. Anbieter von konventionellen Wertpapieren sind zunächst Staaten mit Staatsanleihen und Unternehmen mit Unternehmensanleihen und Aktien. Anbieter spezieller Wertpapiere sind Banken und andere Geldinstitute (Investmentgesellschaften, Hedgefonds). Es besteht ein erheblicher Wettbewerb um Wertpapierkonstruktionen, die attraktiv für unterschiedliche Kundengruppen sind.

1.3.2 Tausch von Produkten

Zustände und Entwicklungen in Märkten lassen sich mithilfe des abstrakten Modells des Wettbewerbsmarktes konzeptionell erfassen und analysieren (siehe Abb. 1.2). Die Angebotsfunktion $Q(p)$ eines Produkts beschreibt das Verhalten aller Anbieter: Zum Marktpreis p_1 bieten diese insgesamt die Menge Q_1 an und zu p_2 insgesamt die Menge Q_2. Es kann sich bei dem Angebot um z. B. Autos, Altenpflegestunden oder Aktien handeln. Bei sinkendem Marktpreis sinkt i. d. R. das Angebot des Produkts, weil Anbieter ihre

Abb. 1.2 Gleichgewicht auf einem Wettbewerbsmarkt

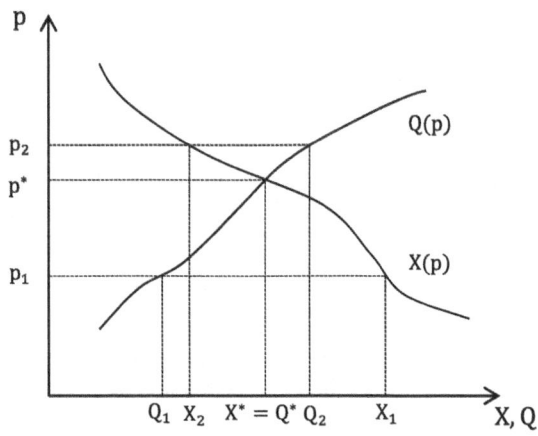

Angebotsmengen drosseln oder bei hohen Leistungserstellungskosten aus dem Markt herausfallen. Auch die Angebotsmenge von Aktien und Schuldverschreibungen fällt i. d. R., wenn der Kurs sinkt. Bei steigendem Preis verhalten sich die Anbieter i. d. R. entsprechend umgekehrt.

Die Nachfragefunktion $X(p)$ eines Produkts beschreibt das Nachfrageverhalten der Kunden. Als Kunden treten private Haushalte, Unternehmen und auch der Staat auf. Bei p_1 werden insgesamt X_1 Einheiten nachgefragt. Bei p_2, mit $p_2 > p_1$, werden insgesamt nur $X_2 < X_1$ Einheiten nachgefragt.

Die Nachfrage nach Produkten nimmt bei sinkendem Marktpreis i. d. R. zu, weil sich die Kunden mit ihren begrenzten Budgets nun mehr hiervon leisten können. Außerdem werden relativ teure Leistungen durch die billigeren substituiert. Schließlich bietet der sinkende Preis einen Anreiz zum Marktzutritt neuer Kunden. Bei steigendem Preis verhalten sich die Nachfrager i. d. R. entsprechend umgekehrt. Die Zusammenhänge sind detailliert in Band II, Abschn. 1.4 dargestellt.

Im Schnittpunkt der Angebots- und der Nachfragekurve koordiniert der Wettbewerb mithilfe des Marktpreises das Angebots- und das Nachfrageverhalten im Produktmarkt effizient. Zu dem Gleichgewichtspreis p^* bieten Anbieter genau die Menge an, die sie auch absetzen können, weil diese Menge zum Preis p^* nachgefragt wird.

Es gibt von diesen grundlegenden Gesetzmäßigkeiten des Angebots- und Nachfrageverhaltens in einem Markt Ausnahmen:

(1) Anbieter können auf einen sinkenden Preis auch mit einer Erhöhung des Angebots reagieren, um hierdurch die Gesamteinnahmen zu stabilisieren. Die Angebotskurve verläuft in dieser Situation fallend. Der Markt ist nicht stabil: Preise, die sich aus dem Gleichgewichtspunkt heraus bewegen, finden nicht zum Gleichgewichtspunkt zurück. Vielleicht schneiden sich die Angebots- und die Nachfragekurve nicht einmal. Dann existiert kein Gleichgewichtspunkt.

(2) Nachfrager können mit hohen Preisen eine gute Leistungsqualität verbinden. Ein sinkender Preis würde bei diesen Kunden zu einer Reduktion der Nachfrage führen, da sie eine sich verschlechternde Qualität vermuten. Analog können sinkende Kurse von Wertpapieren im Sinne eines zunehmenden Risikos oder einer abnehmenden Renditeaussicht interpretiert werden. In diesen Fällen verlaufen die Nachfragefunktionen steigend. Das Gleichgewicht, falls es existiert, ist nicht stabil.

(3) Anbieter und Nachfrager tauschen auch in Hinblick auf zukünftige Preis- und Kursentwicklungen. Dieses spekulative Verhalten besitzt gerade im Wertpapiermarkt eine hohe Bedeutung. Wenn Preise heute z. B. niedrig sind und morgen hohe Preise erwartet werden, dann haben Akteure einen Anreiz, bereits heute viel von einem Produkt zu kaufen, um es morgen wieder zu verkaufen.

(4) Da Wertpapierkurse schwanken, versuchen Anbieter und Nachfrager im Kapitalmarkt, Wertpapiere so zu Portfolios zusammenzustellen, dass Diversifikationseffekte genutzt werden können (siehe Bd. II, Abschn. 2.5). Die Angebots- und Nachfrageentscheidungen hängen dann nicht nur von den heutigen und den erwarteten zukünftigen

Abb. 1.3 Effizienzsteigerung
der Angebotsseite

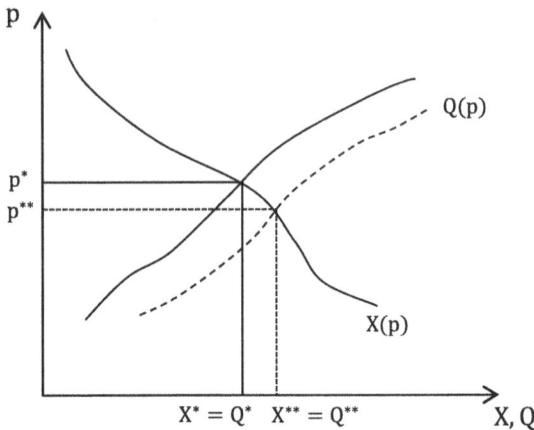

Abb. 1.4 Steigerung der Präferenz

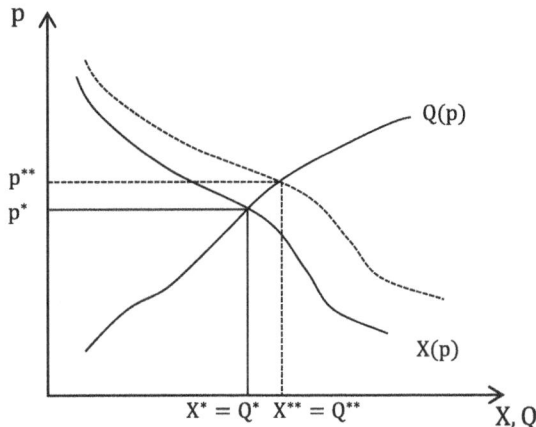

Renditen ab, sondern auch von den Volatilitäten und besonders von den Diversifika-
tionseffekten, die durch Portfolios realisiert werden.

Angebots- und Nachfrageverhalten unterliegen Veränderungen, die man gezielt durch ein-
zelwirtschaftliche Maßnahmen herbeiführen kann: Unternehmen, die ihre knappen Ressourcen für eine Effizienzsteigerung der Leistungserstellung verwenden, können eine größere Menge der Leistung zu einem niedrigeren Marktpreis gewinnbringend verkaufen.
Es kommt zu einer Verschiebung der Angebotskurve nach rechts unten (siehe Abb. 1.3).
Es stellt sich ein neues Gleichgewicht mit einem niedrigeren Preis und einer größeren
getauschten Menge ein.

Werden die knappen Mittel stattdessen für eine Qualitätserhöhung der Kernleistung,
einen verbesserten Verkaufs- und Bereitstellungsservice oder für Beratung und Werbung
verwendet, dann verschiebt sich die Nachfragekurve nach rechts oben (siehe Abb. 1.4). In
der Folge bildet sich ein neues Gleichgewicht mit einem höheren Preis und einer größeren
getauschten Menge.

Abb. 1.5 Angebots- und
Nachfrageüberhang

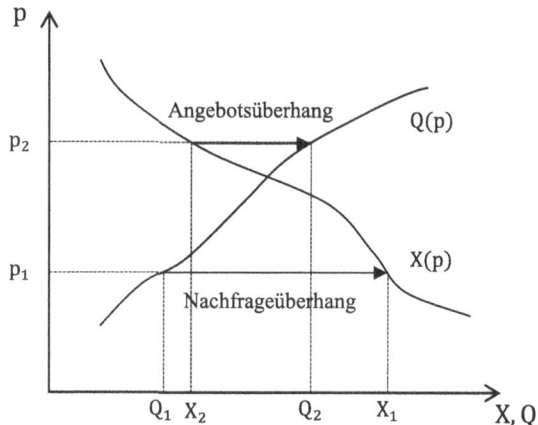

Von einem Ungleichgewicht spricht man bei den Preisen p_1 und p_2 (siehe Abb. 1.5). Hier übersteigt die Nachfrage- die Angebotsmenge (Nachfrageüberhang) bzw. die Angebots- die Nachfragemenge (Angebotsüberhang).

Ungleichgewichtszustände können sehr lange andauern. Für die Märkte der Bundesrepublik Deutschland gilt, dass in den Sachleistungs- und Arbeitsmärkten bis etwa Mitte der 60er Jahre ein allgemeiner Nachfrageüberhang bestand. Es ist in dieser Situation nicht besonders wichtig, die Bedürfnisse der Kunden genau zu kennen. Fast jedes Angebot kann abgesetzt werden. Märkte mit einem stabilen Nachfrageüberhang werden als Anbietermärkte bezeichnet: Nachfragewünsche werden nicht vollständig befriedigt und die rationierten Kunden konkurrieren um die zu kleine Angebotsmenge. Nachfrager, die sich nicht um Angebote bemühen, erzielen keinen Kaufabschluss. Diese Situation gibt den Anbietern vergleichsweise viel Verhandlungsmacht beim Kundenkontakt. Anbieter können ihren Gewinn auf einfache Weise steigern: Mehr anbieten!

Abb. 1.6 Anbietermarkt

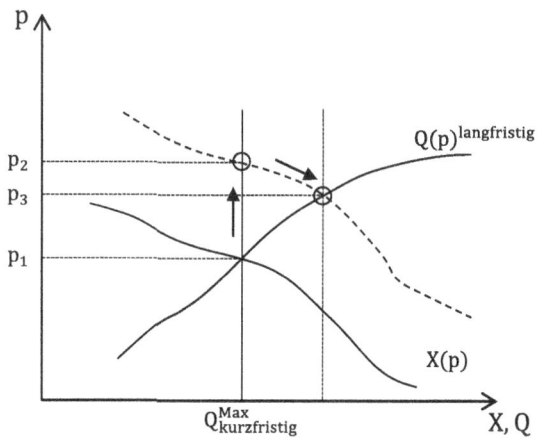

Budgetverteilung des Anbieters	
Dynamische Marktsituation • Nachfrage läuft dem Angebot voraus • Anbietermärkte vorherrschend	**Dynamische Marktsituation** • Angebot läuft der Nachfrage voraus • Nachfragermärkte vorherrschend
Konsequenzen • Marktmacht auf Anbieterseite • Preise sind relativ hoch (demand pull) • horizontale Konkurrenz ist gering • Angebotsmenge ist Engpass des Unternehmenswachstums	**Konsequenzen** • Marktmacht auf Nachfragerseite • Preise sind relativ niedrig • horizontale Konkurrenz ist groß • Nachfragemenge ist der Engpass des Unternehmenswachstums
Maßnahmen • Steigerung der Angebotsmenge	**Maßnahmen** • Förderung der Nachfragepräferenz (supply push)

Abb. 1.7 Anbieter- und Nachfragermärkte

In Abb. 1.6 ist die Nachfrage gestiegen, doch Q^{Max} beschränkt zunächst das Angebot (Kapazitätsbeschränkung). Kurzfristig kann die Angebotsmenge nicht steigen. Es entsteht ein Anbietermarkt. Der kurzfristige Gleichgewichtspreis p_2 liegt deutlich über dem alten Gleichgewichtspreis p_1. Das neue, langfristige Gleichgewicht stellt sich erst nach einiger Zeit bei p_3 ein.

Ende der 60er Jahre wendete sich das Blatt in der Bundesrepublik Deutschland. Es setzte eine lange Phase ein, in der Nachfragermärkte vorherrschend waren. In Nachfragermärkten liegt die Verhandlungsmacht beim Kunden. Die Anbieter werden rationiert. Das ist die Situation, in der Marketing und insbesondere die Marktforschung für Unternehmen wichtig werden. Die Kundenbedürfnisse werden zum Dreh- und Angelpunkt der Unternehmensstrategie. In Nachfragermärkten ist die Nachfrage der Engpass der Unternehmensentwicklung (siehe Abb. 1.7).

1.3.3 Marketing

1.3.3.1 Paradigma

Das Marketingparadigma wird durch zwei grundlegende Eigenschaften definiert: durch eine gemeinsame, verbindende Idee und durch eine typische Begrifflichkeit. Eine über die Begrifflichkeit hinausgehende gemeinsame Methodik, wie sie z. B. in der Mikroökonomie zu finden ist (siehe Bd. II, Kap. 1), hat sich im Marketing nicht entwickelt.

Verbindende Idee

Die verbindende Idee des Marketings ist die konsequente Berücksichtigung des Kunden- und des Wettbewerberverhaltens bei allen Entscheidungen im Unternehmen. In diesem Sinne werden die Unternehmen vom Markt her geführt und die Marktforschung wird zu einem Schlüsselinstrument der betrieblichen Entscheidungsfindung. Anders als in der

- Problem- und Situationsbeschreibung
- Marktabgrenzung
- Definition der Strategischen Geschäftsfelder
- Beschreibung der Ziele und Restriktionen
- Beschreibung möglicher Maßnahmen (Aktionen)
    - Maßnahmen zur Marktsegmentierung
    - Produktpolitische Maßnahmen
    - Kontrahierungspolitische Maßnahmen
    - Distributionspolitische Maßnahmen
    - Kommunikationspolitische Maßnahmen
- Marktforschung und Marketingforschung
- Prognose alternativer Marketingmixwirkungen und Festlegung des Marketingplans
- Durchführungsplanung
- Planung der Zielkontrolle

Grundmodell der Entscheidungslehre (Bd. I, Abschn. 1.3)

Abb. 1.8 Marketingplanung

klassischen Betriebswirtschaftslehre finden die Subjektivitäten der Akteure, die Unsicherheiten in den Märkten und die Veränderungen von Angebot und Nachfrage Eingang in die betrieblichen Planungsmodelle.

Typische Begrifflichkeit

Wie in der klassischen Betriebswirtschaftslehre bildet die Ziel-Mittel-Trennung (Rationalität) die Grundlage der Entscheidungsprozesse im Marketing. Die grundlegenden Kategorien und das methodische Vorgehen des Marketings werden deutlich, wenn wir uns den typischen entscheidungsorientierten Marketingplan zur Lösung eines wirtschaftlichen Problems eines Unternehmens ansehen (siehe Abb. 1.8).

a) Problem- und Situationsbeschreibung in der Marketingplanung

Die Marketingplanung beginnt mit der Darstellung des Problems, welches den Entscheidungsbedarf des Unternehmens auslöst. In der Situationsdarstellung werden das ökonomische Umfeld und die interne Lage des Unternehmens beschrieben:

1. Leistungssortiment des Unternehmens
2. Lieferanten, Kunden und Wettbewerber
3. Marktpositionen der Geschäftsfelder
4. Standorte und Rechtsformen
5. Mitarbeiter und Arbeitsmarkt
6. Umsatz-, Kosten-, Gewinn- und Liquiditätsentwicklung
7. Eigenkapitalrendite und Fremdkapitalquote
8. Gesellschafter
9. Forschung und Entwicklung
10. Investitionen und Beteiligungen
11. Engpässe

12. Internationalisierung
13. soziale und umweltpolitische Verantwortung
14. wirtschaftliche, technische, politische und rechtliche Restriktionen
15. betriebs- und volkswirtschaftliche Risiken
16. politische und rechtliche Risiken
17. technologische und ökologische Risiken

b) Marktabgrenzung in der Marketingplanung

Ein Markt kann durch Personen, Orte, Zeitpunkte, Produkte, Preise, Verträge, Mengen, Unternehmen, Gesetze und Anderes beschrieben werden. Zum Markt gehören Verhaltensweisen wie anbieten, nachfragen, makeln, tauschen, handeln, produzieren, spekulieren, etc. Man kann den Markt entsprechend personell, institutionell, geographisch, zeitlich, verhaltensmäßig und produktmäßig abgrenzen. Für die Entwicklung eines Marketingplans ist die leistungsbezogene Abgrenzung vorrangig: Welche Produkte, welche Zielgruppen und welche Wettbewerber definieren den Markt?

Für die leistungsbezogene Marktabgrenzung muss der Anbieter durch die Brille des Kunden sehen und sich fragen, woraus die Leistung besteht, für die Kunden bereit sind, Geld zu bezahlen, und worin der Kundennutzen liegt. Die Leistung ist aus der Sicht der Kunden ein nutzenstiftendes Merkmalsbündel. Dieses besitzt objektive Eigenschaften, bei Sachleistungen die Technologie und Gestaltung, bei Dienstleistungen die Tätigkeitsinhalte und -ausführungen, bei Aktien die Dividendenansprüche und Mitwirkungsregeln, bei Anleihen die Zins- und Tilgungspläne. Das nutzenstiftende Merkmalsbündel enthält aber auch subjektive Anteile, wie die durch Werbung und andere Formen der Kommunikation hervorgerufenen Emotionen, die Teil der Leistung geworden sind. Außerdem werden Sachleistungen häufig mit Dienstleistungen, wie z. B. Beratung, Verkauf, Logistik, Finanzierung und Ähnlichem, zu einem Produkt verknüpft. Der Kunde bewertet dann eben nicht nur ein Sachgut, sondern auch den Service und das Vertrauen, das er in den Anbieter setzt. Die Gesamtheit der objektiven und subjektiv-emotionalen Eigenschaften macht die Leistung des Unternehmens für den Kunden aus.

Für einen Kunden sind Leistungen, in denen er ähnliche Eigenschaften erkennt, substitutiv. Für den Anbieter grenzt sich der Markt einer Leistung durch die, aus Kundensicht, nahen Substitute ab. Man kann aber als Anbieter a priori nicht wissen, wie sich in der subjektiven Kundensicht die Merkmalsbündel zusammensetzen und wie die einzelnen Merkmale hierin gewichtet sind. Hierzu müssen die Kunden befragt werden (Marktforschung). Denn nur sie können darüber Auskunft geben, welches Produkt sie wählen, wenn sie mit der bislang gekauften Leistung unzufrieden sind.

c) Strategische Geschäftsfelder in der Marketingplanung

Durch die Verfahren zur Marktabgrenzung erhalten wir bereits wichtige Kenntnisse über das Kundenverhalten. Eine genauere Analyse und Strukturierung des gesamten Kundenstamms führt uns in die Theorie der Marktsegmente (siehe Bd. II, Abschn. 1.6.2.3). Hierunter verstehen wir Käufergruppen, die auf gleiche Reize gleich oder zumindest sehr

• Gesellschafter	• Banken
• Geschäftsleitung	• Lieferanten
• Führungskräfte	• Kunden
• tariflich Beschäftigte	• Gewerbeaufsichtsamt und TÜV
• gewerbliche Mitarbeiter	• Medien
• unmittelbare Werksanwohner	• Finanzamt
• Stadtrat und Fraktionen	• Arbeitsamt

Abb. 1.9 Interessensgruppen

ähnlich reagieren. Das Kaufverhalten weicht aber von dem Verhalten in anderen Segmenten deutlich ab.

Für Planungszwecke müssen Strategische Geschäftsfelder definiert werden. Diese sind Planungseinheiten, die eigene Systeme bilden und zum Gegenstand einer eigenen Strategie gemacht werden können. Zu einem Strategischen Geschäftsfeld gehören die folgenden aufeinander bezogenen Elemente:

- Marktsegmente, die einen Bedarf für eine bestimmte Problemlösung besitzen,
- Produkte und Produktfelder, die die nachgefragte Problemlösung bieten.

d) Ziele in der Marketingplanung

In der Wirtschaftswissenschaft geht man von der Ziel-Mittel-Trennung aus. Hierunter versteht man, dass die Ziele sämtliche Bewertungen aufnehmen und die Aktionen (Mittel) wertfrei sind. Man findet dann die optimalen Aktionen, indem man unter Beachtung der Restriktionen die Resultate möglicher Aktionen mit den Zielen vergleicht und Zielerreichungsgrade ermittelt. Die Ziel-Mittel-Trennung ist in Bd. I, Abschn. 1.3 dargestellt (Grundmodell der Entscheidungslehre).

Zu den Aufgaben der Unternehmensführung gehört die Entwicklung eines Zielsystems, das alle Komponenten der Organisation erfasst. Es gibt den Einzelaktivitäten die gewünschte Richtung, indem es erfolgreiches von nicht erfolgreichem Handeln unterscheidbar macht. Um über die Ressourcenverteilung und die Maßnahmenpläne im Unternehmen entscheiden zu können, müssen Zielerreichungsgrade der verschiedenen Alternativen gemessen und miteinander verglichen werden.

Die Unternehmensführung muss in das Zielsystem auch die Vorstellungen von außenstehenden Personen und Institutionen aufnehmen, da der Erfolg des Unternehmens hiervon abhängt. Abb. 1.9 nennt wichtige Gruppen, die zum engen Kreis der Betroffenen eines Unternehmens gehören können („stakeholder") und u. U. Erwartungen an das Unternehmen richten.

e) Restriktionen in der Marketingplanung

Die Menge denkbarer Aktionen wird durch objektive und subjektive Restriktionen eingeschränkt (Bd. I, Abschn. 1.3). Diese Beschränkungen können der folgenden Art sein:

- technisch
- rechtlich
- wirtschaftlich
- kulturell, religiös, moralisch
- sozial
- ökologisch
- politisch

f) Aktionsraum in der Marketingplanung

Unter dem Aktionsraum eines Entscheidungsmodells versteht man die Menge der möglichen Maßnahmen. Das Marketing sortiert die möglichen Maßnahmen in fünf Instrumentekästen, wobei es Überschneidungen gibt:

- **Segmentpolitische Aktionen**
  Wenn man das Verhalten der Kunden untersucht, dann wird man häufig feststellen, dass es sich segmentiert (passive Segmentierung). Durch Werbung und andere Maßnahmen kann der Anbieter die Segmentierung gezielt fördern bzw. hervorrufen (aktive Segmentierung).
- **Produktpolitische Aktionen**
  Diese folgen aus Maßnahmenentscheidungen zur Gestaltung der Marktleistung des Unternehmens. Hierzu gehören Sortimententscheidungen ebenso wie Forschungs- und Entwicklungsbudgetierungen, die Qualitätssteuerung in der Produktion und die Bestimmung von Markteinführungszeitpunkten u. a.
- **Distributionspolitische Aktionen**
  Hierunter versteht man Maßnahmen, die ergriffen werden, um die Marktleistung zum Kunden zu bringen. In der Logistik geht es um die physische Bewegung des Produkts. Bei der Festlegung der Absatzkanäle werden die Institutionen im Absatzweg bestimmt, wie eigener Außendienst, Handelsvertreter, Kommissionäre, (Online-)Händler, Warenbörsen, Auktionen, Wertpapierbörsen.
- **Kontrahierungspolitische Aktionen**
  Hierunter versteht man Maßnahmen in Bezug auf die Vereinbarungen, die mit den Kunden über das Produkt, die Dienstleistung, den Preis, die Abnahmemengen, ggf. die Verpackung, die Gewährleistung und die Qualitätssicherung geschlossen werden.
- **Kommunikationspolitische Aktionen**
  Das sind Maßnahmen, um die Aussendung von Signalen durch den Anbieter in den Markt hinein und den Empfang von Signalen aus dem Markt heraus zu gestalten und zu optimieren. Zur Kommunikationspolitik gehört z. B. der Einsatz der Werbung, der Öffentlichkeitsarbeit, des Außendienstes bzw. der Kundenberater. Bei der Kommunikationspolitik von Industrieunternehmen haben Messeveranstaltungen eine hohe Bedeutung.

g) Marktforschung und Marketingforschung in der Marketingplanung

Die Marktforschung ermittelt die für Entscheidungen notwendigen Informationen aus den Absatz- und den Beschaffungsmärkten, den Dienstleistungs- und den Kapitalmärkten. Die Daten werden zweckmäßig aufbereitet und analysiert. Der Fokus der Marktforschung liegt auf

- der Analyse der Präferenzen und des Kaufverhaltens der Kunden,
- der Bestimmung der Marktposition des Unternehmens,
- der Analyse der zeitlichen Entwicklung und der Prognose von Marktdaten.

Wenn die Marktforschung durch unternehmensinterne Daten (Kosten, Deckungsbeiträge, Umsätze, Mengen, Zeiten und Qualitäten etc.) ergänzt wird, so spricht man zutreffend von der Marketingforschung.

h) Maßnahmen und Marketingmix in der Marketingplanung

Eine „Politik" ist eine Anzahl optimaler Maßnahmen als Ergebnis der rationalen entscheidungslogischen Verbindung von Zielen, Restriktionen, möglichen Aktionen und verfügbaren Informationen. Die Entscheidungslogik kann mathematisch sein, muss es aber nicht. Es ist durchaus möglich, durch eine sorgfältige Erörterung und kritische Abwägung von Vor- und Nachteilen zu einer belastbaren Entscheidung zu gelangen.

Strategische Entscheidungen haben eine langfristige Wirkung. Sie bestimmen den grundsätzlichen Charakter des Unternehmens. Operative Entscheidungen haben eine kurzfristige Wirkung und fallen in kurzen Zeitabständen an.

Aus der Menge möglicher segment-, produkt-, kommunikations-, distributions- und kontrahierungspolitischer Maßnahmen sind Bündel konkreter optimaler Maßnahmen auszuwählen und in den Marketingplan aufzunehmen.

Die Maßnahmen wirken nicht einzeln auf Kunden und Wettbewerber, sondern im Verbund. Ein solches Maßnahmenbündel bezeichnet man als Marketingmix. Zur Marketingmix-Optimierung sind die Wirkungen verschiedener Maßnahmenbündel auf die Kunden und Wettbewerber abzuschätzen bzw. zu prognostizieren.

i) Durchführungsplanung und Zielkontrolle in der Marketingplanung

In der Durchführungsplanung wird der Einsatz aller Ressourcen, die für die Umsetzung der Maßnahmen nötig sind, zeitlich, räumlich, mengenmäßig und finanziell bestimmt.

Nach einer festgelegten Zeitspanne, in der der Marketingmix im Markt wirken kann, ist zu prüfen, ob die gesetzten Ziele erreicht werden. Gegebenenfalls sind dann Anpassungen des Marketingmix vorzunehmen. Wie und wann diese Kontrolle der Zielerreichung vorgenommen werden soll, ist in den Marketingplan aufzunehmen.

1.3.3.2 Definition

Die im vorherigen Abschnitt dargestellten Punkte a) bis i) beschreiben die grundsätzliche Konzeption des Marketingplans. Man kann hieran die Denk- und Vorgehensweise des Marketings erkennen. Zusammenfassend lässt sich feststellen, dass Marketing ein

a) entscheidungsorientierter betriebswirtschaftlicher Ansatz ist,
b) der auf allen Ebenen des Unternehmens und in allen betriebswirtschaftlichen Funktionen Anwendung findet.
c) Der Ansatz bezieht das Kunden- und Wettbewerberverhalten, sowie das volkswirtschaftliche Umfeld explizit in die Entscheidungsfindung ein. Zur Maximierung seines Zielerreichungsgrads nimmt das marktorientierte Unternehmen auf das Kunden- und Wettbewerberverhalten Einfluss. Gleichzeitig muss es sich aber auch immer wieder dem Markt flexibel anpassen.

Die rasante Entwicklung des Marketings erklärt sich aus den wirschaftlichen Bedingungen seit den späten 60er Jahren des letzten Jahrhunderts (Nachfragermärkte) und den Defiziten der damaligen Betriebswirtschaftslehre (Produktions- und Kostenorientierung). In den nachfolgenden Jahrzehnten differenzierte sich die Marketingwissenschaft stark aus. Wir stellen nachfolgend die Wesensmerkmale der zwei wichtigsten Verzweigungen des Marketings dar.

Typisch für das Marketing im Industriebereich sind die folgenden Eigenschaften:

- Die Kunden sind Industrieunternehmen.
- Unterschiedliche Personen im Kundenunternehmen sind als Käufer, Verwender, Entscheider, Informanten und Berater am Kaufprozess beteiligt (Einkaufsgremium oder Buying Center). Der Lieferant kennt nicht alle am Kaufprozess seines Kunden beteiligte Personen.
- Die Produkte sind erklärungsbedürftig. Sie werden in Zusammenarbeit mit dem Kunden dem Anwendungszweck angepasst. Es werden Versuchsreihen durchgeführt. Die Kaufentscheidungsprozesse dauern lange.
- Die Anbieter- und Kundenzahl ist gering (bilaterale Oligopole). Der Absatz konzentriert sich auf nur wenige Abnehmer.
- Die Internationalität ist im Industriegütermarketing hoch. Die Standorte von Tochterunternehmen, Kunden und Lieferanten befinden sich häufig in anderen Währungs-, Rechts-, Sprach- und Kulturgebieten.
- Die industriellen Kunden kaufen in der Regel direkt vom Hersteller. Ein Vertrieb über Handelsunternehmen, die in eigenem Namen und auf eigenes Risiko tätig werden, ist wenig verbreitet.
- Die Kontakte zwischen Lieferanten und Kunden sind durch persönliche Beziehungen geprägt. Außendienstmitarbeiter bauen langfristige und vertrauensvolle Verbindungen zu ihren Gesprächspartnern in den Kundenunternehmen auf.

Dem Industriegütermarketing steht das Konsumgütermarketing gegenüber. Unter Konsumgütern versteht man Produkte, die an private Haushalte verkauft werden. Je nach Fristigkeit und Funktion unterscheidet man Verbrauchsgüter, die der täglichen Lebenserhaltung dienen (Nahrung, Energie, Hygiene) und manchmal nur zur einmaligen Verwendung bestimmt sind. Gebrauchsgüter eignen sich für eine häufige und längerfristige Anwendung (Kühlschrank, Auto).

Das Konsumgütermarketing findet typischerweise in einem Umfeld mit den folgenden Eigenschaften statt:

- Das Marketing ist auf die Endstufe des Wirtschaftsprozesses gerichtet, also auf den Gebrauch und den Verbrauch im privaten Haushalt.
- Verschiedene Funktionen des Einkaufsprozesses, wie Einkaufen, Verwenden, Entscheiden, Informieren und Beraten liegen in der Zuständigkeit nur einer Person oder weniger Haushaltsmitglieder.
- Die Kaufentscheidungsprozesse sind in der Regel kurz. Es gibt aber Ausnahmen: Bis zum Kauf eines Wohnzimmersofas können mehrere Wochen vergehen, in denen sich der Käufer umfassend informiert und geschmackliche Alternativen abwägt.
- Die Kundenzahl ist groß und die Kunden wohnen regional dicht beieinander.
- Der Vertrieb erfolgt über den Groß- und Einzelhandel. Direkte Vertriebsformen kommen nur selten vor.
- Der Handel ist auf den Binnenmarkt und viele Regionalmärkte konzentriert.
- Die Marktkontakte sind in der Regel anonym.

1.3.3.3 Aufgaben der Marktforschung

Wir betrachten die Marktforschung aus der Perspektive des Marketings. Sie beschäftigt sich mit der systematischen Sammlung, Aufarbeitung, Analyse und Interpretation von Marktdaten zur Entwicklung von Marketingplänen. Die Marktforschung unterstützt die operative und strategische Entscheidungsfindung. In der Marktforschung kommen in erheblichem Maße mathematisch-statistische Methoden zum Einsatz.

Zur Erstellung des Marketingplans (siehe Abb. 1.8) ist es notwendig, eine hierauf abgestimmte Informationsgrundlage zu schaffen, die sich typischerweise folgendermaßen aufbaut:

- Analyse der Präferenzen und des Kaufverhaltens der Kunden (siehe Abschn. 1.6)
- Bestimmung der Marktposition des Unternehmens (siehe Abschn. 1.7)
- Analyse der zeitlichen Entwicklung und Prognose von Marktdaten (siehe Abschn. 1.8)

1.4 Theorien und Hypothesen

1.4.1 Empirischer Forschungsprozess

Die Marktforschung zeichnet sich, wie jede empirische Forschung, dadurch aus, dass neue Erkenntnisse durch ein methodisches Vorgehen gewonnen und diese systematisch dokumentiert werden. David Hume[1] teilt das Tatsachenwissen in zwei Bereiche ein: Die sinnlich evidenten Tatsachen sind den Sinnen gegenwärtig. Deren Wahrheitsgehalt lässt sich relativ leicht belegen, da man auf die Sinneswahrnehmung verweisen kann. Beispiel: Schau, es regnet gerade. Der Wahrheitsgehalt vergangener oder zukünftiger Tatsachen ist weniger leicht belegbar. Sinnlich ist z. B. nicht erfahrbar, ob es nächstes Jahr um die Zeit in Berlin regnen wird. Die Ähnlichkeit der Abläufe zu vergangenen Beobachtungen legt den Schluss auf zukünftige Tatsachen nahe. Durch Beobachtung von Regelmäßigkeiten entsteht eine Gewöhnung, also ein Glaube an einen allgemeingültigen kausalen Zusammenhang. Diese Gewöhnung darf aber nicht mit Logik und mit wissenschaftlich begründeter Kausalität verwechselt werden.

Da in der Marktforschung kausale Aussagen getroffen und auf diese Weise gegenwärtige Beobachtungen erklärt und zukünftige Tatsachen prognostiziert werden, folgert der österreichisch-britische Philosoph Karl Popper[2], dass diese Aussagen und mit ihnen alle wissenschaftlichen Gesetze und Theorien lediglich Vermutungen oder vorläufige Hypothesen sein können (siehe Abb. 1.10). Sie haben Bestand, solange sie empirischen Überprüfungen standhalten. Sie sind zu verwerfen, wenn sie im Widerspruch zu empirischen Messungen stehen. In dieser Falsifikation liegt dann der eigentliche Erkenntnisgewinn und die Aufforderung, wissenschaftliche Aussagen, Gesetze und Theorien weiter zu entwickeln, so dass sie den aufgetretenen Widerspruch zur Empirie anschließend ebenfalls erklären können.

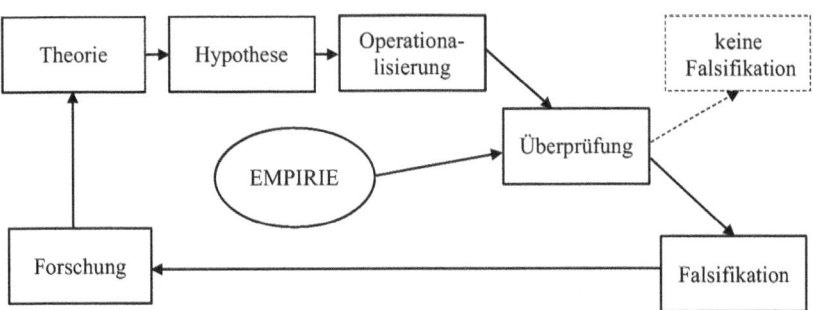

Abb. 1.10 Forschungsprozess

---

[1] David Hume (1711–1776).
[2] Karl Popper (1902–1994).

1.4.2 Kritik am Falsifikationsprinzip

a) Wissenschaftliche Logik, soweit sie mathematisch formuliert ist, kann als universell und zeitlos gelten. Wenn sie aber in natürlicher Sprache ausgedrückt wird, dann ist sie semantisch aufgeladen. Da Wörter und Sätze von Person zu Person unterschiedlich verstanden werden, ist die in natürlicher Sprache ausgedrückte Logik interpretierbar. In solchen Fällen sind eindeutige Formulierungen von Theorien und Hypothesen nicht möglich.

b) Die Operationalisierung, also die Messbarmachung, ist bei Theorien und Hypothesen, die in natürlicher Sprache formuliert sind, schwierig. Hier muss man interpretieren, vergleichen und argumentieren, um Hypothesen auf die Übereinstimmung mit empirischen Faktoren überprüfen zu können.

c) Was in a) und b) bereits deutlich wurde, bezieht sich ebenfalls auf die Datengewinnung aus der Empirie, denn vieles ist nicht objektiv und vollständig quantitativ erfassbar. Doch selbst dort, wo ein quantitatives Messen möglich ist, zeigt sich, dass der Überprüfungsvorgang vom Erkenntnisfortschritt abhängt. Zum Messen der Empirie benötigt man nämlich Verfahren, Geräte, Einheiten und Theorien. Es kann deshalb sein, dass zu einer Zeit eine Falsifikation nicht gelingt, während sie später, nach einer wissenschaftlichen Weiterentwicklung der Überprüfungsmethoden, möglich ist. Auch Umgekehrtes kann passieren: Wir falsifizieren eine Hypothese durch Messungen, die aus späterer Perspektive als ungenau und falsch gelten. Zu diesem späteren Zeitpunkt, nach einem entsprechenden Wissenschaftsfortschritt, kann die Hypothese in Untersuchungen nicht falsifiziert werden.

d) In einem sogenannten Hypothesentest wird bestimmt, ob empirische Daten deutlich gegen eine Hypothese sprechen oder nicht. Aufgrund der Unsicherheit der Datenlage, insbesondere wegen des Einsatzes von Stichproben, sind sichere Hypothesenfalsifikationen ausgeschlossen.

Zusammenfassend kann man feststellen, dass der Falsifikationsvorgang keineswegs reibungslos funktioniert. Eine kritische Auseinandersetzung mit allen Bausteinen des Forschungsprozesses bleibt deshalb stets notwendig.

Wir beschränken uns in der Darstellung der Marktforschung auf quantitative Methoden. Der in Abb. 1.10 skizzierte Ablauf bleibt trotz substantieller Kritik im Folgenden ein wichtiger Bezugspunkt, wenn es darum geht, die Wissenschaftlichkeit der jeweiligen Vorgehensweise einzuschätzen.

1.5 Datenbeschaffung

Die Verhaltensweisen von Lieferanten, Kunden und Wettbewerbern müssen in die Entscheidungsfindung des marktorientierten Unternehmens einbezogen werden. Hierfür muss das marktorientierte Unternehmen Daten über die Beschaffungs- und Absatzmärkte zielgerecht erheben und verarbeiten.

Vor jeder Datenbeschaffungsmaßnahme ist zu klären: Was soll das Untersuchungsziel sein? Im Allgemeinen besteht das Untersuchungsziel in der strukturierten Beschreibung eines Sachverhalts und in der Überprüfung einer bestimmten, aus einer Theorie abgeleiteten Hypothese.

Zur quantitativen Überprüfung ist zunächst die Hypothese zu formulieren und zu operationalisieren, d. h. überprüfbar zu machen. Es sind die Merkmale festzulegen, die gemessen werden sollen, und die Einheiten zu bestimmen, die in die Untersuchung einzubeziehen sind (Merkmalsträger). Diese Merkmale bezeichnet man auch als Untersuchungsvariablen oder statistische Variablen. Die Betrachtung einer Untersuchungseinheit d. h. eines Merkmalsträgers liefert einen oder mehrere Variablenwerte. Die Gesamtheit der Merkmalsausprägungen aller untersuchten Merkmalsträger ist anschließend mit der operationalisierten Hypothese zu vergleichen. Der Vergleich führt zu einer Annahme der Hypothese oder zu ihrer Ablehnung.

Es gibt aber auch ganz andere Vorgehensweisen:

Das Untersuchungsziel kann darin bestehen, eine zuvor nicht spezifizierte Datenmenge nach wechselnden, beliebig gebildeten Vorgaben zu strukturieren, in der Hoffnung, für eine spätere noch unklare Verwertung interessante statistische Zusammenhänge zu entdecken. Wenn einerseits große unstrukturierte Datenmengen vorhanden sind und andererseits ausreichende Rechen- und Speicherkapazitäten zu niedrigen Kosten zur Verfügung stehen, dann bietet sich diese Vorgehensweise an („big data"). Sobald deutliche Strukturmerkmale hervortreten, wird entweder in einem zweiten Schritt versucht, diese wissenschaftlich zu erklären oder man verzichtet gänzlich auf Erklärungen und gibt sich mit der bloßen Anwendung der gefundenen empirischen Zusammenhänge zufrieden. Dieser Ablauf steht im Widerspruch zu dem in Abb. 1.10 beschriebenen Wissenschaftsprozess. Er führt aber zu interessanten Erkenntnissen über die Realität und wird durch die Entwicklung in der Digitalisierung begünstigt (drastisch sinkende Speicher- und Rechenkosten).

1.5.1   Sekundär- und Primärdaten

In der Sekundärforschung stützt man sich auf zuvor von anderen erhobene Daten. Quellen quantitativer Sekundärdaten gibt es viele:

- **Betriebliche Datenquellen**
  Daten der Kostenrechnung und der Finanzbuchhaltung, die Außendienstberichte, die betrieblichen Statistiken zu diversen Themen (Einkaufsmengen, Produktionsmengen, Ausschussquoten, Lagerbestände, Reklamationen), die Veröffentlichungen der Unternehmen (Geschäftsberichte, Produktkataloge)
- **Außerbetriebliche Datenquellen**
  - Statistische Ämter auf den unterschiedlichen Ebenen: EuroStat (Europäische Union), Statistisches Bundesamt (Bundesrepublik Deutschland), statistische Landesämter (Bundesländer), statistische Ämter in Städten- und Gemeinden,

- Berichte des Bundeskartellamts und der Monopolkommission,
- Protokolle und Publikationen des Bundestags, des Bundesrats und der Bundesministerien,
- Publikationen von Landesregierungen und -behörden,
- Publikationen und Statistiken supra- und internationaler Institutionen (UNO, WTO, IMF, OECD),
- Verbandsstatistiken (z. B. Gewerkschaften),
- Statistiken der Kammern (HWK, IHK),
- Statistiken der Börsen,
- Statistiken der Banken,
- Statistiken der Wirtschaftsforschungsinstitute (IFO/München, HWWA/Hamburg, DIW/Berlin, IWW/Kiel),
- Statistiken in Fachzeitschriften,
- Archive von Zeitungen, Fachzeitschriften, Radio- und Fernsehsendern,
- Nachschlagewerke, Informationsdienste, Datenbanken und Auskunftsdateien.

Daneben gibt es eine Vielzahl veröffentlichter qualitativer Informationen zu vielfältigen Sachverhalten: Meinungen, Theorien, Interpretationen, Beschreibungen. Diese findet man in wissenschaftlichen Bibliotheken (Universitäten). Hier erhält man auch Zugang zu diversen Fachdatenbanken.

In der Primärforschung stützt man sich nicht auf zuvor von anderen erhobene Daten, sondern betreibt selbst die Ermittlung. Typische Methoden sind hierbei:

a) die Befragung (mündlich oder schriftlich),
b) die Beobachtung (verdeckt oder offen),
c) das Experiment (Feldversuch oder Laborversuch).

Der Arbeitsaufwand zur Gewinnung von Primärdaten ist höher als der zur Beschaffung von Sekundärdaten. Es liegt deshalb nahe, zuerst nach bereits verfügbaren Datenquellen zu suchen, bevor eigene Erhebungen vorgenommen werden.

1.5.2 Datenbeschaffung durch das Internet

Die Wirtschaft präsentiert sich umfassend im Internet. Viele Unternehmen besitzen umfangreiche Internetseiten mit Informationen über Unternehmensgrundsätze, Verkaufsprodukte, Mitarbeiter, Aufbauorganisationen, Tochterunternehmen, Technologien, Finanzstrukturen, Bilanzen etc. Auf der Grundlage dieser veröffentlichten Informationen lassen sich Unternehmen nach bestimmten Eigenschaften gruppieren.

Bedingt durch das Internet hat sich auch im Konsumbereich die Informationslage im Vergleich zu der Situation vor 30 Jahren erheblich gewandelt und aus der Sicht der Marktforschung stark verbessert. Sogenannte soziale Medien haben als Datenquelle große Bedeutung erlangt. Zusammen mit der systematischen Beobachtung der Internetnutzung (consumer tracking) lassen sich persönliche Profile von Konsumenten erstellen.

In sozialen Medien teilen Konsumenten bereitwillig ihre Emotionen, Motive und Einstellungen, Meinungen, Erfahrungen, Erinnerungen und Ideen ungefragt mit. Diese Medien sind in privater Hand. Die betreffenden Unternehmen eignen sich die Daten an, sammeln und strukturieren sie und verkaufen die Datensätze, i. d. R. nach einer den gesetzlichen Erfordernissen genügenden Anonymisierung. So gewinnt der Markt Zugang zu Daten, die für die Analyse von Präferenzen und Kaufverhalten verwertbar sind. Konsumenten offenbaren aus den folgenden Gründen bereitwillig ihre Daten:

- Das Bedürfnis nach Selbstdarstellung, Anerkennung und Kommunikation ist erheblich.
- Soziale Medien werden als technisch komfortabel und beherrschbar empfunden, ihre kommunikativen Möglichkeiten sind sehr groß. Man kann in ihnen ohne weiteres global aktiv sein.
- Die Nutzung ist für Konsumenten i. d. R. kostenlos.
- Da die Wahrscheinlichkeit eines Anonymitätsverlusts von den Konsumenten als gering eingeschätzt und die anonyme Nutzung ihrer Daten nicht als gravierender Schaden empfunden wird, begrenzen Konsumenten die Bereitstellung ihrer persönlichen Daten kaum.
- Es wird vom Nutzer der Daten scheinbar nicht in das Entscheidungsverhalten des Konsumenten eingegriffen. Der Konsument sieht sich stets als „Herr der Lage".

Es fließen auf diese Weise sehr große Mengen persönlicher Daten durch das Netz. Die Marktforschung hat das Interesse, permanent und in Echtzeit diese Daten abzugreifen. Diese sind zunächst unsortiert und unsystematisch. Die Marktforscher sortieren die Daten und bereiten sie entscheidungsorientiert auf.

Im Kundenprofil werden neben kundenspezifischen Informationen wie Wohnort, Familienstand, Geschlecht und Alter, auch die jeweiligen Internetaktivitäten gespeichert: welche Internetseiten wie lange „besucht" werden, welche Waren und Dienstleistungen betrachtet, auf Wunschlisten gespeichert oder in Warenkörbe gelegt werden. Mit diesen Informationen können dem Kunden gezielte Kaufvorschläge unterbreitet werden, die zum bisherigen Verhalten passen und so Interesse wecken können. Der Kunde empfindet diese Vorschläge i. d. R. nicht als Manipulation oder Einschränkung seiner Freiheit.

Durch das Hinzufügen weiterer Datenquellen, z. B. Tankkarten, Preisausschreiben, Kreditratings etc. wird das Bild vom Kunden genauer und wertvoller. Optimal angewendet können mit Hilfe der gewonnenen Daten individuelle Kundenprofile erzeugt werden, aus denen sich persönliche Bedürfnisinformationen und Kaufverhaltensprognosen ableiten lassen. Einerseits können diese Informationen genutzt werden, um Produkte kundengerecht zu gestalten und anzubieten. Andererseits können auch Einstellungen des Kunden gezielt manipuliert werden, indem ihm z. B. lenkende Produktrezensionen, Kommentare und Berichte zugespielt werden, die scheinbar von anderen Nutzern, vorgeblich objektiven Testern oder nicht überprüften wissenschaftlichen Instituten stammen.

1.5.3 Befragung, Beobachtung, Experiment

Die Befragung ist in der Primärforschung weit verbreitet. Sie kann schriftlich oder mündlich erfolgen. Ihr Ziel ist die Generierung von statistisch auswertbaren Daten. In Vollerhebungen werden alle Elemente der Grundgesamtheit, die sogenannten Merkmalsträger, befragt. In Teilerhebungen werden Stichproben aus der Grundgesamtheit entnommen. Es wird dann von den Stichprobenergebnissen auf Merkmalsausprägungen der Grundgesamtheit geschlossen.

Wichtige quantitative Erhebungsmethoden sind:

- die anonyme schriftliche Befragungen, postalisch oder per Internet,
- die mündliche Befragung unter persönlicher Anwesenheit des Fragers, ggf. internetgestützt (online),
- die schriftliche Befragung unter persönlicher Anwesenheit des Fragers, ggf. internetgestützt (online),
- die telefonische Befragung,
- die Befragung über eine mobile Applikation („App").

Normalerweise werden einzelne Personen, Haushalte oder Unternehmen befragt (Merkmalsträger). Seltener sind Gruppenbefragungen, bei denen mehrere Untersuchungseinheiten gleichzeitig anwesend sind. Hier treten gruppendynamische Effekte auf, die bewusst eingesetzt werden können, um zusätzliche Erkenntnisse zu gewinnen.

Quantitative Befragungen unterscheiden sich durch die Anzahl der gemessenen Merkmale und die Häufigkeit ihrer Durchführung:

- Bei einer einmaligen Befragung der Merkmalsträger zu einem bestimmten Zeitpunkt wird ein sogenannter Querschnitt erzeugt. Es werden die Ausprägungen der interessierenden Merkmale bei allen Merkmalsträgern in der Grundgesamtheit gemessen. Alternativ wird zu einem bestimmten Zeitpunkt eine Zufallsstichprobe aus einer Grundgesamtheit entnommen. Die Merkmalsträger in der Stichprobe werden dann untersucht und es können Ähnlichkeiten und Unterschiede zwischen ihnen festgestellt werden. Man kann so strukturelle Auffälligkeiten in der Stichprobe entdecken und ggf. entsprechende Rückschlüsse auf die Grundgesamtheit ziehen. Wenn man z. B. Probanden, die aus der Gruppe der Studentinnen und Studenten verschiedener Studiengänge per Zufallsverfahren ausgewählt wurden, zu einem bestimmten Zeitpunkt zu der Qualität ihres Studiums befragt und die Antworten miteinander vergleicht, liegt eine Querschnittanalyse vor. Man kann die Befragungsergebnisse auf die Studiengangzugehörigkeit beziehen und so strukturelle Unterschiede zwischen den Studentinnen und Studenten bzw. den Studiengängen aufdecken.
- Häufig sind auch sogenannte Längsschnittanalysen. Hier findet die Befragung zu unterschiedlichen Zeitpunkten statt. Es werden die Ausprägungen eines oder mehrerer

Merkmale bei den Merkmalsträgern in der Grundgesamtheit zu verschiedenen Zeitpunkten gemessen. Alternativ kann man die Messungen auch in einer Folge repräsenta-
tiver Stichproben durchführen (Folgeuntersuchung). Von den Stichprobenergebnissen
zieht man dann Rückschlüsse auf die Veränderung der Merkmalsausprägungen in der
Grundgesamtheit im Zeitablauf.

- Ein Spezialfall der Längsschnittanalyse ist die sogenannte Paneluntersuchung: Hier
  wird nur einmal zu Beginn eine repräsentative Stichprobe aus einer Grundgesamtheit
  genommen. Die Probanden werden dann in regelmäßigen Abständen befragt bzw. die
  Merkmalsausprägungen gemessen. Man kann so erkennen, wie Personen, die zu früheren Zeitpunkten in einer bestimmten Weise geantwortet haben, sich später äußern. Es
  ist also das Wechselverhalten während der Befragungsfolge zu beobachten.

Wenn in der Auswertungsphase die personen- bzw. unternehmensbezogenen Daten nicht
mehr dem Merkmalsträger zugeordnet werden können, spricht man von der Anonymisierung der Daten. Damit aber die Wechselbewegungen in den Datensätzen der Paneluntersuchung trotzdem erkennbar bleiben, nimmt man eine sogenannte Pseudoanonymisierung
vor: Der Name des Merkmalsträgers (Person, Haushalt, Unternehmen) wird durch ein von
der Befragungseinheit gewähltes Pseudonym ersetzt. Der Bezug des Pseudonyms zum Namen ist nur der befragten Einheit bekannt. Die Datensätze der einzelnen Befragungen sind
nur mit dem Pseudonym, nicht aber mit dem Namen gekennzeichnet. In Ausnahmefällen
kennt der Leiter der Paneluntersuchung die Bezüge der Pseudonyme zu den Namen. Doch
ist dies keine zwingende Bedingung für die Analyse des Wechselverhaltens.

Beispiel einer Paneluntersuchung
Nach Festlegung des Erhebungskreises werden zu verschiedenen Zeitpunkten drei Befragungen durchgeführt. Es interessiert insbesondere der Anteil der Personen, die bei
der ersten Befragung eine Urlaubsreise in die USA machen möchten, bei der zweiten
Befragung das aber ablehnen und bei der dritten Befragung bei der Ablehnung bleiben.
Die Daten werden pseudoanonymisiert ausgewertet. Dabei stellt sich heraus, dass bei der
zweiten Befragung 8 % der Personen, die zuvor mit „ja" geantwortet hatten, dann „nein"
angeben. Von diesen 8 % bleiben 75 % bei ihrem negativen Standpunkt.

	1. Befragung	2. Befragung	3. Befragung
Festlegung des Erhebungskreises	350 ja	322 ja	280 ja
		28 nein	42 nein
			7 ja
			21 nein
	450 nein	120 ja	115 ja
		330 nein	5 nein
			70 ja
			260 nein
summarisch	350 ja	442 ja	472 ja
	450 nein	358 nein	328 nein

Paneluntersuchungen haben spezifische Nachteile:

a) Schwindende Repräsentativität

Es gibt Paneluntersuchungen, die Jahrzehnte andauern. Der Befragungskreis wurde zu Anfang festgelegt. Man hatte sich damals für eine Vollerhebung oder eine Stichprobe entschieden. Anschließend wird der Befragungskreis konstant gehalten, obwohl sich die Grundgesamtheit verändert. So sind z. B. a) die Mitglieder eines Sozialpanels im Lauf der Jahre gealtert, während in der Bevölkerung eine neue Generation nachgewachsen ist, und b) gibt es heute zahlreiche Unternehmen, die durch den Online-Handel ihr Geld verdienen. Solche Unternehmen gab es vor 30 Jahren noch nicht. Schlüsse von den Befragungsergebnissen auf die Grundgesamtheit werden in beiden Fällen immer problematischer, je länger die betreffende Paneluntersuchung andauert.

b) Panellernen

Die Personen des Befragungskreises verhalten sich nicht mehr natürlich. Wegen der wiederholten Befragungen achten die Probanden zunehmend auf ihr Verhalten. Das Messverfahren hat demnach einen Einfluss auf das Ergebnis der Befragung.

c) Paneleitelkeit

Probanden neigen dazu, systematisch falsch zu antworten. Beispiele hierfür sind
(1) die Übertreibung der Konsumausgaben aus Gründen des Prestigeempfindens,
(2) die Übertreibung der persönlichen Bildung und Erfahrung, um das Selbstwertgefühl zu steigern,
(3) die Übertreibung der persönlichen finanziellen Belastungen, um den Bedarf zusätzlicher Unterstützung zu begründen.

d) Panelmüdigkeit

Es stellt sich durch die wiederholte Befragung Routine ein. Die Personen antworten nicht mehr sorgfältig.

e) Panelsterblichkeit

Einzelne Merkmalsträger verlassen das Panel. Gründe hierfür können schwindendes Interesse, die Geschäftsaufgabe von Unternehmen oder Krankheiten von Einzelpersonen sein. Das Panel ist dann so zu ergänzen, dass die Struktur des Befragungskreises nicht systematisch verändert wird.

Je nach Untersuchungsgegenstand kann es besser sein, das Verhalten einer Person durch Beobachtungen statt durch Befragungen objektiv zu erfassen. So können fehlerhafte Aussagen der befragten Person über das eigene Verhalten ausgeschlossen werden. Die Natürlichkeit des Verhaltens der Person ist abhängig davon, ob sie von der Beobachtung Kenntnis hat und wieviel sie über deren Zweck und Ablauf weiß.

Beobachtungen liefern unabhängig von der Auskunftsbereitschaft der Teilnehmer Ergebnisse. Andererseits verzichtet man darauf, die Merkmalsträger nach den Ursachen ihres Verhaltens zu befragen, was die Ursachenfindung erschwert.

Man unterscheidet zwischen der Feldbeobachtung und der Laborbeobachtung. In einer Feldbeobachtung werden die Personen in ihrer natürlichen und gewohnten Umgebung beobachtet. Hingegen findet eine Laborbeobachtung in einer Umgebung mit künstlich geschaffenen Bedingungen statt. Durch das Erkennen dieser Ausnahmesituation verändert sich das Verhalten der Probanden.

Bei einer Laborbeobachtung auf der Basis einer konkreten Versuchsanordnung handelt es sich um ein Experiment. Dies dient der Überprüfung von Kausalhypothesen durch eine systematische Variation einer oder mehrerer unabhängiger Variablen. Mögliche Störvariablen sind hierbei zu identifizieren und durch die Kontrolle der Laborbedingungen ist ihr Einfluss zu verringern. Ziel ist die Isolierung der Wirkung der unabhängigen auf die abhängigen Variablen.

1.5.4 Fragebogengestaltung

Mit dem Fragebogen können Personen (Merkmalsträger) schriftlich befragt werden. Der Fragebogen kann auch als Grundlage für ein strukturiertes Gespräch dienen. Dabei führt der Befrager mit dem Befragten eine Unterhaltung, in der gezielt bestimmte Themen angesprochen werden, zu denen sich der Befragte äußert. Der Befrager trägt dann während des Gesprächs die Antworten in den Fragebogen ein.

Abb. 1.11 beschreibt die Arbeitsschritte, die bis zur Erstellung eines Fragebogens zu durchlaufen sind:

a) Ausgangspunkt für eine Fragebogenaktion ist ein bestimmtes Problem. Die Befragung soll hierzu entscheidungsrelevante Informationen liefern.

b) Die Befragung ist ein Messvorgang. Die zu messenden Größen (statistische Variablen) sind klar und eindeutig zu definieren.

Abb. 1.11 Erstellung des Fragebogens

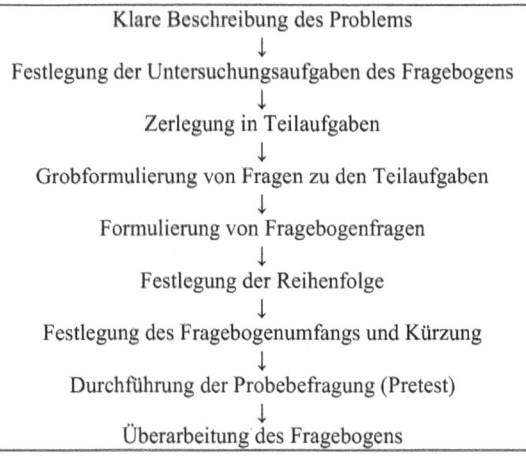

Klare Beschreibung des Problems
↓
Festlegung der Untersuchungsaufgaben des Fragebogens
↓
Zerlegung in Teilaufgaben
↓
Grobformulierung von Fragen zu den Teilaufgaben
↓
Formulierung von Fragebogenfragen
↓
Festlegung der Reihenfolge
↓
Festlegung des Fragebogenumfangs und Kürzung
↓
Durchführung der Probebefragung (Pretest)
↓
Überarbeitung des Fragebogens

c) Das Erkenntnisziel des Fragebogens ist in Teilziele zu zerlegen. Hierzu ist die Formulierung eines theoretischen Modells notwendig, das einem sagt, wie verschiedene Ursachen zusammenhängen und eine Wirkung erzeugen können. Wenn man zum Beispiel wissen möchte, wie es zu einem Gewinneinbruch im Unternehmen kam, dann muß man die Umsatzentwicklung einerseits und die Kostenentwicklung andererseits untersuchen. Der Umsatz hängt wiederum von den Preisen, der Produktqualität, dem Markenimage und der Logistik ab. Man kann dem Fragebogen dementsprechend die folgenden Teilziele zuweisen: Bewertung der Preissituation, der Produktqualität, des Markenimages und der Logistik.

d) Zu jedem Teilziel formuliert man zunächst grobe Fragen.

e) Diese sind dann in eine Sprache zu bringen, die von den zu befragenden Merkmalsträgern gut verstanden wird. Es ist wichtig, die Merkmalsträger zuvor einzuschätzen, damit man in der Formulierung der Fragen auch zu einem effizienten Kommunikationsvorgang und damit zu einer genauen Messung gelangt:

   • Nicht jeder ist in der Lage, hypothetische Fragen zu beantworten: „Angenommen, Sie wären reich (oder arm, oder Feuerwehrmann, oder Bundeskanzlerin, oder . . .). Was würden Sie dann . . . ?" Es braucht ein gewisses Training, sich in hypothetische Situationen hinein zu begeben. Auch kann die Verwendung von Fremdwörtern und Fachbegriffen problematisch sein (z. B. „Ambition", „Intention", „Derivate und Futures", „Common Rail").

   • Sätze sollten kurz und einfach sein, um das Verständnis zu erhöhen.

   • Menschen reagieren auf bestimmte Formulierungen, die für sie Reizwörter enthalten, verstärkt emotional. Die Antwort ist dann gegebenenfalls wertlos. Eine andere Formulierung hätte diese Reaktion u. U. nicht ausgelöst.

f) Die Antworten, die man erhält, sind von der Reihenfolge abhängig, in der man fragt.

   • „Was war das schlimmste Erlebnis Ihres Lebens?" – „Freuen Sie sich auf Ihren nächsten Geburtstag?" In dieser Reihenfolge versetzt man eine Person erst in eine schlechte Stimmung, bevor man dann ihre Stimmung zum Geburtstag erfragt.
   „Was war das schönste Erlebnis Ihres Lebens?" – „Freuen Sie sich auf Ihren nächsten Geburtstag?" Sicherlich ist die Stimmung, in der man an den nächsten Geburtstag denkt, jetzt anders. Die Reihenfolge der Fragen ist also keineswegs neutral.

   • Manchmal leitet man Personen mit einer Fragenabfolge in bestimmte Situationen hinein. Das ist bei komplexen Sachverhalten wichtig, die man nicht ohne weiteres begreifen kann. Dann erst stellt man die Frage, auf die es ankommt.

g) Damit der Rücklauf nicht zu gering wird, ist jeder Fragebogen kurz zu halten. Man erhält dann nicht alle Informationen in der Breite und Tiefe, in der man es sich wünscht.

h) Bevor der Fragebogen an die zu befragenden Merkmalsträger verteilt wird, testet man ihn an einer kleinen Gruppe aus (Pretest). Ggf. erstellt man einen Fragebogen zum Fragebogen. Man erhält so Hinweise auf notwendige Nachbesserungen.

Nachfolgend werden wichtige Fragetypen mit ihren Vor- und Nachteilen dargestellt:

a) Kontaktfragen

Kontaktfragen sollen „das Eis brechen", also Vertrauen schaffen. Sie stehen am Anfang des Fragebogens. Die Antworten auf Kontaktfragen werden nicht immer ausgewertet. Privatpersonen könnte man zwecks Vertrauensaufbau beispielsweise fragen, was sie über die Stadt, in der sie wohnen, denken: „Wie bewerten Sie die Lebensqualität Ihrer Stadt im Vergleich zu anderen Städten?" Mitarbeiter von Industrieunternehmen sind in der Regel stolz auf ihre Produkte. Häufig identifizieren sie sich damit. Das Sortiment ist auch nicht vertraulich, sondern wird bekannt gemacht und beworben. Deshalb könnte man den Fragebogen an einen Unternehmensmitarbeiter z. B. mit einer Frage nach den Produkten beginnen lassen: „Welche Produkte stellt Ihr Unternehmen her?"

b) Sachfragen

Sachfragen werden zu dem eigentlichen Untersuchungsgegenstand gestellt.

c) Kontrollfragen

Hiermit kann man überprüfen, ob die befragte Person wahrheitsgemäß geantwortet bzw. den Sachverhalt verstanden hat. Man fragt deshalb einen Sachverhalt noch einmal mit anderen Worten aus einer anderen Sicht ab oder überprüft die Antworten auf ihre logische Vereinbarkeit.

d) Korrelationsfragen

Dieses sind Fragen zum Merkmalsträger selbst, also zur Person des Befragten. Sie haben häufig einen sensiblen Charakter, so dass sie erst am Schluss des Fragebogens gestellt werden, wenn sich hinreichend Vertrauen aufgebaut hat. Man korreliert die Antworten auf diese Fragen mit den Antworten auf die Sachfragen und erhält so ein strukturelles Verständnis darüber, welche Personentypen in welcher Weise antworten. Das dient dann auch dem Zweck, eine Segmentierung in der Befragungsgruppe zu erkennen.

Sensible Korrelationsfragen an Privatpersonen lauten beispielsweise:

- „In welchem Bereich liegt Ihr Jahreseinkommen?"
- „Wie oft duschen Sie pro Woche?"
- „Haben Sie einen Migrationshintergrund?"

Sensible Korrelationsfragen an Unternehmensmitarbeiter können lauten:

- „Mit welchen Produkten erzielen Sie die höchsten Deckungsbeiträge?"
- „Können Sie uns sagen, wie viele Arbeitsunfälle pro Jahr in Ihrem Unternehmen vorkommen?"
- „Beabsichtigen Sie, die Internationalisierung Ihres Unternehmens zu erhöhen? In welchen globalen Regionen wollen Sie Ihre Aktivitäten verstärken?"

e) Geschlossene und offene Fragen

Man unterscheidet geschlossene von offenen Fragetypen. Bei ersteren gibt man Antworten vor, die dann zu markieren sind. Das ist für die Merkmalsträger relativ einfach: Sie müssen sich die Antwortmöglichkeiten nicht selbständig vergegenwärtigen. Die Auswertung geschlossener Fragen kann automatisch erfolgen: Ein Scanner kann die

Felder optisch erfassen, digital aufbereiten und die Daten dem Auswertungsprogramm zuleiten.

Geschlossene Fragen setzen voraus, dass der Planer der Umfrage mehr über den Sachverhalt weiß als der Befragte. Er muss schließlich die Antwortmöglichkeiten vorausplanen. Problematisch ist auch, dass Befragte mit den grundsätzlich beschränkten Antwortmöglichkeiten unzufrieden sind. Sie denken an Antworten, die nicht vorgegeben sind. Hierdurch baut sich während der Beantwortung Frustration auf und der Fragebogen wird schließlich insgesamt abgelehnt.

Offene Fragen gleichen diese Schwächen aus: Man kann sie auch dann stellen, wenn man weniger weiß als die Befragten. Diese können frei antworten und fühlen sich nicht eingeschränkt. Man erhält so Informationen über Sachverhalte, die man als Befrager selbst nicht beurteilen kann oder die eine besondere Kreativität voraussetzen. Das ist aber auch der Grund, weshalb befragte Personen durch offene Fragen überfordert werden können: Sie haben zu wenig Wissen, dieses ist zu wenig strukturiert oder es mangelt ihnen an Kreativität, um in einer angemessenen Zeit sinnvolle Antworten geben zu können.

Die Auswertung offener Fragen ist aufwendig: Die Antworten müssen gelesen und in ihrer Bedeutung verstanden werden. Es müssen dann zweckmäßige Kategorien bestimmt und die Antworten in jedem Einzelfall diesen Kategorien zugeordnet werden. Nicht selten hat man Antworten, die Übergänge zwischen den Kategorien beschreiben oder die zu mehreren Kategorien passen. Deshalb kann man die Auswertung nicht automatisieren. Sie ist personalintensiv durchzuführen. Sobald die Zuordnung vorliegt, kann man Häufigkeiten bestimmen und die Auswertung digital und quantitativ fortsetzen.

Zu geschlossenen und offenen Fragen sind auch Mischformen möglich.

Beispiel

Welche Art der Weiterbildungsveranstaltung bevorzugen Sie?
1) Gruppenunterricht? [Ja, Nein]
2) Einzelunterricht? [Ja, Nein]
3) Eine andere Art der Weiterbildungsveranstaltung, die Sie bevorzugen?
   Bitte im Freitextfeld angeben. $\Rightarrow$

Wann sollte die Weiterbildungsveranstaltung stattfinden?
1) Am besten tagsüber in der Arbeitswoche? [Ja, Nein]
2) Am besten abends in der Arbeitswoche? [Ja, Nein]
3) Am besten am Wochenende? [Ja, Nein]
4) Zu anderen Zeiten? Bitte im Freitextfeld angeben. $\Rightarrow$

Überwiegend können die Antworten dieses gemischten Fragetyps automatisiert ausgewertet werden. Zudem hat der Befragte die Möglichkeit, auch eine eigene Antwort zu finden.

1.5.5   Rücklauf des Fragebogens

Ein Problem bei jeder schriftlich-postalischen Befragung ist die Sicherstellung eines ausreichenden Rücklaufs. Wenn Anonymität bzw. Pseudoanonymität gewährleistet sein muss, bleibt unbekannt, wer geantwortet hat und wer nicht. Folgende Möglichkeiten gibt es, den Rücklauf zu erhöhen:

a) Der Fragebogen sollte kurz (ca. zehn Minuten Bearbeitungszeit) und leicht zu beantworten sein. Es bleibt dann zwar das Informationsbedürfnis teils unbefriedigt, dafür ist die Rücklaufquote höher.

b) Vor der Versendung des Fragebogens sollte man die Person ausfindig machen, die den Fragebogen auch tatsächlich ausfüllen wird, und zu ihr Kontakt aufnehmen. Hierdurch wird ein persönliches Verhältnis geschaffen. In einem Telefongespräch sollte die Fragebogenaktion erläutert werden. Es bietet sich an, auf den Nutzen für den Befragten einzugehen und um Hilfe und Mitarbeit zu werben. Wenn das gut gemacht wird, dann fühlt sich die ausgewählte Person ein wenig stolz und verpflichtet, bei der Sache mitzuwirken. Der Fragebogen wird dann nicht mehr so leicht ignoriert. Werden Betriebe befragt, ist es allerdings aufwendig, die Person ausfindig zu machen, die den Fragebogen ausfüllen wird, und mit ihr im Vorfeld zu sprechen.

c) Dem zugesendeten Fragebogen sollte ein persönlich gefasstes Schreiben beigelegt werden, das die Gründe der Umfrage noch einmal kurz erläutert und um die Mitarbeit bittet.

d) Man kann der Versendung zusätzlich auch eine Rückantwortkarte beilegen, die getrennt von der Rücksendung geschickt werden kann und die Teilnahme an einer Verlosung oder die Zusendung eines Geschenks verspricht.

1.6   Präferenzen und Kaufverhalten

Im Folgenden beschäftigen wir uns mit Methoden zur Analyse der Präferenzen und des Kaufverhaltens der Kunden und damit mit dem ersten der drei zentralen Gebiete der Marktforschung (siehe Abschn. 1.3.3.3, „Aufgaben der Marktforschung"). Es folgen dann in Abschn. 1.7 Methoden zur Bestimmung der Marktposition des Unternehmens und in Abschn. 1.8 behandeln wir Verfahren zur Analyse der zeitlichen Entwicklung und Prognose von Marktdaten.

1.6.1   Aktivierung, Kognition, soziale Variablen

Wirtschaftliche Strukturen, Zustände und Veränderungen sind das Ergebnis des Entscheidungsverhaltens einzelner Personen in privaten Haushalten, Unternehmen und staatlichen

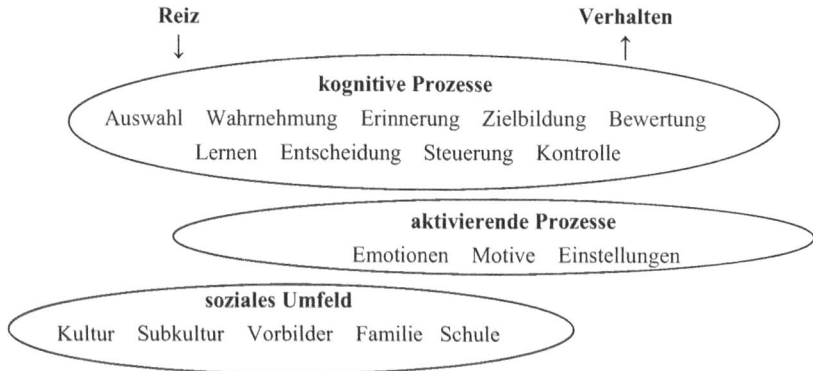

Abb. 1.12 Totalmodell des Kundenverhaltens

Institutionen. Grundlage dieses Entscheidungsverhaltens sind die individuellen Präferenzen, Informationen und diverse objektive und subjektive Restriktionen, denen Entscheidungsträger unterliegen (siehe Bd. II, Abschn. 1.2). Für das Thema Marktforschung ist besonders das Kaufverhalten von Kunden interessant.

In der Kaufverhaltensforschung unterscheidet man sehr grundlegend zwischen

- den Inputvariablen in Form von empfangenen Reizen (einschl. Informationen),
- den intervenierenden Variablen,
- den aktivierenden und kognitiven Prozessen,
- den sozialen Einflüssen und
- den verhaltensbeschreibenden Outputvariablen.

Die intervenierenden Variablen beinhalten Persönlichkeitsmerkmale, die das Verhalten beeinflussen. Aktivierung und Kognition sind Bestandteile intraindividueller Verarbeitungen von Reizen. Soziale Einflüsse prägen die aktivierenden und kognitiven Prozesse und die intervenierenden Variablen. Alle Bestandteile zusammen bilden das Totalmodell des Kundenverhaltens (siehe Abb. 1.12).

1.6.1.1 Aktivierende Vorgänge

Man unterscheidet drei aktivierende Variablen: Emotionen, Motive und Einstellungen.

Innere ungerichtete Erregungszustände, wie z. B. Mangelempfindungen, werden als Emotionen bezeichnet. Unter Motiven versteht man zielgerichtete Emotionen. Insofern setzen sich Motive aus einer aktivierenden (Emotion) und einer kognitiven Komponente (Ziel) zusammen. Der US-amerikanische Psychologe Maslow[3] unterscheidet fünf Motiv-

---

[3] A. H. Maslow (1908–1970).

- Einstellungen drängen Nicht-Relevantes in den Hintergrund. Damit selektieren sie relevante Reize.

- Einstellungen strukturieren und interpretieren die Umwelt. Hierdurch ermöglichen sie schnelle Orientierungen und Stellungnahmen.

- Einstellungen verhindern starke Verhaltensschwankungen. Der Kunde wird in seinen Handlungen konsistent und berechenbar.

- Da Einstellungen erlernt sind, wirken sie als Instrument der sozialen Anpassung und Integration.

Abb. 1.13 Bedeutung von Einstellungen

klassen für das Verhalten, die hinsichtlich ihrer Bedeutung für das Individuum in einer hierarchischen Ordnung stehen:

- Physiologische Motive (Schutz vor Gefährdung und Untergang)
- Sicherheitsmotive (Schutz vor unvorhersehbarer Beeinträchtigung)
- Soziale Motive (Wunsch nach Kommunikation)
- Wertschätzungsmotive (Streben nach Selbstvertrauen und Anerkennung)
- Selbstverwirklichungsmotive (Gestaltung des Lebensraums nach eigenen Wertvorstellungen)

Richtung und Verlauf des Verhaltens werden nicht nur von Emotionen und Motiven, sondern auch von Bewertungsmustern beeinflusst. Diese lassen sich als in der Vergangenheit stattgefundene Verbindungen von emotionalen Erregungs- und gedanklichen Verarbeitungsprozessen auffassen, die im Langzeitgedächtnis abgespeichert sind. Solche Verbindungen werden als Einstellungen, je nach Kontext auch als Vorurteile oder Stereotypen bezeichnet. Einstellungen besitzen eine erhebliche Bedeutung für das menschliche Zusammenleben und die Entwicklung von Kulturen und Subkulturen, wie Abb. 1.13 verdeutlicht.

Das Kaufverhalten wir durch Einstellungen stark beeinflusst. Kunden entwickeln Bewertungsmuster, um die Komplexität der Produktwelt zu reduzieren und zu einer Entscheidung zu gelangen.

1.6.1.2 Kognitive Vorgänge

Während aktivierende Vorgänge das Verhalten antreiben, dienen kognitive Verarbeitungsprozesse dem Erkennen der Umwelt, der Kontrolle und der Steuerung. Reize müssen wahrgenommen werden, bevor sie verarbeitet werden können. Es finden Denk-, Lern- und Gedächtnisvorgänge statt, bevor es schließlich zur Handlung kommt.

Abb. 1.14 Kaufentscheidungsprozess

a) Problemerkennungsphase

b) Suchphase

c) Bewertungsphase

d) Auswahlphase

e) Kauf

f) Nachkaufphase

Kognitive Vorgänge vernetzen die unmittelbar empfangenen Reize (Kurzzeitkompo-
nente) mit Bestandteilen aus dem Langzeitgedächtnis, welches früher empfangene Reize, Emotionen und kognitive Leistungen abgespeichert hat. Je nach Persönlichkeit und
erworbenen Erfahrungen beeinflusst das Langzeitgedächtnis das Verhalten des Kunden
unterschiedlich stark und mit anderen Inhalten.

1.6.1.3 Kaufentscheidungsprozess im Industriebereich

In Industriebetrieben liegt der Ausgangspunkt des Kaufentscheidungsprozesses häufig im
Auftreten eines technischen Problems: Eine Maschine läuft beispielsweise nicht erwartungsgemäß. Es muss zu einer Wahrnehmung und Aktivierung eines Mitarbeiters kommen, damit eine Information weitergegeben wird. Der Vorgang wird nur dann von nachfolgenden Stellen weiterbearbeitet, wenn die jeweiligen Stelleninhaber ebenfalls ausreichend motiviert sind, die Sache aufzunehmen und weiter zu verfolgen. Die (a) Problemerkennungsphase mündet in eine (b) Suchphase: Mitarbeiter werden mit dem Angebot
an technischen Lösungen konfrontiert und suchen nach geeigneten Maßnahmen. In der
(c) Bewertungs- und (d) Auswahlphase äußern sie gegenüber dem Einkauf einen Bedarf
hinsichtlich eines bestimmten Produkts, ggf. bereits mit einer Präferenz für eine Marke
bzw. für einen Lieferanten. Kommen jetzt noch beschaffungsdispositive Faktoren hinzu
(Budget, Kaufzeitpunkt, Lieferort, logistische Merkmale), wird eine Nachfrage im Markt
wirksam, welche zum (e) Kauf führt. In der (f) Nachkaufphase machen Kunden Erfahrungen mit dem erworbenen Produkt und vergleichen diese mit ihren vorherigen Erwartungen
(siehe Abb. 1.14).

1.6.1.4 Lernen und Dissonanzen

Der Kunde erwartet, dass sein Nutzenniveau durch den Produktkauf steigt (siehe Bd. II,
Abschn. 1.3 und 1.4). Diese Erwartung kann verschiedene Ursachen haben:

a) Er verfügt bereits über Erfahrungen mit vergleichbaren Produkten.
b) Die Beobachtung anderer Verwender und Vorbilder (Referenzgruppen) stimuliert seine
   Nutzenerwartung.
c) Der Kunde vertraut den Aussagen des Verkäufers.
d) Indem der Verkäufer Kommunikationsinstrumente des Marketings einsetzt, z. B. Werbung, werden weitere Erwartungen erzeugt.

Sobald der Kunde das Produkt erworben hat und verwendet, erhöht sich die ihm verfügbare Informationsmenge und die Qualität der Informationen verändert sich von einer bloßen Erwartung in eine Erfahrung. Dissonanzen können auftreten, wenn die Nachkauf-Erfahrung (ex post) nicht mit der Vorkauf-Erwartung (ex ante), die er in das Produkt gesetzt hat, übereinstimmt. Gründe für negative Abweichungen können in Produktmängeln, falscher Beratung, übersteigerter Erwartung oder mangelndem Training zur Beherrschung der Produktanwendung liegen. Die Differenz zwischen Erwartung und Erfahrung wird i. d. R. nicht als solche akzeptiert. Kunden versuchen sie kognitiv zu glätten, indem sie z. B. die Erwartung, die sie hatten, nachträglich relativieren und in Übereinstimmung mit der Nachkauf-Erfahrung bringen. Eine andere Form der Glättung besteht in Schuldzuweisungen an die Adresse des Verkäufers. Kognitive Dissonanzen können dazu führen, dass dauerhaft eine Marke oder ein Verkäufer abgelehnt werden.

Zur Verringerung des Risikos kognitiver Dissonanzen kann der Verkäufer Serviceleistungen und Garantien anbieten. Hierdurch reduziert er den negativen Eindruck eines ungünstigen Nachkauf-Erlebnisses und kann diesem sogar vollständig entgegenwirken, wenn er zur sofortigen Ersatzleistung bereit ist.

1.6.1.5 Lieferanten- und Kundenunternehmen

Im Kaufentscheidungsprozess eines Industrieunternehmens besitzen verschiedene Personen auf Verkäufer- und Kundenseite unterschiedliche Funktionen, wie in Abb. 1.15 dargestellt. Wir unterscheiden hierbei a) den Lieferanten, b) das Kundenunternehmen, c) den Kunden des Kundenunternehmens.

An den Einkaufsentscheidungen sind neben den Einkäufern, die mit den Lieferanten kommunizieren, die Einkaufsleiter, Produktionsingenieure, Produktionsleiter, Qualitätsmanager, Controller und weitere Personen nachgelagerter Unternehmen beteiligt. Diese Personen bilden ein sogenanntes Einkaufsgremium (Buying-Center), das weder formal etabliert noch durch formal geregelte Entscheidungsabläufe organisiert sein muss. Nicht notwendigerweise kennen sich alle Mitglieder des Einkaufsgremiums.

Insofern ist es für die Marktforschung besonders schwierig, die „Präferenzen" des industriellen Kunden in Erfahrung zu bringen, da man hierzu in die Strukturen und Verhaltensweisen des Buying-Centers eindringen muss.

Hersteller und $\longrightarrow$ Lieferant		Kunden- $\longrightarrow$ unternehmen	Endverbraucher: Kunde des Kundenunternehmens
Initiator	z.B. Endverbraucher		
Multiplikator	z.B. Verkaufsingenieur im Kundenunternehmen		
Informant	z.B. Technischer Verkäufer des Lieferanten		
Beurteiler	z.B. Produktionsleiter im Kundenunternehmen		
Entscheider	z.B. Einkaufsleiter im Kundenunternehmens		
Beschaffer	z.B. Technischer Verkäufer des Lieferanten		
Verwender	z.B. Produktionsingenieur im Kundenunternehmen		

Abb. 1.15 Beteiligte am Kaufentscheidungsprozess

1.6.1.6 Marktsegmente

Unter einem Marktsegment verstehen wir eine Käufergruppe, deren Mitglieder auf gleiche Reize gleich oder zumindest sehr ähnlich reagieren. Innerhalb der Käufergruppe besteht in diesem Sinne ein relativ homogenes Kaufverhalten. Dieses weicht von dem Verhalten der Mitglieder anderer Segmente deutlich ab. In Band II, Abschn. 1.6.2.3 führten wir in den Begriff der Marktsegmentierung ein.

Wenn den Mitgliedern eines Segments spezifische Merkmalsausprägungen anhaften, dann lassen sie sich hierdurch identifizieren und erreichen. Man unterscheidet geographische, demographische (soziographische) und psychographische Merkmale zur Bestimmung einer Segmentzugehörigkeit (siehe Abb. 1.16).

Psychographische Merkmale beziehen sich auf Emotionen, Motive und Einstellungen, die Personen zeigen bzw. besitzen. Beispielsweise kann man Personen mit gleichen Einstellungen zu einem Segment zusammenfassen, wenn diese Personen auf bestimmte Reize wegen dieser Einstellungen gleich bzw. sehr ähnlich reagieren. Der Marktforschungsaufwand zur Quantifizierung psychographischer Merkmale ist aber relativ hoch.

Dienen Variablen wie Geschlecht, Alter, Beruf und Einkommen zur Segmentbestimmung, dann spricht man von demographischen und soziographischen Merkmalen der Segmentierung. So kann man die Hypothese aufstellen, dass die Reaktion auf Werbemaßnahmen für ein bestimmtes Urlaubsziel einkommensabhängig ist. Sollte es sich zeigen, dass ärmere Haushalte mit hohen Aufmerksamkeitswerten auf die Werbemaßnahme reagieren und diese bei reicheren Haushalten nur geringe Aufmerksamkeit erzeugt, so zeigt sich hierin eine Segmentierung des Marktes entlang eines demographischen Merkmals.

Das Kaufverhalten kann auch mit geographischen Merkmalen korreliert sein. So reagieren Personen, die in einer Stadt wohnen, auf bestimmte Reize sehr ähnlich. Und Menschen, die auf dem Land um diese Städte herum leben, zeigen ein davon abweichendes Verhaltensmuster.

In der Praxis beschreibt man Segmente durch Bündel aus geographischen, demographischen, soziographischen und psychographischen Merkmalen. Diese Segmentierungs-

Abb. 1.16 Segmentierungskriterien für Personen

Merkmal	hohes Involvement	geringes Involvement
Informationssuche	aktive Suche nach Produkt- oder Markeninformationen	passiver Eingang von Produkt- oder Markeninformationen
kognitiver Umgang mit Informationen	Widerstand gegen diskrepante Informationen	passiver Empfang von diskrepanten Informationen
Informations- verarbeitung	komplexe Verarbeitung der Informationen	vereinfachter Übergang von Aktivierung zum Erstkauf
Einstellungsänderung	schwierig und selten	häufig, aber vorübergehend
Wiederholung der Information	Anzahl der Wiederholung ist weniger bedeutsam als der Inhalt	bloße Anzahl der Informationen kann zur Überzeugung führen
Markenpräferenz	Markentreue ist üblich	Routinekäufe ohne Treue
kognitive Dissonanz	tritt oft auf	tritt selten auf
Idole	Idole werden imitiert	Es besteht kein Bedürfnis nach einem Idol

Abb. 1.17 Involvementtypen

kriterien müssen bestimmte statistische Bedingungen erfüllen, um praktisch relevant zu sein. Wir heben drei Bedingungen hervor:

- Messbarkeit: Die Kriterien müssen mit statistischen Methoden messbar sein.
- Relevanz: Die Ausprägungen der Segmentierungskriterien müssen in einem engen statistischen Zusammenhang (Korrelation) zum Kaufverhalten der Personen bzw. des Unternehmens stehen.
- Zeitliche Stabilität: Die Reiz-Reaktionsverhaltensweisen der Segmentmitglieder müssen für eine gewisse Zeit stabil sein.

1.6.1.7 Involvement und Marktsegmente

Der Begriff des sogenannten Involvements bedeutet in diesem Kontext „Anteilnahme" oder „Miteinbeziehung". Wir unterscheiden zwischen Personen mit einem niedrigen Involvement und Personen mit einem hohen Involvement. Der Grad des Involvements führt zu unterschiedlichen Verhaltensweisen. In Abb. 1.17 sind Merkmale aufgelistet, mit denen sich die Verhaltensweisen von Mitgliedern eines Hoch- und eines Niedrig-Involvement Segments beschreiben lassen.

1.6.1.8 Kaufrisiko und Marktsegmente

Kaufentscheidungen beinhalten für Kunden exogene und endogene Risiken. Ein exogenes Risiko liegt vor, wenn mit dem Kauf und der Anwendung des Produkts nutzenrelevante Konsequenzen verbunden sind, die weder dem Verkäufer noch dem Käufer, noch Dritten vollständig bekannt sind und deshalb nicht mit Sicherheit vorausgesagt werden können.

Wenn z. B. die Qualität des Produkts schwankt (Funktionserfüllungsrisiko), das persönliche Ansehen durch den Besitz des Produkts beeinträchtigt wird (Reputationsrisiko) oder die finanziellen Bedingungen sich ändern (finanzielles Risiko), dann hat dieses Auswirkungen auf den Nutzen des Käufers.

Wenn der Verkäufer oder ein Dritter die Konsequenzen des Kaufs vollständig kennt oder die Informationen beschaffen könnte, sie aber dem Käufer vorenthält, handelt es sich um ein endogenes Risiko aufgrund einer asymmetrischen Informationslage.

Das Kaufverhalten des Kunden wird von der subjektiven Wahrnehmung des exogenen und endogenen Risikos und von seinen Risikopräferenzen beeinflusst. Auf der Grundlage des Risikoverhaltens lassen sich Kunden vier verschiedenen Segmenttypen zuordnen:

- Segment der Innovatoren: Diese Kunden gelten als probierfreudig. Sie sind nur wenig kaufrisikoscheu und deshalb nur wenig an das Bekannte und Bewährte gebunden. Sie neigen dazu, als erste im Markt neue Produkte bzw. neue Technologien zu kaufen.
- Segment der Imitatoren: Diese Kunden verringern ihr persönliches Risiko, indem sie Innovatoren den Vortritt beim Kauf lassen. Wenn sie dann beobachten, dass Innovatoren mit ihrer Kaufentscheidung zufrieden sind, ziehen sie nach.
- Segment der Majoritätsbewussten: Besitzen Kunden eine hohe Kaufrisikoaversion, dann ist es für sie vernünftig, erst dann ein neues Produkt oder eine neue Technologie zu erwerben, wenn sie den Eindruck haben, dass die Mehrheit im Markt sich für den Kauf entschieden hat.
- Segment der Traditionsbewussten: Diese Kunden sind emotional stark an das Bekannte und Bewährte gebunden. Sie besitzen eine konservative Grundhaltung und fühlen sich bei Neuem unwohl. Sie entscheiden sich erst für den Kauf eines Produkts oder einer Technologie, wenn dieses bereits veraltet ist. Dann bleiben sie aber sehr lange dieser Kaufentscheidung treu.

1.6.1.9 Partialmodelle

Fragt man nach der Verwendbarkeit von Totalmodellen zur quantitativen Abbildung und Prognose des Kundenverhaltens, so ist die Antwort eher ernüchternd. Die einzelnen Elemente des kognitiven und aktivierenden Systems sind nicht hinreichend präzise definiert. Die verschiedenen Wechselbeziehungen zwischen diesen Elementen können mathematisch nicht erfasst werden. Es treten gravierende Messprobleme bei der Erhebung empirischer Daten auf. Allerdings lassen sich manche abgegrenzte Teilaspekte des Totalmodells quantitativ untersuchen. Durch entsprechende Beobachtungen, Befragungen und Experimente lassen sich so statistische Hypothesen über die Ursachen des Verkaufserfolgs generieren und überprüfen.

Der Erklärungsanspruch von Partial- bzw. Black-Box-Modellen ist geringer als der von Totalmodellen. „Black-Box" meint, dass intrapersonelle aktivierende und kognitive Vorgänge sowie Vernetzungen ausgeblendet werden. In Partialmodellen kann der statistische Zusammenhang (Korrelation) zwischen verschiedenen messbaren Variablen untersucht werden. In den nachfolgenden Abschn. 1.6.3–1.6.7 gehen wir diesen partialanalytischen Weg bei der Darstellung von Methoden, die der Ermittlung und ggf. auch Erklärung von

Präferenzen und Kaufverhalten dienen. Anhand der folgenden praktischen, beispielhaften Fragestellungen stellen wir die entsprechenden theoretischen statistischen Werkzeuge vor:

- Konfidenzintervall und Differenztest
  Variable: Differenz der Mittelwerte (kardinal).
  Beispielfragestellung: Hängt die Häufigkeit der wöchentlichen Lebensmitteleinkäufe statistisch davon ab, ob minderjährige Kinder im Haushalt leben (siehe Abschn. 1.6.3)?
- Konfidenzintervall und Differenztest
  Variable: Differenz der Anteilswerte (kardinal).
  Beispielfragestellung: Wird der Anteil der Kunden, die mit dem primär besuchten Supermarkt zufrieden sind, statistisch davon beeinflusst, ob minderjährige Kinder im Haushalt leben (siehe Abschn. 1.6.3)?
- Forced Switching Test (Substitutionstest)
  Variable: Übergangswahrscheinlichkeit (kardinal).
  Beispielfragestellung: Welches Merkmal einer Produktvariantenauswahl ist Kunden bei der Kaufentscheidung besonders wichtig (siehe Abschn. 1.6.4)?
- Multiple Regression und partieller Korrelationskoeffizient
  Variablen: Eine zu erklärende und zwei erklärende Größen (kardinal).
  Beispielfragestellung: Beeinflussen das Alter und das Einkommen der Kunden die zeitliche Beanspruchung von Finanzberatungsleistungen (siehe Abschn. 1.6.5)?
- Rangkorrelationstest
  Variablen: Zwei Merkmale mit mindestens ordinalem Messniveau.
  Beispielfragestellung: Besteht ein statistischer Zusammenhang zwischen der Intensität des Werbekontakts und der Erinnerungsleistung (siehe Abschn. 1.6.6)?
- Chi-Quadrat Unabhängigkeitstest
  Variablen: Zwei Merkmale mit mindestens nominalem Messniveau.
  Beispielfragestellung: Gibt es einen statistischen Zusammenhang zwischen dem sportlichen Engagement und der Präferenz für Biofleisch (siehe Abschn. 1.6.7)?

1.6.2 Statistische Grundlagen

Als Grundgesamtheit bezeichnet man eine festgelegte, exakt abgegrenzte Menge aller vorhandenen Untersuchungseinheiten. Die Abgrenzung erfolgt in Hinblick auf das Untersuchungsziel insbesondere in sachlicher, zeitlicher und räumlicher Hinsicht. Interessieren beispielsweise bestimmte Verteilungsparameter des Realeinkommens der Kunden eines Einzelhändlers, dann ist der Kundenstamm dieses Einzelhändlers die zu untersuchende Grundgesamtheit.

Erfasst eine Untersuchung sämtliche Einheiten einer Grundgesamtheit, dann spricht man von einer Vollerhebung. Zumeist aus Kostengründen führt man häufig aber nur Teilerhebungen durch. Man entnimmt dann der Grundgesamtheit eine Stichprobe: Durch zufällige Entnahme von n Elementen aus der Grundgesamtheit sollen die interessierenden Merkmalsausprägungen in der Grundgesamtheit geschätzt werden. Z. B. kann aus den zufälligen Variablen X_i, $i = 1, \ldots, n$, der n Stichprobenelemente (Merkmalsträger) der Mittelwert $\overline{X}$ bestimmt werden, der als Schätzung für den gesuchten mittleren Wert μ_X in der Grundgesamtheit dient. Das arithmetische Mittel $\overline{X} = \frac{1}{n} \sum_i X_i$ bezeichnet man als Schätzfunktion für den wahren Mittelwert μ_X.

Wird eine uneingeschränkte Zufallsstichprobe gezogen, so ist die Schätzfunktion $\overline{X} = \frac{1}{n} \sum_i X_i$ des wahren Werts μ_X erwartungstreu. Das bedeutet, dass unendlich viele Zufallsstichproben im Umfang von n Elementen (mit Zurücklegen) unendlich viele Mittwerte $\overline{X}$ erzeugen, die im Mittel dem wahren Wert μ_X der Grundgesamtheit mit einer Wahrscheinlichkeit von eins entsprechen. Aber: Zur Schätzung der Varianz in der Grundgesamtheit ist die Schätzfunktion $s_X^2 = \frac{1}{n} \sum_i \left(X_i - \overline{X} \right)^2$ nicht erwartungstreu: Wenn wir unendlich viele Zufallsstichproben im Umfang von n Elementen der Grundgesamtheit entnehmen (mit Zurücklegen) und jeweils die Varianz der Beobachtungswerte x_i bestimmen, dann erhalten wir im Mittel nicht die wahre Varianz σ_X^2 der Grundgesamtheit. Es tritt hier eine Verzerrung auf, auch Diskrepanz oder Bias genannt. Die Erwartungstreue ist eine erwünschte Eigenschaft von Schätzfunktionen. Wird eine uneingeschränkte Zufallsstichprobe gezogen, so lautet die erwartungstreue Schätzfunktion der Varianz σ_X^2:

$$ s_X^2 = \frac{1}{n-1} \sum_i \left(X_i - \overline{X} \right)^2 . $$

Bei dem Auswahlprozess der Untersuchungseinheiten für die Stichprobe unterscheidet man zwischen zufallsorientierten und nicht-zufallsorientierten Verfahren. Bei zufallsorientierten Verfahren, wenn sie korrekt durchgeführt werden, hat jede Person der Grundgesamtheit die gleiche Chance, in die Stichprobe zu gelangen. Wir kennen hier die einfache Zufallsauswahl, das geschichtete Zufallsverfahren, das Flächenstichprobenverfahren und das Klumpenauswahlverfahren, die wir im nachfolgenden Abschnitt erläutern.

Bei nicht-zufallsorientierten Verfahren entscheidet man bewusst darüber, welche Elemente der Grundgesamtheit in die Stichprobe gelangen sollen. Sie sind damit im Ansatz nicht repräsentativ. Zu dieser Verfahrensklasse gehört die willkürliche Auswahl, bei der man Stichprobenelemente nach Belieben benennt, die typische Auswahl, bei der man versucht, Stichprobenelemente zu benennen, die man für typisch für die Grundgesamtheit hält, und die Expertenauswahl. Bei der Expertenauswahl werden Personen benannt, die über eine besondere Sachkenntnis verfügen und deshalb geeignet erscheinen, über die Grundgesamtheit Auskunft zu geben. Im Abschn. 1.6.2.6 erläutern wir das sogenannte Quotenauswahlverfahren als ein Beispiel für ein nicht-zufallsorientiertes Verfahren.

1.6.2.1 Messverfahren

Im Allgemeinen sind objektive Ergebnisse Ziel der Untersuchung. Es sollten daher auch entsprechende Messverfahren zum Einsatz kommen. Bei objektiven Messverfahren kommen unterschiedliche Forscher stets zu gleichen Ergebnissen. Müssen aber in Interviews und Fragebögen die Antworten interpretiert und durch die Fragesteller bewertet werden, können die Verfahren keine Objektivität der Ergebnisse sicherstellen.

Messverfahren sollen überdies reliabel sein, d. h. zuverlässig. Reliabilität liegt vor, wenn die Variablenwerte reproduzierbar sind. Bei einer zweiten Messung müssen dann die gleichen Ergebnisse resultieren. Das ist zunächst nur bei objektiven Messverfahren der Fall. Zudem müssen alle Fehlerquellen im Messverfahren ausgeschaltet sein oder zumindest gleichermaßen bei jeder Messung auftreten.

Ein valides Messverfahren liefert Variablenwerte, die den zu bestimmenden Sachverhalt auch tatsächlich genau messen. Genau kann die Messung nur dann sein, wenn sie eindeutig und vollständig ist. Geht es beispielsweise um das Kaufverhalten von Personen, muss zunächst präzise definiert werden, was man unter einem Kaufverhalten versteht: Ist der letztendliche Kaufakt im Sinne eines Vertragsabschlusses gemeint oder gehört auch das Interessieren, das Informieren, das Erinnern von Werbebotschaften etc. dazu? Im ersten Fall wäre es nicht schwer, ein valides Messverfahren zu finden. Die Verhaltensweisen „Kauf" und „Nicht-Kauf" sind in der Praxis eindeutig und vollständig bestimmbar. Im zweiten Fall stoßen wir aber auf erhebliche Probleme, da wir mit einem hohen Genauigkeitsgrad auch das Interessieren, Informieren und Erinnern etc. messen müssen.

1.6.2.2 Uneingeschränkte und einfache Zufallsauswahl

Die Auswahl von Stichprobenelementen findet mit Hilfe eines geeigneten Zufallsvorgangs statt. Hierbei kann das Ergebnis nicht im Voraus eindeutig bestimmt werden.

Bei einer uneingeschränkten Zufallsstichprobe besitzt jedes Element der Grundgesamtheit die gleiche Wahrscheinlichkeit, in die Stichprobe zu gelangen. Die Auswahl einer sogenannten uneingeschränkten Zufallsstichprobe geschieht nach einem Verfahren, dass dem idealisierten „Urnenmodell" entspricht: In einer Urne befinden sich $N = 5$ Kugeln. Stellen wir uns vor, dass die Kugeln von Eins aufsteigend durchnummeriert sind. Es werden drei Kugeln gezogen. In einer uneingeschränkten Zufallsstichprobe sind alle Ziehungsergebnisse (Elementarereignisse), also die Nummern und Reihenfolgen der gezogenen Kugeln, gleich wahrscheinlich (La Place).

Von der uneingeschränkten Zufallsstichprobe ist die einfache Zufallsstichprobe zu unterscheiden: Das einfache Zufallsverfahren verfügt neben der Eigenschaft der Uneingeschränktheit auch über die Eigenschaft der Unabhängigkeit der einzelnen Ziehungsergebnisse. Stellen wir uns vor, dass von den N Kugeln n gelb und $N - n$ blau sind. Die Wahrscheinlichkeit, dass die erste gezogene Kugel gelb ist, beträgt n/N. Bei mehrmaligen Ziehungen mit Zurücklegen bleibt diese Wahrscheinlichkeit jedes Mal unverändert, es besteht stochastische Unabhängigkeit zwischen den Ergebnissen der einzelnen Züge. Der Zufallsvorgang besitzt dann die wichtige Eigenschaft, dass jede Einzelziehung beliebig oft zu unveränderten Bedingungen stattfindet.

Nicht jede uneingeschränkte Zufallsauswahl ist auch eine einfache Zufallsauswahl, wie nachfolgend erläutert wird. Wenn wir bei Ziehungen nach dem Urnenmodell die gezogene Kugel vor der nächsten Ziehung nicht zurücklegen, dann verändern sich die Wahrscheinlichkeiten nachfolgender Ergebnisse: Die Ergebnisse der einzelnen Ziehungen sind stochastisch abhängig. Es liegt kein einfaches Zufallsverfahren vor. Ist die zuerst gezogene Kugel gelb, dann beträgt die Wahrscheinlichkeit, im zweiten Zug wieder eine gelbe zu ziehen $\frac{n-1}{N-1}$. Ist die zuerst gezogene Kugel hingegen blau, dann beträgt die Wahrscheinlichkeit, im zweiten Zug eine gelbe Kugel zu ziehen $\frac{n}{N-1}$. Der Zufallsvorgang besitzt dann nicht die Eigenschaft, dass er zu unveränderten Bedingungen wiederholt wird. Die Stichprobe ist aber dennoch uneingeschränkt zufällig, weil jedes Element der Grundgesamtheit die gleiche Wahrscheinlichkeit besitzt, in die Stichprobe zu gelangen.

Wenn unsere Informationslage ausreicht, um die Grundgesamtheit zu definieren und sauber abzugrenzen, dann führt die uneingeschränkte Zufallsauswahl zu einer Stichprobe, die in ihrer Zusammensetzung zwar i. d. R. nicht der Grundgesamtheit gleicht (Stichprobenfehler), sie aber abbildet. Man sagt, die Stichprobe ist repräsentativ. Häufig hat man weitergehende (Sekundär-)Informationen über die Grundgesamtheit, deren Nutzung bei der Stichprobenauswahl und Schätzung zu einer Verringerung der Stichprobenvarianz führt.

1.6.2.3 Geschichtete Zufallsauswahl

In dem geschichteten Stichprobenverfahren besitzen wir über Parameter der Grundgesamtheit Informationen, die wir bei der Stichprobenbildung zur Verringerung der Stichprobenvarianz nutzen können. Wenn wir z. B. anhand öffentlicher Statistiken wissen, wie groß die Anteile (Schichtdicken) verschiedener Einkommensklassen (Schichten) in unserer Grundgesamtheit sind, dann können wir versuchen, in jeder Einkommensklasse eine uneingeschränkte Zufallsauswahl der zu befragenden Personen durchzuführen. Wir erhalten dann in jeder Einkommensklasse ein Befragungsergebnis, welches wir mit der relativen Schichtdicke gewichten können. Die gewichteten Befragungsergebnisse können dann zum Stichprobengesamtergebnis aggregiert werden. Bei diesem Verfahren können wir deshalb davon ausgehen, dass die Verteilung der Einkommensklassen in der Stichprobe der Verteilung dieser Klassen in der Grundgesamtheit entspricht. Dadurch reduziert sich die Varianz des Stichprobenfehlers, was in Abschn. 1.6.2.14 gezeigt wird. Analog gehen wir vor, wenn wir z. B. die Verteilung des Geschlechts in der Grundgesamtheit kennen, den Anteil der Eigenheimbesitzer oder der Familien mit mindestens zwei Kindern.

Bei Befragungen von Unternehmen können Schichten nach Branchen, Umsatz, Mitarbeiterzahl, Rechtsformen und Ähnlichem gebildet werden.

1.6.2.4 Flächenstichprobenverfahren

Manchmal sind persönliche, mündliche Befragungen in großen geographischen Gebieten durchzuführen. Sollen beispielsweise im Auftrag der Handwerkskammer Mainz die Handwerksbetriebe (Merkmalsträger) in Rheinland-Pfalz nach ihrem Weiterbildungsbedarf befragt werden, dann würde das einfache Stichprobenverfahren bei der landesweiten Aktion zu erheblichen Arbeits-, Energie- und Hotelübernachtungskosten führen. Man müsste nämlich auch kleinste Orte in der Eifel und im Hunsrück besuchen, um dort Befragungen durchzuführen, nur um dann auf kleinen Gemeindestraßen 20 Kilometer weiter in das nächste Dorf zu gelangen.

Um die Kosten zu reduzieren, könnte man zunächst Rheinland-Pfalz in Regionen (Flächen) aufteilen. Man zieht anschließend eine Zufallsstichprobe aus der Menge dieser Flächen. Daraufhin wendet man in jeder der ausgewählten Regionen erneut ein Zufallsverfahren an, um die zu befragenden Merkmalsträger zu bestimmen. Damit in dieser zweistufigen Zufallsauswahl jeder Handwerksbetrieb mit der (nahezu) gleichen Wahr-scheinlichkeit in die Stichprobe gelangen kann, sollten die Regionen so umrissen werden, dass ihre Merkmalsträgeranzahl (in etwa) gleich ist.

1.6.2.5 Klumpenauswahlverfahren

Auch hierbei handelt es sich um ein zweistufiges Zufallsverfahren. Dabei wählt man per Zufall bestimmte Institutionen (Klumpen) aus und dann aus diesen Klumpen die zu be-fragenden Merkmalsträger. Klumpen können Schulen, Hochschulen, Vereine, Betriebe etc. sein, also Institutionen, in denen sich die zu befragenden Personen aufhalten bzw. registriert sind. Der Vorteil dieser Methode liegt darin, dass man hierdurch eventuell auftretende Schwierigkeiten bei der Beschaffung von Namenslisten (Datenschutz) lösen kann. Möchte man z. B. die erwachsene Bevölkerung Kaiserslauterns befragen und ist je-der erwachsene Kaiserslauterner Mitglied genau eines Sportvereins, dann kann man dieses zweistufige Verfahren auf die Sportvereine und deren Mitglieder anwenden. Allerdings treten in der Praxis gravierende Probleme auf: So sind einzelne Personen der Grundge-samtheit in mehreren oder keinem Sportverein in Kaiserslautern Mitglied. Das verzerrt die Ergebnisse und stellt die Repräsentativität der Umfrage in Frage.

1.6.2.6 Quotenauswahlverfahren

Hierbei handelt es sich um eine willkürliche Stichprobenauswahl. Man verfügt über Infor-mationen hinsichtlich der Verteilung (Quoten) verschiedener Merkmale in der Grundge-samtheit und „baut" die Stichprobe entsprechend gezielt zusammen. In der Praxis erhalten Befrager Bögen mit Personenmerkmalen in die Hand, nach denen sie die Befragungsper-sonen aussuchen (siehe Abb. 1.18). Oder es werden nach entsprechenden Merkmalsquo-ten willkürlich Unternehmen zu einer Stichprobe zusammengestellt. Merkmale, die sich hierfür eignen sind beispielsweise die Branchenzugehörigkeit, die Produktart, die Produk-tionsorte und die Mitarbeiteranzahl. Diese Informationen lassen sich aus Sekundärquellen relativ leicht ermitteln.

Neben den bekannten Merkmalen gibt es aber noch sehr viele andere Eigenschaften von Personen bzw. Unternehmen, die nicht in die Quotenvorgaben eingehen, aber bei der willkürlichen Auswahl bewusst oder unbewusst eine Rolle spielen können. Deshalb kann die Stichprobe, die aufgrund des Quotenauswahlverfahren zustande kommt, nicht als re-präsentativ angesehen werden.

1.6.2.7 Verbundene und unverbundene Stichproben

Zur Analyse der Präferenzen und des Kaufverhaltens betrachten wir regelmäßig zwei Stichproben und schließen von der Differenz der Stichprobenergebnisse auf eine Differenz in der Grundgesamtheit (siehe Bd. I, Abschn. 3.6). Dieser Fall soll nachfolgend behandelt werden. Wir unterscheiden zwei Fälle:

a) Es werden die Ausprägungen eines Merkmals in zwei oder mehr unverbundenen (un-abhängigen, ungepaarten) Stichproben gemessen.

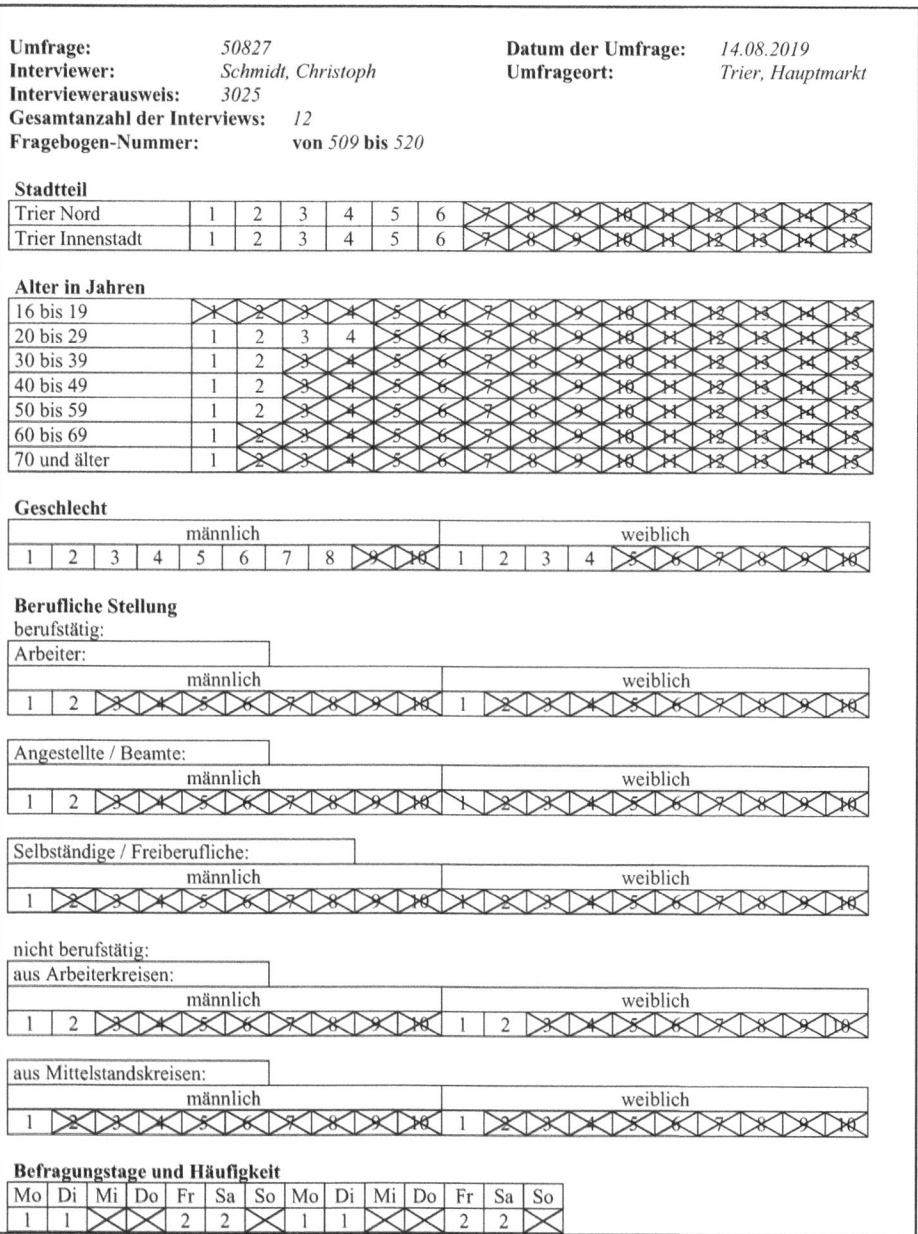

Abb. 1.18 Quotenauswahlverfahren

Beispiel

Zufällig ausgewählte Personen (Probanden) fragt man nach ihren Markenerinnerungs-leistungen vor Durchführung der Werbemaßnahme ein Haarwaschmittel. Unabhängig

Abb. 1.19 Verbundene Stichproben

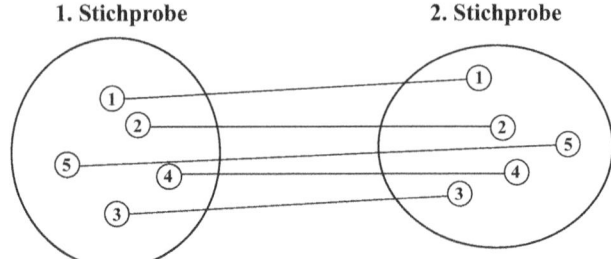

von dieser ersten Zufallsauswahl, also unverbunden, wird nach Durchführung der Werbemaßnahme bei erneut zufällig ausgewählten Personen die gleiche Befragung durchgeführt. Die Erinnerung ist das Merkmal. Die Merkmalsträger sind die Personen der ersten und die Personen der zweiten Stichprobe. Die konkreten Erinnerungsleistungen dieser Merkmalsträger sind die Ausprägungen des Merkmals.

b) Würde man in diesem Fall sogenannte verbundene Stichproben verwenden, bei denen die befragten Personen vor und nach der Werbemaßnahme dieselben bleiben, dann würde die zweite Befragung wegen des Übungseffekts durch die erste Befragung kein relevantes Ergebnis liefern.

Anders sieht es aus, wenn man z. B. die Kundenzufriedenheit mit einem Autowerkstattservice vor und nach einer gründlichen Schulung der Mitarbeiter messen möchte. Da ist einerseits die Erinnerung des Kunden integraler Bestandteil der Untersuchung und andererseits geht es darum, bei jedem Merkmalsträger (Kunde) die Differenz zweier Zufriedenheitsniveaus zu bestimmen. Es bietet sich hier an, dieselben Merkmalsträger vor und nach der Schulung zu befragen (siehe Abb. 1.19). Die beiden Stichproben sind also verbunden.

In Fragebögen und Interviews werden die Ausprägungen mehrerer unterschiedlicher Merkmale bei jedem Merkmalsträger gleichzeitig gemessen. Hier spricht man dann von verbundenen (abhängigen, gepaarten) Messungen.

Manchmal hat man die Wahl, ob man gepaarte oder ungepaarte Messungen durchführt. So kann man den Effekt eines Beruhigungsmittels ermitteln, indem man einer Gruppe das Medikament verabreicht und einer anderen Gruppe ein Placebo gibt und die Differenz der mittleren Wirkung bestimmt. Man kann aber auch den gleichen Personen in jeweils zufälliger Reihenfolge den Wirkstoff und das Placebo geben und die mittlere Wirkungsdifferenz messen. Das folgende Beispiel weist darauf hin, dass im Fall von Differenzuntersuchungen mit gepaarten Messungen die Varianz der Differenz i. d. R. kleiner ausfällt als bei ungepaarten Messungen.

Beispiel: Ergebnisvarianz unverbundener und verbundener Stichproben
An Probanden wird ein Beruhigungsmittel getestet. Im ersten Fall werden zwei unverbundene Stichproben und im zweiten Fall zwei verbundene Stichproben gebildet.

1. Fall: Unverbundene Stichproben

Zehn Personen (Stichprobe A) erhalten einen Wirkstoff gegen Einschlafprobleme, zehn weitere Personen (Stichprobe B) erhalten ein Placebo. Alle Probanden gehen davon aus, dass sie den Wirkstoff erhalten. Die nachfolgende Tabelle zeigt die Einschlafzeiten der 20 Probanden in Zeiteinheiten (ZE). Anschließend werden in jeder Gruppe die Mittelwerte über alle Probanden gebildet. Dann werden die Differenz der mittleren Einschlafzeiten und die Varianz dieser Differenz bestimmt.

A		B	
Person	ZE	Person	ZE
1	4	11	6
2	11	12	12
3	8	13	8
4	1	14	1
5	2	15	2
6	5	16	8
7	8	17	8
8	4	18	4
9	10	19	13
10	7	20	8

Die Personen der Stichprobe A benötigen im Mittel 6 Zeiteinheiten und die Personen der Gruppe B im Mittel 7 Zeiteinheiten zum Einschlafen. Die Varianz der Einschlafzeit beträgt in der A-Gruppe 10,0 und in der B-Gruppe 13,6 Zeiteinheiten zum Quadrat. Aufgrund der Unabhängigkeit der beiden unverbundenen Stichproben beträgt die Varianz der Differenz 23,6 ZE^2.

2. Fall: Verbundene Stichproben

Man misst bei 10 Personen die Einschlafdauer nach Verabreichung des Wirkstoffs und nach Gabe eines Placebos. Die Probanden gehen davon aus, dass sie jedes Mal den Wirkstoff erhalten. Die nachfolgende Tabelle enthält die Einschlafzeiten der 10 Probanden in Zeiteinheiten (ZE). Um den Effekt der Stichprobenpaarung zu verdeutlichen, werden die Einschlafdauern des 1. Falls unterstellt:

Wirkstoff		Placebo		Differenz
Person	ZE	Person	ZE	ZE
1	4	1	6	2
2	11	2	12	1
3	8	3	8	0
4	1	4	1	0
5	2	5	2	0
6	5	6	8	3
7	8	7	8	0
8	4	8	4	0
9	10	9	13	3
10	7	10	8	1

Im Mittel benötigen die zehn Personen, wenn sie den Wirkstoff erhalten, eine Zeiteinheit weniger zum Einschlafen. Die Varianz der Differenzen der Einschlafzeiten beträgt

1,4 Zeiteinheiten zum Quadrat und ist damit deutlich kleiner als bei dem unverbundenen Verfahren. Der Grund liegt darin, dass der Einfluss der zufälligen Personenauswahl auf die Varianz des Ergebnisses bei der Stichprobenpaarung geringer ist.

1.6.2.8 Nominale und ordinale Daten

Die zu untersuchenden Merkmale heißen auch Untersuchungsvariablen, Untersuchungsmerkmale oder statistische Variablen. Die Zuordnung von Variablenwerten zu den Merkmalsträgern wird als Messung bezeichnet. Für jede statistische Variable ist die Menge der möglichen Ausprägungen sowohl inhaltlich als auch formal zu definieren. Diesen Vorgang bezeichnet man als Skalierung. Nur dort, wo die Skalierung sauber erfolgt, kann auch klar sein, was der Aussagegehalt des jeweiligen Ergebnisses ist.

Eine Variable heißt nominal skaliert, wenn alternative Ausprägungen dieser Variable eine Verschiedenheit zum Ausdruck bringen. Wird zusätzlich zu einer Verschiedenheit noch eine Rangordnung erkennbar, dann heißt die Variable ordinal skaliert. Bei einer kardinal skalierten Variable sind neben einer Verschiedenheit und einer Rangordnung auch Abstände der Ausprägungen inhaltlich sinnvoll definiert.

Beispiele

a) Der Urlaubsort A liegt in Schweden und der Urlaubsort B liegt in Norwegen. In dieser Aussage drückt sich eine Verschiedenheit der Urlaubsorte aus. Eine Rangordnung ist nicht erkennbar. Die Variable „Lage" ist hier also nominal skaliert.

b) Der Urlaubsort A ist im Umkreis von 5 km von dichterem Wald umgeben als der Urlaubsort B. Die Aussage macht deutlich, dass die Anzahl der Bäume im Umkreis von 5 km um den Ort A herum größer ist als um den Ort B. Darin drückt sich eine Rangordnung aus. Offen bleibt, welche Differenz im Baumbestand vorliegt.

c) Am Urlaubsort A regnet es an 140 Tagen im Jahr und am Urlaubsort B an 165 Tagen im Jahr. Neben der Verschiedenheit und der Rangordnung der Ausprägungen wird deutlich, dass es an dem Urlaubsort B an 25 zusätzlichen Tagen regnet. Es liegt hier also ein kardinales Messniveau vor.

Wir betrachten nachfolgend Darstellungs- und Auswertungsmöglichkeiten nominaler und ordinaler Daten. Hierzu unterstellen wir beispielhaft die statistische Untersuchungsvariable „liebstes Urlaubsland" mit den möglichen Ausprägungen Land A, Land B und Land C. 75 Haushalte bitten wir jeweils unabhängig voneinander, ihr liebstes Urlaubsland zu benennen.

Nominal

Als Resultat dieser Befragung liegen dann 75 Daten vor. Bei der Auswertung der Antworten geht es zunächst darum, die absoluten Häufigkeiten H der Antworten A, B und C zu zählen. Damit wird eine erste Strukturierung der Daten vorgenommen. Das Ergebnis dieser Zählung kann man z. B. als Tabelle, als Kreis- oder als Säulendiagramm darstellen. Die Wahl der Darstellungsform ist keineswegs irrelevant: Tatsächlich können verschie-

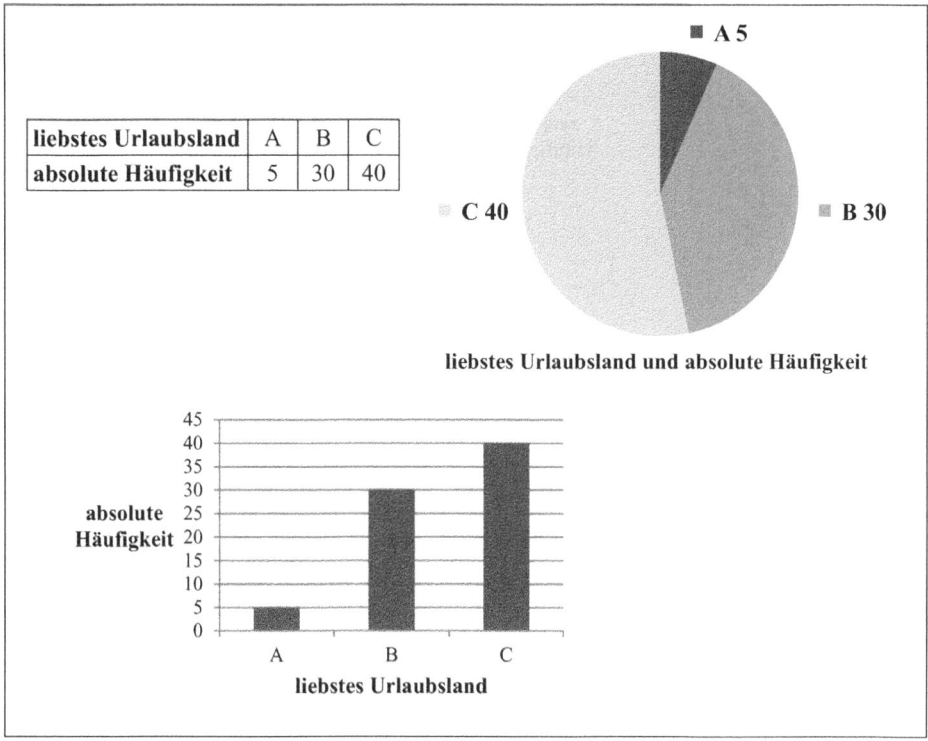

liebstes Urlaubsland	A	B	C
absolute Häufigkeit	5	30	40

Abb. 1.20 Darstellungsformen

Abb. 1.21 Suggerierte Tendenz

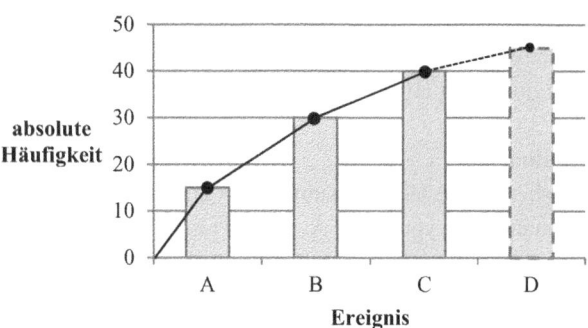

dene Personen unterschiedlich gut diese Informationen aufnehmen, je nachdem, wie sie präsentiert werden (siehe Abb. 1.20).

In Abb. 1.21 wird eine weitere Information hinzugefügt, die nicht in den ursprünglichen Daten zu finden ist: Es werden fälschlicherweise Ausprägungen „zwischen" A und B und „zwischen" B und C dargestellt (Kurve). Es wird also eine Stetigkeit unterstellt. Dabei bleibt völlig unklar, was mit den „Zwischenstufen" gemeint sein könnte. Durch die Dar-

Abb. 1.22 Eindimensionale
Häufigkeitsverteilung

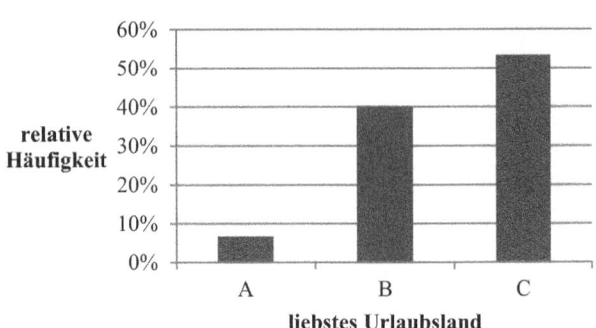

stellung wird darüber hinaus eine falsche Tendenz suggeriert. Einer Ausprägung D würde man ohne jeden rationalen Grund, alleine wegen eines durch die Darstellung erzeugten falschen Eindrucks, eine Häufigkeit von ca. H(D) = 45 zuweisen. Die Darstellung in Abb. 1.21 ist also nicht sachgerecht.

Um die Vergleichbarkeit mit anderen Untersuchungen herzustellen, die andere Umfänge besitzen, verwendet man relative Häufigkeiten. So werden strukturelle Unterschiede ersichtlich. Im Falle nur eines interessierenden Merkmals spricht man dann von einer eindimensionalen Häufigkeitsverteilung (siehe Abb. 1.22).

Da die auf der Abszisse dargestellten Merkmalsausprägungen die Eigenschaft der nominalen Skalierung besitzen, lassen sich folgende typische Kenngrößen angeben:

- Absolute und relative Häufigkeiten des Auftretens einzelner Ergebnisse
- Modus (Modalwert)

Unter dem Modus versteht man das häufigste Ereignis, in unserem Beispiel ist dies das Ereignis C mit H(C) = 40.

Ordinal

Wir betrachten jetzt die subjektive Qualitätsbeurteilung des national typischen Bier- und Weinangebots von Land A. Jeder Proband i (i = 1, ..., 75) notiert für das Land A eine Qualitätsnote x (Rang) auf einer Skala von 1 bis 3. Das Merkmal ist ordinal skaliert. Wir können die Realisationen x_i (i = 1, ..., 75) des ordinalen Merkmals gemäß ihres (schwach) aufsteigenden Rangs in eine Qualitätsrangfolge bringen: $x_{(1)} \leq x_{(2)} \leq ..., \leq$ $x_{(75)}$. Zusätzlich zum Modus können wir nun den sogenannte Median (mittlerer Wert oder Zentralwert) bestimmen.

Der Median halbiert die Rangfolge. Unterhalb des Medians liegen die Folgenglieder mit (schwach) kleineren Rangwerten und oberhalb die Folgenglieder mit (schwach) größeren Rangwerten. Bei 75 Realisationen x_i liegt die 38. Realisation in diesem Sinne in der Mitte der geordneten Reihe. Wenn z. B. 6 Probanden mit der Note 1 antworten, 29 mit der Note 2 und 40 mit der Note 3, können wir feststellen: Im Mittel (Median) entscheiden sich die Probanden für die höchste Qualitätsnote 3 des national typischen Bier- und Weinangebots.

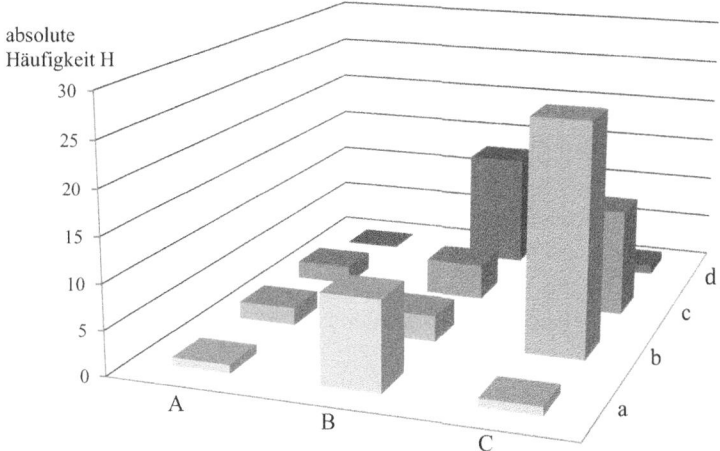

Abb. 1.23 Graphische Darstellung der Kontingenzmatrix

Zweidimensionale Häufigkeitsverteilung

Nehmen wir eine zweite (ordinale) Variable hinzu: „Sportlichkeit" mit den Ausprägungen
a: „sehr sportlich" bis d: „unsportlich". Es gibt jetzt Personen mit der Sportlichkeit a,
die das Urlaubsland A nennen, andere mit der Sportlichkeit a bevorzugen B, und einige
mit dem Sportlichkeit b bevorzugen das Urlaubsland A usw. Es sind alle Kombinationen
zwischen A, B, C und a, b, c, d denkbar.

Zur Auswertung solcher zweidimensionalen (bivariaten) Häufigkeitsverteilungen bilden wir sogenannte Kontingenzmatrizen:

		Sportlichkeit			
		a	b	c	d
Urlaubsland	A	1	2	2	0
	B	10	3	4	13
	C	1	26	12	1

Die Information der Kontingenzmatrix ist in Abb. 1.23 graphisch dargestellt.

Interessant ist die Frage, ob es einen statistischen Zusammenhang zwischen den Sport-
lichkeitsniveaus und den bevorzugten Urlaubsländern in der Grundgesamtheit gibt. Da
beide Variablen nicht kardinal skaliert sind, können wir diesen Zusammenhang nicht mit
dem herkömmlichen Korrelationskoeffizient ermitteln (siehe Bd. I, Abschn. 3.5.8). Für
nominale und ordinale Daten eignet sich der χ^2-Unabhängigkeitstest (χ^2 gesprochen: Chi-
Quadrat) zur Untersuchung der statistischen Abhängigkeit. Sind beide Variablen ordinal
skaliert, können wir den Rangkorrelationskoeffizient zur Messung des statistischen Zu-

sammenhangs heranziehen und auf Signifikanz prüfen. Wir gehen in den Abschn. 1.6.6 und 1.6.7 auf beide Verfahren im Einzelnen ein.

1.6.2.9 Kardinale Daten

Im Zusammenhang mit ordinalen und nominalen Daten haben wir den Modus und den Median kennen gelernt. Bei einer kardinal diskreten Variable kann man den Modus, also den häufigsten Wert, ohne Schwierigkeiten bestimmen. Liegt aber eine kardinal stetige Variable mit unendlich vielen unterschiedlichen Ausprägungen vor, dann lässt sich hieraus kein Modus bilden, da jede Ausprägung im Allgemeinen nur genau einmal vorkommt.

Der Median kann bei kardinal diskreten und kardinal stetigen Variablen ebenfalls ohne Probleme ermittelt werden.

Wenn die in der Grundgesamtheit oder Stichprobe gemessene Variable kardinal ist, dann können wir weitere wichtige Kenngrößen dieser Variable berechnen. Mit $u_i, i = 1, \ldots n$, kennzeichnen wir die n Werte einer Urliste. Für die Messwerte der kardinal diskreten Variable U sind der arithmetische Mittelwert, die empirische Varianz und die empirische Standardabweichung folgendermaßen definiert (siehe Bd. I, Abschn. 1.8.1):

Mittelwert $\overline{U}$ $\qquad\qquad\qquad \overline{u} = \frac{1}{n} \sum_i u_i$

Varianz Var(U) $\qquad\qquad s_U^2 = \frac{1}{n} \sum_i (u_i - \overline{u})^2$

Standardabweichung Sta(U) $s_U = +\sqrt{s_u^2}.$

1.6.2.10 Stichproben und Verteilungen

Grundsätzlich kann man drei Verteilungsarten unterscheiden:

a) Die Verteilung der Variablenwerte, die den Objekten in der Grundgesamtheit anhaften. Das ist die Verteilung in der Grundgesamtheit.
b) Die Verteilung der Variablenwerte, die den Objekten in der Zufallsstichprobe anhaften. Das ist die Stichprobenverteilung.
c) Bei statistischen Tests tritt noch die Verteilung der Prüfgröße auf: Aus den Variablenwerten der Stichprobe wird eine Prüfvariable gebildet, die ebenfalls eine Zufallsvariable ist.

Die Ausprägungen x eines kardinal skalierten diskreten Merkmals X bilden zusammen mit ihren relativen Häufigkeiten die Häufigkeitsverteilung für dieses Merkmal. Der Mittelwert, die Varianz und die Standardabweichung lassen sich mithilfe der relativen Häufigkeiten bestimmen:

Mittelwert $\overline{X}$ $\qquad\qquad\qquad \overline{x} = \sum_i h_i x_i$

Varianz Var(X) $\qquad\qquad s_X^2 = \sum_i h_i (x_i - \overline{x})^2$

Standardabweichung Sta(X) $s_X = +\sqrt{s_X^2}.$

Stellen wir uns vor, wir entnehmen der Grundgesamtheit fortwährend ein zufällig ausgewähltes Element, messen das diskrete Merkmal X und legen das Element wieder in
die Grundgesamtheit zurück. Bei zunehmend großem Stichprobenumfang ist zu erwarten,
dass die relativen Häufigkeiten in der Stichprobe immer weniger von den Punktwahrscheinlichkeiten, also von den relativen Häufigkeiten in der Grundgesamtheit abweichen.
Wir können den Erwartungswert, die Varianz und die Standardabweichung der diskreten
Variable X mithilfe der Punktwahrscheinlichkeiten $p_i = P(X = x_i)$ berechnen (siehe Bd.
I, Abschn. 3.5.1):

Erwartungswert E(X) $\mu_X = \sum_i p_i x_i$
Varianz Var(X) $\sigma_X^2 = \sum_i p_i (x_i - \mu_X)^2$
Standardabweichung Sta(X) $\sigma_X = +\sqrt{\sigma_X^2}$.

Ist die Variable X eine kardinal stetige Zufallsgröße, dann bestimmen wir die Kennzahlen der Variablen X in der Grundgesamtheit in der folgenden Weise:

Erwartungswert E(X) $\mu_X = \int_{-\infty}^{\infty} x\, f(x) dx$
Varianz Var(X) $\sigma_X^2 = \int_{-\infty}^{\infty} (x - \mu_X)^2 f(x) dx$
Standardabweichung Sta(X) $\sigma_X = +\sqrt{\sigma_X^2}$.

f(x) ist hierbei die sogenannte Dichtefunktion (siehe Bd. I, Abschn. 3.5.4). Aus der Fläche unter der Dichte über dem Intervall von a bis b kann man auf die Wahrscheinlichkeit
schließen, mit der die Realisation der Zufallsvariable in dieses Intervall fällt.

Nehmen wir aus einer Grundgesamtheit mit Merkmalsträgern, denen ein kardinal stetiges Merkmal anhaftet, eine Stichprobe, so erhalten wir eine endliche Anzahl diskreter
Messwerte der stetigen Variable. Kenngrößen der Häufigkeitsverteilung der Messwerte
dieser Urliste sind der Mittelwert $\overline{U}$, die Varianz Var(U) und die Standardabweichung
Sta(U). Zur Darstellung der Häufigkeitsverteilung sind die Messwerte zu klassieren.

Beispiel
Wir haben am 1. August eine Charge an Kunden ausgeliefert und notieren in dem folgenden halben Jahr die Reklamationen zusammen mit der genauen Eingangszeit. Die
Eingangszeit einer Reklamation ist eine kardinal stetige Variable. Bei einer Klassenbreite
von vier Wochen ergeben sich sechs Perioden und die folgende relative Häufigkeitsverteilung:

Periode	1	2	3	4	5	6
rel. Häufigkeit	10 %	5 %	30 %	5 %	10 %	40 %

30 % der Reklamationen in dieser Grundgesamtheit gehen in der 9. bis 12. Woche
(Periode 3) und 40 % der Reklamationen gehen in der 21. bis 24. Woche (Periode 6) ein.
In den anderen Zeiten sind die Reklamationseingänge unauffällig.

Abb. 1.24 Verteilung der
Reklamationseingänge

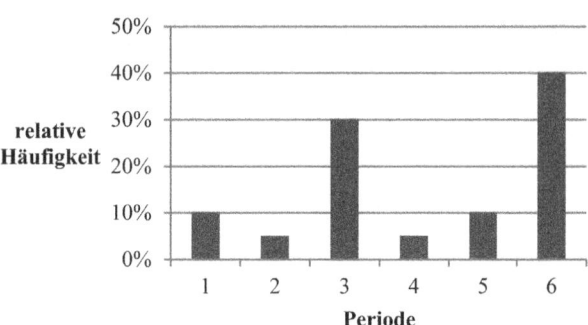

Abb. 1.25 Kumulierte
Verteilung der Reklamationseingänge

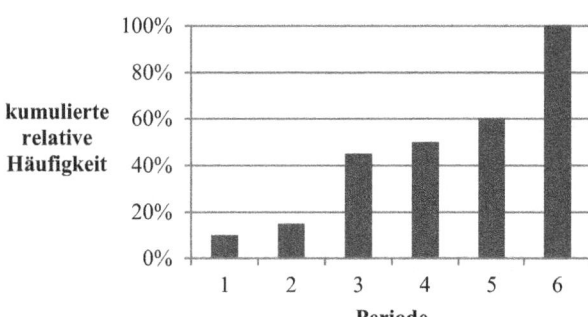

Abb. 1.24 stellt die klassierte relative Häufigkeitsverteilung der Reklamationseingänge über die Zeit dar.

Die Summenverteilung oder kumulierte Verteilung zeigt die Abb. 1.25.

1.6.2.11 Randverteilung und bedingte Verteilung

Die Kontingenzmatrix ist eine wichtige zweidimensionale Darstellungsform von Befragungsergebnissen. Beispielsweise fragen wir Probanden nach ihrer Qualitätsbeurteilung Y von Biofleisch. Zusätzlich erheben wir biographische Daten der Probanden (Korrelationsfragen) über Mitgliedschaften in Sportvereinen und Fitnessstudios. Dahinter steht die kausale Vermutung, dass sportliche Aktivitäten Determinanten der Qualitätsbeurteilung von Lebensmitteln sein können. Erkenntnisse dieser Art unterstützen die Identifikation von Marktsegmenten und die Planung der Kommunikationspolitik des Lebensmitteleinzelhandels.

x_1	Mitglied in mindestens einem Sportverein oder Fitnessstudio
x_2	Kein Mitglied in einem Sportverein oder Fitnessstudio
y_1	Hohe Qualitätsbeurteilung
y_2	Normale Qualitätsbeurteilung

Grundsätzlich können Befragungsergebnisse kardinal, ordinal oder nominal skaliert sein. In dem gewählten Beispiel ist die Qualitätsbeurteilung ordinal und die Mitgliedschaft nominal skaliert. Die Befragung von 61.077 Personen führt zu dem folgenden Ergebnis:

	y_1	y_2	$n_{i\bullet}$
x_1	12.000	16.993	28.993
x_2	17.323	14.761	32.084
$n_{\bullet j}$	29.323	31.754	61.077

Die absoluten Häufigkeiten n_{ij} in der Matrix beziehen sich auf die Schnittmengen zwischen den beiden Ausprägungen zweier Merkmale: $n_{ij} = H(X = x_i \cap Y = y_j)$. Der Index i steht für die Zeile und der Index j für die Spalte.

Beträgt die Zeilenanzahl der Kontingenzmatrix k und die Spaltenanzahl ℓ, dann berechnen sich die absoluten Randhäufigkeiten folgendermaßen:

$$n_{i\bullet} = \sum_{j=1}^{\ell} n_{ij} \qquad n_{\bullet j} = \sum_{i=1}^{k} n_{ij}$$

Bei einer absoluten Randhäufigkeit handelt es sich um die absolute Häufigkeit des Auftretens der Ausprägung x_i des Merkmals X, bzw. der Ausprägung y_j des Merkmals Y.

Die Randverteilung gibt die relativen Häufigkeiten des Auftretens von x_i bzw. y_j an. Die eindimensionale Randverteilung der Beobachtungen von X ist durch die folgende Funktion bestimmt:

$$h_{i\bullet} = h(X = x_i) = \frac{n_{i\bullet}}{n} \qquad (i = 1, \ldots, k)$$

Analog ist die Randverteilung von Y definiert:

$$h_{\bullet j} = h(Y = y_j) = \frac{n_{\bullet j}}{n} \qquad (j = 1, \ldots, \ell)$$

Exemplarisch ist nachfolgend noch einmal die Kontingenzmatrix dargestellt. Die absoluten Häufigkeiten der Beobachtungen x_i erhält man als Zeilensummen und die von y_j als Spaltensummen. Dividiert man die Zeilen- und Spaltensummen durch die Anzahl der Befragten, so erhält man mit den relativen Häufigkeiten die Randverteilungen von X und Y:

	y_1	y_2	$n_{i\bullet}$
x_1	12.000	16.993	28.993
x_2	17.323	14.761	32.084
$n_{\bullet j}$	29.323	31.754	61.077

$\Rightarrow$

	y_1	y_2	$h_{i\bullet}$
x_1	0,1965	0,2782	0,4747
x_2	0,2836	0,2417	0,5253
$h_{\bullet j}$	0,4801	0,5199	1

Die Randverteilung von X lautet dann $\begin{bmatrix} h_{1\bullet} \\ h_{2\bullet} \end{bmatrix} = \begin{bmatrix} 0{,}4747 \\ 0{,}5253 \end{bmatrix}$ und die von Y lautet

$$\begin{bmatrix} h_{\bullet 1} \\ h_{\bullet 2} \end{bmatrix} = \begin{bmatrix} 0{,}4801 \\ 0{,}5199 \end{bmatrix}.$$

Die bedingte Häufigkeit $h(X = x_1 | Y = y_2)$ des Ergebnisses x_1 unter der Bedingung des Ergebnisses y_2 berechnet sich nach der folgenden Formel:

$$h(X = x_1 | Y = y_2) = \frac{h(x_1 \cap y_2)}{h(y_2)}.$$

Unter Verwendung der Beispielzahlen bestimmen wir den Zähler $h(x_1 \cap y_2)$ aus der Kontingenzmatrix: $h_{12} = h(x_1 \cap y_2) = 0{,}2782$. Die relative Häufigkeit $h(y_2)$ erhalten wir aus der Randverteilung von Y: $h_{\bullet 2} = h(y_2) = 0{,}5199$. Die bedingte Häufigkeit beträgt dann:

$$h(X = x_1 | Y = y_2) = \frac{0{,}2782}{0{,}5199} = 0{,}5351.$$

Bei bedingten Verteilungen wird ein bestimmtes y_j festgehalten und dann gefragt, mit welcher relativen Häufigkeit sich Werte von X realisieren:

$$h_{i|y_j} = h(X = x_i | Y = y_j) \qquad i = 1, \ldots, k.$$

Oder man hält ein bestimmtes x_i fest und fragt, mit welcher relativen Häufigkeit sich Werte von Y realisieren:

$$h_{j|x_i} = h(Y = y_j | X = x_i) \qquad j = 1, \ldots, \ell.$$

Die Matrix mit den bedingten Verteilungen $h_{i|y_j} = h(X = x_i | Y = y_j), i = 1, \ldots, k$ mit $y_j = y_1$ bzw. $y_j = y_2$ lautet:

$h_{i|y_j}$	y_1	y_2
x_1	40,92 %	53,51 %
x_2	59,08 %	46,49 %
Σ	1	1

Hierbei berechnet sich $h_{i|y_j} = h(X = x_i | Y = y_j)$, $i = 1, \ldots, k$ mit $y_j = y_1$ folgendermaßen:

$$h_{i|y_1} = \begin{bmatrix} h_{11|y_1} \\ h_{21|y_1} \end{bmatrix} = \begin{bmatrix} \dfrac{h_{11}}{h_{\bullet 1}} \\ \dfrac{h_{21}}{h_{\bullet 1}} \end{bmatrix} = \begin{bmatrix} \dfrac{0{,}1965}{0{,}4801} \\ \dfrac{0{,}2836}{0{,}4801} \end{bmatrix}.$$

Die bedingte Verteilung $h_{j|x_i} = h(Y = y_j | X = x_i)$, $j = 1 \ldots \ell$ mit $x_i = x_1$ lautet analog:

$$h_{j|x_1} = \begin{bmatrix} \dfrac{0{,}1965}{0{,}4747} & \dfrac{0{,}2782}{0{,}4747} \end{bmatrix}.$$

Wenn die Verteilung von X nicht davon abhängt, welchen Wert Y annimmt, dann sprechen wir von der Unabhängigkeit von X und Y. In diesem Fall stimmt die bedingte Verteilung von X bei $Y = y_j$ ($j = 1 \ldots \ell$) mit der Randverteilung von X überein: Die

Beobachtung eines bestimmten Werts y_j liefert keine Information zu X. Analog kann festgestellt werden, dass bei Unabhängigkeit von X und Y die bedingte Verteilung von Y bei $X = x_i$ ($i = 1, \ldots, k$) mit der Randverteilung von Y übereinstimmt: Die Beobachtung eines bestimmten Werts x_i liefert keine Information zu Y.

Bei Unabhängigkeit gilt, dass die Wahrscheinlichkeit für das gemeinsame Auftreten zweier Ereignisse p_{ij} gleich dem Produkt der Wahrscheinlichkeiten dieser Ereignisse ist: $p_{ij} = p_{i\bullet} \cdot p_{\bullet j}$. Wir verwenden die relativen Randhäufigkeiten $h_{i\bullet}$ bzw. $h_{\bullet j}$ als Schätzwerte für die Wahrscheinlichkeiten $p_{i\bullet}$ bzw. $p_{\bullet j}$. Falls empirische Unabhängigkeit zwischen X und Y vorliegt, dann berechnet sich die gemeinsame relative Häufigkeit h_{ij} durch Multiplikation der relativen Randhäufigkeiten $h_{ij} = h_{i\bullet} \cdot h_{\bullet j}$.

Gehen wir zurück zu der ursprünglichen praktischen Fragestellung. Wir konstruieren aus den Randverteilungen die Kontingenzmatrix mit der Eigenschaft der Unabhängigkeit zwischen X und Y:

	y_1	y_2	$h_{i\bullet}$
x_1	0,2279	0,2468	0,4747
x_2	0,2522	0,2731	0,5253
$h_{\bullet j}$	0,4801	0,5199	1

Eine Überprüfung der Unabhängigkeit zwischen der Qualitätsbeurteilung von Biofleisch und der Mitgliedschaft in Sportvereinen und Sportstudios bei 61.077 Probanden führt zu dem folgenden Zwischenergebnis:

	y_1	y_2	$h_{i\bullet}$			y_1	y_2	$h_{i\bullet}$
x_1	0,1965	0,2782	0,4747	$\neq$	x_1	0,2279	0,2468	0,4747
x_2	0,2836	0,2417	0,5253		x_2	0,2522	0,2731	0,5253
$h_{\bullet j}$	0,4801	0,5199	1		$h_{\bullet j}$	0,4801	0,5199	1

Bereits bei dem Abgleich der beiden ersten Zellen stellt man Folgendes fest:

$$h_{11} = 0{,}1965 \neq h_{1\bullet} \cdot h_{\bullet 1} = 0{,}2279.$$

Damit hat man eine Kombination gefunden, die der Bedingung der stochastischen Unabhängigkeit zu widersprechen scheint. Es wäre jetzt aber vorschnell, zu dem Schluss zu kommen, dass zwischen den Qualitätsbeurteilungen der Kunden und ihren Mitgliedschaften ein stochastischer Zusammenhang besteht. Wegen des möglichen Stichprobenfehlers kann diese Frage erst im Rahmen eines statistischen Hypothesentests geklärt werden, den wir in Abschn. 1.6.7 darstellen (χ^2-Hypothesentest).

1.6.2.12 Zusammenhangsmaße
Die Kovarianz und der Korrelationskoeffizient sind quantitative Maße für den Zusammenhang zwischen X und Y.

a) kardinal

Unterstellen wir zunächst kardinale Variablen X und Y. Für die Kovarianz zwischen X und Y gilt gemäß Bd. I, Abschn. 3.5.9 allgemein: $Cov(X, Y) = E[(X - E(X))(Y - E(Y))] = E(XY) - E(X)E(Y)$. Die empirische Kovarianz s_{XY} ermittelt die gemeinsamen, mit den relativen Häufigkeiten gewichteten Abweichungen der Werte einer zweidimensionalen Zahlenreihe $(x_1, y_1), \ldots, (x_n, y_n)$ von ihren empirischen Erwartungswerten $\bar{x}$ und $\bar{y}$:

$$s_{XY} = \sum_i h_i (x_i - \bar{x})(y_i - \bar{y}) = \sum_i h_i \cdot x_i y_i - \sum_i h_i x_i \cdot \sum_i h_i y_i.$$

Dividiert man die empirische Kovarianz durch das Produkt der beiden Standardabweichungen s_X und s_Y, so erhält man mit dem empirischen Korrelationskoeffizienten nach Bravais und Pearson[4], ein auf den Wertebereich $[-1, 1]$ normiertes Zusammenhangsmaß (siehe Bd. I, Abschn. 3.5.8):

$$r_{XY} = \frac{s_{XY}}{s_X \cdot s_Y}.$$

b) ordinal

Gehen wir jetzt davon aus, dass die statistischen Variablen X und Y ordinal skaliert sind. Wir bezeichnen mit $\varrho(x_i) = \varrho_i$ (rho) den Rang von x_i und mit $\varsigma(y_j) = \varsigma_j$ (sigma) den Rang von y_j. Wir nehmen die folgenden Rangfolgen an: $\varrho(x_i) \geq \varrho(x_{i-1})$ und $\varsigma(y_j) \geq \varsigma(y_{j-1})$.

Wir stellen uns jetzt die Frage, ob die beiden ordinal skalierten Merkmale X und Y, die den Merkmalsträgern der Grundgesamtheit anhaften, einen positiven oder negativen Zusammenhang aufweisen. Der statistische Zusammenhang lässt sich mithilfe der Rangkovarianz $Cov(R, S)$ bzw. mithilfe des Rangkorrelationskoeffizienten $Korr(R, S)$ nach Spearman[5] berechnen.

Beispiel

Die nachfolgende Kontingenzmatrix zeigt die Merkmalsausprägungen der Variablen X und Y, die an 61.077 Merkmalsträgern gemessen wurden. In diesem Beispiel gehen wir davon aus, dass die Variablen X und Y ordinal skaliert sind und es gilt: $\varrho(x_2) > \varrho(x_1)$ und $\varsigma(y_2) > \varsigma(y_1)$. Die rechte Matrix zeigt die Randverteilungen. Der Index i kennzeichnet hier die möglichen Ausprägungen x_i des Merkmals X und der Index j steht für die möglichen Ausprägungen y_j des Merkmals Y:

	y_1	y_2	$n_{i\bullet}$
x_1	12.000	16.993	28.993
x_2	17.323	14.761	32.084
$n_{\bullet j}$	29.323	31.754	61.077

$\Rightarrow$

	y_1	y_2	$h_{i\bullet}$
x_1	0,1965	0,2782	0,4747
x_2	0,2836	0,2417	0,5253
$h_{\bullet j}$	0,4801	0,5199	1

---

[4] A. Bravais (1811–1863), K. Pearson (1857–1936).
[5] Ch. Spearman (1863–1945).

Der Rangkorrelationskoeffizient nach Spearman lautet:

$$r_{RS} = \frac{\frac{1}{n} \sum_{i=1}^{n} (\varrho_i - \overline{\varrho})(\varsigma_i - \overline{\varsigma})}{\sqrt{\frac{1}{n} \sum_{i=1}^{n} (\varrho_i - \overline{\varrho})^2} \cdot \sqrt{\frac{1}{n} \sum_{i=1}^{n} (\varsigma_i - \overline{\varsigma})^2}}$$

Folgender Hinweis ist wichtig: Der Index i (i = 1 ... n) kennzeichnet in dieser Formel die einzelnen Merkmalsträger und nachfolgend wieder die einzelnen Ausprägungen x_i, (i = 1 ... k). Die Berechnung des Rangkorrelationskoeffizienten für die Ränge $\varrho(x_{(i)})$ bzw. $\varsigma(y_{(j)})$ liefert die folgenden Zwischenergebnisse:

$$\overline{\varrho} = \sum_{i=1}^{k} \frac{n_{i\bullet}}{n} \varrho\left(x_{(i)}\right) = 0{,}4747 \cdot 1 + 0{,}5253 \cdot 2 = 1{,}5253$$

$$\overline{\varsigma} = \sum_{j=1}^{\ell} \frac{n_{\bullet j}}{n} \varsigma\left(y_{(j)}\right) = 0{,}4801 \cdot 1 + 0{,}5199 \cdot 2 = 1{,}5199$$

$$\begin{aligned}
\text{Cov}(R, S) =\ & 0{,}1965 \cdot (1 - 1{,}5253)(1 - 1{,}5199) \\
& + 0{,}2782 \cdot (1 - 1{,}5253)(2 - 1{,}5199) \\
& + 0{,}2836 \cdot (2 - 1{,}5253)(1 - 1{,}5199) \\
& + 0{,}2417 \cdot (2 - 1{,}5253)(2 - 1{,}5199) = -0{,}03143 \\
\text{Var}(R) =\ & 0{,}4747 \cdot (1 - 1{,}5253)^2 + 0{,}5253 \cdot (2 - 1{,}5253)^2 = 0{,}2494 \\
\text{Var}(S) =\ & 0{,}4801 \cdot (1 - 1{,}5199)^2 + 0{,}5199 \cdot (2 - 1{,}5199)^2 = 0{,}2496.
\end{aligned}$$

In der Stichprobe besteht also ein schwacher gegenläufiger Zusammenhang zwischen den Rängen der ordinal skalierten Variablen X und Y:

$$r_{RS} = \frac{-0{,}03143}{\sqrt{0{,}2494} \cdot \sqrt{0{,}2496}} = -0{,}1260.$$

Wegen des möglichen Stichprobenfehlers kann man erst mithilfe eines statistischen Hypothesentests von dem Stichprobenergebnis auf Merkmale der Grundgesamtheit schließen. Den entsprechenden Rangkorrelationstest stellen wir in Abschn. 1.6.6 ausführlich dar.

c) nominal

Bei nominalen Daten lässt sich keine Kovarianz bzw. Rangkovarianz berechnen. Demzufolge können auch keine Korrelationskoeffizienten bestimmt werden. Doch gibt es hier einen Ausweg: Die Quadratische Kontingenz ist ein Maß für die statistische Abhängigkeit zwischen zwei nominalen Größen X und Y. Der Grundgedanke ist folgender: Unter der Annahme stochastischer Unabhängigkeit zwischen den Variablen X und Y können alle gemeinsamen Wahrscheinlichkeiten p_{ij} aus den Randwahrscheinlichkeiten bestimmt werden: $p_{ij} = p_{i\bullet} \cdot p_{\bullet j}$. Für die gemessenen relativen Häufigkeiten h_{ij} sind alleine schon wegen des Stichprobenfehlers Abweichungen von p_{ij} zu erwarten. Je größer die Differenzen $h_{ij} - p_{ij}$ ausfallen, desto stärker wird die Vermutung gestützt, dass die anfängliche Annahme falsch ist und keine Unabhängigkeit vorliegt.

Die gemeinsamen Wahrscheinlichkeiten p_{ij} schätzt man unter Annahme der Unabhängigkeit als Produkt aus den relativen Randhäufigkeiten: $h_{i\bullet} \cdot h_{\bullet j}$. Wir bilden dann die Differenz $\Delta h_{ij} = h_{ij} - h_{i\bullet} \cdot h_{\bullet j}$. Eine kleine Umwandlung definiert den Ausdruck E_{ij}:

$$\Delta h_{ij} = \frac{n_{ij}}{n} - \frac{n_{i\bullet}}{n} \cdot \frac{n_{\bullet j}}{n} \qquad \Big| \cdot n$$

$$\Delta H_{ij} = n_{ij} - \frac{n_{i\bullet} \cdot n_{\bullet j}}{n}$$

$$\Delta H_{ij} = n_{ij} - E_{ij}.$$

Die Quadratische Kontingenz (oder auch χ^2-Koeffizient) als Maß der Abhängigkeit nominaler Daten, ist folgendermaßen definiert:

$$QK = \sum_{i=1}^{k} \sum_{j=1}^{\ell} \frac{(n_{ij} - E_{ij})^2}{E_{ij}}.$$

Sie besitzt eine untere Schranke von Null und ist nach oben offen. Den QK-Wert berechnen wir aus zwei Matrizen. Die eine Matrix gibt das bekannte Stichprobenergebnis wieder:

	y_1	y_2	$n_{i\bullet}$
x_1	12.000	16.993	28.993
x_2	17.323	14.761	32.084
$n_{\bullet j}$	29.323	31.754	61.077

Die andere Matrix wird als theoretischer Vergleichsstandard verwendet: Sie besitzt bei gleicher Randverteilung die Unabhängigkeitseigenschaft. Wir berechnen die Vergleichsmatrix folgendermaßen. Für jede Zelle bestimmen wir den entsprechenden E_{ij}-Wert:

	y_1	y_2
x_1	$61.077 \cdot 0{,}4747 \cdot 0{,}4801$	$61.077 \cdot 0{,}4747 \cdot 0{,}5199$
x_2	$61.077 \cdot 0{,}5253 \cdot 0{,}4801$	$61.077 \cdot 0{,}5253 \cdot 0{,}5199$

Die Vergleichmatrix lautet:

	y_1	y_2	$n_{i\bullet}$
x_1	13.920	15.074	28.994
x_2	15.403	16.680	32.083
$n_{\bullet j}$	29.323	31.754	61.077

Die Quadratische Kontingenz kann folgendermaßen aus dem Stichprobenergebnis berechnet werden:

$$QK = \frac{(12.000 - 13.920)^2}{13.920} + \frac{(16.993 - 15.074)^2}{15.074} + \frac{(17.323 - 15.403)^2}{15.403}$$
$$+ \frac{(14.761 - 16.680)^2}{16.680} = 969{,}22.$$

Die Quadratische Kontingenz wird als Prüfgröße im χ^2-Test der stochastischen Unabhängigkeit der Variablen X und Y in der Grundgesamtheit verwendet (siehe Abschn. 1.6.7).

1.6.2.13 Grundlegende Rechenregeln

In den folgenden Abschn. 1.6.3–1.6.7 kommen grundlegende Rechenregeln der Statistik mehrdimensionaler Verteilungen zum Einsatz. Begründungen zu diesen Rechenregeln finden sich in Bd. I, Abschn. 3.5.9–3.5.11:

[1] Für zwei und mehr Zufallsvariablen gilt, dass der Erwartungswert der Summe gleich der Summe der Erwartungswerte ist: $E\left(\sum_i X_i\right) = \sum_i E(X_i)$.

[2] Sind die Erwartungswerte der Zufallsvariablen X_i überdies gleich groß, d. h. $\mu = E(X_i)$, so folgt: $E\left(\sum_{i=1}^n X_i\right) = n\mu$.

[3] Die Varianz von X kann folgendermaßen berechnet werden (Varianzzerlegung): $Var(X) = E\left[(X - E(X))^2\right] = E(X^2) - (E(X))^2$.

[4] Die Varianz der Summe zweier diskreter Zufallsvariablen ist gleich der Summe der Varianzen, zuzüglich der doppelten Kovarianz zwischen diesen Zufallsvariablen: $Var(X + Y) = Var(X) + Var(Y) + 2Cov(X, Y)$.

[5] Stochastisch unabhängige Variablen sind unkorreliert. Ihre Kovarianz ist null. Umgekehrt gilt dies nicht: Sind zwei Zufallsvariablen unkorreliert, so kann nicht geschlossen werden, dass sie stochastisch unabhängig sind. Aus der Unkorreliertheit folgt, dass der Erwartungswert des Produkts zweier Variablen gleich dem Produkt der Erwartungswerte ist: $E(XY) = E(X) \cdot E(Y)$.

[6] Sind die Zufallsvariablen unabhängig und somit die Kovarianzen zwischen den paarweisen Zufallsvariablen gleich null, so gilt für zwei und mehr Zufallsvariablen, dass die Varianz einer Summe gleich der Summe der Varianzen dieser Zufallsvariablen ist: $Var\left(\sum_i X_i\right) = \sum_i Var(X_i)$.

[7] Liegt der Fall stochastischer Unabhängigkeit und identischer Verteilung vor, so gilt: $Var\left(\sum_{i=1}^n X_i\right) = n\sigma^2$ mit $\sigma^2 = Var(X_i)$.

[8] Bildet man aus den Zufallsvariablen $X_1, X_2, \ldots, X_n$ die Funktion $\overline{X} = \frac{1}{n}\sum_{i=1}^n X_i$, dann ist $\overline{X}$ selbst eine Zufallsvariable. Wir nehmen jetzt an, dass die einzelnen Zufallsvariablen X_i alle identisch verteilt und stochastisch unabhängig sind. Damit sind die Erwartungswerte μ und Varianzen σ^2 der einzelnen Zufallsvariablen X_i alle gleich. Dann gelten die beiden folgenden Zusammenhänge: $E(\overline{X}) = \mu$ und $Var(\overline{X}) = \frac{1}{n}\sigma^2$.

[9]   Es sei $Z = aX + bY$. Dann gilt: $E(Z) = aE(X) + bE(Y)$ und $\text{Cov}(aX, bY) = ab\text{Cov}(X, Y)$. Es kann hieraus die Varianz von $Z = aX + bY$ bestimmt werden: $\text{Var}(Z) = a^2\text{Var}(X) + b^2\text{Var}(Y) + 2ab\text{Cov}(X, Y)$.

[10] Die Summe von Zufallsvariablen X_i ($i = 1, \ldots, n$) lässt sich für hinreichend große n unter bestimmten Annahmen ausreichend genau mit Hilfe der Normalverteilung beschreiben (Zentraler Grenzwertsatz): Seien $X_1, X_2, \ldots, X_n$ unabhängig und identisch verteilte Zufallsvariablen mit $E(X_i) = \mu$ und $\text{Var}(X_i) = \sigma^2$. Sei S_n die Summe $X_1 + X_2 + \ldots + X_n$ und $\overline{X}_n = S_n/n$ das arithmetische Mittel dieser Zufallsvariablen. Dann strebt die Verteilungsfunktion F_n der standardisierten Größe $Z_n = \frac{S_n - n\mu}{\sigma\sqrt{n}} = \frac{\overline{X}_n - \mu}{\sigma/\sqrt{n}}$ mit wachsendem n gegen die Standardnormalverteilung $F_n(z) \to F_{st}(z)$ für $n \to \infty$.

1.6.2.14 Vorteil geschichteter Stichproben

Die Stichprobenauswahl erfolgt nach einem der Zufallsverfahren gemäß Abschn. 1.6.2.2–1.6.2.5. Bei der Planung des Stichprobenverfahrens stellt sich die grundsätzliche Frage, ob man eine Schichtung vornehmen sollte. Durch eine Schichtung kann die Varianz des Stichprobenfehlers reduziert werden, wie nachfolgend an einem speziellen Fall gezeigt wird. Siehe hierzu auch die Legende in Abb. 1.26.

In einer Grundgesamtheit Ω (Omega) befinden sich N Merkmalsträger: $\Omega = \{i, i = 1, \ldots, N\}$. Das interessierende kardinal skalierte Merkmal bezeichnen wir mit Θ (The-

k	Anzahl d. Schichten
μ	Mittelwert von Θ in der Grundgesamtheit
$\hat{\mu}$	Schätzung des Mittelwerts von Merkmal Θ (geschichtete Stichprobe)
μ_s	Mittelwert von Θ in Schicht s
n	Anzahl der Merkmalsträger in der Stichprobe
n_s	Anzahl der Merkmalsträger in Schicht s (Stichprobe)
N	Anzahl der Merkmalsträger in der Grundgesamtheit
N_s	Anzahl der Merkmalsträger in Schicht s (Grundgesamtheit)
p_i	Punktwahrscheinlichkeit von Merkmalsausprägung ϑ_i
p_s	Wahrscheinlichkeit von Schicht s
$p_{i\mid s}$	bedingte Punktwahrscheinlichkeit
s_i, S	Schicht i, Menge aller Schichten
σ_s^2	Varianz von Θ in Schicht s
ϑ	Merkmalsausprägung (theta)
$\overline{\vartheta}_g, \overline{\vartheta}_u$	Mittelwert gerader bzw. ungerader Würfelergebnisse in der Stichprobe
Θ	Merkmal (Theta)
$\overline{\Theta}$	Mittelwert von Θ in der Stichprobe
$\overline{\Theta}_s$	Mittelwert von Θ in Schicht s der Stichprobe

Abb. 1.26 Geschichtetes vs. ungeschichtetes Verfahren: Legende

ta). Der mittlere Wert dieses Merkmals in der Grundgesamtheit, der Erwartungswert $\mu = E(\Theta)$, ist unbekannt und soll durch eine Stichprobe geschätzt werden. Es wird nachfolgend gezeigt, dass die Varianz des Merkmalsmittelwerts des ungeschichteten Stichprobenergebnisses $\mathrm{Var}(\overline{\Theta})$ die Varianz des gewichteten Mittelwerts des geschichteten Stichprobenergebnisses $\mathrm{Var}(\hat{\mu})$ übersteigt. Zunächst bestimmen wir die Varianz von Θ in der ungeschichteten Grundgesamtheit.

Die Varianz von Θ in der Grundgesamtheit lautet: $\mathrm{Var}(\Theta) = \sum_{i \in \Omega} p_i \cdot (\vartheta_i - \mu)^2$. Hierbei kennzeichnen ϑ_i (theta), $i = 1, \ldots, N$, die Merkmalsausprägungen in der Grundgesamtheit. Wir nehmen weiter an, dass die Grundgesamtheit aus k Schichten besteht und jedes ϑ_i zu genau einer Schicht $s \in S = \{s_1, s_2, \ldots, s_k\}$ gehört. Wir können jetzt die Varianz des Merkmals Θ in der Grundgesamtheit so darstellen, dass die Schichtung in der Formel sichtbar wird:

$$
\begin{aligned}
&\mathrm{Var}(\Theta) \\
&= \sum_{i \in \Omega} p_i \cdot (\vartheta_i - \mu)^2 = \sum_{s \in S} \sum_{i \in s} p_i \cdot (\vartheta_i - \mu)^2 \\
&= \sum_{s \in S} p_s \cdot \left\{ \sum_{i \in s} \frac{p_i}{p_s} (\vartheta_i - \mu_s + \mu_s - \mu)^2 \right\} \\
&= \sum_{s \in S} p_s \cdot \left\{ \sum_{i \in s} p_{i|s} \left[(\vartheta_i - \mu_s)^2 + 2(\vartheta_i - \mu_s) \cdot (\mu_s - \mu) + (\mu_s - \mu)^2 \right] \right\} \\
&= \sum_{s \in S} p_s \cdot \left\{ \sum_{i \in s} p_{i|s}(\vartheta_i - \mu_s)^2 + 2(\mu_s - \mu) \cdot \underbrace{\sum_{i \in s} p_{i|s}(\vartheta_i - \mu_s)}_{\mu_s - \mu_s = 0} + (\mu_s - \mu)^2 \underbrace{\sum_{i \in s} p_{i|s}}_{= 1} \right\} \\
&= \sum_{s \in S} p_s \cdot \left\{ \sigma_s^2 + (\mu_s - \mu)^2 \right\}
\end{aligned}
$$

Die Varianz von Θ in der Grundgesamtheit Ω kann also in folgender Weise berechnet werden:

$$
\mathrm{Var}(\Theta) = \underbrace{\sum_{s \in S} p_s \cdot \sigma_s^2}_{\substack{\text{Varianz} \\ \text{in den Schichten}}} + \underbrace{\sum_{s \in S} p_s \cdot (\mu_s - \mu)^2}_{\substack{\text{Varianz der} \\ \text{Schichtenmittelwerte}}}.
$$

$\sum_{s \in S} p_s \cdot (\mu_s - \mu)^2$ ist die Streuung der Schichtenmittelwerte um den Mittelwert der Grundgesamtheit $\mu = E(\Theta)$.

Wir nehmen jetzt eine einfache Zufallsstichprobe aus der Grundgesamtheit Ω im Umfang von n. Die einzelnen Zufallsvariablen Θ_i sind identisch verteilt wie das Merkmal Θ und stochastisch unabhängig (siehe die Rechenregel in Abschn. 1.6.2.13, [8]). Die Varianz des Mittelwerts $\overline{\Theta}$ des ungeschichteten Stichprobenergebnisses lautet:

$$\text{Var}(\overline{\Theta}) = \frac{1}{n}\text{Var}(\Theta) = \frac{1}{n}\sum_{i\in\Omega} p_i \cdot (\vartheta_i - \mu)^2 = \frac{1}{n}\sum_{s\in S} p_s \cdot \sigma_s^2 + \frac{1}{n}\sum_{s\in S} p_s \cdot (\mu_s - \mu)^2.$$

Wir berechnen jetzt die Varianz des gewichteten Mittelwerts des geschichteten Stichprobenergebnisses. Beim geschichteten Stichprobenverfahren ziehen wir je Schicht eine
einfache Zufallsstichprobe im Umfang von n_s. Bei proportional geschichteten Stichproben
berechnen sich die Stichprobenumfänge in der folgenden Weise: Es sei N_s die Anzahl der
Elemente in der Schicht s der Grundgesamtheit. Der Anteil der Stichprobenelemente aus
Schicht s in der Stichprobe stimmt mit dem Anteil der Schicht s in der Grundgesamtheit
überein:

$$\frac{n_s}{n} = \frac{N_s}{N} = p_s.$$

Der Mittelwert des geschichteten Stichprobenergebnisses lautet:

$$\hat{\mu} = \sum_{s\in S} p_s \cdot \overline{\Theta}_s.$$

Es kann jetzt die Varianz des gewichteten Mittelwerts des geschichteten Stichprobenergebnisses bestimmt werden (siehe die Rechenregeln in Abschn. 1.6.2.13, [6], [8], [9]):

$$\text{Var}(\hat{\mu}) = \text{Var}\left(\sum_{s\in S} p_s \cdot \overline{\Theta}_s\right) = \sum_{s\in S} p_s^2 \cdot \text{Var}\left(\overline{\Theta}_s\right) = \sum_{s\in S} p_s \cdot \frac{n_s}{n} \cdot \frac{\sigma_s^2}{n_s}$$

$$= \sum_{s\in S} p_s \cdot \frac{\sigma_s^2}{n} = \frac{1}{n}\sum_{s\in S} p_s \cdot \sigma_s^2.$$

Der Vergleich der geschichteten Stichprobenvarianz $\text{Var}(\hat{\mu})$ mit der ungeschichteten
Stichprobenvarianz $\text{Var}(\overline{\Theta})$ führt zu dem folgenden Ergebnis:

$$\text{Var}(\overline{\Theta}) - \text{Var}(\hat{\mu}) = \frac{1}{n}\sum_{s\in S} p_s \cdot (\mu_s - \mu)^2 \geq 0.$$

Die Varianz des ungeschichteten Stichprobenergebnisses ist größer oder gleich als
die Varianz des geschichteten Ergebnisses. Es tritt eine Differenz in Höhe der Streuung
der Schichtenmittelwerte um den Mittelwert der Grundgesamtheit $\mu = E(\Theta)$ auf. Die
Schichtung bringt Vorteile, da sie die Unsicherheit bei der Schätzung des mittleren Merkmalswerts der Grundgesamtheit verringert.

1. Beispiel

Wir werfen einen idealen Würfel genau ein Mal. Es tritt ein Ergebnis aus der Menge
$\{1, 2, 3, 4, 5, 6\}$ mit der Wahrscheinlichkeit $\frac{1}{6}$ ein. Die Ergebnisvarianz lautet:

$$\mathrm{Var}(\Theta) = \sum_{i \in \Omega} p_i \cdot (\vartheta_i - \mu)^2 = \frac{1}{6} \cdot (1 - 3{,}5)^2 + \frac{1}{6} \cdot (2 - 3{,}5)^2 + \frac{1}{6} \cdot (3 - 3{,}5)^2$$

$$+ \frac{1}{6} \cdot (4 - 3{,}5)^2 + \frac{1}{6} \cdot (5 - 3{,}5)^2 + \frac{1}{6} \cdot (6 - 3{,}5)^2 = 2{,}9167.$$

Wir wollen jetzt die Varianz des Würfelergebnisses unter der Berücksichtigung der Schichtung berechnen. Der Erwartungswert der geraden Zahlen beträgt 4 und der ungeraden 3:

$$\mu_g = \frac{1}{3} \cdot 2 + \frac{1}{3} \cdot 4 + \frac{1}{3} \cdot 6 = 4 \quad \text{und} \quad \mu_u = \frac{1}{3} \cdot 1 + \frac{1}{3} \cdot 3 + \frac{1}{3} \cdot 5 = 3.$$

Die Ergebnisvarianz unter der Bedingung gerader Zahlen lautet:

$$\sigma_{i|g}^2 = \frac{1}{3} \cdot (2 - 4)^2 + \frac{1}{3} \cdot (4 - 4)^2 + \frac{1}{3} \cdot (6 - 4)^2 = 2{,}6667.$$

Analog kann die Ergebnisvarianz unter der Bedingung ungerader Zahlen berechnet werden:

$$\sigma_{i|u}^2 = \frac{1}{3} \cdot (1 - 3)^2 + \frac{1}{3} \cdot (3 - 3)^2 + \frac{1}{3} \cdot (5 - 3)^2 = 2{,}6667.$$

Die Varianz des Würfelergebnisses gleicht der oben ermittelten Ergebnisvarianz:

$$\mathrm{Var}(\Theta) = \sum_{s \in S} p_s \cdot \sigma_s^2 + \sum_{s \in S} p_s \cdot (\mu_s - \mu)^2$$

$$= \left(\frac{1}{2} \cdot 2{,}6667 + \frac{1}{2} \cdot 2{,}6667 \right) + \left(\frac{1}{2} \cdot (4 - 3{,}5)^2 + \frac{1}{2} \cdot (3 - 3{,}5)^2 \right) = 2{,}9167.$$

Da die Würfelergebnisse identisch verteilt und unabhängig sind, kann die Varianz des Mittelwerts von n = 6 Würfelergebnissen leicht bestimmt werden:

$$\mathrm{Var}(\overline{\Theta}) = \frac{1}{n} \sum_{s \in S} p_s \cdot \sigma_s^2 + \frac{1}{n} \sum_{s \in S} p_s \cdot (\mu_s - \mu)^2$$

$$= \frac{1}{6} \cdot \left(\frac{1}{2} \cdot 2{,}6667 + \frac{1}{2} \cdot 2{,}6667 \right) + \frac{1}{6} \cdot \left(\frac{1}{2} \cdot (4 - 3{,}5)^2 + \frac{1}{2} \cdot (3 - 3{,}5)^2 \right)$$

$$= 0{,}4861.$$

Unter $\overline{\Theta}_g$ bzw. $\overline{\Theta}_u$ verstehen wir die Mittelwerte (empirisch) aus den geraden bzw. den ungeraden Würfelergebnissen. Werden diese Schichtenmittelwerte mit $p_s = \frac{1}{2}$ gewichtet, ergibt sich der gewichtete Mittelwert des geschichteten Stichprobenergebnisses: $\hat{\mu} = \frac{1}{2}\overline{\Theta}_g + \frac{1}{2}\overline{\Theta}_u$. Wir berechnen die Varianz von $\hat{\mu}$:

$$\mathrm{Var}(\hat{\mu}) = \mathrm{Var}\left(\frac{1}{2}\overline{\Theta}_g + \frac{1}{2}\overline{\Theta}_u \right) = \frac{1}{n} \sum_{s \in S} \frac{1}{2} \cdot \sigma_s^2 = \frac{1}{6} \cdot \left(\frac{1}{2} \cdot 2{,}6667 + \frac{1}{2} \cdot 2{,}6667 \right)$$

$$= 0{,}4445.$$

Die Varianz des gewichteten Mittelwerts des geschichteten Stichprobenergebnisses ist um 0,0417 geringer als die Varianz des ungeschichteten Stichprobenergebnisses:

$$\text{Var}(\overline{\Theta}) - \text{Var}(\hat{\mu}) = \frac{1}{n} \sum_{s \in S} p_s \cdot (\mu_s - \mu)^2$$

$$= \frac{1}{6} \cdot \left(\frac{1}{2} \cdot (4 - 3{,}5)^2 + \frac{1}{2} \cdot (3 - 3{,}5)^2 \right) = 0{,}0417.$$

2. Beispiel

Der Erwartungswert der Augenzahlen beim Werfen eines nicht notwendigerweise idealen Würfels soll durch Ausprobieren abgeschätzt werden. Zehnmaliges Werfen ergibt die folgenden Ergebnisse: 6, 4, 6, 2, 6, 6, 3, 4, 2, 3. Wird der arithmetische Mittelwert in der Stichprobe zum Schätzen des Erwartungswerts μ verwendet, so erhält man: $\overline{\theta} = \frac{42}{10} = 4{,}20$.

Unterstellen wir jetzt, dass die Wahrscheinlichkeit des Wurfs einer geraden Augenzahl mit der einer ungeraden Augenzahl übereinstimmt. Diese Information soll beim Schätzen des Erwartungswerts genutzt werden. Der ersten Schicht werden alle gewürfelten geraden Augenzahlen zugeordnet, der zweiten Schicht alle ungeraden. Der Mittelwert der acht geraden Augenzahlen beträgt $\overline{\theta}_g = \frac{36}{8} = 4{,}5$ und der Mittelwert der zwei ungeraden Augenzahlen beträgt $\overline{\theta}_u = \frac{6}{2} = 3$. Zur Schätzung des Erwartungswerts werden diese Mittelwerte mit den als bekannt vorausgesetzten Wahrscheinlichkeiten von je 50 % gewichtet. Es ergibt sich:

$$\hat{\mu} = 0{,}5 \cdot \overline{\theta}_g + 0{,}5 \cdot \overline{\theta}_u = 0{,}5 \cdot 4{,}5 + 0{,}5 \cdot 3 = 3{,}75.$$

Es fällt auf, dass bei gleicher Urliste die Schätzung des Erwartungswerts unterschiedlich ausfällt, je nachdem ob die zusätzliche Schichtungsinformation in die Berechnung eingeht oder nicht. Der Grund für die Abweichung des arithmetischen Mittelwerts $\overline{\theta} = 4{,}20$ vom gewichteten Mittelwert bei Schichtung $\hat{\mu} = 3{,}75$ liegt darin, dass zufällig mehr gerade Zahlen als ungerade Zahlen gewürfelt wurden. Durch die Schichtung und die Gewichtung mit je 50 % wird die daraus entstehende zufällige Abweichung korrigiert. Betrachtet man alle Kombinationen möglicher Würfelergebnisse, führt die Schichtung im Mittel zu einer Verbesserung der Schätzung: Die Varianz der Schätzfunktion bei Schichtung ist kleiner als die Varianz der Schätzfunktion beim ungeschichteten Verfahrens.

1.6.2.15 Parametrische und nichtparametrische Verfahren

Parametrische Verfahren erfordern spezielle Annahmen über die Merkmalsverteilung in der Grundgesamtheit. In Bd. I, Kap. 3 werden verschiedene Konfidenzintervalle, statistische Testmodelle und die Methode der Regressionsrechnung vorgestellt. Die hierfür unterstellte Untersuchungsumgebung erfüllt diese Voraussetzung.

Nichtparametrische Verfahren benötigen diese Verteilungsannahmen nicht und eignen sich für die Auswertung einer ordinalen und insbesondere auch nominalen Datenbasis. Insofern ist die Anwendbarkeit nichtparametrischer Verfahren breiter. Die Herleitung der zumeist diskreten Teststatistik erfolgt bei nichtparametrischen Verfahren häufig mit Hilfe mathematisch einfacher, gleichwohl aufwendiger kombinatorischer Überlegungen bzw. durch die Bestimmung von Häufigkeiten (Auszählen). Die Vorteile nichtparametrischer Verfahren bewirken aber nicht, dass diese in jedem Fall den parametrischen Verfahren überlegen sind: Sind nämlich alle notwendigen Voraussetzung des parametrischen statistischen Modells durch die relevante Untersuchungsumgebung erfüllt und der Verteilungstyp bekannt, dann würde die Anwendung eines nichtparametrischen Verfahrens zu einer ineffizienten Nutzung der Daten führen.

Zur Analyse der Präferenzen und des Kaufverhaltens gehen wir in den Abschn. 1.6.3–1.6.5 auf die folgenden parametrischen Verfahren ein:

a) Konfidenzintervalle und statistische Tests, basierend auf der Normal- und der Binomialverteilung:

Wir betrachten Konfidenzintervalle und Hypothesentests, mit denen die Differenzen von Verteilungsparametern zweier Merkmale untersucht werden können. Das dann folgende sogenannte „Forced-Switching"-Modell ist speziell: Eine wesentliche Rolle spielen hierbei die Übergangswahrscheinlichkeiten von einer Wahlentscheidung zu einer anderen Wahlentscheidung (Substitution). Mithilfe dieser Übergangswahrscheinlichkeiten schließt man auf die subjektive Bedeutung, die bestimmte Produktmerkmale für Konsumenten besitzen.

b) Multiple Regressionsrechnung und partielle Korrelationskoeffizienten:

Aus einem Datensatz wird auf den unbekannten, wahren linearen Zusammenhang zwischen der zu erklärenden Verhaltensvariablen Y und den erklärenden Variablen X_1, X_2, X_3, … geschlossen. Zwischen der zu erklärenden Verhaltensvariablen Y und jeder erklärenden Variable X_i bestehen im Allgemeinen Korrelationen, die durch den Korrelationskoeffizienten gemessen werden können. Allerdings gibt es auch Querwirkungen von jeder anderen Variable X_j auf die erklärende Variable X_i, $i \neq j$ und auf Y. Die Aufgabe des partiellen Korrelationskoeffizienten ist es, diese Querwirkungen herauszurechnen. Es lässt sich dann erst erkennen, wie eng der Zusammenhang zwischen Y und X_i tatsächlich ist.

Anschließend betrachten wir in den Abschn. 1.6.6 und 1.6.7 eine Untersuchungsumgebung mit Daten, die nur einem nominalen oder ordinalen Messniveau genügen. Zu ihrer Analyse wenden wir die folgenden nichtparametrischen Methoden an:

c) Rangkorrelationstest für ordinale Präferenzdaten:

Es wird im Rahmen einer Reiz-Reaktionsforschung die Korrelation zwischen den Rängen eines ordinalen Merkmals X und eines ordinalen Merkmals Y untersucht. Die Durchführung des Hypothesentests ist sehr einfach. Allerdings werden zur Begründung der verwendeten Formeln zeitraubende kombinatorische Herleitungen benötigt, die in Abschn. 1.6.6.4, Teile A, B und C aufgeführt sind. Leserinnen und Leser, die nur an der Anwendung interessiert sind, können diesen Abschnitt überspringen.

d) χ^2-Unabhängigkeitstest zur Analyse nominaler oder ordinaler Daten:
Dies ist ein nichtparametrischer Standardtest mit dem untersucht wird, ob zwischen zwei nominal oder ordinal skalierten Merkmalen X und Y, z. B. Einstellungen von Kunden und Lebensstil, ein statistischer Zusammenhang besteht.

1.6.3 Konfidenzintervall, Hypothesentest (parametrisch)

1.6.3.1 Einführung
Das statistische Testprogramm besteht aus

a) der Planung der Stichprobe,
b) der Bestimmung von Konfidenzintervallen,
c) der Durchführung von Hypothesentests und
d) der Interpretation der Ergebnisse.

Wir vergleichen die beiden Personengruppen 1 und 2 hinsichtlich der Ausprägung eines Merkmals und betrachten zwei Fälle, die eine große Anzahl unterschiedlicher Anwendungen in der Präferenz- und Kaufverhaltensforschung abdecken:

1. Im ersten Fall interessiert uns die Differenz der beiden Merkmalsmittelwerte μ_1 und μ_2. Mithilfe der Stichprobenmittelwerte $\overline{x}_1$ und $\overline{x}_2$, die aus zwei unabhängigen Stichproben gewonnen werden, können wir Vermutungen über die wahre Differenz $\mu_2 - \mu_1$ in der Grundgesamtheit anstellen.
2. Im zweiten Fall interessiert uns die Differenz der beiden Merkmalsanteilswerte p_1 und p_2. Mithilfe der beiden relativen Häufigkeiten h_1 und h_2, die aus zwei unabhängigen Stichproben gewonnen werden, können wir Schlussfolgerungen auf die wahre Differenz $p_2 - p_1$ in der Grundgesamtheit ziehen.

Wir verwenden in beiden Fällen zum einen die Methode der Konfidenzintervallschätzung und zum anderen die Methode des statistischen Hypothesentests.

1.6.3.2 Datenblatt
In Abb. 1.27 sind die Basisdaten eines Praxisfalls dargestellt: Grundgesamtheit, Fragebogenfragen, Messergebnisse und Interpretation. Es geht in dem Fall sowohl um die mittlere Ausprägung eines Merkmals (mittlere wöchentliche Besuchsfrequenz eines Supermarktes) als auch um den Anteilswert eines Merkmals (Anteil der zufriedenen Probanden). Die Gruppe der Probanden wird in zwei Segmente aufgeteilt: Probanden mit und ohne minderjährige Kinder.

Dieser Praxisfall ist theoretisch komplex und wird im Folgenden schrittweise methodisch fundiert. Wir führen in zwei wichtige und weit verbreitete parametrische Analyseverfahren ein: Konfidenzintervalle und Hypothesentests. Anschließend wird die Anwendung der erarbeiteten Methoden gezeigt. Es wird dann deutlich werden, wie man logisch

Grundgesamtheit: Aus der Menge privater Haushalte im Einzugsgebiet eines Supermarktes wird eine Stichprobe im Umfang von n = 190 ermittelt. Die Haushaltsvorstände werden befragt. Drei verbundene Merkmale werden erfaßt.

Geschlossene Fragen mit Auswahlantworten:
a) Geben Sie an, wie häufig Sie oder Ihr Partner/Ihre Partnerin normalerweise pro Woche einen Supermarkt zum Kauf von Lebensmitteln aufsuchen.
[1 mal, 2 mal, 3 mal, 4 mal, 5 mal, mehr als 5 mal]
b) Wie bewerten Sie den von Ihnen (vorrangig) besuchten Supermarkt?
[zufrieden, nicht zufrieden]
c) Leben minderjährige Kinder in Ihrem Haushalt?
[ja, nein]

Ergebnis der Erhebung

Kinder		$y_1[1]$	$y_2[2]$	$y_3[3]$	$y_4[4]$	$y_5[5]$	$y_6[>5]$	$n_{i\bullet}$
	x_1 [Nein]	36	35	2	2			75
	x_2 [Ja]	92	23					115

Kinder		y_1 [zufrieden]	y_2 [nicht zufrieden]	$n_{i\bullet}$
	x_1 [Nein]	54	21	75
	x_2 [Ja]	107	8	115

Ergebnis der Untersuchung:
Die Daten sprechen signifikant für folgende Aussagen:
a) Die wahre wöchentliche Besuchsfrequenz der Angehörigen des Segments 1 (ohne Kinder) übersteigt die wahre wöchentliche Besuchsfrequenz der Angehörigen des Segments 2 (mit Kindern) um einen Wert, der zwischen 0,2305 und 0,5695 liegt.
b) Bei den Segmenten liegt ein Unterschied im Anteil der zufriedenen Kunden vor, der zwischen 9,86% und 32,22% zugunsten des Segments mit Kindern liegt.
c) Kunden mit minderjährigen Kindern im eigenen Haushalt tätigen weniger Lebensmitteleinkäufe pro Woche als Kunden, bei denen keine minderjährigen Kinder leben.
d) Der Anteil zufriedener Kunden ist im zweiten Segment mit Kindern höher.

Abb. 1.27 Praxisfall (Testprogramm)

zu den Untersuchungsergebnissen gelangt, was diese aussagen und welche Interpretationsunsicherheiten bleiben.

1.6.3.3 Konfidenzintervall

Auf Basis eines Stichprobenergebnisses können Rückschlüsse auf den wahren Variablenwert in der Grundgesamtheit gezogen werden. Zwei Methoden bieten sich an:

a) Konfidenzintervalle grenzen den Bereich ein, in dem sich der wahre Wert mit einer bestimmten (hohen) Wahrscheinlichkeit befindet.
b) Mit einem Hypothesentest wird bei vorgegebener Irrtumswahrscheinlichkeit geprüft, ob der wahre Wert einem vermuteten Wert entspricht bzw. sich in einem vermuteten Bereich befindet.

Beide Methoden ergänzen sich. Zunächst wenden wir die Methodik der Konfidenzintervalle auf den unbekannten wahren Merkmalsmittelwert μ an. Dabei stützen wir uns auf Ausführungen in Bd. I, Abschn. 3.7. Mithilfe der folgenden Schritte können wir das gesuchte Konfidenzintervall bestimmen:

Der wahre Mittelwert in der Grundgesamtheit ist unbekannt. Es wird eine einfache Stichprobe genommen. Wir schlagen um den zufälligen Stichprobenmittelwert $\overline{X}$ ein Intervall und zwar so, dass sich der unbekannte wahre Wert μ mit der Wahrscheinlichkeit $1 - \alpha$ in dem Intervall und mit der Wahrscheinlichkeit α außerhalb dieses Intervalls befindet. Wir gehen davon aus, dass die Bedingungen des Zentralen Grenzwertsatzes erfüllt sind (Abschn. 1.6.2.13, [10]). Formal kann das Konfidenzintervall für wahre unbekannte Mittelwerte μ bei normalverteilten Stichprobenmittelwerten $\overline{X}$ folgendermaßen beschrieben werden:

$$P\left(\overline{X} - z_{1-\alpha/2} \cdot \sigma_{\overline{X}} \le \mu \le \overline{X} + z_{1-\alpha/2} \cdot \sigma_{\overline{X}}\right) = 1 - \alpha.$$

Mithilfe dieser Gleichung schließt man von einem bekannten Stichprobenergebnis $\overline{X}$ auf einen unbekannten wahren Wert μ in dem Sinne, dass man ein Intervall angibt, welches um das zufällige Stichprobenergebnis liegt, in dem der wahre Wert μ mit der vorgegebenen Wahrscheinlichkeit $1 - \alpha$ liegt.

Theoretischer Ansatz: Differenz der Mittelwerte $\mu_2 - \mu_1$

Bei dem folgenden Konfidenzintervall geht es nicht um einen wahren Mittelwert μ, sondern um die Differenz von zwei wahren Mittelwerten ($\mu_2 - \mu_1$). Die beiden Mittelwerte beziehen sich auf eine Grundgesamtheit zu zwei unterschiedlichen Zeitpunkten oder auf zwei Grundgesamtheiten. Wir verweisen in diesem Zusammenhang auf unsere Ausführungen in Bd. I, Abschn. 3.7.3. Es werden zwei unverbundene oder zwei verbundene Stichproben genommen. Welche Vorgehensweise angebracht ist, hängt von dem konkreten Erkenntnisziel ab. Wir gehen weiterhin davon aus, dass die Bedingungen des Zentralen Grenzwertsatzes erfüllt sind (Abschn. 1.6.2.13, [10]). Das Konfidenzintervall berechnet sich folgendermaßen:

$$P\left(\Delta_{\overline{X}} - z_{1-\alpha/2} \cdot \sigma_{\Delta_{\overline{X}}} \le (\mu_2 - \mu_1) \le \Delta_{\overline{X}} + z_{1-\alpha/2}\, \sigma_{\Delta_{\overline{X}}}\right) = 1 - \alpha.$$

Beispiel: Differenz der Mittelwerte

Wir nehmen eine Stichprobe im Umfang von n $=$ 190 aus der Zielgruppe erwachsener Kunden eines Supermarktes und befragen die Probanden, ob bei ihnen minderjährige Kinder im Haushalt leben. Außerdem fragen wir die Probanden, wie oft sie pro Woche einen Lebensmittelsupermarkt aufsuchen. Die Daten zu dieser Befragung finden sich in Abb. 1.27. Die Stichprobengrößen betragen $n_1 =$ 75 (Segment 1: keine Kinder) und $n_2 =$ 115 (Segment 2: mit Kindern). Die Stichprobe 1 liefert das folgende Ergebnis: Die mittlere wöchentliche Besuchsfrequenz beträgt $\overline{x}_1 = \frac{120}{75} = 1{,}6$. Die mittlere wöchentliche Besuchsfrequenz in der Stichprobe 2 lautet: $\overline{x}_2 = \frac{138}{115} = 1{,}2$. Die Differenz zwischen beiden Mittelwerten beträgt 0,4. Die Varianzen der einzelnen Werte in den beiden Segmenten werden mit 0,3 bzw. 0,4 angegeben. Die wahre Differenz der Mittelwerte zwischen beiden Segmenten $\mu_2 - \mu_1$ berechnet man bei einer Fehlerwahrscheinlichkeit von 5 % folgendermaßen:

$$(1,2 - 1,6) - 1,96 \cdot \sqrt{\frac{0,3}{75} + \frac{0,4}{115}} \leq (\mu_2 - \mu_1) \leq (1,2 - 1,6) + 1,96 \cdot \sqrt{\frac{0,3}{75} + \frac{0,4}{115}}.$$

Das Konfidenzintervall lautet: $[-0,5695; -0,2305]$. Es lässt sich also mit einer Fehlerwahrscheinlichkeit von 5 % schließen, dass die wahre wöchentliche Besuchsfrequenz der Angehörigen des Segments 1 (keine Kinder) die wahre wöchentliche Besuchsfrequenz der Angehörigen des Segments 2 (mit Kindern) um einen Wert übersteigt, der zwischen 0,2305 und 0,5695 liegt.

Theoretischer Ansatz: Differenz Δ_p der Anteile
Wir wenden jetzt die Methodik der Konfidenzintervalle auf den zweiten Fall an: die Differenz der Anteilswerte $p_2 - p_1$. Wir verweisen wieder auf unsere Ausführungen im Bd. I, Abschn. 3.7.3.

Die Zufallsvariable X_1 definieren wir in folgender Weise:

$$X_1 = \sum_{i=1}^{n} X_{i1} \quad \text{mit} \quad X_{i1} = \begin{cases} 1, & \text{Merkmalsausprägung vorhanden} \\ 0, & \text{Merkmalsausprägung nicht vorhanden.} \end{cases}$$

Die Definition der Zufallsvariable X_2 lautet analog. X_1 und X_2 messen also die Anzahl, mit der eine bestimmte Merkmalsausprägung in der Stichprobe auftritt. Aus dem Zentralen Grenzwertsatz folgern wir: Sind X_1 und X_2 binomialverteilt mit den Parametern n_1 und p_1 bzw. n_2 und p_2, so sind $h_1 = \frac{X_1}{n_1}$ bzw. $h_2 = \frac{X_2}{n_2}$ bei hinreichend großem n_1 bzw. n_2 annähernd normalverteilt (Abschn. 1.6.2.13, [10]). Sind X_1 und X_2 außerdem noch stochastisch unabhängig, dann kann auch $\Delta_h = h_2 - h_1$ hinreichend genau durch eine Normalverteilung approximiert werden. Das Konfidenzintervall für die wahre unbekannte Anteilsdifferenz $\Delta_p = p_2 - p_1$ der Merkmalsträger beider Segmente lautet:

$$P \left(\Delta_h - z_{1-\alpha/2} \cdot \sqrt{\frac{h_1(1 - h_1)}{n_1} + \frac{h_2(1 - h_2)}{n_2}} \right.$$

$$\left. \leq \Delta_p \leq \Delta_h + z_{1-\alpha/2} \cdot \sqrt{\frac{h_1(1 - h_1)}{n_1} + \frac{h_2(1 - h_2)}{n_2}} \right) = 1 - \alpha.$$

Beispiel: Differenz der Anteilswerte
Wir befragen die Kunden zu ihrer Zufriedenheit mit dem Lebensmittelsupermarkt (siehe Datenblatt in Abb. 1.27). Wir geben den Probanden die folgenden zwei Möglichkeiten zur

Auswahl (geschlossene Frage): „zufrieden" und „nicht zufrieden". Bei den Angehörigen des ersten Segments (keine Kinder) fallen $\frac{54}{75} = 72\%$ in die Kategorie „zufrieden". Bei den Angehörigen des zweiten Segments (mit Kindern) sind es sogar $\frac{107}{115} = 93{,}04\%$. Wir möchten wissen, wie groß die wahre Differenz der Anteilswerte zwischen beiden Gruppen bei einer Fehlerwahrscheinlichkeit von 5 % ist. Das Konfidenzintervall hierzu wird folgendermaßen bestimmt:

$$0{,}2104 - 1{,}96\sqrt{\frac{0{,}72 \cdot 0{,}28}{75} + \frac{0{,}9304 \cdot 0{,}0696}{115}} \le p_2 - p_1$$
$$\le 0{,}2104 + 1{,}96\sqrt{\frac{0{,}72 \cdot 0{,}28}{75} + \frac{0{,}9304 \cdot 0{,}0696}{115}}.$$

Das Konfidenzintervall für Δ_p lautet $[0{,}0986; 0{,}3222]$. Wir stellen fest, dass es bei einer Fehlerwahrscheinlichkeit von 5 % eine Anteilsdifferenz an zufriedenen Kunden gibt, die zwischen 9,86 und 32,22 % zugunsten des zweiten Segments (mit Kindern) liegt. Würden wir die Stichprobenumfänge erhöhen, dann reduzierten sich die beiden Varianzen und wir könnten den wahren Differenzwert mit einer größeren Genauigkeit abschätzen.

1.6.3.4 Hypothesentest

Nachdem Konfidenzintervalle für die Mittelwertdifferenz und die Anteilsdifferenz bestimmt sind, setzen wir die Analyse der Befragungsergebnisse mithilfe zweier Differenztests fort (siehe Abb. 1.27, sowie Bd. I, Abschn. 3.4–3.6).

Hypothesentests können linksseitig, zweiseitig oder rechtsseitig konstruiert sein (siehe Abb. 1.28).

Bei einem einseitigen Test gibt man mit der Hypothese H_0 einen bestimmten minimalen oder maximalen Wert vor. Es handelt sich in unserem Fall um die Differenz der Mittelwerte Δ_μ der Merkmalsverteilungen bzw. um die Differenz der Anteilswerte Δ_p in den Grundgesamtheiten.

Mit der Hypothese H_1 behauptet man in einem einseitigen Test eine Abweichung von diesem H_0-Wert nach unten (linksseitig) oder nach oben (rechtsseitig). Entsprechend

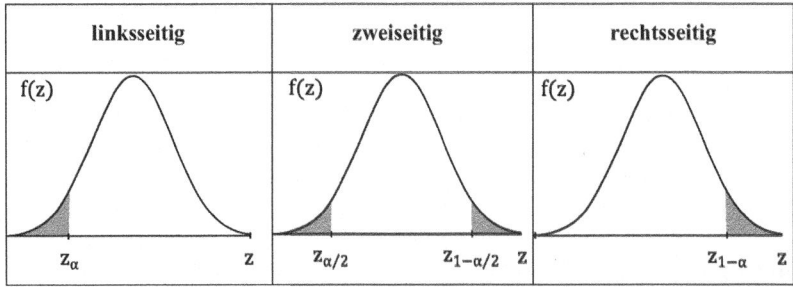

Abb. 1.28 Ablehnungsbereiche

befindet sich der Ablehnungsbereich von H_0 auf der linken bzw. der rechten Seite der Wahrscheinlichkeits- bzw. Dichtefunktion der Prüfvariablen.

Wenn der Zentrale Grenzwertsatz (Abschn. 1.6.2.13, [10]) angewendet werden kann, dann lauten die Prüfvariablen:

$$z_{\Delta_{\overline{X}}} = \frac{\Delta_{\overline{X}} - \Delta_\mu}{\sigma_{\Delta_{\overline{X}}}} \sim N(0,1) \quad \text{bzw.} \quad z_{\Delta_h} = \frac{\Delta_h - \Delta_p}{\sigma_{\Delta_h}} \sim N(0,1).$$

Ausgehend von den konkreten Merkmalswerten in der Stichprobe ist der Wert der standardisierten Prüfvariablen Z zu bestimmen. Liegt dieser Wert im festgelegten Ablehnungsbereich, so wird die Nullhypothese zu Gunsten der Gegenhypothese verworfen. Das Stichprobenergebnis spricht dann signifikant für die Gegenhypothese. Ansonsten geht man weiterhin von der Gültigkeit der Nullhypothese aus.

1.6.3.5 Beispielrechnungen

Differenz der Mittelwerte $\mu_2 - \mu_1$
Wir greifen das zuvor beschriebene Beispiel auf (siehe Abb. 1.27). $\overline{X}$ gibt die mittlere wöchentliche Anzahl von Besuchen pro Haushalt an. Die konkreten Hypothesen lauten: $\Delta_\mu = \mu_2 - \mu_1 = 0$ [H_0] und $\Delta_\mu = \mu_2 - \mu_1 < 0$ [H_1]. Der Test ist einseitig (links). Die stochastisch unabhängigen Stichproben liefern die folgenden Ergebnisse: $\overline{x}_1 = \frac{120}{75} = 1{,}6$ und $\overline{x}_2 = \frac{138}{115} = 1{,}2$. Die Varianzen der Stichprobenergebnisse lauten: $\sigma_1^2/n_1 = 0{,}3/75$ und $\sigma_2^2/n_2 = 0{,}4/115$. Unter der Annahme des Zentralen Grenzwertsatzes kann die Prüfstatistik folgendermaßen berechnet werden (siehe Abschn. 1.6.2.13, [6], [8], [10]):

$$z_{\Delta_{\overline{X}}} = \frac{\Delta_{\overline{X}} - 0}{\sigma_{\Delta_{\overline{X}}}} = \frac{-0{,}4}{\sqrt{\frac{0{,}3}{75} + \frac{0{,}4}{115}}} = \frac{-0{,}4}{0{,}0865} = -4{,}6242.$$

Die Signifikanzzahl wird üblicherweise mit 1 %, 5 % oder 10 % vorgegeben. Bereits bei $\alpha = 1\,\%$ mit $z_\alpha = -2{,}33$ wird in diesem linksseitigen Test die H_1-Hypothese bestätigt, da $z_{\Delta_{\overline{X}}} = -4{,}6255 < -2{,}33$. Wir kommen deshalb zu dem Schluss, dass Kunden mit minderjährigen Kindern im eigenen Haushalt weniger Einkaufsbesuche pro Woche tätigen als Kunden, bei denen keine minderjährigen Kinder leben.

Differenz von Anteilswerten
Unser Ziel ist jetzt zu klären, ob die Anteilswerte zufriedener Kunden im Segment 2 (mit Kindern) signifikant über den Anteilswerten zufriedener Kunden im Segment 1 (ohne Kinder) liegen (siehe Abb. 1.27). Immerhin könnte der Unterschied ja auch nur an der Zufallsverteilung der Stichprobenergebnisse liegen. Die konkreten Hypothesen lauten: $\Delta_p = p_2 - p_1 = 0$ [H_0], $\Delta_p = p_2 - p_1 > 0$ [H_1]. Der Test ist einseitig (rechts).

In dem hier betrachteten Fall werden unter H_0 die Zufriedenheitsanteile p in beiden Segmenten als gleich angenommen. Die Varianz von Δ_h berechnet sich in diesem Fall folgendermaßen:

$$\mathrm{Var}(\Delta_h) = \frac{p_1(1 - p_1)}{n_1} + \frac{p_2(1 - p_2)}{n_2} = p \cdot (1 - p) \cdot \left(\frac{1}{n_1} + \frac{1}{n_2}\right).$$

Der Anteil p ergibt sich näherungsweise aus dem gewichteten Mittel der relativen Häufigkeiten der zufriedenen Kunden in den beiden Segmenten:

$$h = \frac{n_1 h_1 + n_2 h_2}{n_1 + n_2} = \frac{\overbrace{75 \cdot 0{,}72}^{\text{ohne Kinder}} + \overbrace{115 \cdot 0{,}9304}^{\text{mit Kindern}}}{190} = 0{,}8473.$$

Es kann jetzt die Prüfgröße bestimmt werden:

$$z = \frac{0{,}9304 - 0{,}72}{\sqrt{0{,}8473 \cdot 0{,}1527 \cdot \left(\frac{1}{75} + \frac{1}{115}\right)}} = \frac{0{,}2104}{0{,}0534} = 3{,}9401 > 2{,}33.$$

Wiederum gilt: Bereits bei $\alpha = 1\,\%$ mit $z_{1-\alpha} = 2{,}33$ wird die H_1-Hypothese in diesem rechtsseitigen Test bestätigt. Die H_0-Hypothese ist demnach abzulehnen: Der Anteil zufriedener Kunden ist höher, wenn minderjährige Kinder im Haushalt leben.

1.6.3.6 Zusammenfassung

Wir stellen fest, dass sich aufgrund einer Befragung von 190 Haushalten im Einzugsgebiet eines Supermarktes folgende Aussagen mit einer Fehlerwahrscheinlichkeit von 5 % treffen lassen:

a) Kunden ohne minderjährige Kinder im eigenen Haushalt tätigen mehr Lebensmitteleinkäufe pro Woche als Kunden, bei denen minderjährige Kinder leben. Die Differenz der Einkaufsfrequenz liegt zwischen 23,05 % und 56,95 %.
b) Bei den Haushalten, in denen minderjährige Kinder leben, ist der Anteil zufriedener Kunden höher als bei den Haushalten, in denen keine minderjährigen Kinder leben. Die Anteilsdifferenz liegt zwischen 9,86 % und 32,22 %.

Das dargestellte Testprogramm verwendet zwei konventionelle und weitverbreitete Methoden der Marktforschung: Konfidenzintervalle und Hypothesentests. Nachfolgend beschäftigen wir uns mit einer speziellen Hypothesenprüfung, die als „Forced-Switching-Test" Eingang in die Marktforschung gewann und vielfältige praktische Anwendungsmöglichkeiten bietet.

1.6.4 Substitutionstest (parametrisch)

1.6.4.1 Einführung und Datenblatt

Um eine Wettbewerbsstrategie für ein Produkt zu entwickeln, müssen zuvor die nahen Produktsubstitute ermittelt werden. Wettbewerb entsteht nämlich durch die Bereitschaft der Kunden, zwischen Angeboten zu wählen. Substitute sind in diesem Sinne einander ähnlich. Ein Vergleich der objektiven technischen, physikalischen und chemischen Eigenschaften führt zu wenig relevanten Schlussfolgerungen über die Ähnlichkeit. Es ist vielmehr relevant, wie die Nachfrager die Produkte durch ihr praktisches Kaufverhalten einschätzen.

Kreuzpreiselastizität

Die Kreuzpreiselastizität kann man als Maß für die wahrgenommene, also subjektiv empfundene Ähnlichkeit bzw. Substitutionalität von Produkten interpretieren. Wenn der Preis p_j des Produkts j steigt und Konsumenten daraufhin die Menge X_i erhöhen, mit der sie die Alternative i nachfragen, dann ist der Schluss naheliegend, dass Konsumenten die beiden Produkte i und j für ähnlich halten.

Die Kreuzpreiselastizität e_{ij} des Produkts i berechnet sich nach der folgenden Formel:

$$e_{ij} = \frac{\frac{\Delta X_i}{X_i}}{\frac{\Delta p_j}{p_j}} = \frac{\Delta X_i}{\Delta p_j} \cdot \frac{p_j}{X_i}.$$

Bei e_{ij} handelt es sich also um die relative Änderung der nachgefragten Menge X_i des Produkts i: $\Delta X_i / X_i$, in Relation zur relativen Änderung des Preises p_j des Produkts j: $\Delta p_j / p_j$.

So überzeugend die Kreuzpreiselastizität als Maß für die Substitutionalität von Produkten zunächst wirkt, so problematisch ist sie:

a) Die Einflüsse einer Preisänderung auf das Substitutionsverhalten sind vielschichtig. Eine Erhöhung des Preises von Produkt j löst folgende Effekte aus, wie wir ausführlich in Bd. II, Abschn. 1.4.2 darstellen:

   (1) Positiver Effekt auf die Nachfrage nach dem Produkt i, da das Produkt j relativ teurer wird und von den Kunden durch das Produkt i mit vergleichbaren relevanten Eigenschaften ersetzt wird.

   (2) Negativer Effekt auf die Nachfrage nach dem Produkt i, falls dieses normal ist, da durch die Preiserhöhung des Produkts j das reale Einkommen der Kunden sinkt und sie deshalb weniger von normalen Produkten kaufen.

   (3) Positiver Effekt auf die Nachfrage nach dem Produkt i, falls dieses inferior ist, da die real ärmeren Haushalte mehr von inferioren Produkten kaufen.

   (4) Negativer Effekt auf die Nachfrage nach dem Produkt i, da der höhere Preis des Produkts j eine gestiegene Qualität des Produkts j signalisiert (Qualitätseffekt). Der qualitätsbewusste Haushalt konsumiert jetzt mehr von dem Produkt j und weniger von dem Produkt i.

Tatsächlich hat nur der erste Effekt unmittelbar etwas mit der wahrgenommenen, also subjektiven Ähnlichkeit der Produkte zu tun.

b) Neben dem Preis gibt es noch andere Merkmale, die das wahrgenommene Eigen-
   schaftsbild des Produkts verändern und die Substitutionshandlungen der Kunden beeinflussen. Sie werden von der Kreuzpreiselastizität nicht erfasst.

Aus diesen Gründen ist die Kreuzpreiselastizität nur eingeschränkt ein Maß für die Ähnlichkeit von Produkten.

Zur Ermittlung naher Produktsubstitute gehen wir deshalb einen anderen Weg:

Die Merkmalsträger einer repräsentativen Stichprobe aus dem Gesamtmarkt fragen wir
nach dem sogenannten „evoked set". Diese Menge beinhaltet alle Marken, die die befragten Personen kennen und die für sie akzeptabel sind. Dann listen wir den Merkmalsträgern
der Stichprobe alle genannten Varianten auf und fragen nach der zweiten Präferenz. Wir
bezeichnen den Übergang von der ersten Präferenz zur zweiten Präferenz als Wechselverhalten oder als Substitution.

Der Forced-Switching-Test wird hauptsächlich eingesetzt, um einen Markt, in dem sich
eine größere Anzahl Varianten befinden, in Teilmärkte naher Substitute zu untergliedern.
In diesen Teilmärkten herrscht ein hoher Wettbewerb.

Beispiel

Wir wählen eine große Stichprobe, z. B. 500 Personen, und fragen die Probanden, wie
sie Distanzen von 50 Kilometern überwinden (Präferenz). Wir bitten die Merkmalsträger,
uns genau das Hilfsmittel anzugeben, ggf. auch die Marke, und uns die Technologie zu
beschreiben. Im Ergebnis erhalten wir Daten der folgenden Art:

Person	Variante
1	VW Golf Plus, Diesel
2	VW Golf, Benzin
3	Renault Clio, Diesel
4	Skoda Citigo, Benzin
⋮	⋮
499	VW Golf, Benzin
500	Ford Kuga, Benzin

Wir sehen, dass einzelne Produktvarianten häufiger angegeben werden als andere. So
benutzen relativ viele Personen einen VW Golf als Problemlöser, keiner aber geht normalerweise die Strecke zu Fuß. Den Probanden wird die Gesamtliste aller genannten
Möglichkeiten (evoked set) vorgelegt. Wir setzen die Befragung fort, indem wir uns danach erkundigen, welche Produktvarianten die Merkmalsträger einsetzen würden, wenn
sie die normalerweise verwendete nicht zur Verfügung hätten. Es handelt sich hierbei also
um einen „erzwungenen" Wechsel („forced switching").[6] Da wir eine große Stichprobe

---

[6] G.L. Urban, Ph.L. Johnson, J.R. Hauser: Testing Competitive Market Structures, in: Marketing
Science, Vol. 3, No. 2, Spring 1984, S. 83–112.

befragen, können wir davon ausgehen, dass alle relevanten Varianten bei der ersten Befragung genannt werden. Die Datentabelle sieht nach der zweiten Befragung beispielsweise folgendermaßen aus:

Person	1. Variante	2. Variante
1	VW Golf Plus, Diesel	VW Golf, Benzin
2	VW Golf, Benzin	VW Polo, Benzin
3	Renault Clio, Diesel	VW T5 California, Diesel
4	Skoda Citigo, Benzin	Ford Kuga, Diesel
⋮	⋮	⋮
499	VW Golf, Benzin	Renault Clio, Diesel
500	Ford Kuga, Benzin	BMW X1, Diesel

Die Auswertung des Datenmaterials geschieht nun so, dass wir eine uns interessierende Eigenschaft M, die einige der genannten Varianten besitzen, festlegen. Wir untersuchen dann, ob diese Eigenschaft für die Nennung der zweiten Präferenz unerheblich ist, also keine Abhängigkeit vorliegt (H_0), oder eine wesentliche Rolle bei der Nennung der zweiten Präferenz spielt (H_1). Wenn viele Verwender von Varianten, die M beinhalten, wieder zu Varianten wechseln, die ebenfalls M als Eigenschaft besitzen, dann liegt die Vermutung nahe, dass M eine Merkmalsausprägung ist, die einen Teilmarkt abgrenzt (H_1).

Die Kunden, die eine bestimmte Produktvariante V_j präferieren, werden also „gezwungen", eine andere Wahl zu treffen. Ihre Nachfrage nach V_j verteilt sich so auf die anderen Varianten. Drei mögliche Auswirkungen auf die Anteile der anderen Varianten können sich hieraus ergeben:

1. Fall

Die Elimination von V_j erhöht gleichmäßig die Nachfrage nach den anderen Produktvarianten, also auch nach den Varianten, die ohne die zu untersuchende Merkmalsausprägung M angeboten werden. Dann ist M keine Merkmalsausprägung, die einen Teilmarkt abgrenzt.

2. Fall

Die Elimination von V_j erhöht ungleichmäßig die Nachfrage nach den anderen Produktvarianten. Und zwar sind die Substitute, die besonders viel Nachfrage hinzugewinnen können, die mit der Merkmalsausprägung M. Dann ist M eine Merkmalsausprägung, die einen Teilmarkt abgrenzt.

3. Fall

Die Elimination von V_j erhöht ungleichmäßig die Nachfrage nach den anderen Produktvarianten. Aber die Substitute, die besonders wenig Nachfrage hinzugewinnen können, sind die mit der zu untersuchenden Merkmalsausprägung M. Dieser Fall ist hier nicht von Interesse.

Grundgesamtheit und Stichprobe:
Elemente der Grundgesamtheit sind alle Nachfrager eines Produkts mit vielen Produkt-varianten. Es wird eine Zufallsstichprobe aus der Grundgesamtheit genommen. Es werden zwei verbundene Merkmale erfaßt.

Fragen:
a) Welche Marke (bzw. Variante) bevorzugen Sie?
b) Wenn Sie Ihre bevorzugte Marke (bzw. Variante) nicht erhalten, welche Marke (bzw. Variante) kaufen Sie dann?

Befragungsergebnisse:

zu a)

Varianten	V_a	V_b	V_c	V_d	V_e	V_f	V_g
Erstkaufentscheidungen	15	10	12	14	8	10	20

zu b)   Wechselmatrix:

	V_a	V_b	V_c	V_d	V_e	V_f	V_g
V_a					10	5	
V_b			10				
V_c	12						
V_d							14
V_e			6			2	
V_f	10						
V_g						20	

Ergebnisse der Untersuchung:
Die Merkmalsausprägung M spielt bei der Substitution der Variante V_a durch eine andere Variante keine signifikante Rolle. Die empirische Wechselhäufigkeit zu einer M-Variante fällt nicht deutlich genug aus, um M als eine Merkmalsausprägung anzusehen, die den V_a-Markt abgrenzt.

Man kommt aber auf einem Signifikanzniveau von 5% zu dem Schluss, dass generell betrach-tet für alle Varianten V_a bis V_g das Merkmal M beim Kaufverhalten wichtig ist und es einen eigenen Markt für entsprechende M-Varianten gibt.

Abb. 1.29 Datenblatt zum Forced-Switching-Test

Auf der Grundlage des ersten und zweiten Falls bauen wir nachfolgend eine Teststatistik auf. Wir erläutern zunächst das methodische Vorgehen. Anschließend demonstrieren wir die Methodik an einem Praxisfall, wie er im Datenblatt der Abb. 1.29 skizziert ist.

1.6.4.2 Hypothesentest
Wir verwenden zur Planung des nachfolgenden parametrischen Tests das in Bd. I, Abschn. 3.6 eingeführte Schema:

a) Grundgesamtheit
Die Grundgesamtheit soll eindeutig definiert und abgegrenzt sein. Wir befragen Käufer eines bestimmten Produkts, das in diversen Varianten bzw. Marken gehandelt wird.

b) Merkmal, Stichprobe, Prüfgröße und Verteilung

- Die absolute Häufigkeit n bezeichnet alle Erstkaufentscheidungen.
- Die absolute Häufigkeit n_j kennzeichnet die Anzahl der Kaufentscheidungen für die Variante V_j.
- Die Anzahl der Wechselentscheidungen von Variante V_j zu anderen Varianten mit der Eigenschaft M werden durch die absolute Häufigkeit H_j angegeben.
- Die relative Häufigkeit des Wechselns von V_j zu M-Varianten, beträgt $h_j = \frac{H_j}{n_j}$.

Die Antworten der befragten Personen werden danach sortiert, ob die Merkmalsausprägung M nach dem erzwungenen Wechsel in den Substituten enthalten ist oder nicht. Die Auswertung der Fragebögen generiert bei Unabhängigkeit der Antworten und identischer Verteilung der Merkmalsausprägungen {Ja, Nein} einen Binomialprozess.

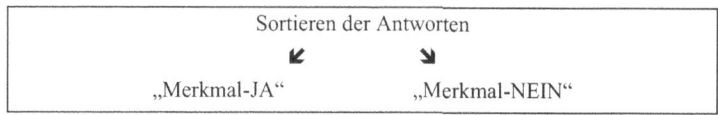

Sind die Antworten identisch verteilt und voneinander unabhängig, so ist die Anzahl H_j der befragten Personen, die mit „Ja" antworten, binomialverteilt: $H_j \sim B(n_j, p_j)$ und bei ausreichend großer Anzahl n_j näherungsweise normalverteilt, mit $p_j = p_j^0$ unter H_0.

c) Formulierung einer Hypothese (H_0) und ihrer Gegenhypothese (H_1)

Vor dem Wechsel konzentrieren sich n_j/n der Kaufentscheidungen auf die Variante V_j und auf die anderen Varianten zusammen $1 - n_j/n$. Wir können n_j/n bzw. $1 - n_j/n$ einerseits als Erstkaufwahrscheinlichkeiten und andererseits als Marktanteile der Varianten interpretieren. Eliminieren wir die Variante V_j, dann erhöhen sich die erwarteten Anteile der restlichen Kaufentscheidungen auf insgesamt 100 %. Im 1. Fall gilt: Die Elimination von j erhöht gleichmäßig die Nachfrage nach den anderen Produktvarianten, also auch nach den Varianten, die ohne die zu untersuchende Merkmalsausprägung M angeboten werden. Wir erwarten also ein Anwachsen der einzelnen Kaufwahrscheinlichkeiten um den gleichen Prozentsatz: Die Kaufwahrscheinlichkeit der Variante V_b steigt demnach von $\frac{n_b}{n}$ auf $\frac{n_b}{n-n_j}$. Die Kaufwahrscheinlichkeit der Variante V_c steigt von $\frac{n_c}{n}$ auf $\frac{n_c}{n-n_j}$. Ebenso können wir die erwarteten Wechselwahrscheinlichkeiten weiterer Varianten berechnen, die durch eine Elimination von V_j verursacht werden.

Wir gehen davon aus, dass es m Varianten mit der Eigenschaft M gibt. Wir verstehen unter h_j die von den Probanden in der Stichprobe offenbarte relative Häufigkeit eines Wechsels zu einer der m Varianten mit der Eigenschaft M: $h_j = \frac{H_j}{n_j}$. Bezeichnen wir mit p_j^0 die vermutete bzw. angenommene Wechselwahrscheinlichkeit. Bei einer gleichmäßigen Verteilung der V_j-Käufe auf die anderen Varianten erwarten wir eine Wechselwahrscheinlichkeit in Höhe von

$$p_j = p_j^0 = \sum_{i=1,\, i\neq j}^{m} \frac{n_i}{n - n_j}.$$

Die Nullhypothese lautet: Das Wechselverhalten lässt die relativen Marktanteile der verbleibenden Varianten unverändert [H_0]. Wir können die Nullhypothese mithilfe der Wechselwahrscheinlichkeit p_j^0 operationalisieren.

Die Gegenhypothese lautet: Das Wechselverhalten erhöht die relativen Marktanteile der verbleibenden Varianten, die die Merkmalsausprägung M tragen [H_1]. Die Kunden von V_j bevorzugen den Wechsel zu bestimmten Varianten:

$$p_j > p_j^0 = \sum_{i=1,\, i\neq j}^{m} \frac{n_i}{n - n_j}.$$

d) Festlegung der Signifikanzzahl α und des Ablehnungsbereichs
Der Test ist rechtsseitig. Wenn $z > z_{1-\alpha}$, dann werden wir die H_0-Hypothese ablehnen und stattdessen davon ausgehen, dass ein Wettbewerbsmarkt der M-Varianten existiert [H_1].

e) Stichprobenergebnis und Entscheidung
Unter Gültigkeit der Nullhypothese wird der Z-Wert für die Variante V_j nach folgender Formel berechnet (Zentraler Grenzwertsatz, Abschn. 1.6.2.13, [10]):

$$Z_j = \frac{h_j - p_j^0}{\sqrt{\frac{p_j^0\left(1-p_j^0\right)}{n_j}}}.$$

Wenn $z_j \leq z_{1-\alpha}$, dann entscheiden wir uns für H_0. Wir gehen dann nicht davon aus, dass es einen besonderen Substitutionszusammenhang zwischen der Variante j und den Varianten mit der Merkmalsausprägung M gibt. Wenn $z_j > z_{1-\alpha}$, dann entscheiden wir uns für H_1. Wir gehen dann von einem besonderen Substitutionszusammenhang aus.

Aggregierte Statistik
Die erwarteten Wechselwahrscheinlichkeiten unter der H_0-Hypothese nach der Elimination jeweils einer Variante V_j, $j = 1 \ldots m$, zeigt die Tabelle in Abb. 1.30.

In der aggregierten Statistik betrachtet man nicht nur eine M-Variante. Man fasst alle M-Varianten zu einer Gruppe zusammen und ermittelt das Wechselverhalten hinsichtlich dieser Variantengruppe. Das soll nachfolgend gezeigt werden. Zunächst bestimmen wir die unter H_0 aggregierte erwartete Wechselwahrscheinlichkeit. Die Daten entnehmen wir der Abb. 1.30 bzw. der Abb. 1.36. Angenommen, die Varianten i, j und k verfügen über

Abb. 1.30 Wechselwahrscheinlichkeiten

	V_1	V_2	$\cdots$	V_{m-1}	V_m
V_1		$\dfrac{n_2}{n-n_1}$		$\dfrac{n_{m-1}}{n-n_1}$	$\dfrac{n_m}{n-n_1}$
V_2	$\dfrac{n_1}{n-n_2}$			$\dfrac{n_{m-1}}{n-n_2}$	$\dfrac{n_m}{n-n_2}$
$\vdots$					
V_{m-1}	$\dfrac{n_1}{n-n_{m-1}}$	$\dfrac{n_2}{n-n_{m-1}}$			$\dfrac{n_m}{n-n_{m-1}}$
V_m	$\dfrac{n_1}{n-n_m}$	$\dfrac{n_2}{n-n_m}$		$\dfrac{n_{m-1}}{n-n_m}$	

die Eigenschaft M. Die mit den relativen Häufigkeiten der Kaufentscheidungen gewichtete aggregierte Wahrscheinlichkeit der Kunden, in die M-Variantengruppe zu wechseln, beträgt unter H_0:

$$p_M^0 = \left(n_i \cdot p_i^0 + n_j \cdot p_j^0 + n_k \cdot p_k^0\right) \Big/ (n_i + n_j + n_k).$$

Wir können die Zahl p_M^0 folgendermaßen interpretieren: Bei der Elimination einer zufällig ausgewählten M-Variante erwarten wir eine Wahrscheinlichkeit in Höhe von p_M^0, dass die betreffenden Kunden zu den verbleibenden M-Varianten wechseln.

Zur Berechnung der aggregierten Statistik benötigen wir die folgenden Daten:

- Anzahl der Probanden, die V_i, V_j oder V_k vor der Substitution kaufen: n_M.
- Anzahl der Probanden, die nach der Elimination einer M-Variante eine andere M-Variante kaufen: H_M.

Hieraus kann man die Wahrscheinlichkeit schätzen, von M-Varianten zu M-Varianten zu wechseln:

$$h_M = \frac{H_M}{n_M}.$$

Zur Berechnung der Standardabweichung $\mathrm{Sta}(h_M)$ verwenden wir die aggregierte Wechselwahrscheinlichkeit unter H_0: p_M^0. Der aggregierte Z-Wert berechnet sich nach folgender Formel:

$$Z_M = \frac{h_M - p_M^0}{\mathrm{Sta}(h_M)} = \frac{h_M - p_M^0}{\sqrt{\dfrac{p_M^0\left(1-p_M^0\right)}{n_M}}} = \frac{H_M - n_M p_M^0}{\sqrt{n_M p_M^0\left(1-p_M^0\right)}}.$$

Abb. 1.31 Erstkaufentscheidung

	V_a	V_b	V_c	V_d	V_e	V_f	V_g
V_a	15						
V_b		10					
V_c			12				
V_d				14			
V_e					8		
V_f						10	
V_g							20

Abb. 1.32 Wechselmatrix

	V_a	V_b	V_c	V_d	V_e	V_f	V_g
V_a						10	2
V_b			10				
V_c	12						
V_d							14
V_e			6			2	
V_f	10						
V_g						20	

1.6.4.3 Beispielrechnung

Ein Hersteller von Industrielacken für den Außenbereich hat sein Sortiment um eine umweltzertifizierte Produktvariante V_a (Öko-Lack) bereichert. Er möchte wissen, wie sich der Markt dieser Variante abgrenzt und gibt eine Marktanalyse in Auftrag.

Bei Lackierern von Industrieanlagen handelt es sich um spezialisierte Handwerksbetriebe. Aus der Grundgesamtheit dieser Kunden in Deutschland entnehmen wir eine repräsentative Stichprobe im Umfang von 89 Probanden und fragen sie, welche Lacke sie zuletzt für den Außenbereich gekauft haben. Die Matrix in Abb. 1.31 stellt die Varianten V_i (evoked set) und die Häufigkeiten der Nennungen dar. Es sind Varianten aller namhaften Hersteller enthalten. Auch der Lack V_a und eine ältere Variante V_d des Auftraggebers der Marktanalyse sind darunter.

Wir fragen dann jeden Probanden, welche Variante er gekauft hätte, wenn die zuerst gewählte nicht verfügbar gewesen wäre („forced switching"). Man erhält die sogenannte Wechselmatrix (siehe Abb. 1.32).

Die Erstkaufmatrix und die Wechselmatrix können jetzt in Hinblick auf verschiedene Merkmale, die Lacke besitzen, untersucht werden. Für den Auftraggeber ist besonders interessant, ob Verwender des ökologisch zertifizierten Lackes V_a in ihrer zweitbesten Wahl wieder zu einem Öko-Lack greifen oder nicht.

Wir stellen die H_1-Hypothese auf, dass die Käufer von Öko-Lacken vorrangig wieder zu Öko-Lacken wechseln, also die ökologische Qualität ein besonderes Kaufargument darstellt und einen eigenen Variantenmarkt konstituiert. Muss man die H_0-Hypothese verwerfen und sich durch die Befragung der Probanden davon überzeugen lassen, dass die

Abb. 1.33 Erstkaufwahrscheinlichkeiten

in %	V_a	V_b	V_c	V_d	V_e	V_f	V_g
V_a	16,85						
V_b		11,24					
V_c			13,48				
V_d				15,73			
V_e					8,99		
V_f						11,24	
V_g							22,47

Abb. 1.34 Erstkaufwahrscheinlichkeiten, sortiert

in %		Öko			Standard			
		V_a	V_b	V_f	V_c	V_d	V_e	V_g
Öko	V_a	16,85						
	V_b		11,24					
	V_f			11,24				
Standard	V_c				13,48			
	V_d					15,73		
	V_e						8,99	
	V_g							22,47

Abb. 1.35 Wechselmatrix, sortiert

in %		Öko			Standard			
		V_a	V_b	V_f	V_c	V_d	V_e	V_g
Öko	V_a			5			10	
	V_b				10			
	V_f	10						
Standard	V_c	12						
	V_d							14
	V_e		2	6				
	V_g			20				

spezialisierten Handwerksunternehmen, die Öko-Lacke kaufen, überwiegend innerhalb dieser Variantengruppe substituieren?

Die von den Probanden getätigten Erstkaufentscheidungen verteilen sich mit ihren relativen Häufigkeiten unterschiedlich auf die Varianten, wie in Abb. 1.33 dargestellt ist. Die relativen Häufigkeiten sind Schätzwerte für die empirischen Wahrscheinlichkeiten, dass Kunden einen bestimmten Lack kaufen.

Um die Frage „zertifiziert versus nicht zertifiziert" zu untersuchen, sortiert man die Erstkaufmatrix neu, indem alle ökologisch zertifizierten Lacke zusammengefasst werden (siehe Abb. 1.34).

Ebenso sortiert man die Wechselmatrix neu (siehe Abb. 1.35).

Es ist nun ein operationales Maß für folgende Aussage anzugeben: „Die Elimination von V_j erhöht die Nachfrage nach den anderen Varianten proportional." Dies bedeutet, dass sich die 89 Käufer entsprechend der Anteile, die nach der Elimination ihrer erstbesten Variante bestehen, auf die anderen Varianten verteilen (siehe Abb. 1.30).

Lösungsweg

Im Falle des umweltzertifizierten Lacks konzentrieren sich $\frac{n_a}{n}$ = 16,85 % der Kaufentscheidungen auf die Variante V_a und auf die anderen Varianten zusammen 83,15 % (Erstkaufwahrscheinlichkeiten). Eliminieren wir die Variante V_a, dann erhöht sich der erwartete Anteil der restlichen Kaufentscheidungen von 83,15 % auf insgesamt 100 %. Bei einer proportionalen Erhöhung wachsen die einzelnen Kaufwahrscheinlichkeiten um den gleichen Prozentsatz an: Die Kaufwahrscheinlichkeit der Variante V_b steigt von $\frac{n_b}{n}$ = 11,24 % auf $\frac{n_b}{n-n_a}$ = $\frac{10}{89-15}$ = 13,51 %. Dies ist die Wahrscheinlichkeit unter H_0, die Variante V_b nach dem „erzwungenen" Wechsel zu kaufen. Die Kaufwahrscheinlichkeit der Variante V_c steigt von $\frac{n_c}{n}$ = 13,48 % auf $\frac{12}{89-15}$ = 16,22 %. Ebenso können wir die Wechselwahrscheinlichkeiten der anderen Varianten unter der Proportionalitätsannahme berechnen, die durch eine Elimination von V_a verursacht werden.

Bei einer gleichmäßigen Verteilung der V_a-Käufe auf die anderen Varianten erwarten wir also hinsichtlich der verbleibenden Öko-Varianten V_b und V_f eine Wechselwahrscheinlichkeit unter H_0 von 13,51 % + 13,51 % = 27,02 %. Mit der Gegenhypothese H_1 wird behauptet, dass die Wechselwahrscheinlichkeit von Variante V_a hin zu einer Öko-Variante größer als 27,02 % ist, was für einen engen Substitutionszusammenhang spricht.

Die Anzahl der Wechselentscheidungen von Variante V_a zu anderen Varianten mit der Eigenschaft M wird durch die absolute Häufigkeit H_a angegeben. Diese Häufigkeit ist unter der Nullhypothese, also einer gleichmäßigen Verteilung der V_a-Käufe auf die anderen Varianten, binomialverteilt, wenn mit einem Modell „mit Zurücklegen" gearbeitet wird:

$$H_a \sim B\left(n_a = 15, p_a^0 = 0{,}2702\right).$$

Wir prüfen die Anwendung des Zentralen Grenzwertsatzes (siehe Abschn. 1.6.2.13, [10]): Da $n_a p_a^0 \left(1 - p_a^0\right) = 2{,}96$ deutlich kleiner als 9 ist, ist die Approximation der Binomialverteilung durch die Normalverteilung mit einer sehr hohen Abweichung verbunden. Daher wird hier mit der Binomialverteilung gearbeitet. Es wechseln fünf Probanden von V_a zu V_f. Die Wahrscheinlichkeit, fünf oder mehr Wechselentscheidungen zu einer Öko-Variante zu erhalten, beträgt:

$$W(H_a \geq 5) = 1 - F_{Bi}\left(4; n_a = 15, p_a^0 = 0{,}2702\right) = 1 - 0{,}6183 = 38{,}17\,\%.$$

Den Ablehnungsbereich legen wir mit $\alpha = 10\,\%$ fest. Wenn $1 - F_{Bi} < 10\,\%$ wäre, dann würden wir H_0 ablehnen. Die empirische Wechselhäufigkeit zu einer Öko-Variante fällt wegen $38{,}17\,\% \geq \alpha$ für eine Widerlegung von H_0 nicht deutlich genug aus. Daher geht man weiterhin von der Gültigkeit der Nullhypothese aus, dass die Merkmalsausprägung „Öko" keine Bedeutung für das Wechselverhalten hat.

Abb. 1.36 Wechselwahrscheinlichkeiten

in %	V_a	V_b	V_c	V_d	V_e	V_f	V_g
V_a		13,51	16,22	18,92	10,81	13,51	27,03
V_b	18,99		15,19	17,72	10,13	12,66	25,32
V_c	19,48	12,99		18,18	10,39	12,99	25,97
V_d	20,00	13,33	16,00		10,67	13,33	26,67
V_e	18,52	12,35	14,81	17,28		12,35	24,69
V_f	18,99	12,66	15,19	17,72	10,13		25,32
V_g	21,74	14,49	17,39	20,29	11,59	14,49	

Erweiterung

Ebenso können wir jetzt hinsichtlich der anderen lösemittelfreien Varianten ermitteln, ob
die Merkmalsausprägung „ökozertifiziert" für das Wechselverhalten bedeutsam ist. Die
Wechselwahrscheinlichkeiten gemäß H_0 nach der Elimination jeweils einer Variante gibt
die Abb. 1.36 wieder.

Wir führen die Berechnungen in Analogie zur Variante V_a für jede Öko-Variante durch:

$$W(H_a \geq 5) = 1 - F_{Bi}\left(4; n_a = 15, p_a^0 = 0{,}2702\right) = 1 - 0{,}6183 = 38{,}17\,\% \geq \alpha = 10\,\%,$$

$$W(H_b \geq 0) = 100\,\% \geq \alpha = 10\,\%,$$

$$W(H_f \geq 10) = 1 - F_{Bi}(9; n_f = 10, p_f^0 = 0{,}3165) \approx 0\,\% < \alpha = 10\,\%.$$

Bei Eliminierung der Variante V_b wird die Gegenhypothese nicht bestätigt und man
geht weiterhin von der Gültigkeit der H_0-Hypothese aus. Bei Eliminierung der Variante
V_f bestätigt sich die H_1-Hypothese, dass die Merkmalsausprägung „Öko" das Wechselverhalten bestimmt.

Aggregierte Statistik

In der aggregierten Statistik prüfen wir, ob die Merkmalsausprägung „umweltzertifiziert"
insgesamt, d. h. über alle Öko-Varianten, eine signifikante Rolle bei dem Wechselverhalten spielt. Dazu berechnen wir zunächst für jede Öko-Variante, die eliminiert wird, die
Wechselwahrscheinlichkeit unter H_0 (siehe Abb. 1.36):

$$p_a^0 = 0{,}1351 + 0{,}1351 = 0{,}2702$$
$$p_b^0 = 0{,}1899 + 0{,}1266 = 0{,}3165$$
$$p_f^0 = 0{,}1899 + 0{,}1266 = 0{,}3165.$$

Die mit den relativen Häufigkeiten der Erstkaufentscheidungen gewichtete aggregierte
Wechselwahrscheinlichkeit unter H_0 beträgt:

$$p_M^0 = \frac{15 \cdot 0{,}2702 + 10 \cdot 0{,}3165 + 10 \cdot 0{,}3165}{35} = 0{,}2967.$$

Das bedeutet, dass wir unter H_0 bei der Elimination eines zufällig ausgewählten Öko-Lackes eine Wechselwahrscheinlichkeit von 29,67 % zu den verbleibenden Öko-Lacken erwarten.

Dieser theoretischen Wechselwahrscheinlichkeit unter H_0 wird die in der Stichprobe gemessene empirische relative Häufigkeit h_M gegenüber gestellt. Zur Berechnung dieser Häufigkeit benötigen wir die folgenden Daten:

- Anzahl der Probanden, die V_a, V_b oder V_f vor der Substitution kaufen:
  $n_M = 15 + 10 + 10 = 35$.
- Anzahl aus diesen 35 Probanden, die V_a, V_b oder V_f nach der Elimination einer Öko-Variante kaufen:
  $H_M = 5 + 10 = 15$.

Die in der Stichprobe gemessene Wahrscheinlichkeit eines Wechsels von Öko-Varianten zu Öko-Varianten beträgt:

$$h_M = \frac{H_M}{n_M} = \frac{5 + 10}{35} = 42{,}86\,\%.$$

Zur Anwendung des Zentralen Grenzwertsatzes (siehe Abschn. 1.6.2.13, [10]) sollte gelten: $n_M \cdot p_M^0 \cdot \left(1 - p_M^0\right) \geq 9$. Hier ist $n_M \cdot p_M^0 \cdot \left(1 - p_M^0\right) = 7{,}30$ immerhin größer als 7. Wir akzeptieren die leicht erhöhte Ungenauigkeit bei Verwendung der Normalverteilung und berechnen den aggregierten Z-Wert:

$$z_M = \frac{h_M - p_M^0}{\sqrt{\frac{p_M^0\left(1 - p_M^0\right)}{n_M}}} = \frac{0{,}4286 - 0{,}2967}{\sqrt{\frac{0{,}2967 \cdot (1 - 0{,}2967)}{35}}} = 1{,}71.$$

Wir kommen bei einem Signifikanzniveau von 5 % und $z_{0,95} = 1{,}645$ zu dem Schluss, dass die Öko-Qualität beim Kaufverhalten wichtig ist und es einen eigenen Markt für entsprechend zertifizierte Lacke gibt.

1.6.5 Multiple Regressionsrechnung (parametrisch)

1.6.5.1 Einführung und Datenblatt

In Bd. I, Abschn. 3.8 führen wir in die Theorie der linearen Einfachregression ein. Im Allgemeinen sind aber nicht nur eine, sondern mehrere Einflussgrößen wirksam. Wir verwenden die sogenannte multiple Regressionsrechnung in Verbindung mit dem Konzept partieller Korrelationskoeffizienten zur Analyse des Kundenverhaltens. Das Datenblatt in Abb. 1.37 skizziert ein Praxisproblem, das nachfolgend zunächst theoretisch aufbereitet

Problem:

Eine Bank untersucht, welchen Einfluss das Alter und das Einkommen der Bankkunden auf die Inanspruchnahme der Anlageberatung der Bank hat. Die Grundgesamtheit besteht aus allen Kunden der Bank im Altersbereich von 21 bis 67 Jahren, die eine Anlageberatung in Anspruch genommen haben. Es wird eine Zufallsstichprobe von 30 Personen aus diesem Kundenkreis genommen. Die Bank greift auf die folgenden, ihr verfügbaren Daten zu: aktuelles Alter in Jahren X_1, Bruttomonatseinkommen in Tausend Euro X_2, Beratungszeit im vergangenen Jahr in Stunden Y.

Daten:

Kunde	1	2	3	4	5	6	7	8	9	10	11	12	13	14	15
Alter [Jahre]	23	55	60	41	39	59	32	26	26	40	39	36	52	62	67
Einkommen [Tsd. €]	2,5	6,4	7,2	6,1	3,8	4,3	4,4	2,5	4,6	5,2	4,8	3,3	6,1	9,0	12,5
Zeit [h]	1	7	11	8	3	9	3	2	1	6	3	4	8	10	12

Kunde	16	17	18	19	20	21	22	23	24	25	26	27	28	29	30
Alter [Jahre]	45	53	38	29	58	41	64	67	55	34	53	28	50	32	41
Einkommen [Tsd. €]	4,1	7,0	4,0	2,5	12,0	5,6	8,3	8,6	5,5	3,2	5,0	4,0	7,5	2,9	4,7
Zeit [h]	4	5	4	1	9	8	11	12	4	2	6	2	7	2	4

Ergebnisse der Untersuchung:

- Die Gleichung der multiplen linearen Regression der Beratungszeit Y auf das Alter X_1 und das Einkommen X_2 lautet: $\hat{y} = -4{,}4640 + 0{,}178957x_1 + 0{,}000371x_2$ mit $R^2 = 0{,}8349$.
- Die empirischen Daten sprechen signifikant mit $p = 0{,}000021433$ für einen Zusammenhang zwischen dem Alter der Kunden und der Beratungszeit.
- Bei $\alpha = 5\%$ zeigt auch der p-Wert des Einkommens mit $p = 0{,}04984$, dass die Daten signifikant einen Zusammenhang zwischen dem Einkommen und der Beratungszeit nahelegen.
- Die einfache Korrelation zwischen der Beratungszeit und dem Einkommen lautet: $r_{X_2Y} = 0{,}8209$. Die einfache Korrelation zwischen der Beratungszeit und dem Alter beträgt: $r_{X_1Y} = 0{,}8995$.
- Die Analyse der partiellen Korrelationen ergibt: Das Alter der Kunden ist mit ca. 70% mit der Beratungszeit korreliert, wenn der statistische Einfluss des Einkommens herausgerechnet wird, während das Einkommen, ohne den Alterseinfluss, nur zu ca. 36% mit der Beratungszeit korreliert ist.

Abb. 1.37 Datenblatt zur Regression

Abb. 1.38 Daten

Y	X_1	X_2
y_1	x_{11}	x_{21}
y_2	x_{12}	x_{22}
$\vdots$	$\vdots$	$\vdots$
y_n	x_{1n}	x_{2n}

und dann gelöst wird. Mithilfe der multiplen linearen Regressionsrechnung wird aus einem Datensatz mit den Messwerten y, x_1, x_2, x_3 ... auf den unbekannten, wahren linearen Zusammenhang zwischen der zu erklärenden Verhaltensvariable y und den erklärenden Variablen x_1, x_2, x_3 ... geschlossen. Wir beschränken uns in der folgenden Darstellung der

multiplen linearen Regressionsrechnung auf zwei erklärende Variablen (siehe Abb. 1.38).
Der unbekannte, wahre Regressionszusammenhang lautet:

$$y_i = \underbrace{A + B_1 x_{1i} + B_2 x_{2i}}_{\substack{\text{systematischer} \\ \text{Zusammenhang}}} + \underbrace{u_i}_{\text{Störgröße}} \quad (i = 1, 2, \ldots, n).$$

A, B_1 und B_2 sind feste Koeffizienten und u beschreibt eine stochastische Störgröße.
Aus dem verfügbaren Datenmaterial berechnet man die Koeffizienten a, b_1 und b_2 der
folgenden Regressionsgeraden:

$$\hat{y}_i = a + b_1 x_{1i} + b_2 x_{2i} \quad (i = 1, 2, \ldots, n).$$

Die Residuen e_i sind die Differenz zwischen y_i und $\hat{y}_i$

$$e_i = y_i - \hat{y}_i \quad (i = 1, 2, \ldots, n).$$

Zwischen den berechneten Werten $\hat{y}_i$ und den gemessenen Werten y_i besteht somit der
folgende Zusammenhang:

$$y_i = \underbrace{a + b_1 x_{1i} + b_2 x_{2i}}_{\substack{\text{Regressionsgerade} \\ \text{(berechnet)}}} + \underbrace{e_i}_{\text{Residuen}} \quad (i = 1, 2, \ldots, n).$$

1.6.5.2 Summe der quadrierten Abweichungen (SQA)

Mithilfe der SQA-Methode lassen sich die Koeffizienten a, b_1 und b_2 der Regressionsgeraden $y = a + b_1 x_1 + b_2 x_2$ bestimmen:

$$SQA(a, b_1, b_2) = \sum_{i=1}^{n} e_i^2 = \sum_{i=1}^{n} (y_i - \hat{y}_i)^2$$

$$= \sum_{i=1}^{n} (y_i - a - b_1 x_{1i} - b_2 x_{2i})^2 \rightarrow \text{Min}_{a, b_1, b_2}.$$

Es werden die partiellen Ableitungen gebildet und null gesetzt:

$$\frac{\partial}{\partial a} \sum_{i=1}^{n} (y_i - a - b_1 x_{1i} - b_2 x_{2i})^2 = \sum_{i=1}^{n} 2(y_i - a - b_1 x_{1i} - b_2 x_{2i}) \cdot (-1) = 0$$

$$\frac{\partial}{\partial b_1} \sum_{i=1}^{n} (y_i - a - b_1 x_{1i} - b_2 x_{2i})^2 = \sum_{i=1}^{n} 2(y_i - a - b_1 x_{1i} - b_2 x_{2i}) \cdot (-x_{1i}) = 0$$

$$\frac{\partial}{\partial b_2} \sum_{i=1}^{n} (y_i - a - b_1 x_{1i} - b_2 x_{2i})^2 = \sum_{i=1}^{n} 2(y_i - a - b_1 x_{1i} - b_2 x_{2i}) \cdot (-x_{2i}) = 0$$

Analog zu der Darstellung in Bd. I, Abschn. 3.8 ergeben sich die notwendigen Bedingungen für das Minimum:

$$\text{I)}\quad \underbrace{\sum_{i=1}^{n}(y_i - a - b_1 x_{1i} - b_2 x_{2i})}_{e_i} = 0 \qquad\qquad \rightarrow \sum_{i=1}^{n} e_i = 0$$

$$\text{II)}\quad \sum_{i=1}^{n}\underbrace{(y_i - a - b_1 x_{1i} - b_2 x_{2i})x_{1i}}_{e_i x_{1i}} = 0 \qquad \rightarrow \sum_{i=1}^{n} e_i x_{1i} = 0$$

$$\text{III)}\quad \sum_{i=1}^{n}\underbrace{(y_i - a - b_1 x_{1i} - b_2 x_{2i})x_{2i}}_{e_i x_{2i}} = 0 \qquad \rightarrow \sum_{i=1}^{n} e_i x_{2i} = 0$$

Die notwendigen Bedingungen stellen wir folgendermaßen dar:

$$\text{I)}\quad \sum_{i=1}^{n} y_i \; = na \;\; + b_1 \sum_{i=1}^{n} x_{1i} \;\; + b_2 \sum_{i=1}^{n} x_{2i}$$

$$\text{II)}\quad \sum_{i=1}^{n} y_i x_{1i} = a \sum_{i=1}^{n} x_{1i} + b_1 \sum_{i=1}^{n} x_{1i}^2 \;\; + b_2 \sum_{i=1}^{n} x_{1i} x_{2i}$$

$$\text{III)}\quad \sum_{i=1}^{n} y_i x_{2i} = a \sum_{i=1}^{n} x_{2i} + b_1 \sum_{i=1}^{n} x_{1i} x_{2i} + b_2 \sum_{i=1}^{n} x_{2i}^2$$

Um die Koeffizienten a, b_1 und b_2 zu berechnen, stellen wir das Gleichungssystem in Matrixschreibweise dar und übertragen es in die Form $\mathbf{X'y} = \mathbf{X'Xb}$:

$$\underbrace{\begin{bmatrix} 1 & 1 & 1 & 1 \\ x_{11} & x_{21} & \cdots & x_{n1} \\ x_{12} & x_{22} & \cdots & x_{n2} \end{bmatrix}}_{\substack{\mathbf{X'} \\ 3 \times n}} \cdot \underbrace{\begin{bmatrix} y_1 \\ y_2 \\ \vdots \\ y_n \end{bmatrix}}_{\substack{\mathbf{y} \\ n \times 1}} = \underbrace{\begin{bmatrix} 1 & 1 & 1 & 1 \\ x_{11} & x_{21} & \cdots & x_{n1} \\ x_{12} & x_{22} & \cdots & x_{n2} \end{bmatrix}}_{\substack{\mathbf{X'} \\ 3 \times n}} \cdot \underbrace{\begin{bmatrix} 1 & x_{11} & x_{12} \\ 1 & x_{21} & x_{22} \\ 1 & \vdots & \vdots \\ 1 & x_{n1} & x_{n2} \end{bmatrix}}_{\substack{\mathbf{X} \\ n \times 3}} \cdot \underbrace{\begin{bmatrix} a \\ b_1 \\ b_2 \end{bmatrix}}_{\substack{\mathbf{b} \\ 3 \times 1}}$$

Multipliziert man die Form $\mathbf{X'y} = \mathbf{X'Xb}$ aus, ergeben sich die oben genannten Gleichungen I, II und III. Die Lösung (a, b_1, b_2) erhält man aus $\mathbf{b} = (\mathbf{X'X})^{-1}\mathbf{X'y}$:

$$\begin{bmatrix} a \\ b_1 \\ b_2 \end{bmatrix} = \left[\begin{bmatrix} 1 & 1 & \cdots & 1 \\ x_{11} & x_{21} & \cdots & x_{n1} \\ x_{12} & x_{22} & \cdots & x_{n2} \end{bmatrix} \cdot \begin{bmatrix} 1 & x_{11} & x_{21} \\ 1 & x_{21} & x_{22} \\ \vdots & \vdots & \vdots \\ 1 & x_{n1} & x_{n2} \end{bmatrix} \right]^{-1} \begin{bmatrix} 1 & 1 & \cdots & 1 \\ x_{11} & x_{21} & \cdots & x_{n1} \\ x_{12} & x_{22} & \cdots & x_{n2} \end{bmatrix} \cdot \begin{bmatrix} y_1 \\ y_2 \\ \vdots \\ y_n \end{bmatrix}$$

Die Berechnung verdeutlicht das folgende Beispiel.

Beispiel

Y	X_1	X_2
5	3	2
6	3	1
1	8	6
3	9	3

Das Ergebnis für a, b_1 und b_2 erhält man, indem man das folgende Gleichungssystem löst:

$$
\underbrace{\begin{bmatrix} a \\ b_1 \\ b_2 \end{bmatrix}}_{b} = \underbrace{\left(\begin{bmatrix} 1 & 1 & 1 & 1 \\ 3 & 3 & 8 & 9 \\ 2 & 1 & 6 & 3 \end{bmatrix} \cdot \begin{bmatrix} 1 & 3 & 2 \\ 1 & 3 & 1 \\ 1 & 8 & 6 \\ 1 & 9 & 3 \end{bmatrix} \right)^{-1}}_{(X'X)^{-1}} \cdot \underbrace{\begin{bmatrix} 1 & 1 & 1 & 1 \\ 3 & 3 & 8 & 9 \\ 2 & 1 & 6 & 3 \end{bmatrix}}_{X'} \cdot \underbrace{\begin{bmatrix} 5 \\ 6 \\ 1 \\ 3 \end{bmatrix}}_{y}
$$

Das Produkt der Matrizen $(X'X)$ beträgt: $(X'X) = \begin{bmatrix} 4 & 23 & 12 \\ 23 & 163 & 84 \\ 12 & 84 & 50 \end{bmatrix}$

Die Inverse $(X'X)^{-1}$ wird folgendermaßen berechnet:

$$
X'X|E = \left[\begin{array}{ccc|ccc} 4 & 23 & 12 & 1 & 0 & 0 \\ 23 & 163 & 84 & 0 & 1 & 0 \\ 12 & 84 & 50 & 0 & 0 & 1 \end{array} \right] \quad \begin{array}{l} :4 \\ :23 \\ :12 \end{array}
$$

$$
\left[\begin{array}{ccc|ccc} 1 & 23/4 & 3 & 1/4 & 0 & 0 \\ 1 & 163/23 & 84/23 & 0 & 1/23 & 0 \\ 1 & 84/12 & 25/6 & 0 & 0 & 1/12 \end{array} \right] \quad \begin{array}{l} \\ II - I \\ III - I \end{array}
$$

$$
\left[\begin{array}{ccc|ccc} 1 & 23/4 & 3 & 1/4 & 0 & 0 \\ 0 & 123/92 & 15/23 & -1/4 & 1/23 & 0 \\ 0 & 5/4 & 7/6 & -1/4 & 0 & 1/12 \end{array} \right] \quad \begin{array}{l} \\ :123/92 \\ \\ \end{array}
$$

$$
\left[\begin{array}{ccc|ccc} 1 & 23/4 & 3 & 1/4 & 0 & 0 \\ 0 & 1 & 20/41 & -23/123 & 4/123 & 0 \\ 0 & 5/4 & 7/6 & -1/4 & 0 & 1/12 \end{array} \right] \quad \begin{array}{l} I - 23/4 \cdot II \\ \\ III - 5/4 \cdot II \end{array}
$$

$$\begin{bmatrix} 1 & 0 & 8/41 & | & 163/123 & -23/123 & 0 \\ 0 & 1 & 20/41 & | & -23/123 & 4/123 & 0 \\ 0 & 0 & 137/246 & | & -2/123 & -5/123 & 1/12 \end{bmatrix} \quad : (137/246)$$

$$\begin{bmatrix} 1 & 0 & 8/41 & | & 163/123 & -23/123 & 0 \\ 0 & 1 & 20/41 & | & -23/123 & 4/123 & 0 \\ 0 & 0 & 1 & | & -4/137 & -10/137 & 41/274 \end{bmatrix} \quad \begin{array}{l} I - 8/41 \cdot III \\ II - 20/41 \cdot III \end{array}$$

$$\begin{bmatrix} 1 & 0 & 0 & | & 547/411 & -71/411 & -4/137 \\ 0 & 1 & 0 & | & -71/411 & 28/411 & -10/137 \\ 0 & 0 & 1 & | & -4/137 & -10/137 & 41/274 \end{bmatrix}$$

Damit erhalten wir die Lösung für $(\mathbf{X'X})^{-1}$:

$$(\mathbf{X'X})^{-1} = \begin{bmatrix} 1{,}3309 & -0{,}1727 & -0{,}0292 \\ -0{,}1727 & 0{,}0681 & -0{,}0730 \\ -0{,}0292 & -0{,}0730 & 0{,}1496 \end{bmatrix}$$

Wir können nun die Lösung (a, b_1, b_2) in wenigen Schritten bestimmen:

$$\begin{bmatrix} a \\ b_1 \\ b_2 \end{bmatrix} = \begin{bmatrix} 1{,}3309 & -0{,}1727 & -0{,}0292 \\ -0{,}1727 & 0{,}0681 & -0{,}0730 \\ -0{,}0292 & -0{,}0730 & 0{,}1496 \end{bmatrix} \cdot \begin{bmatrix} 1 & 1 & 1 & 1 \\ 3 & 3 & 8 & 9 \\ 2 & 1 & 6 & 3 \end{bmatrix} \cdot \begin{bmatrix} 5 \\ 6 \\ 1 \\ 3 \end{bmatrix}$$

$$\begin{bmatrix} a \\ b_1 \\ b_2 \end{bmatrix} = \begin{bmatrix} 1{,}3309 & -0{,}1727 & -0{,}0292 \\ -0{,}1727 & 0{,}0681 & -0{,}0730 \\ -0{,}0292 & -0{,}0730 & 0{,}1496 \end{bmatrix} \cdot \begin{bmatrix} 15 \\ 68 \\ 31 \end{bmatrix}$$

$$\begin{bmatrix} a \\ b_1 \\ b_2 \end{bmatrix} = \begin{bmatrix} 7{,}31 \\ -0{,}22 \\ -0{,}76 \end{bmatrix}$$

Die berechnete Regressionsgerade lautet:

$$\hat{y} = 7{,}31 - 0{,}22 x_1 - 0{,}76 x_2.$$

Das Bestimmtheitsmaß berechnet sich, wie in Bd. I, Abschn. 3.8.2 gezeigt, folgendermaßen:

$$R^2 = \frac{s_{\hat{Y}}^2}{s_Y^2} = \frac{\sum_{i=1}^{n}(\hat{y}_i - \overline{y})^2}{\sum_{i=1}^{n}(y_i - \overline{y})^2}.$$

s_Y^2 steht für die empirische Streuung der beobachteten (tatsächlichen) Messwerte y_i. Die Streuung der geschätzten Werte wird mit $s_{\hat{Y}}^2$ gekennzeichnet. In der Regel erhöht sich das Bestimmtheitsmaß durch die Hinzunahme weiterer erklärender Variablen. Das Bestimmtheitsmaß zu dem vorangegangenen Beispiel mit der Regressionsgeraden $\hat{y} = 7{,}31 - 0{,}22x_1 - 0{,}76x_2$ berechnet sich folgendermaßen:

Da $s_{\hat{Y}}^2 = 3{,}6477$ und $s_Y^2 = 3{,}6875$ ist

$$R^2 = \frac{s_{\hat{Y}}^2}{s_Y^2} = \frac{3{,}6477}{3{,}6875} = 0{,}9892.$$

Der Erklärungswert des Modells ist sehr hoch.

1.6.5.3 Partieller Korrelationskoeffizient

Mithilfe des sogenannten einfachen Korrelationskoeffizienten lassen sich die Zusammenhänge zwischen Y und X_1 und zwischen Y und X_2 abschätzen:

$$r_{X_1 Y} = \frac{\sum_{i=1}^{n} (x_{1i} - \overline{x}_1)\,(y_i - \overline{y})}{\sqrt{\sum_{i=1}^{n} (x_{1i} - \overline{x}_1)^2} \cdot \sqrt{\sum_{i=1}^{n} (y_i - \overline{y})^2}}$$

$$r_{X_2 Y} = \frac{\sum_{i=1}^{n} (x_{2i} - \overline{x}_2)\,(y_i - \overline{y})}{\sqrt{\sum_{i=1}^{n} (x_{2i} - \overline{x}_2)^2} \cdot \sqrt{\sum_{i=1}^{n} (y_i - \overline{y})^2}}.$$

Allerdings muss bei der Interpretation des einfachen Korrelationskoeffizienten bedacht werden, dass die jeweils nicht betrachteten Variablen, also im ersten Fall X_2 und im zweiten Fall X_1, auch einen Einfluss auf den jeweils beobachteten Zusammenhang $X_1 \to Y$ bzw. $X_2 \to Y$ ausüben. Man spricht dann von einer Scheinkorrelation (siehe Abb. 1.39).

Beispiel
Die Geburtenrate pro Quadratkilometer ist deutlich positiv mit dem Vorkommen von Storchennestern pro Quadratkilometer korreliert (Querschnittuntersuchung). Tatsächlich

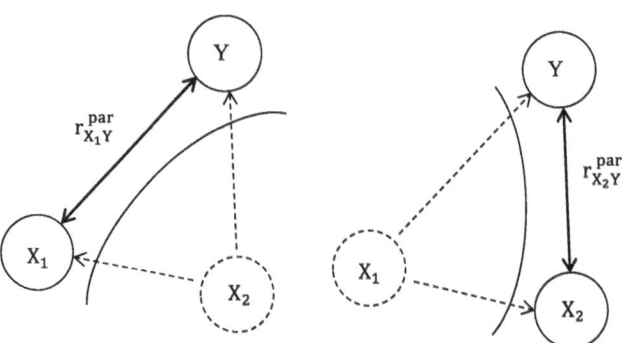

Abb. 1.39 Elimination von Scheinkorrelationen

stehen beide Größen aber auch mit der Bevölkerungsdichte in einem statistischen Zusammenhang, und zwar negativ. Wenn man den Einfluss dieser dritten Größe herausrechnet, dann stellt man fest, dass es nur eine geringe Korrelation zwischen dem Vorkommen von Storchennestern und der Geburtenrate gibt.

Will man die sogenannten partiellen Korrelationskoeffizienten bestimmen, bei denen nur die isolierten Zusammenhänge zwischen Y und X_1 bzw. zwischen Y und X_2 abgebildet werden, dann sind die Wirkungsverläufe, die von den jeweils anderen Variablen ausgehen, abzuschätzen und ihr Einfluss zu eliminieren. Zur Ermittlung des sogenannten partiellen Regressionskoeffizienten $r_{X_1 Y}^{par}$, bei dem der Einfluss von X_2 herausgerechnet ist, müssen deshalb zunächst zwei Regressionen vorgeschaltet werden:

a) Regression von Y auf X_2
b) Regression von X_1 auf X_2.

Zur Bestimmung des Einflusses von X_2 auf Y regressiert man Y auf X_2:

$$y_i = a_{02} + b_{02}x_{2i} + e_{02i} \quad (i = 1, 2, \ldots, n).$$

Für die Residuen e_{02i} gilt annahmegemäß (Bd. I, Abschn. 3.8.4):

$$e_{02i} = y_i - a_{02} - b_{02}x_{2i} \quad (i = 1, 2, \ldots, n).$$
$$\bar{e}_{02} = 0$$

Zur Bestimmung des Einflusses von X_2 auf X_1 regressiert man X_1 auf X_2:

$$x_{1i} = a_{12} + b_{12}x_{2i} + e_{12i} \quad (i = 1, 2, \ldots, n).$$

Für die Residuen e_{12i} gilt analog:

$$e_{12i} = x_{1i} - a_{12} - b_{12}x_{2i} \quad (i = 1, 2, \ldots, n)$$
$$\bar{e}_{12} = 0.$$

Es kann jetzt der partielle Korrelationskoeffizient $r_{X_1 Y}^{par}$ berechnet werden:

$$r_{X_1 Y}^{par} = \frac{\sum_{i=1}^{n} e_{02i}e_{12i}}{\sqrt{\sum_{i=1}^{n} (e_{02i})^2} \cdot \sqrt{\sum_{i=1}^{n} (e_{12i})^2}}$$

Mithilfe dieser Formel lässt sich der direkte Zusammenhang zwischen der erklärenden Variable X_1 und der zu erklärenden Variable Y bestimmen. Die indirekte Wirkung der Variable X_2 ist herausgerechnet (siehe Abb. 1.39).

Nachfolgend setzen wir die Diskussion des partiellen Korrelationskoeffizienten mithilfe eines praktischen Beispiels fort.

1.6.5.4 Beispielrechnung

Die Marktforschungsgruppe einer Bank steht vor der folgenden Aufgabe: Mithilfe der multiplen linearen Regressionsrechnung soll der funktionale Zusammenhang zwischen den in den letzten 12 Monaten in Anspruch genommenen Beratungszeiten für die Anlageberatung Y, dem aktuellen Alter der Bankkunden X_1 und dem aktuellen Monatsbruttoeinkommen X_2 berechnet werden. Von Interesse ist auch der partielle Korrelationskoeffizient $r^{par}_{Beratungszeit\,X_2,EinkommenY}$ und das Bestimmtheitsmaß des Modells. Die betreffende Grundgesamtheit umfasst alle Kunden, die in den letzten 12 Monaten ein Anlagegespräch geführt haben. Die Bank entnimmt aus dieser Gruppe eine Stichprobe im Umfang von $n = 30$. In Abstimmung mit den Probanden werden die folgenden Daten anonymisiert verwendet:

Kunde	1	2	3	4	5	6	7	8	9	10
Alter [Jahre]	23	55	60	41	39	59	32	26	26	40
Einkommen [Tsd. €]	2,5	6,4	7,2	6,1	3,8	4,3	4,4	2,5	4,6	5,2
Zeit [h]	1	7	11	8 .	3	9	3	2	1	6

Kunde	11	12	13	14	15	16	17	18	19	20
Alter [Jahre]	39	36	52	62	67	45	53	38	29	58
Einkommen [Tsd. €]	4,8	3,3	6,1	9,0	12,5	4,1	7,0	4,0	2,5	12,0
Zeit [h]	3	4	8	10	12	4	5	4	1	9

Kunde	21	22	23	24	25	26	27	28	29	30
Alter [Jahre]	41	64	67	55	34	53	28	50	32	41
Einkommen [Tsd. €]	5,6	8,3	8,6	5,5	3,2	5,0	4,0	7,5	2,9	4,7
Zeit [h]	8	11	12	4	2	6	2	7	2	4

Multiple Regressionsrechnung

Die Gleichung der multiplen Regression der Beratungszeit Y auf das Alter X_1 und das Einkommen X_2 der Kunden lautet:

$$\hat{y} = -4,4640 + 0,1790x_1 + 0,0003713x_2.$$

Das Bestimmtheitsmaß dieser Regression beträgt

$$R^2 = \frac{s_{\hat{Y}}^2}{s_Y^2} = 0,8352.$$

Wir können hieraus schließen, dass der Erklärungswert des Modells hoch ist.

Partielle Korrelationskoeffizienten

Die Berechnung der einfachen Korrelation zwischen der Beratungszeit und dem Einkommen liefert den folgenden Wert:

$$r_{X_2Y} = \frac{\sum_{i=1}^{n}(x_{2i} - \overline{x}_2)(y_i - \overline{y})}{\sqrt{\sum_{i=1}^{n}(x_{2i} - \overline{x}_2)^2} \cdot \sqrt{\sum_{i=1}^{n}(y_i - \overline{y})^2}} = \frac{212.353,3333}{258.676,5126} = 0,8209.$$

Das Einkommen X_2 ist demgemäß hochkorreliert mit der Beratungszeit Y. Man könnte dieses als Indiz dafür nehmen, dass Kunden mit höherem Einkommen durchschnittlich mehr Zeit beim Anlageberater der Bank verbringen als Kunden mit geringerem Einkommen. Das ist aber trügerisch, wie die folgende Berechnung der partiellen Korrelation zwischen der Beratungszeit Y und dem Einkommen X_2 zeigt. Zur Berechnung der partiellen Korrelation müssen zuvor zwei Einfachregressionen durchgeführt werden. In den Regressionen wird der statistische Einfluss des Alters auf die Beratungszeit bzw. auf das Einkommen gemessen:

Regression	Regressionsgerade
Y auf X_1	$\hat{y}_{01} = a_{01} + b_{01}x_1 = -4{,}9820 + 0{,}2368x_1$
X_2 auf X_1	$\hat{x}_{21} = a_{21} + b_{21}x_1 = -1395{,}3934 + 155{,}7337x_1$

Die Berechnung der partiellen Korrelation zwischen der Beratungszeit und dem Einkommen des Kunden führt zu dem folgenden überraschenden Ergebnis:

$$r_{X_2Y}^{par} = \frac{\sum_{i=1}^{n} e_{01i}e_{21i}}{\sqrt{\sum_{i=1}^{n}(e_{01i})^2} \cdot \sqrt{\sum_{i=1}^{n}(e_{21i})^2}} = \frac{24.512,5569}{66.698,3987} = 0,3675.$$

Das Einkommen des Kunden erklärt weit weniger die Inanspruchnahme der Beratungszeit als zunächst vermutet. Der Grund für das weite Auseinanderklaffen von einfachem und partiellem Korrelationskoeffizienten liegt darin, dass das Alter sowohl mit dem Einkommen als auch mit der Beratungszeit stark positiv korreliert ist und so auf beide Größen einen maßgeblichen statistischen Einfluss ausübt. Das soll überprüft werden.

Die einfache Korrelation zwischen der Beratungszeit und dem Alter beträgt:

$$r_{X_1Y} = \frac{\sum_{i=1}^{n}(x_{1i} - \overline{x}_1)(y_i - \overline{y})}{\sqrt{\sum_{i=1}^{n}(x_{1i} - \overline{x}_1)^2} \cdot \sqrt{\sum_{i=1}^{n}(y_i - \overline{y})^2}} = \frac{1206,1667}{1340,9217} = 0,8995.$$

Wir berechnen den entsprechenden partiellen Korrelationskoeffizienten. Es müssen hierzu wieder zwei Einfachregressionen durchgeführt werden. In beiden Regressionen wird der statistische (nicht kausale!) Einfluss des Einkommens auf die Beratungszeit und auf das Alter gemessen:

Regression	Regressionsgerade
Y auf X_2	$\hat{y} = a_{02} + b_{02}x_2 = -0{,}6246 + 0{,}001120x_2$
X_1 auf X_2	$\hat{x}_1 = a_{12} + b_{12}x_2 = 21{,}4542 + 0{,}004185x_2$

Die partielle Korrelation zwischen der Beratungszeit und dem Alter ist niedriger als die einfache Korrelation zwischen beiden Größen, da der statistische Einfluss des Einkommens herausgerechnet ist. Die partielle Korrelation beträgt aber immerhin noch ca. 70 %:

$$r_{X_1Y}^{par} = \frac{\sum_{i=1}^{n}(x_{1i} - a_{12} - b_{12}x_{2i})(y_i - a_{02} - b_{02}x_{2i})}{\sqrt{\sum_{i=1}^{n}(x_{1i} - a_{12} - b_{12}x_{2i})^2} \cdot \sqrt{\sum_{i=1}^{n}(y_i - a_{02} - b_{02}x_{2i})^2}}$$

$$= \frac{317{,}5090}{451{,}8944} = 0{,}7026 = 70{,}26\,\%.$$

Wir erkennen hieraus deutlich, dass das Alter des Kunden die eigentlich bestimmende statistische Größe ist. Das Alter ist zu ca. 70 % mit der Beratungszeit korreliert, wenn der statistische Einfluss des Einkommens herausgerechnet wird, während das Einkommen, ohne den Alterseinfluss, nur zu ca. 37 % mit der Beratungszeit korreliert ist.

1.6.5.5 Der *p*-Wert

Einfache lineare Regression

Die Regressionsgerade $\hat{y} = a + bx$ beruht auf einem Datensatz mit Messwerten, der als Stichprobe aus einer Grundgesamtheit (unendlich vieler) möglicher Datensätze aufzufassen ist. Eine andere Zufallsstichprobe führt zu einem anderen Datensatz und damit zu anderen Koeffizienten a und b der Regressionsgeraden. Die Schätzung der Koeffizienten ist also zufallsabhängig.

Angenommen, der konkrete, aus einem Datensatz berechnete Wert des Steigungskoeffizienten b sei von null verschieden. Aufgrund der zufällig ermittelten Stichprobe wird der berechnete Koeffizient b tatsächlich in fast allen Fällen von null abweichen. Es stellt sich dann die Frage, ob dieses Ergebnis signifikant dafür spricht, dass auch der wahre aber unbekannte Regressionskoeffizient B von null verschieden ist und damit die Variable X tatsächlich zur Erklärung der Schwankungen von Y beiträgt.

Diese Frage ist mit Hilfe eines statistischen Hypothesentests zu beantworten. Die Hypothesen zu diesem zweiseitigen Test lauten folgendermaßen:

$$B = 0 \ [H_0] \quad \text{und} \quad B \neq 0 \ [H_1].$$

Im ersten Fall besitzt die Variable X keinen Einfluss auf Y. Im zweiten Fall besitzt sie einen Einfluss auf Y. Stichprobenergebnisse, die zu einer Berechnung des Steigungskoeffizienten b führen, der sehr deutlich von null abweicht, sprechen für die Gegenhypothese H_1.

Das Ergebnis eines solchen Hypothesentests kann unmittelbar aus dem sogenannten *p*-Wert gefolgert werden, der über die Signifikanz des geschätzten Koeffizienten b informiert und den Statistikprogramme generieren. Der *p*-Wert zu einem konkreten Schätzwert $\hat{b}$ gibt die Wahrscheinlichkeit an, mit der, unter Gültigkeit der Nullhypothese $B = 0$, eine

Schätzung von b noch „extremere" Werte annehmen könnte als der vorliegende konkrete Schätzwert $\hat{b}$:

$$p = P_{|B=0} \left(|b| > \left| \hat{b} \right| \right).$$

Ist der p-Wert kleiner als die gewählte Signifikanzzahl α (siehe Abb. 1.40), dann wird die Gegenhypothese H_1 mit $B \neq 0$ angenommen. In diesem Fall sprechen die vorliegenden Daten signifikant für die Gültigkeit der Gegenhypothese. Die Nullhypothese H_0 mit $B = 0$ wird in diesem Fall verworfen. Weicht hingegen der konkrete Schätzwert $\hat{b}$ nur wenig von null ab, dann ist der dazugehörige p-Wert relativ groß. Insbesondere ist er dann nicht kleiner als die gewählte Signifikanzzahl α. Die Daten sprechen dann nicht deutlich genug für die Gegenhypothese. Dies führt zur Annahme der Nullhypothese $B = 0$. In diesem Fall kann nicht belegt werden, dass die Variable X zur Erklärung der Schwankungen von Y beiträgt.

Wird angenommen, dass im (wahren) einfachen linearen Regressionsmodell $y_i = A + Bx_i + u_i$ die Störgrößen u_i identisch und unabhängig normalverteilt sind, so sind auch die Schätzungen der Koeffizienten, insbesondere die Schätzung des Steigungskoeffizienten b, normalverteilt. Falls die Störgrößen nicht normalverteilt sind, kann bei großem Stichprobenumfang näherungsweise mit der Normalverteilung gearbeitet werden. Bei normalverteilten Störgrößen u_i ist $Z = \frac{b-E(b)}{Sta(b)} = \frac{b-B}{Sta(b)}$ standardnormalverteilt und für den p-Wert gilt:

$$p = P_{|B=0} \left(|b| > \left| \hat{b} \right| \right) = P_{|B=0} \left(\left| \frac{b-0}{\sigma_b} \right| > \left| \frac{\hat{b}-0}{\sigma_b} \right| \right).$$

Bezeichnen wir $\frac{b-0}{\sigma_b}$ als Z und $\frac{\hat{b}-0}{\sigma_b}$ als $\hat{z}$, dann gilt: $p = P_{|B=0} (|Z| > |\hat{z}|)$.

Da die wahre Streuung der Koeffizientenschätzung σ_b unbekannt und ebenfalls zu schätzen ist, liegt hierin eine weitere statistische Fehlermöglichkeit. Die geschätzte Standardabweichung, also die Wurzel aus der korrigierten Stichprobenvarianz, bezeichnen wir mit s_b. Es kann gezeigt werden, dass die Größe $\frac{b-E(b)}{s_b}$ wegen s_b nicht standardnormalverteilt ist, sondern der sogenannten t-Verteilung folgt, die auch als Student-Verteilung bezeichnet wird.[7] Eine t-verteilte Zufallsvariable ergibt sich immer dann, wenn eine standardnormalverteilte Zufallsvariable Z und eine Chi-Quadrat verteilte Zufallsvariable χ_f^2 entsprechend der folgenden Formel transformiert werden:

$$T_f = Z \left/ \sqrt{\frac{1}{n} \cdot \chi_f^2} \right. .$$

Hierbei müssen die beiden Zufallsvariablen stochastisch unabhängig sein. Die f Freiheitsgrade der t-verteilten Zufallsvariablen T_f entsprechen den f Freiheitsgraden der Chi-Quadrat verteilten Zufallsvariablen (siehe Abschn. 1.6.7 und 1.6.8.1).

---

[7] Gosset, W.S. (1876–1937), verwendete das Pseudonym „Student".

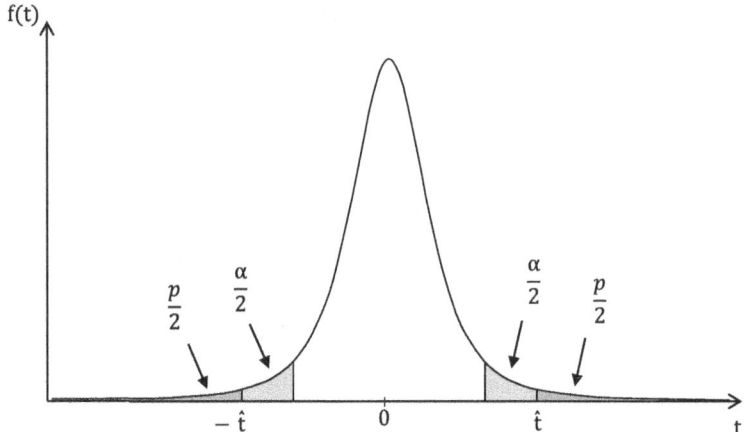

Abb. 1.40 Dichtefunktion der t-Verteilung mit p-Wert, für den Fall $\hat{t} > 0$

Der Verlauf der t-Verteilung ähnelt dem Verlauf der Normalverteilung (siehe Abb. 1.40). Bei über 100 Freiheitsgraden sind beide praktisch identisch. Für kleinere Freiheitsgrade wird der p-Wert folgendermaßen bestimmt:

$$p = P_{|B=0}\left(|b| > \left|\hat{b}\right|\right) = P_{|B=0}\left(\left|\frac{b-0}{s_b}\right| > \left|\frac{\hat{b}-0}{s_b}\right|\right).$$

Bezeichnen wir $\frac{b-0}{s_b}$ als T_f und $\frac{\hat{b}-0}{s_b}$ als $\hat{t}$, dann gilt: $p = P_{|B=0}\left(\left|T_f\right| > |\hat{t}|\right)$.

Wir testen die H_0-Hypothese $B = 0$ gegen die H_1-Hypothese $B \neq 0$ bei unbekannter Streuung σ_b. Die Prüfgröße lautet: $T = \frac{b}{s_b}$. Bei einer Signifikanzzahl α führt der t-Test zur Annahme der Gegenhypothese, wenn die Prüfgröße t deutlich von null abweicht. Der Ablehnungsbereich von H_0 wird so festgelegt, dass die Wahrscheinlichkeit für die Ablehnung von H_0 bzw. Annahme von H_1 unter der Prämisse, dass H_0 gilt, maximal der zuvor festgelegten Signifikanzzahl α entspricht.

H_1 wird angenommen, falls $|t| > t_{1-\alpha/2;\, n-2}$. Der Wert $t_{1-\alpha/2;\, n-2}$ beschreibt das $\left(1 - \frac{\alpha}{2}\right)$-Quantil einer t-Verteilung mit $n - 2$ Freiheitsgraden. Die Reduzierung der Freiheitsgrade um den Wert 2 erklärt sich folgendermaßen: Die Standardabweichung s_b ergibt sich u. a. aus der Streuung der Residuen. Die Residuen sind aber nicht unabhängig. So wird z. B. der Koeffizient a so festgelegt, dass die Summe der Residuen immer den Wert Null annimmt. Durch die Festlegung von b wird für die Residuen eine weitere Restriktion eingeführt. Insgesamt reduziert sich die Zahl der Freiheitsgrade um die Anzahl der geschätzten Koeffizienten und damit um zwei.

Auf Basis des p-Werts kann auch direkt auf die Annahme oder Ablehnung der Nullhypothese geschlossen werden: Ist der p-Wert kleiner als das gewählte Signifikanzniveau (z. B. $\alpha = 5\%$), so ist die Wahrscheinlichkeit, dass eine zufällige Schätzung b noch extremere Werte annehmen könnten als $\hat{b}$, kleiner als α. Der vorliegende t-Wert muss also im

Ablehnungsbereich von H_0 liegen. Damit ist die Gegenhypothese H_1 statistisch gezeigt. Ist der p-Wert hingegen größer als das gewählte Signifikanzniveau, dann wird statistisch nicht mit der geforderten Signifikanz gezeigt, dass der Koeffizient B sich von Null unterscheidet. Es findet also für den vorliegenden zweiseitigen Hypothesentest das folgende Entscheidungskriterium Anwendung:

$p < \alpha \quad \Leftrightarrow \quad H_0$ wird abgelehnt

$p \geq \alpha \quad \Leftrightarrow \quad H_0$ wird angenommen.

Multiple lineare Regression

Bei der multiplen linearen Regression wird ein linearer Zusammenhang zwischen einer abhängigen und mehreren unabhängigen Variablen unterstellt, der analog zur einfachen linearen Regression durch eine Störgröße überlagert wird:

$$y_i = A + B_1 x_1 + B_2 x_2 + \cdots + B_m x_m + u_i \quad (i = 1, 2, \ldots, n).$$

Es kann die Signifikanz eines einzelnen Steigungskoeffizienten B_j, mit $j = 1, 2, \ldots, m$ getestet werden. Der Test erfolgt dabei analog zum beschriebenen Vorgehen bei der einfachen linearen Regression. Die Hypothesen des zweiseitigen Tests lauten: $B_j = 0$ [H_0] und $B_j \neq 0$ [H_1], $j = 1, 2, \ldots, m$. Der p_j-Wert zu einem konkreten Schätzwert $\hat{b}_j$ gibt die Wahrscheinlichkeit an, mit der, unter Gültigkeit der Nullhypothese $B_j = 0$, eine Schätzung b_j noch „extremere" Werte annehmen könnte als der vorliegende konkrete Schätzwert $\hat{b}_j$. Der p_j-Wert wird folgendermaßen bestimmt:

$$p_j = P_{|B_j=0} \left(|b_j| > \left| \hat{b}_j \right| \right) = P_{|B_j=0} \left(\left| \frac{b_j - 0}{s_{b_j}} \right| > \left| \frac{\hat{b}_j - 0}{s_{b_j}} \right| \right).$$

Bezeichnen wir $\frac{b_j - 0}{s_{b_j}}$ als T_j und $\frac{\hat{b}_j - 0}{s_{b_j}}$ als $\hat{t}_j$, dann gilt: $p_j = P_{|B_j=0} \left(|T_j| > |\hat{t}_j| \right)$.

Die Prüfgröße T_j besitzt nun nicht $n - 2$ sondern $n - (m + 1)$ Freiheitsgrade, da nicht 2 sondern $(m + 1)$ Parameter durch die Regression bestimmt werden. Auf Basis des zugehörigen p_j-Werts findet für diesen zweiseitigen Test das folgende Entscheidungskriterium Anwendung:

$p_j < \alpha \quad \Leftrightarrow \quad H_0$ wird abgelehnt

$p_j \geq \alpha \quad \Leftrightarrow \quad H_0$ wird angenommen.

Beispiel (Fortsetzung)

Wir setzen das Beispiel fort und prüfen die Abhängigkeit der erklärten Variable Y (Beratungszeit) von den einzelnen erklärenden Variablen X_1 (Alter) und X_2 (Einkommen) auf Signifikanz. Bei der Berechnung der multiplen linearen Regression werden die p-Werte von dem Statistikprogramm (z. B. R) generiert und sind entsprechend zu interpretieren: Bei $\alpha = 5\%$ ist der Zusammenhang zwischen dem Alter der Kunden und der Beratungszeit signifikant mit $p_1 = 0{,}000021433$. Auch der p_2-Wert des Einkommens mit

Abb. 1.41 Ordinale Daten und
Ränge R und S

i	X	Y	Rang von X	Rang von Y
1	x_1	y_1	ϱ_1	ς_1
2	x_2	y_2	ϱ_2	ς_2
3	x_3	y_3	ϱ_3	ς_3
⋮	⋮	⋮	⋮	⋮
n	x_n	y_n	ϱ_n	ς_n

$p_2 = 0{,}04984$ weist signifikant auf einen Zusammenhang hin. Reduziert man allerdings die Fehlerwahrscheinlichkeit auf z. B. 2,5 %, dann kommt man zu dem Schluss, dass das Einkommen keine Determinante der Beratungszeit ist.

1.6.6 Rangkorrelationstest (nichtparametrisch)

In der Tabelle in Abb. 1.41 sind n Kombinationen der Merkmalsausprägungen x_i und y_i der Variablen X und Y von $i = 1, \ldots, n$ dargestellt. Die Merkmale besitzen mindestens ein ordinales Messniveau. Zur Darstellung von Rängen verwenden wir die Symbole ϱ (rho) und ς (sigma). Den Ausprägungen x_i der Variable X werden die Ränge $\varrho_i = R(x_i)$ zugeordnet und den Ausprägungen y_i der Variablen Y die Ränge $\varsigma_i = S(y_i)$.

In Abschn. 1.6.2.12 stellen wir Zusammenhangsmaße vor. Dort wird der Rangkorrelationskoeffizient nach Spearman[8] für ordinal skalierte Merkmale definiert:

$$r_{RS} = \frac{\frac{1}{n} \sum_{i=1}^{n} (\varrho_i - \overline{\varrho})(\varsigma_i - \overline{\varsigma})}{\sqrt{\frac{1}{n} \sum_{i=1}^{n} (\varrho_i - \overline{\varrho})^2} \cdot \sqrt{\frac{1}{n} \sum_{i=1}^{n} (\varsigma_i - \overline{\varsigma})^2}}.$$

Aus Bd. II, Abschn. 1.3 wissen wir, dass es kein kardinales Nutzenmaß gibt. Vielmehr sind individuelle Präferenzen ordinal skaliert. Außerdem gibt es noch eine Reihe anderer Merkmale des Kundenverhaltens, die ebenfalls nur ordinal und nicht kardinal messbar sind. Der Rangkorrelationskoeffizient ist in diesem Kontext ein bedeutendes Analysewerkzeug, wie folgendes Beispiel zeigt.

Beispiel

Es wird eine Stichprobe im Umfang von n = 10 genommen und die Erinnerungsleistung der Probanden, die unterschiedlichen Reizstärken ausgesetzt sind, bewertet. Der Wert 1 steht hierbei für einen schwachen Reiz bzw. für eine geringe Erinnerungsleistung und der Wert 5 für einen starken Reiz bzw. eine hohe Erinnerungsleistung. Die Tabelle in Abb. 1.42 stellt in der ersten Spalte die Reizstärke X dar. In der zweiten Spalte ist die Erinnerungsleistung Y der Probanden aufgeführt. Man stellt sich nun die Aufgabe, die

---

[8] Ch. Spearman (1863–1945).

Reizstärke x	Erinnerung y	Position von x	Rang ϱ von x	Position von y	Rang ς von y
2	1	2	3	1	3,5
2	4	3	3	9	9,5
4	1	7	7,5	2	3,5
5	2	9	9,5	7	7,5
3	1	5	5,5	3	3,5
1	1	1	1	4	3,5
3	2	6	5,5	8	7,5
5	1	10	9,5	5	3,5
2	4	4	3	10	9,5
4	1	8	7,5	6	3,5

Abb. 1.42 Daten und Ränge, n = 10, mit Bindungen

Stärke des statistischen Zusammenhangs zwischen beiden Größen zu ermitteln. Hierfür bietet sich der Rangkorrelationskoeffizient nach Spearman an.

Der Rang wird folgendermaßen zugewiesen: Zunächst werden die Reizstärken aufsteigend geordnet. Dann erhält jede Reizstärke eine Positionsnummer. Treten keine gleichen Reizstärken auf, dann sind die Positionsnummern identisch mit den Rängen. Bei gleichen Reizstärken liegen sogenannte gebundene Beobachtungen bzw. Messungen vor, oder kurz Bindungen oder „ties". Das ist hier der Fall. Die gebundenen Messungen erhalten die gleiche Rangzahl. Hierzu werden die Positionsnummern der gebundenen Werte gemittelt. Beispielsweise kommt die Reizstärke 2 drei Mal vor, mit den Positionsnummern 2, 3 und 4. Die Rangzahl beträgt dann jeweils 3. Analog weist man dem gemessenen Erinnerungsvermögen Rangzahlen zu, wie in Abb. 1.42 aufgeführt.

Es kann jetzt der Korrelationskoeffizient der Ränge berechnet werden: $\overline{\varrho} = 5{,}5$ und $\overline{\varsigma} = 5{,}5$ sowie

$$\mathrm{Cov}(R, S) = \frac{1}{n} \sum_{i=1}^{n} (\varrho_i - \overline{\varrho})(\varsigma_i - \overline{\varsigma}) = -1{,}4.$$

Mit $\sqrt{\mathrm{Var}(R)} = 2{,}8107$ und $\sqrt{\mathrm{Var}(S)} = 2{,}5298$ beträgt der Rangkorrelationskoeffizient:

$$\mathrm{r}_{RS} = \frac{\mathrm{Cov}(R, S)}{\sqrt{\mathrm{Var}(R)} \cdot \sqrt{\mathrm{Var}(S)}} = \frac{-1{,}4}{2{,}8107 \cdot 2{,}5298} = -0{,}1969.$$

Reizstärke und Erinnerungsleistung sind in dieser Stichprobe schwach negativ korreliert.

1.6.6.1 Vereinfachte Berechnung

Nehmen wir an, dass der Versuch in ähnlicher Weise wiederholt wird. Diesmal werden bei zwölf Probanden die Erinnerungsleistungen bei unterschiedlichen Reizstärken gemessen.

Reizstärke x	Erinnerung y	Position und Rang ϱ von x	Position und Rang ς von y	d^2
2,1	1,9	2	3	1
2,5	3,8	4	5	1
4,1	1,2	8	2	36
5,1	6,1	10	10	0
3,1	4,3	6	7	1
1,0	0,6	1	1	0
3,0	4,0	5	6	1
5,0	5,5	9	9	0
2,2	3,0	3	4	1
4,0	5,4	7	8	1
5,8	7,0	11	11	0
5,9	7,2	12	12	0
			Summe:	42

Abb. 1.43 Daten und Ränge, $n = 12$, ohne Bindungen

Es ergeben sich zwölf Messpaare. Die Bewertungen werden diesmal bis auf die zehntel Stelle bestimmt. Es kommen keine Bindungen vor.

Der Korrelationskoeffizient der Ränge kann wie bereits erläutert berechnet werden (siehe Abb. 1.43). Die Berechnung kann aber vereinfacht werden. Hierzu nutzen wir die Tatsache, dass jede Ausprägung $x_i \in \{x_1, \ldots, x_n\}$ genau einmal vorkommt und jede Ausprägung $y_i \in \{y_1, \ldots, y_n\}$ ebenfalls genau einmal (keine Bindungen). Deshalb kommt auch jeder Rang ϱ_i bzw. ς_i genau einmal vor. Unter dieser Bedingung kann dann die vereinfachte Formel des Spearmanschen Rangkorrelationskoeffizienten r_{RS} zur Anwendung kommen:

$$r_{RS} = 1 - \frac{6 \sum_{i=1}^{n} d_i^2}{(n-1)n(n+1)} \qquad \text{mit} \quad d_i = \varrho_i - \varsigma_i.$$

Im Abschn. 1.6.6.4, Teil A wird die vereinfachte Berechnungsformel hergeleitet.

Interpretation

a) Ist r_{RS} in der Stichprobe nahe bei $+1$, so deutet dieses auf eine sehr starke positive Korrelation zwischen den Rängen der ordinalen Werte X und Y in der Grundgesamtheit hin. Es ist dann $D = \sum_{i=1}^{n} d_i^2$ nahe null. In diesem Fall kann beobachtet werden: Hat x_i einen hohen Rangplatz, so hat auch y_i im Mittel einen hohen Rangplatz. Hat x_i einen niedrigen Rangplatz, gilt das im Mittel auch für y_i.

b) Ist r_{RS} in der Stichprobe nahe bei -1, so schließen wir auf eine sehr starke negative Korrelation zwischen den Rängen der ordinalen Werten X und Y in der Grundgesamtheit. Es ist dann $D = \sum_{i=1}^{n} d_i^2$ nahe $\frac{(n-1)n(n+1)}{3}$. Es gilt dann: Besitzt x_i einen hohen

Reizstärke x	Erinnerung y	Position und Rang ϱ von x	Position und Rang ς von y	d^2
4,41	3,61	2	3	1
6,25	14,44	4	5	1
16,81	1,44	8	2	36
26,01	37,21	10	10	0
9,61	18,49	6	7	1
1,00	0,36	1	1	0
9,00	16,00	5	6	1
25,0	30,25	9	9	0
4,84	9,00	3	4	1
16,00	29,16	7	8	1
33,64	49,00	11	11	0
34,81	51,84	12	12	0
			Summe:	42

Abb. 1.44 Nichtlineare Transformation von Reizstärke und Erinnerungsvermögen

Rangplatz, so besitzt y_i im Mittel einen niedrigen Rangplatz. Besitzt x_i einen niedrigen Rangplatz, so besitzt y_i im Mittel einen hohen Rangplatz.

c) Liegt r_{RS} in der Stichprobe nahe null, so kann nicht auf eine positive oder negative Korrelation zwischen den ordinalen Werten X und Y und somit nicht auf eine Abhängigkeit zwischen X und Y in der Grundgesamtheit geschlossen werden. Es ist dann $D = \sum_{i=1}^{n} d_i^2$ nahe $(n-1)n(n+1)/6$.

Mit der vereinfachten Formel lässt sich die Berechnung des Rangkorrelationskoeffizienten mit den Werten aus Abb. 1.43 zügig durchführen:

$$r_{RS} = 1 - \frac{6\sum_{i=1}^{n} d_i^2}{(n-1)n(n+1)} = 1 - \frac{6 \cdot 42}{11 \cdot 12 \cdot 13} = 1 - \frac{252}{1716} = 0{,}8531.$$

Reizstärke und Erinnerungswirkung sind in dieser Stichprobe stark miteinander korreliert.

Streng monoton steigende lineare oder nichtlineare Transformationen der ordinal skalierten Messwerte x_i und y_i verändern den Wert des Rangkorrelationskoeffizienten nicht. Zur Demonstration werden die Werte der Reizstärke x_i, $x_i \geq 0$, und des Erinnerungsvermögen y_i, $y_i \geq 0$ quadriert (siehe Abb. 1.44). Es zeigt sich, dass die Positions- und die Rangzahlen unverändert bleiben und somit auch der Spearmansche Rangkorrelationskoeffizient (siehe hierzu auch Band II, Abschn. 1.3.5).

1.6.6.2 Hypothesentest

Wir verwenden zur Planung des nachfolgenden nichtparametrischen Tests das in Bd. I, Abschn. 3.6 eingeführte Schema:

a) Festlegung der Grundgesamtheit

Merkmalsträger der Grundgesamtheit können z. B. Einzelpersonen, Haushalte oder Unternehmen sein. Die Grundgesamtheit ist präzise zu definieren, wozu eine eindeutige Abgrenzung gehört.

b) Merkmal, Stichprobe, Prüfgröße und deren Verteilung

Jeder Merkmalsträger in der Grundgesamtheit besitzt für ein Merkmal X einen bestimmten Merkmalswert x und für ein Merkmal Y einen bestimmten Merkmalswert y. Wir bestimmen per Zufallsauswahl n Elemente in der Grundgesamtheit (Stichprobe). Folgende Annahmen werden getroffen:

(1) Beide Merkmale X und Y besitzen zumindest ein ordinales Messniveau.

(2) Die Stichprobentupel $(X_1, Y_1), \ldots, (X_n, Y_n)$ sind stochastisch unabhängig voneinander und identisch verteilt, wie (X, Y) in der Grundgesamtheit. Damit gilt insbesondere auch: $x_1, \ldots, x_n$ sind die Realisationen von unabhängigen, identisch verteilten Stichprobenvariablen $X_1, \ldots, X_n$ und $y_1, \ldots, y_n$ sind die Realisationen von unabhängigen, identisch verteilten Stichprobenvariablen $Y_1, \ldots, Y_n$.

(3) Der Stichprobenumfang beträgt $n \geq 30$.

Damit sichergestellt ist, dass zwei Ausprägungen eines Merkmals unterschiedlich sind und so die vereinfachte Formel des Rangkorrelationskoeffizienten verwendet werden kann, nehmen wir zusätzlich an:

(4) X und Y und damit $X_1, \ldots, X_n$ bzw. $Y_1, \ldots, Y_n$ sind stetig verteilt. Wegen der Annahme der Stetigkeit beträgt die Wahrscheinlichkeit null, dass sich zwei gleiche Werte in einer Stichprobe befinden: $P(X_i = X_j) = 0$ für $i \neq j$. Es kommt also zu keiner Bindung.

Das Beispiel in Abb. 1.45 verdeutlicht die Zusammenhänge zwischen den ursprünglichen Stichprobenwerten und ihren Rängen:

Im ersten Schritt werden den Stichprobenwerten $x_1, x_2, \ldots, x_n$ des Merkmals X die Ränge $\varrho(x_1), \varrho(x_2), \ldots, \varrho(x_n)$ zugeordnet. Hierzu wird die ursprüngliche Reihe der Größe nach sortiert. Nach Sortierung erhält man so eine Rangwertreihe $x_{(1)}, x_{(2)}, \ldots, x_{(n)}$ mit $x_{(1)} < x_{(2)} < \ldots < x_{(n)}$. Der Rang des i-ten Elements der Rangwertreihe ist dann i. Tritt der j-te Wert x_j der ursprünglichen Stichprobenwerte in der Rangwertreihe auf Position i auf, so beträgt sein Rang $\varrho(x_j) = \varrho\left(x_{(i)}\right) = i$. In analoger Weise werden den Stichprobenwerten $y_1, \ldots, y_n$ des Merkmals Y die Ränge $\varsigma(y_1), \varsigma(y_2), \ldots, \varsigma(y_n)$ zugeordnet. Aus den

Abb. 1.45 Rangwertreihe

X_j	$X_{(i)} = X_j$	$R_j = i$
$x_1 = 2{,}1$	$x_{(2)} = 2{,}1$	$\varrho_1 = 2$
$x_2 = 2{,}5$	$x_{(4)} = 2{,}5$	$\varrho_2 = 4$
$x_3 = 4{,}1$	$x_{(8)} = 4{,}1$	$\varrho_3 = 8$
$x_4 = 5{,}1$	$x_{(10)} = 5{,}1$	$\varrho_4 = 10$
$x_5 = 3{,}1$	$x_{(6)} = 3{,}1$	$\varrho_5 = 6$
$x_6 = 1{,}0$	$x_{(1)} = 1{,}0$	$\varrho_6 = 1$
$x_7 = 3{,}0$	$x_{(5)} = 3{,}0$	$\varrho_7 = 5$
$x_8 = 5{,}0$	$x_{(9)} = 5{,}0$	$\varrho_8 = 9$
$x_9 = 2{,}2$	$x_{(3)} = 2{,}2$	$\varrho_9 = 3$
$x_{10} = 4{,}0$	$x_{(7)} = 4{,}0$	$\varrho_{10} = 7$
$x_{11} = 5{,}8$	$x_{(11)} = 5{,}8$	$\varrho_{11} = 11$
$x_{12} = 5{,}9$	$x_{(12)} = 5{,}9$	$\varrho_{12} = 12$

Tupeln der ursprünglichen Stichprobenwerte $(x_1, y_1), (x_2, y_2), \ldots, (x_n, y_n)$ werden so die Tupel der Ränge zu X bzw. Y bestimmt: $(\varrho(x_1), \varsigma(y_1)), (\varrho(x_2), \varsigma(y_2)), \ldots, (\varrho(x_n), \varsigma(y_n))$.

Wegen der Annahme der Stetigkeit von X bzw. Y beträgt die Wahrscheinlichkeit null, dass sich Bindungen in einer Stichprobe befinden: $P(X_i = X_j) = 0$ für $i \neq j$.

Praktisch kann man aber nicht beliebig genau messen, so dass gleiche Stichprobenwerte auftreten können. Gebundene Beobachtungen bereiten ein Problem im Rangkorrelationstest. Ein einfaches Verfahren zur Beseitigung dieser Schwierigkeit besteht darin, gleichen Messwerten in einer Stichprobe per Zufallsverfahren geeignete Ränge zuzuweisen. Werden die gebundenen Beobachtungen stattdessen eliminiert, ist das zwar pragmatisch, kann aber zu erheblichen Verzerrungen der Untersuchungsresultate führen.

Der Spearmansche Rangkorrelationskoeffizient r_{RS} eignet sich als Prüfgröße für einen Test auf stochastische Abhängigkeit. Gibt es keine Bindungen, dann können wir statt r_{RS} auch $D = \sum d_i^2 = \sum (R_i - S_i)^2$ als Prüfgröße verwenden. Das wird deutlich, wenn wir uns die beiden Formeln des Rangkorrelationskoeffizienten ansehen (siehe Abschn. 1.6.6.4, Teil A):

$$r_{RS} = \frac{\frac{1}{n} \sum_{i=1}^{n} (\varrho_i - \overline{\varrho})(\varsigma_i - \overline{\varsigma})}{\sqrt{\frac{1}{n} \sum_{i=1}^{n} (\varrho_i - \overline{\varrho})^2} \cdot \sqrt{\frac{1}{n} \sum_{i=1}^{n} (\varsigma_i - \overline{\varsigma})^2}} = 1 - \frac{6 \sum_{i=1}^{n} d_i^2}{(n-1)n(n+1)}$$

$$= 1 - \frac{6}{(n-1)n(n+1)} \cdot D.$$

r_{RS} und $D = \sum_{i=1}^{n} d_i^2$ verhalten sich gegenläufig zueinander.

In der mathematischen Herleitung in Abschn. 1.6.6.4, Teil B ermitteln wir den Erwartungswert und die Varianz von D. Unter der Annahme von H_0, dass X und Y stochastisch unabhängig sind, gilt:

$$E(D) = (n - 1)n(n + 1)/6.$$

Mithilfe von $E(D)$ können wir den Erwartungswert von $E(r_{RS})$ bestimmen. Wir setzen $E(D)$ in $E(r_{RS})$ ein:

$$E(r_{RS}) = 1 - \frac{6}{(n - 1)n(n + 1)} \cdot E(D)$$

$$= 1 - \frac{6}{(n - 1)n(n + 1)} \cdot \frac{(n - 1)n(n + 1)}{6} = 1 - 1 = 0.$$

Unter der H_0-Annahme der Unabhängigkeit von X und Y lautet die Varianz von D:

$$Var(D) = \frac{(n - 1)n^2(n + 1)^2}{36}.$$

Mithilfe von $Var(D)$ können wir die Varianz von r_{RS} bestimmen. Wir setzen $Var(D)$ in die Formel für die Varianz von r_{RS} ein:

$$Var(r_{RS}) = \left(\frac{6}{(n - 1)n(n + 1)} \right)^2 \cdot Var(D) = \left(\frac{6}{(n - 1)n(n + 1)} \right)^2 \cdot \frac{(n - 1)n^2(n + 1)^2}{36}$$

$$= \frac{1}{n - 1}.$$

Wir können das Ergebnis zusammenfassen: Sind X und Y stochastisch unabhängig [H_0], dann berechnen sich der Erwartungswert und die Varianz der Stichprobenverteilung von r_{RS} in einfacher Weise. Es gilt dann nämlich: $E(r_{RS}) = 0$ und $Var(r_{RS}) = \frac{1}{n-1}$.

Wegen der Annahme $n \geq 30$ gehen wir davon aus, dass der Zentrale Grenzwertsatz angewendet werden kann (siehe Abschn. 1.6.2.13, [10]). Die standardisierte Prüfvariable lautet: $Z = r_{RS}\sqrt{n - 1}$.

c) Formulierung einer Hypothese (H_0) und ihrer Gegenhypothese (H_1)

Die Nullhypothese postuliert die stochastische Unabhängigkeit zwischen X und Y. Es ist dann der Erwartungswert des Rangkorrelationskoeffizienten null. Sind X und Y stochastisch unabhängig, folgt für H_0: $E(r_{RS}) = 0$ bzw. $E(D) = (n - 1)n(n + 1)/6$.

Die Gegenhypothese lautet: X und Y sind stochastisch abhängig. Es folgt für H_1: $E(r_{RS}) \neq 0$ bzw. $E(D) \neq (n - 1)n(n + 1)/6$.

Verwendet man r_{RS} als Prüfgröße, so sprechen Werte, die nahe null liegen, eher für die Hypothese H_0. Werte hingegen, die deutlich von null nach oben oder unten abweichen, sprechen mit wachsender Abweichung zunehmend für die Gegenhypothese H_1.

Verwendet man D als Prüfgröße, so sind Werte nahe $(n - 1)n(n + 1)/6$ im Sinne der Gültigkeit von H_0 zu interpretieren. Weichen die Werte hingegen deutlich von $(n-1)n(n+1)/6$ nach oben oder unten ab, dann ist eher von der Gültigkeit der Gegenhypothese H_1 auszugehen.

d) Festlegung der Signifikanzzahl α und des Ablehnungsbereichs

Der Rangkorrelationstest ist zweiseitig konzipiert. Wir entscheiden uns für ein Signifikanzniveau von $\alpha = 1\%, \alpha = 5\%$ oder $\alpha = 10\%$. Je kleiner das Signifikanzniveau gewählt wird, desto kleiner ist bei bestehender Unabhängigkeit die Wahrscheinlichkeit, durch den Test eine stochastische Abhängigkeit zwischen X und Y statistisch nachzuweisen (siehe Bd. I, Abschn. 3.6.1). Andererseits ist eine Annahme von H_1 bei einem kleinen α überzeugender als bei einem großen α.

e) Stichprobenergebnis und Entscheidung

Wenn für die Realisation von Z gilt: $z < -z_{1-\alpha/2}$ oder $z > z_{1-\alpha/2}$, dann ist H_0 abzulehnen und H_1 zu wählen. Es bestätigt sich dann die H_1-Hypothese, dass X und Y stochastisch abhängig sind. Andernfalls bleibt man bei der H_0-Hypothese der Unabhängigkeit zwischen X und Y.

f) Variationen

(1) Liegt der Stichprobenumfang n zwischen 10 und 30, dann ist unter H_0 die Funktion

$$T = \frac{r_{RS}}{\sqrt{1 - r_{RS}^2}} \sqrt{n-2}$$

näherungsweise t-verteilt mit $n-2$ Freiheitsgraden. Man lehnt H_0 ab, wenn

$$T < -t_{1-\alpha/2;\, n-2} \quad \text{oder} \quad T > t_{1-\alpha/2;\, n-2}.$$

(2) Ist der Stichprobenumfang kleiner als 10, dann kann man weder die Standardnormalverteilung noch die t-Verteilung anwenden. Kombinatorische Überlegungen führen dazu, H_0 dann abzulehnen, wenn $|r_{RS}|$ mindestens den in der folgenden Tabelle angegebenen Wert aufweist.

Signifikanzniveau α	Stichprobenumfang n						
	4	5	6	7	8	9	10
0,10	1	0,90	0,83	0,71	0,64	0,60	0,56
0,05		1	0,89	0,79	0,74	0,70	0,66
0,01			1	0,93	0,88	0,83	0,79

1.6.6.3 Beispielrechnung

Es soll zur Analyse der in Abb. 1.46 beispielhaft dargestellten Labordaten ein Rangkorrelationstest durchgeführt werden. In Abb. 1.43 sind die entsprechenden Rangzahlen aufgelistet (keine Bindungen). Die Hypothesen des Rangkorrelationstests lauten:

Laborsituation:
Probanden einer repräsentativen Stichprobe werden in einem Labor diversen Werbereizen zu verschiedenen Marken mit unterschiedlicher Intensität ausgesetzt. Nach einer definierten Zeit werden die Probanden zu ihrer Markenerinnerung befragt.

Fragen (offen):
a) Nennen Sie die Markennamen, an die Sie sich erinnern können.
b) Beschreiben Sie Eigenschaften dieser Marken?

Ergebnis der Erhebung:

Proband	1	2	3	4	5	6	7	8	9	10	11	12
Reizstärke	2,1	2,5	4,1	5,1	3,1	1,0	3,0	5,0	2,2	4,0	5,8	5,9
Erinnerung	1,9	3,8	1,2	6,1	4,3	0,6	4,0	5,5	3,0	5,4	7,0	7,2

Ergebnis des Tests:
Das Stichprobenergebnis lässt signifikant auf eine Abhängigkeit zwischen der Reizstärke und der Erinnerungsleistung schließen.

Abb. 1.46 Basisdaten eines Laborversuchs mit n = 12, keine Bindungen

X und Y sind stochastisch unabhängig, d. h. $E(r_{RS}) = 0$ [H_0].
X und Y sind stochastisch abhängig, d. h. $E(r_{RS}) \neq 0$ [H_1].

Da der Stichprobenumfang n zwischen 10 und 30 liegt, ist gemäß Abschn. 1.6.6.2 [f] ein t-Test durchzuführen. Die Prüfgröße lautet:

$$T = \frac{r_{RS}}{\sqrt{1 - r_{RS}^2}}\sqrt{n - 2}.$$

Sie ist unter H_0 approximativ t-verteilt mit $n - 2$ Freiheitsgraden. Beim zweiseitigen t-Test lehnt man H_0 ab, wenn $|T_n| > t_{1-\alpha/2;\, n-2}$. Wie bereits gezeigt, beträgt der Korrelationskoeffizient der Ränge: $r_{RS} = 1 - \frac{6 \cdot 42}{11 \cdot 12 \cdot 13} = 0,8531$. Der t-Wert der Stichprobe lautet:

$$t = \frac{0,8531}{\sqrt{1 - 0,8531^2}}\sqrt{12 - 2} = 5,1706.$$

Wir geben eine Fehlerwahrscheinlichkeit von 5 % bzw. 1 % vor. Laut t-Tabelle (siehe Abb. 1.53 in Abschn. 1.6.8.3) betragen das 97,5 %-Quantil und das 99,5 %-Quantil bei 10 Freiheitsgraden: $t_{97,5\%;12-2} = 2,23$ bzw. $t_{99,5\%;12-2} = 3,17$. In beiden Fällen schließen wir aufgrund des Stichprobenergebnisses signifikant auf eine Abhängigkeit zwischen der Reizstärke und der Erinnerungsleistung.

1.6.6.4   Anhang: Mathematische Herleitungen

Wenn das Interesse der Leserin und des Lesers darin liegt, den Rangkorrelationstest praktisch anzuwenden, dann ist es nicht notwendig, die in diesem Anhang dargestellten mathematischen Herleitungen nachzuvollziehen. Wer aber die mathematische Logik verschiedener verwendeter Formeln verstehen möchte, findet nachfolgend entsprechende Hinweise.

Teil A: Vereinfachter Ausdruck des Korrelationskoeffizienten

Ziel der nachfolgenden Herleitung ist es zu zeigen, dass für den Fall ohne Bindungen für den Rangkorrelationskoeffizienten r_{RS} das Folgende gilt:

$$r_{RS} = 1 - \frac{6 \sum_{i=1}^{n} d_i^2}{(n-1)n(n+1)} \quad \text{mit} \quad d_i = \varrho_i - \varsigma_i.$$

Zunächst macht man sich zu Nutze, dass sich der Mittelwert der Rangwerte aus deren Anzahl bestimmen lässt:

$$\overline{\varrho} = \frac{1}{n} \sum_{i=1}^{n} \varrho_i = \frac{1}{n} \sum_{i=1}^{n} i = \frac{n+1}{2}.$$

Entsprechendes gilt auch für $\overline{\varsigma}$:

$$\overline{\varsigma} = \frac{n+1}{2}.$$

Damit lassen sich die Summen $\sum_{i=1}^{n}(\varrho_i - \overline{\varrho})^2$ und $\sum_{i=1}^{n}(\varsigma_i - \overline{\varsigma})^2$ als Ausdrücke von n umformulieren (siehe Abschn. 1.6.2.13, [3]: Varianzzerlegung):

$$\sum_{i=1}^{n}(\varrho_i - \overline{\varrho})^2 = \sum_{i=1}^{n}\left(i - \frac{n+1}{2}\right)^2 = \sum_{i=1}^{n} i^2 - \frac{1}{n}\left(\sum_{i=1}^{n} i\right)^2$$

$$= \frac{n(n+1)(2n+1)}{6} - \frac{1}{n} \cdot \frac{(n+1)^2 \cdot n^2}{4}$$

$$= \frac{n(n+1)}{12} \cdot [2 \cdot (2n+1) - 3(n+1)]$$

$$= \frac{n(n+1)}{12} \cdot [4n + 2 - 3n - 3]$$

$$= \frac{(n-1)n(n+1)}{12}$$

und auch

$$\sum_{i=1}^{n}(\varsigma_i - \overline{\varsigma})^2 = \frac{(n-1)n(n+1)}{12}.$$

Der Rangkorrelationskoeffizient nach Spearman lautet dann:

$$r_{RS} = \frac{\sum_{i=1}^{n}\left(\varrho_i - \frac{n+1}{2}\right)\left(\varsigma_i - \frac{n+1}{2}\right)}{\frac{(n-1)n(n+1)}{12}}$$

bzw.

$$r_{RS} = \frac{12}{(n-1)n(n+1)} \sum_{i=1}^{n} \left(\varrho_i - \frac{n+1}{2} \right) \left(\varsigma_i - \frac{n+1}{2} \right).$$

Der Ausdruck lässt sich folgendermaßen vereinfachen: Es sei $d_i = \varrho_i - \varsigma_i$.
Dann ist

$$d_i = \left(\varrho_i - \frac{n+1}{2} \right) - \left(\varsigma_i - \frac{n+1}{2} \right).$$

Quadrieren wir d_i und summieren auf, dann erhalten wir

$$\sum_{i=1}^{n} d_i^2 = \underbrace{\sum_{i=1}^{n} \left(\varrho_i - \frac{n+1}{2} \right)^2}_{\frac{(n-1)n(n+1)}{12}} + \underbrace{\sum_{i=1}^{n} \left(\varsigma_i - \frac{n+1}{2} \right)^2}_{\frac{(n-1)n(n+1)}{12}}$$

$$- 2 \cdot \underbrace{\sum_{i=1}^{n} \left(\varrho_i - \frac{n+1}{2} \right) \left(\varsigma_i - \frac{n+1}{2} \right)}_{\frac{(n-1)n(n+1)}{12} \cdot r_{RS}}.$$

Es folgt:

$$\sum_{i=1}^{n} d_i^2 = \frac{(n-1)n(n+1)}{6} - \frac{(n-1)n(n+1)}{6} r_{RS}.$$

Daraus resultiert die einfache Darstellung für r_{RS}:

$$r_{RS} = 1 - \frac{6 \sum_{i=1}^{n} d_i^2}{(n-1)n(n+1)} \quad \text{mit} \quad d_i = \varrho_i - \varsigma_i.$$

Teil B: Erwartungswert und Varianz von D bzw. von r_{RS}

Ziel dieses aktuellen Abschnitts ist es zu zeigen, dass bei stochastischer Unabhängigkeit von X und Y der Erwartungswert und die Varianz von r_{RS} bzw. D lauten:

$$E(r_{RS}) = 0 \quad \text{und} \quad E(D) = (n-1)n(n+1)/6$$

$$\text{Var}(r_{RS}) = \frac{1}{n-1} \quad \text{und} \quad \text{Var}(D) = (n-1)n^2(n+1)^2/36.$$

Um dieses Ziel zu erreichen, benötigt man auch Herleitungen des nachfolgenden Teils C.

$$D = \sum_{i=1}^{n} D_i^2 = \sum_{i=1}^{n} (R_i - S_i)^2 = \sum_{i=1}^{n} (i - S_i)^2$$

$$= \sum_{i=1}^{n} i^2 + \sum_{i=1}^{n} S_i^2 - 2 \sum_{i=1}^{n} i S_i.$$

Im Allgemeinen gilt:

$$\sum_{i=1}^{n} i^2 = \frac{n(n+1)(2n+1)}{6}.$$

Der Beweis kann durch vollständige Induktion geführt werden. Die Anwendung auf $\sum i^2$ und auf $\sum S_i^2$ führt zu dem folgenden Ausdruck:

$$D = \sum_{i=1}^{n} i^2 + \sum_{i=1}^{n} S_i^2 - 2 \sum_{i=1}^{n} i S_i = 2 \frac{n(n+1)(2n+1)}{6} - 2 \sum_{i=1}^{n} i S_i$$

$$= \frac{n(n+1)(2n+1)}{3} - 2 \sum_{i=1}^{n} i S_i.$$

Wir verwenden jetzt den Erwartungswert von S_i, die Varianz von S_i und die Kovarianz von $(S_i, S_j)_{i \neq j}$, wie sie im nachfolgenden Teil C hergeleitet sind:

$$E(S_i) = \frac{n+1}{2}, \quad \text{Var}(S_i) = \frac{n^2 - 1}{12}, \quad \text{Cov}(S_i, S_j) = -\frac{n+1}{12} \quad \text{für} \quad i \neq j.$$

Der Erwartungswert $E\left(\sum i S_i\right)$ berechnet sich folgendermaßen:

$$E\left(\sum_{i=1}^{n} i S_i\right) = \sum_{i=1}^{n} i \cdot E(S_i) = 1 \cdot E(S_1) + 2 \cdot E(S_2) + \ldots + n \cdot E(S_n)$$

$$= E(S_i) \cdot \sum_{i=1}^{n} i = \frac{n+1}{2} \cdot \frac{n(n+1)}{2} = \frac{n(n+1)^2}{4}.$$

Zur Berechnung der Varianz von $\sum i S_i$ verwenden wir die folgende allgemeine Regel (siehe Abschn. 1.6.2.13, [9] und Bd. I, Abschn. 3.5.10):

$$\text{Var}\left(\sum_{i=1}^{n} a X_i\right) = \sum_{i=1}^{n} a_i^2 \text{Var}(X_i) + \sum_{i=1}^{n} \sum_{\substack{j=1 \\ i \neq j}}^{n} a_i a_j \text{Cov}(X_i, X_j).$$

Für unseren Fall folgt dann analog:

$$\text{Var}\left(\sum_{i=1}^{n} iS_i\right) = \sum_{i=1}^{n} i^2\text{Var}(S_i) + \sum_{i=1}^{n}\sum_{\substack{j=1\\i\neq j}}^{n} ij\text{Cov}(S_i, S_j)$$

$$= \text{Var}(S_i)\sum_{i=1}^{n} i^2 + \text{Cov}(S_i, S_j)\sum_{i=1}^{n}\sum_{\substack{j=1\\i\neq j}}^{n} ij$$

$$= \frac{n^2-1}{12}\cdot\frac{n(n+1)(2n+1)}{6} - \frac{n+1}{12}\cdot\sum_{i=1}^{n}\sum_{\substack{j=1\\i\neq j}}^{n} ij$$

$$= \frac{(n-1)n(n+1)^2(2n+1)}{72} - \frac{n+1}{12}\sum_{i=1}^{n}\sum_{\substack{j=1\\i\neq j}}^{n} ij.$$

Die Doppelsumme $\sum_i \sum_{j,\,i\neq j} ij$ kann einfach bestimmt werden:

$$\begin{bmatrix} & 1,2 & 1,3 & \cdots & 1,n \\ 2,1 & & 2,3 & \cdots & 2,n \\ 3,1 & 3,2 & & & 3,n \\ \vdots & \vdots & \vdots & & \vdots \\ n,1 & n,2 & n,3 & \cdots & \end{bmatrix}$$

Wir setzen i auf 1 und multiplizieren i mit dem kumulierten Wert der Zeile, abzüglich 1: $1\cdot\left(\frac{n(1+n)}{2}-1\right)$. Dann setzten wir i auf 2 und verfahren analog mit der zweiten Zeile: $2\cdot\left(\frac{n(1+n)}{2}-2\right)$ u.s.w. Schließlich addieren wir alle Summanden auf und erhalten $\sum_i \sum_{j,\,i\neq j} ij$. Die Formel zur Berechnung von $\sum_i \sum_{j,\,i\neq j} ij$ lautet also:

$$\sum_{i=1}^{n}\sum_{\substack{j=1\\i\neq j}}^{n} ij = \sum_{i=1}^{n} i\left(\frac{n(n+1)}{2}-i\right) = \sum_{i=1}^{n}\left(i\frac{n(n+1)}{2}-i^2\right)$$

$$= \frac{n(n+1)}{2}\cdot\frac{n(n+1)}{2} - \frac{n(n+1)(2n+1)}{6}.$$

Jetzt können wir alle Bausteine zusammenfügen und $\text{Var}\left(\sum_{i=1}^{n} iS_i\right)$ herleiten:

$$\text{Var}\left(\sum_{i=1}^{n} iS_i\right) = \frac{(n-1)n(n+1)^2(2n+1)}{72} - \frac{n+1}{12}\sum_{i=1}^{n}\sum_{\substack{j=1\\i\neq j}}^{n} ij$$

$$= \frac{(n-1)n(n+1)^2(2n+1)}{72}$$

$$- \frac{n+1}{12}\left(\frac{n^2(n+1)^2}{4} - \frac{n(n+1)(2n+1)}{6}\right)$$

$$= \frac{n(n+1)^2}{72\cdot 2}\cdot\left[2(n-1)(2n+1) - 12\left(\frac{n(n+1)}{4} - \frac{2n+1}{6}\right)\right]$$

$$= \frac{n(n+1)^2}{144}\cdot\left[(4n^2+2n-4n-2) - (3n^2+3n-4n-2)\right]$$

$$= \frac{n(n+1)^2}{144}\cdot\left[n^2-n\right] = \frac{n(n+1)^2}{144}\cdot n(n-1)$$

$$= \frac{(n-1)n^2(n+1)^2}{144}.$$

Wir sind damit am Ziel. Bei Unabhängigkeit von X und Y lautet der Erwartungswert von D:

$$E(D) = \frac{n(n+1)(2n+1)}{3} - 2\frac{n(n+1)^2}{4} = \frac{(n-1)n(n+1)}{6}.$$

Wir verwenden jetzt $E(D)$, um $E(r_{RS})$ herzuleiten:

$$E(r_{RS}) = 1 - \frac{6\cdot E(D)}{(n-1)n(n+1)}.$$

Also:

- Wenn $E(D) = (n-1)n(n+1)/6$, dann ist $E(r_{RS}) = 0$.
- Wenn $E(D) = 0$, dann ist $E(r_{RS}) = 1$.
- Wenn $E(D) = (n-1)n(n+1)/3$, dann ist $E(r_{RS}) = -1$.

Die Varianz von D lautet:

$$\mathrm{Var}(D) = 4\cdot\mathrm{Var}\left(\sum_{i=1}^{n} iS_i\right) = 4\cdot\frac{(n-1)n^2(n+1)^2}{144} = \frac{(n-1)n^2(n+1)^2}{36}.$$

Wir verwenden jetzt $\mathrm{Var}(D)$ um $\mathrm{Var}(r_{RS})$ herzuleiten:

$$\mathrm{Var}(r_{RS}) = \mathrm{Var}\left(1 - \frac{6\cdot D}{(n-1)n(n+1)}\right) = \left(\frac{6}{(n-1)n(n+1)}\right)^2 \mathrm{Var}(D)$$

$$= \left(\frac{6}{(n-1)n(n+1)}\right)^2 \frac{(n-1)n^2(n+1)^2}{36} = \frac{1}{n-1}.$$

Teil C: Verteilung der Rangzahlen

Wenn wir hintereinander Stichproben aus der Grundgesamtheit ziehen, dann stellen wir fest: Die Anzahl möglicher Rangwertreihen $\varrho_1, \ldots, \varrho_n$ bzw. $\varsigma_1, \ldots, \varsigma_n$ ist jeweils durch die Anzahl der Permutationen n! der Zahlen $1, \ldots, n$ gegeben. Damit kann man die Wahrscheinlichkeit, mit der eine bestimmte Rangwertreihe auftritt, leicht bestimmen:

$$P(R_1 = \varrho_1, \ldots, R_n = \varrho_n) = 1/n!$$

Als nächstes bestimmen wir die Wahrscheinlichkeit, mit der das i-te Element der ungruppierten Stichprobe eine bestimmte Rangzahl k einnimmt. Es gibt n verschiedene Rangzahlen, die alle gleich wahrscheinlich auftreten. Damit gilt:

$$P(R_i = k) = 1/n, \quad i = 1, \ldots, n, \quad k = 1, \ldots, n.$$

Für $i \neq j$ ergibt sich die Wahrscheinlichkeit für das gemeinsame Ereignis aus dem Multiplikationssatz. $P(R_i = k, R_j = q)$ ist demnach das Produkt der Wahrscheinlichkeit von R_i multipliziert mit der bedingten Wahrscheinlichkeit von R_j (ohne Zurücklegen):

$$P(R_i = k, R_j = q) = P(R_i = k) \cdot P(R_j = q | R_i = k).$$

Für $k \neq q$ ergibt sich $P(R_i = k, R_j = q) = \frac{1}{n} \cdot \frac{1}{n-1}$.

Für $k = q$ ist die Wahrscheinlichkeit $P(R_i = k, R_j = q)$ null, da Bindungen im stetigen Fall mit der Wahrscheinlichkeit eins auszuschließen sind.

Der Erwartungswert von R_i kann ebenfalls einfach bestimmt werden. Es gilt:

$$E(R_i) = \sum_{k=1}^{n} P(R_i = k) \cdot k = \sum_{k=1}^{n} \frac{1}{n} \cdot k = \frac{1}{n} \sum_{k=1}^{n} k = \frac{1}{n} \cdot \frac{n(n+1)}{2} = \frac{n+1}{2}.$$

Die Varianz von R_i berechnet sich damit wie folgt:

$$\text{Var}(R_i) = \sum_{k=1}^{n} (k - E(R_i))^2 \, P(R_i = k) = \frac{1}{n} \sum_{k=1}^{n} \left(k - \frac{n+1}{2} \right)^2.$$

Durch Ausmultiplikation und Umformung erhalten wir:

$$\text{Var}(R_i) = \frac{1}{n} \left[\sum_{k=1}^{n} \left[k^2 - 2k \frac{n+1}{2} + \left(\frac{n+1}{2} \right)^2 \right] \right]$$

$$= \frac{1}{n} \left[\sum_{k=1}^{n} k^2 - (n+1) \sum_{k=1}^{n} k + n \left(\frac{n+1}{2} \right)^2 \right]$$

$$= \frac{1}{n} \left[\frac{n(n+1)(2n+1)}{6} - (n+1) \frac{n(n+1)}{2} + n \left(\frac{n+1}{2} \right)^2 \right]$$

$$= \frac{n^2 - 1}{12}.$$

Schließlich bestimmen wir noch die Formel der Kovarianz von R_i und R_j. Die Kovarianz zwischen zwei Zufallsvariablen X und Y ist folgendermaßen definiert:

$$\sigma_{XY} = \sum_i p_i(x_i - \mu_X)(y_i - \mu_Y).$$

Hierfür können wir auch schreiben

$$\sigma_{XY} = E\left((X - \mu_X)(Y - \mu_Y)\right) = E(XY - \mu_X Y - \mu_Y X + \mu_X \mu_Y)$$
$$= E(XY) - \mu_X E(Y) - \mu_Y E(X) + \mu_X \mu_Y = E(XY) - E(X)E(Y).$$

Damit lautet die Kovarianz von R_i und R_j: $\mathrm{Cov}(R_i, R_j) = E(R_i R_j) - E(R_i)E(R_j)$.
Der Erwartungswert $E(R_i R_j)$ berechnet sich mithilfe der folgenden Doppelsumme:

$$E(R_i R_j) = \sum_{k=1}^{n} \sum_{q=1}^{n} k \cdot q \cdot P(R_i = k, R_j = q).$$

Hierbei ist

$$P(R_i = k, R_j = q) = \frac{1}{n(n-1)} \quad \text{für} \quad 1 \le i, j, k, q \le n,\ i \ne j,\ k \ne q$$

und

$$P(R_i = k, R_j = q) = 0 \quad \text{für} \quad 1 \le i, j, k, q \le n,\ i \ne j,\ k = q.$$

Das Produkt der Erwartungswerte $E(R_i)E(R_j)$ lautet:

$$E(R_i)E(R_j) = \left(\frac{n+1}{2}\right)^2.$$

Es kann jetzt die Kovarianz $\mathrm{Cov}(R_i, R_j)$ bestimmt werden:

$$\mathrm{Cov}(R_i, R_j) = \sum_{k=1}^{n} \sum_{q=1}^{n} k \cdot q \cdot P(R_i = k, R_j = q) - \left(\frac{n+1}{2}\right)^2$$
$$= \frac{1}{n(n-1)} \sum_{k=1}^{n} \sum_{q=1,\ q \ne k}^{n} k \cdot q - \left(\frac{n+1}{2}\right)^2$$
$$= \frac{1}{n(n-1)} \sum_{k=1}^{n} k \left(\frac{n}{2}(n+1) - k\right) - \left(\frac{n+1}{2}\right)^2$$
$$= \frac{1}{n(n-1)} \left[\frac{n}{2}(n+1) \sum_{k=1}^{n} k - \sum_{k=1}^{n} k^2\right] - \left(\frac{n+1}{2}\right)^2$$

$$
= \frac{1}{n(n-1)} \left[\frac{n^2}{4}(n+1)^2 - \frac{n(n+1)(2n+1)}{6} \right] - \left(\frac{n+1}{2} \right)^2
$$

$$
= \frac{1}{n-1} \left[\frac{n}{4}(n+1)^2 - \frac{(n+1)(2n+1)}{6} \right] - \left(\frac{n+1}{2} \right)^2
$$

$$
= \frac{n+1}{n-1} \left[\frac{3}{12}n(n+1) - \frac{2}{12}(2n+1) \right] - \left(\frac{n+1}{2} \right)^2
$$

$$
= \frac{n+1}{n-1} \cdot \frac{1}{12} \left[3n(n+1) - 2(2n+1) \right] - \left(\frac{n+1}{2} \right)^2
$$

$$
= \frac{1}{12} \cdot \frac{n+1}{n-1} \cdot \left[3n^2 + 3n - 4n - 2 \right] - \left(\frac{n+1}{2} \right)^2
$$

$$
= \frac{1}{12} \cdot \frac{n+1}{n-1} \cdot 3 \left[n^2 - \frac{1}{3}n - \frac{2}{3} \right] - \left(\frac{n+1}{2} \right)^2
$$

$$
= \frac{1}{4} \cdot \frac{n+1}{n-1} \cdot (n-1) \left(n + \frac{2}{3} \right) - \left(\frac{n+1}{2} \right)^2
$$

$$
= \frac{1}{4} \cdot (n+1) \left(n + \frac{2}{3} \right) - \left(\frac{n+1}{2} \right)^2
$$

$$
= \frac{1}{4} \cdot (n+1) \left(n + \frac{2}{3} \right) - \frac{1}{4}(n+1)(n+1)
$$

$$
= \frac{1}{4} \cdot (n+1) \left[\left(n + \frac{2}{3} \right) - (n+1) \right]
$$

$$
= \frac{1}{4} \cdot (n+1) \cdot \left[-\frac{1}{3} \right] = -\frac{1}{12} \cdot (n+1) = -\frac{n+1}{12}.
$$

Die Korrelation zwischen den Rängen: $R_i = \varrho(X_i)$ und $R_j = \varrho(X_j)$ beträgt für $i \neq j$ somit:

$$
\mathrm{Korr}(R_i, R_j) = \frac{\mathrm{Cov}(R_i, R_j)}{\sqrt{\mathrm{Var}(R_i)} \cdot \sqrt{\mathrm{Var}(R_j)}} = \frac{-\frac{n+1}{12}}{\frac{n^2-1}{12}} = -\frac{1}{n-1}.
$$

Die Parameter der Verteilung von S_i werden analog berechnet und stimmen mit den Parametern der Verteilung von R_i überein.

1.6.7 χ^2-Unabhängigkeitstest (nichtparametrisch)

1.6.7.1 Qualität

Qualität begreifen wir als ein individuelles, subjektives Werturteil eines Kunden über ein Bündel von Eigenschaften, das er in einem Produkt sieht. Der Qualitätsbegriff ist in diesem Sinne sehr allgemein gewählt. Erst wenn wir einzelne Personen befragen, konkretisiert sich der Inhalt dieses Begriffs. Man kann Leistungseigenschaften von Produkten in objektive Normen oder Standards fassen. Das ist für einen effizienten Handel, gerade

Abb. 1.47 Determinanten der industriellen Produktqualität

auch im internationalen Bereich sehr wichtig. Es bleibt aber dem Kunden vorbehalten, ob er sich bei seinem Qualitätsurteil auf Normen stützen möchte, welche Normen er dann verwendet und welche subjektive Bedeutung er ihnen beim Kauf neben anderen Erwägungen beimisst.

Unternehmen können die Qualität ihrer Leistung erhöhen, indem sie z. B.

a) die funktionsbezogene Gestaltung und Technologie (Sachleistung)
b) bzw. die auftragsbezogenen Arbeitsinhalte und -formen (Dienstleistungen)
c) bzw. die Leistungswahrnehmung und -bewertung

im Sinne der Kunden verbessern.

Außerdem können Unternehmen diese primären Leistungen durch sekundäre Nutzenmerkmale ergänzen. Sie erreichen so eine Steigerung der Kundenzufriedenheit: Verbesserung der Beratung, der Logistik, der Gewährleistung und Kulanz, der Finanzierung u. ä. Auch durch kommunikative Maßnahmen kann man die Qualität im oben beschriebenen Sinne steigern. Hierdurch verändert sich die Leistungswahrnehmung bei den Kunden. So lassen sich beispielsweise mit einer Werbebotschaft, einem Markennamen, einem Symbol oder einem Gütesiegel Eigenschaften wie Effizienz, Sicherheit, Gesundheit, Ökologie, u. a. einer Kernleistung anheften (siehe Abb. 1.47).

Mit dem im aktuellen Abschnitt behandelten χ^2-Hypothesentest können wir die statistische Abhängigkeit zwischen zwei Merkmalen prüfen, die nominal oder ordinal skaliert sind. Die folgenden drei Beispiele verdeutlichen die sehr breiten Einsatzmöglichkeiten des Tests:

● Statistische Abhängigkeit zwischen der Kundenzufriedenheit (ordinal) und dem Produktdesign (nominal) oder dem Lieferservice (nominal oder ordinal),
● Statistische Abhängigkeit zwischen der individuellen Präferenz für ein Produkt (ordinal) und dem Bildungsabschluss des Kunden (nominal oder ordinal) oder seinem Geschlecht (nominal),
● Statistische Abhängigkeit zwischen der Qualitätsbeurteilung einer Leistung (nominal oder ordinal) und dem Engagement in Politik, Kultur oder Sport (nominal oder ordinal).

1.6.7.2 Datenblatt und Hypothesentest

Beispiel

Die Marktforschungsabteilung einer großen Einzelhandelskette führt bei ihren Kunden im gesamten Bundesgebiet eine umfangreiche Befragung durch, aus der hervorgeht, dass 48,01 % der Befragten angeben, dass Biofleisch eine relativ höhere Qualität besitzt und 51,99 % geben an, dass die Qualität von Biofleisch nicht höher als von konventionellem Fleisch ist. Außerdem ist der Marktforschungsabteilung aus der gleichen Umfrage bekannt, dass 47,47 % der Befragten Mitglied in einem Sportverein oder Sportstudio sind (verbundene Befragung). Der Umfang der Zufallsstichprobe beträgt n = 61.077. Abb. 1.48 zeigt die Basisdaten dieser Umfrage. Die Variable X kennzeichnet die Mitgliedschaft in einem Sportverein oder Sportstudio und die Variable Y die Einstellung zu Biofleisch. Die Mitgliedschaft ist ein nominales Merkmal mit den Ausprägungen x_1: „Ja, ich bin Mitglied" und x_2: „Nein, ich bin nicht Mitglied". Die Antworten auf die Frage, ob Biofleisch eine höhere Qualität als Fleisch aus konventioneller Tierhaltung besitzt, sind ebenfalls nominal skaliert: ja bzw. nein. In der nachfolgenden Kontingenzmatrix sind die Ergebnisse der Untersuchung kompakt dargestellt:

		Qualität j		
		y_1	y_2	$n_{i\bullet}$
	x_1	12.000	16.993	28.993
Mitgliedschaft i	x_2	17.323	14.761	32.084
	$n_{\bullet j}$	29.323	31.754	61.077

Die Frage, die man sich bei der Handelskette stellt, lautet: Gibt es einen statistischen Zusammenhang zwischen den sportlichen Aktivitäten der Kunden und den Einstellungen zu Biofleisch? Sollte das der Fall sein, dann möchte man diese Erkenntnis für die Gestaltung einer Werbestrategie nutzen. Zur Beantwortung der Frage wird ein Hypothesentest konstruiert. Der Ablauf des Tests gliedert sich in die folgenden Punkte a) bis e).

a) Grundgesamtheit

Es soll eine Aussage über die gesamte Kundschaft getroffen werden. Wir gehen davon aus, dass diese Grundgesamtheit groß ist. Deshalb kann problemlos mit einem Modell „mit Zurücklegen" gearbeitet werden, auch wenn faktisch ein Stichprobenelement vor der nächsten Zufallsziehung nicht mehr in die Grundgesamtheit zurückgegeben wird.

b) Merkmal, Stichprobe, Prüfgröße und Verteilung

Die Quadratische Kontingenz ermittelt quantitativ den relativen Unterschied zwischen den Zellenwerten der Stichproben-Kontingenzmatrix und den Zellenwerten einer Vergleichsmatrix, die zwar die gleichen Randverteilungen aufweist wie die Stichproben-Kontingenzmatrix, bei der die hypothetischen Zellenwerte aber auf Basis der Unabhän-

Grundgesamtheit und Stichprobe:
Aus der Menge aller Kunden einer bundesweit tätigen
Handelskette wird eine Zufallsstichprobe genommen. Es werden 61.077 Personen befragt.
Hierbei werden die Ausprägungen von zwei Merkmalen erfasst.

Geschlossene Fragen mit Auswahlantworten:
a) Sind Sie Mitglied eines Sportvereins oder eines Sportstudios?
   [x_1: "ja" und x_2: "nein"]
b) Hat Biofleisch eine höhere Qualität als Fleisch aus konventioneller Tierhaltung?
   [y_1: "ja" und y_2: "nein"]

Ergebnis der Befragung:

Mitgliedschaft i	Qualität j		
	y_1	y_2	$n_{i\bullet}$
x_1	12.000	16.993	28.993
x_2	17.323	14.761	32.084
$n_{\bullet j}$	29.323	31.754	61.077

Ergebnis der Untersuchung:
Die Daten sprechen signifikant ($\alpha = 1\%$) dafür, dass eine Abhängigkeit zwischen der Einstellung zu Biofleisch und der Mitgliedschaft in einem Sportverein oder -studio besteht.

Abb. 1.48 Basisdaten zur Umfrage

gigkeitsannahme gemäß H_0 ermittelt werden. Die Quadratische Kontingenz ist wie folgt definiert (siehe Abschn. 1.6.2.14 [c]):

$$QK = \sum_{i=1}^{k} \sum_{j=1}^{\ell} \frac{(n_{ij} - E_{ij})^2}{E_{ij}} \quad \text{mit} \quad E_{ij} = n \cdot h_{i\bullet} \cdot h_{\bullet j} = \frac{n_{i\bullet} \cdot n_{\bullet j}}{n}.$$

Wenn die Quadratische Kontingenz groß ist, dann ist auch der Unterschied zwischen der Stichproben- und der Vergleichsmatrix groß. Wenn in Wahrheit Unabhängigkeit zwischen X und Y vorliegt, dann ist es wenig wahrscheinlich, dass die tatsächlichen Messwerte in der Stichprobe eine hohe Quadratische Kontingenz erzeugen. Dann ist eine niedrige Quadratische Kontingenz wahrscheinlicher. Insofern ist es nicht unvernünftig, bei einer hohen Quadratischen Kontingenz zu vermuten, dass eine Abhängigkeit zwischen X und Y besteht.

Die Prüfgröße QK ist annähernd χ^2-verteilt. Die χ^2-Verteilung ist wie folgt definiert: Es seien $Z_1, Z_2, \ldots, Z_f$ Zufallsvariablen, die standardnormalverteilt und unabhängig sind. Die Summe $Z_1^2 + Z_2^2 + \ldots + Z_f^2$ folgt der χ^2-Verteilung: $\chi_f^2 = Z_1^2 + Z_2^2 + \ldots + Z_f^2$ mit f unabhängigen Zufallsvariablen, d. h. f sogenannten Freiheitsgraden (siehe Abb. 1.49).

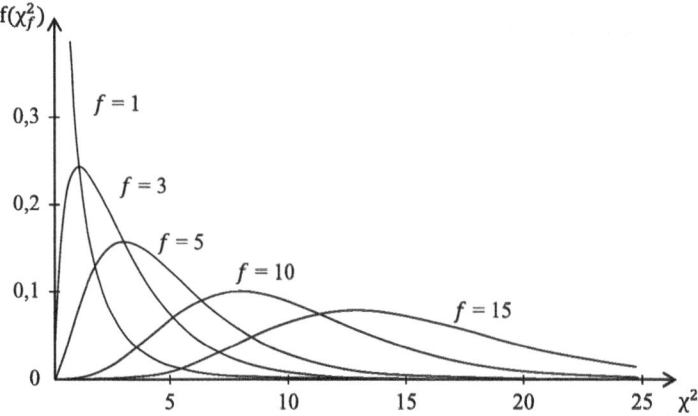

Abb. 1.49 Dichtefunktion der χ^2-Verteilung

Erwartungswert und Varianz der χ^2-Verteilung lauten:

$$E\left(\chi_f^2\right) = f \quad \text{und} \quad \text{Var}\left(\chi_f^2\right) = 2f.$$

Es gelten die folgenden Eigenschaften:

- Die Verteilung ist stetig.
- Der Definitionsbereich der Dichtefunktion ist auf positive reelle Werte beschränkt.
- Für $\chi^2 \to \infty$ strebt die Dichtefunktion gegen null.

Die Dichtefunktion der χ^2-Verteilung mit Freiheitsgraden f lautet:

$$f_f(\chi^2) = \begin{cases} \dfrac{\left(\frac{1}{2}\right)^{\frac{f}{2}}}{\Gamma\left(\frac{f}{2}\right)} \cdot \chi^{2\left(\frac{f}{2}-1\right)} \cdot e^{-\frac{\chi^2}{2}} & \text{für} \quad \chi^2 > 0 \\ 0 & \text{sonst} \end{cases}$$

Das Zeichen Γ steht für die sogenannte Gammafunktion mit $\Gamma(x) = \int_0^\infty u^{x-1}e^{-u}du$.

Die Quadratische Kontingenz QK ist angenähert χ^2-verteilt mit $f = (k-1)(\ell-1)$ Freiheitsgraden. Das bedeutet, dass es bei k mal ℓ Summanden nur $(k-1)(\ell-1)$ stochastisch unabhängige Summanden gibt. Die Einschränkung der Zahl der Freiheitsgrade hat ihren Grund darin, dass die Randverteilungen der Stichprobenmatrix und der Vergleichsmatrix, die die Eigenschaft stochastischer Unabhängigkeit aufweist, gleich sind. Die Spaltensumme der Punktwahrscheinlichkeiten muss jeweils mit dem Wert der Randverteilung übereinstimmen. Mit $(k-1)$ Punktwahrscheinlichkeiten ist also die k-te Punktwahrscheinlichkeit jeder Spalte festgelegt. Eine Spalte enthält damit nicht k sondern nur $(k-1)$

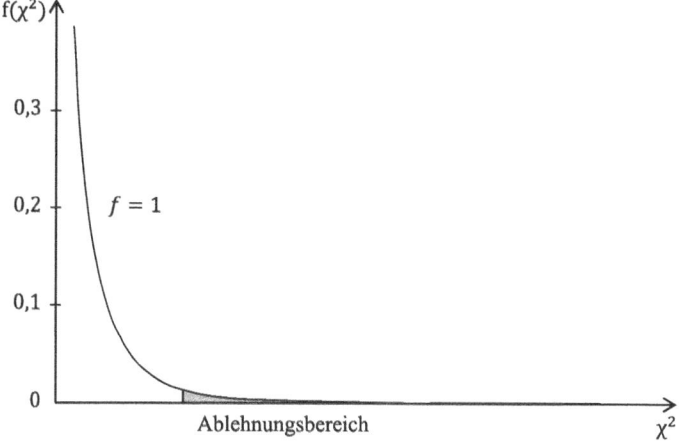

Abb. 1.50 χ^2-Verteilung ($f = 1$) und Ablehnungsbereich

Freiheitsgrade. Die Zeilensumme der Punktwahrscheinlichkeiten muss ebenfalls mit dem Wert der entsprechenden Randverteilung übereinstimmen. Mit ($\ell - 1$) Punktwahrscheinlichkeiten ist also die ℓ-te Punktwahrscheinlichkeit jeder Zeile bereits festgelegt. Eine Zeile enthält deshalb nicht ℓ, sondern nur ($\ell - 1$) Freiheitsgrade. Insgesamt besitzen die Werte somit nicht $k \cdot \ell$, sondern lediglich $f = (k - 1)(\ell - 1)$ Freiheitsgrade.

Wenn also $(k - 1)(\ell - 1)$ Summanden von

$$QK = \sum_{i=1}^{k} \sum_{j=1}^{\ell} \left(n_{ij} - E_{ij}\right)^2 / E_{ij}$$

bestimmt sind, dann ergeben sich zwangsläufig auch die restlichen Summanden von QK. In dem zu lösenden Beispiel beträgt die Zahl der Freiheitsgrade $f = (2-1)(2-1) = 1$.

c) Formulierung einer Hypothese (H_0) und ihrer Gegenhypothese (H_1)
Wir stellen die H_0-Hypothese auf: X und Y sind unabhängig voneinander, d. h. E(QK) = 0. Die Gegenhypothese H_1 lautet: X und Y sind abhängig voneinander, d. h. E(QK) > 0. Der Test ist rechtsseitig (siehe Abb. 1.50).

d) Festlegung der Signifikanzzahl α und des Ablehnungsbereichs
Wollen wir durch den Test ein starkes Indiz dafür gewinnen, dass Abhängigkeit besteht, dann müssen wir den Ablehnungsbereich klein machen (siehe Abb. 1.50). Wir setzen $\alpha = 1\,\%$.

e) Stichprobenergebnis und Entscheidung
Wir folgen der Darstellung in Abschn. 1.6.2.12c (Zusammenhangsmaße). Zur Bestimmung des QK-Werts stellen wir die Stichprobenmatrix auf und ermitteln die Randvertei-

lungen:

	y_1	y_2	$n_{i\bullet}$			y_1	y_2	$h_{i\bullet}$
x_1	12.000	16.993	28.993		x_1	0,1965	0,2782	0,4747
x_2	17.323	14.761	32.084	$\Rightarrow$	x_2	0,2836	0,2417	0,5253
$n_{\bullet j}$	29.323	31.754	61.077		$h_{\bullet j}$	0,4801	0,5199	1

Dann berechnen wir Zelle für Zelle die E_{ij}-Werte:

	y_1	y_2
x_1	$61.077 \cdot 0,4747 \cdot 0,4801$	$61.077 \cdot 0,4747 \cdot 0,5199$
x_2	$61.077 \cdot 0,5253 \cdot 0,4801$	$61.077 \cdot 0,5253 \cdot 0,5199$

Wir erhalten die Vergleichsmatrix mit der Eigenschaft stochastischer Unabhängigkeit zwischen X und Y:

	y_1	y_2	$n_{i\bullet}$
x_1	13.920	15.074	28.994
x_2	15.403	16.680	32.083
$n_{\bullet j}$	29.323	31.754	61.077

Bei $f = 1$ Freiheitsgraden liest man in der Tabelle der χ^2-Verteilung einen $\chi^2_{0,99}$-Wert in Höhe von 6,63 ab (siehe Abb. 1.51 in Abschn. 1.6.8.1). Die Quadratische Kontingenz berechnet sich im gegebenen Beispiel wie folgt:

$$QK = \frac{(n_{11} - E_{11})^2}{E_{11}} + \frac{(n_{12} - E_{12})^2}{E_{12}} + \frac{(n_{21} - E_{21})^2}{E_{21}} + \frac{(n_{22} - E_{22})^2}{E_{22}} = 969,22.$$

Die H_0-Hypothese ist abzulehnen. Die Daten sprechen signifikant ($\alpha = 1\,\%$) dafür, dass eine Abhängigkeit zwischen der Einstellung zu Biofleisch und der Mitgliedschaft in einem Sportverein oder -studio besteht.

Für Zellenhäufigkeiten unter 5 ist die Verwendung des χ^2-Tests problematisch. Es empfiehlt sich dann, die Klassierung der Merkmale X bzw. Y so zu verändern, dass eine höhere Zellenhäufigkeit entsteht.

1.6.7.3 Hypothesentest bei hohen Freiheitsgraden

Wenn die Zahl der Freiheitsgrade über $f = 30$ liegt, dann kann die χ^2-Verteilung für viele praktische Zwecke hinreichend genau durch die Normalverteilung approximiert werden (siehe Abschn. 1.6.2.13, [10]). Der Unabhängigkeitstest kann dann auf Grundlage der Standardnormalverteilung durchgeführt werden. Das demonstrieren wir an einem Beispiel.

Beispiel

Die Auswertung der Fragebögen erzeugt eine Quadratische Kontingenz in Höhe von $QK = 50$ bei $f = 35$ Freiheitsgraden. Der Erwartungswert beträgt demzufolge $E(\chi^2_{35}) = 35$ und die Varianz $Var(\chi^2_{35}) = 70$. Auf der Grundlage der Standardnormalverteilung kann die Wahrscheinlichkeit für $QK \leq 50$ näherungsweise aus der Tabelle in Abb. 1.52 bestimmt werden:

$$P(QK \leq 50) = F_{St}\left(\frac{50 - 35}{\sqrt{70}}\right) = F_{St}(1,79) = 0,9633.$$

Bei einer Signifikanzzahl $\alpha = 5\,\%$ stützt der Unabhängigkeitstest die Gegenhypothese, dass eine Abhängigkeit vorliegt.

Auch ohne die Näherung mit der Normalverteilung wäre man zur Entscheidung gelangt, die Gegenhypothese anzunehmen. Zum Vergleich: Das 95 %-Quantil der χ^2-Verteilung mit 35 Freiheitsgraden nimmt laut χ^2-Tabelle in Abb. 1.51 einen Wert in Höhe von $\chi^2_{0,95;\,f=35} = 49,80$ an.

1.6.8   Tabellen

1.6.8.1 χ^2-Verteilung

Freiheits-grade f	Quantile χ^2 mit $F(\chi^2) =$										
	0,005	0,01	0,025	0,05	0,1	0,5	0,9	0,95	0,975	0,99	0,995
1	0,00	0,00	0,00	0,00	0,02	0,45	2,71	3,84	5,02	6,63	7,88
2	0,01	0,02	0,05	0,10	0,21	1,39	4,61	5,99	7,38	9,21	10,60
3	0,07	0,11	0,22	0,35	0,58	2,37	6,25	7,81	9,35	11,34	12,84
4	0,21	0,30	0,48	0,71	1,06	3,36	7,78	9,49	11,14	13,28	14,86
5	0,41	0,55	0,83	1,15	1,61	4,35	9,24	11,07	12,83	15,09	16,75
6	0,68	0,87	1,24	1,64	2,20	5,35	10,64	12,59	14,45	16,81	18,55
7	0,99	1,24	1,69	2,17	2,83	6,35	12,02	14,07	16,01	18,48	20,28
8	1,34	1,65	2,18	2,73	3,49	7,34	13,36	15,51	17,53	20,09	21,95
9	1,73	2,09	2,70	3,33	4,17	8,34	14,68	16,92	19,02	21,67	23,59
10	2,16	2,56	3,25	3,94	4,87	9,34	15,99	18,31	20,48	23,21	25,19
11	2,60	3,05	3,82	4,57	5,58	10,34	17,28	19,68	21,92	24,73	26,76
12	3,07	3,57	4,40	5,23	6,30	11,34	18,55	21,03	23,34	26,22	28,30
13	3,57	4,11	5,01	5,89	7,04	12,34	19,81	22,36	24,74	27,69	29,82
14	4,07	4,66	5,63	6,57	7,79	13,34	21,06	23,68	26,12	29,14	31,32
15	4,60	5,23	6,26	7,26	8,55	14,34	22,31	25,00	27,49	30,58	32,80
16	5,14	5,81	6,91	7,96	9,31	15,34	23,54	26,30	28,85	32,00	34,27
17	5,70	6,41	7,56	8,67	10,09	16,34	24,77	27,59	30,19	33,41	35,72
18	6,26	7,01	8,23	9,39	10,86	17,34	25,99	28,87	31,53	34,81	37,16
19	6,84	7,63	8,91	10,12	11,65	18,34	27,20	30,14	32,85	36,19	38,58
20	7,43	8,26	9,59	10,85	12,44	19,34	28,41	31,41	34,17	37,57	40,00
21	8,03	8,90	10,28	11,59	13,24	20,34	29,62	32,67	35,48	38,93	41,40
22	8,64	9,54	10,98	12,34	14,04	21,34	30,81	33,92	36,78	40,29	42,80
23	9,26	10,20	11,69	13,09	14,85	22,34	32,01	35,17	38,08	41,64	44,18
24	9,89	10,86	12,40	13,85	15,66	23,34	33,20	36,42	39,36	42,98	45,56
25	10,52	11,52	13,12	14,61	16,47	24,34	34,38	37,65	40,65	44,31	46,93
26	11,16	12,20	13,84	15,38	17,29	25,34	35,56	38,89	41,92	45,64	48,29
27	11,81	12,88	14,57	16,15	18,11	26,34	36,74	40,11	43,19	46,96	49,65
28	12,46	13,56	15,31	16,93	18,94	27,34	37,92	41,34	44,46	48,28	50,99
29	13,12	14,26	16,05	17,71	19,77	28,34	39,09	42,56	45,72	49,59	52,34
30	13,79	14,95	16,79	18,49	20,60	29,34	40,26	43,77	46,98	50,89	53,67
31	14,46	15,66	17,54	19,28	21,43	30,34	41,42	44,99	48,23	52,19	55,00
32	15,13	16,36	18,29	20,07	22,27	31,34	42,59	46,19	49,48	53,49	56,33
33	15,82	17,07	19,05	20,87	23,11	32,34	43,75	47,40	50,73	54,78	57,65
34	16,50	17,79	19,81	21,66	23,95	33,34	44,90	48,60	51,97	56,06	58,96
35	17,19	18,51	20,57	22,47	24,80	34,34	46,06	49,80	53,20	57,34	60,28
36	17,89	19,23	21,34	23,27	25,64	35,34	47,21	51,00	54,44	58,62	61,58
37	18,59	19,96	22,11	24,08	26,49	36,34	48,36	52,19	55,67	59,89	62,88
38	19,29	20,69	22,88	24,88	27,34	37,34	49,51	53,38	56,90	61,16	64,18
39	20,00	21,43	23,65	25,70	28,20	38,34	50,66	54,57	58,12	62,43	65,48
40	20,71	22,16	24,43	26,51	29,05	39,34	51,80	55,76	59,34	63,69	66,77

Abb. 1.51 Tabelle der χ^2-Verteilung

1.6.8.2 Standardnormalverteilung

Verteilungsfunktion $F_{St}(z)$ der standardnormalverteilten Zufallsvariablen Z

z	0,00	0,01	0,02	0,03	0,04	0,05	0,06	0,07	0,08	0,09
0,0	0,5000	0,5040	0,5080	0,5120	0,5160	0,5199	0,5239	0,5279	0,5319	0,5359
0,1	0,5398	0,5438	0,5478	0,5517	0,5557	0,5596	0,5636	0,5675	0,5714	0,5753
0,2	0,5793	0,5832	0,5871	0,5910	0,5948	0,5987	0,6026	0,6064	0,6103	0,6141
0,3	0,6179	0,6217	0,6255	0,6293	0,6331	0,6368	0,6406	0,6443	0,6480	0,6517
0,4	0,6554	0,6591	0,6628	0,6664	0,6700	0,6736	0,6772	0,6808	0,6844	0,6879
0,5	0,6915	0,6950	0,6985	0,7019	0,7054	0,7088	0,7123	0,7157	0,7190	0,7224
0,6	0,7257	0,7291	0,7324	0,7357	0,7389	0,7422	0,7454	0,7486	0,7517	0,7549
0,7	0,7580	0,7611	0,7642	0,7673	0,7704	0,7734	0,7764	0,7794	0,7823	0,7852
0,8	0,7881	0,7910	0,7939	0,7967	0,7995	0,8023	0,8051	0,8078	0,8106	0,8133
0,9	0,8159	0,8186	0,8212	0,8238	0,8264	0,8289	0,8315	0,8340	0,8365	0,8389
1,0	0,8413	0,8438	0,8461	0,8485	0,8508	0,8531	0,8554	0,8577	0,8599	0,8621
1,1	0,8643	0,8665	0,8686	0,8708	0,8729	0,8749	0,8770	0,8790	0,8810	0,8830
1,2	0,8849	0,8869	0,8888	0,8907	0,8925	0,8944	0,8962	0,8980	0,8997	0,9015
1,3	0,9032	0,9049	0,9066	0,9082	0,9099	0,9115	0,9131	0,9147	0,9162	0,9177
1,4	0,9192	0,9207	0,9222	0,9236	0,9251	0,9265	0,9279	0,9292	0,9306	0,9319
1,5	0,9332	0,9345	0,9357	0,9370	0,9382	0,9394	0,9406	0,9418	0,9429	0,9441
1,6	0,9452	0,9463	0,9474	0,9484	0,9495	0,9505	0,9515	0,9525	0,9535	0,9545
1,7	0,9554	0,9564	0,9573	0,9582	0,9591	0,9599	0,9608	0,9616	0,9625	0,9633
1,8	0,9641	0,9649	0,9656	0,9664	0,9671	0,9678	0,9686	0,9693	0,9699	0,9706
1,9	0,9713	0,9719	0,9726	0,9732	0,9738	0,9744	0,9750	0,9756	0,9761	0,9767
2,0	0,9772	0,9778	0,9783	0,9788	0,9793	0,9798	0,9803	0,9808	0,9812	0,9817
2,1	0,9821	0,9826	0,9830	0,9834	0,9838	0,9842	0,9846	0,9850	0,9854	0,9857
2,2	0,9861	0,9864	0,9868	0,9871	0,9875	0,9878	0,9881	0,9884	0,9887	0,9890
2,3	0,9893	0,9896	0,9898	0,9901	0,9904	0,9906	0,9909	0,9911	0,9913	0,9916
2,4	0,9918	0,9920	0,9922	0,9925	0,9927	0,9929	0,9931	0,9932	0,9934	0,9936
2,5	0,9938	0,9940	0,9941	0,9943	0,9945	0,9946	0,9948	0,9949	0,9951	0,9952
2,6	0,9953	0,9955	0,9956	0,9957	0,9959	0,9960	0,9961	0,9962	0,9963	0,9964
2,7	0,9965	0,9966	0,9967	0,9968	0,9969	0,9970	0,9971	0,9972	0,9973	0,9974
2,8	0,9974	0,9975	0,9976	0,9977	0,9977	0,9978	0,9979	0,9979	0,9980	0,9981
2,9	0,9981	0,9982	0,9982	0,9983	0,9984	0,9984	0,9985	0,9985	0,9986	0,9986

Abb. 1.52 Tabelle der Standardnormalverteilung

1.6.8.3 t-Verteilung

Freiheits-grade f	\multicolumn{7}{c}{Quantile t mit F(t) =}
	0,9995	0,999	0,995	0,99	0,975	0,95	0,9
1	636,62	318,31	63,66	31,82	12,71	6,31	3,08
2	31,60	22,33	9,93	6,97	4,30	2,92	1,89
3	12,92	10,22	5,84	4,54	3,18	2,35	1,64
4	8,61	7,17	4,60	3,75	2,78	2,13	1,53
5	6,87	5,89	4,03	3,37	2,57	2,02	1,48
6	5,96	5,21	3,71	3,14	2,45	1,94	1,44
7	5,41	4,79	3,50	3,00	2,37	1,90	1,42
8	5,04	4,50	3,36	2,90	2,31	1,86	1,40
9	4,78	4,30	3,25	2,82	2,26	1,83	1,38
10	4,59	4,14	3,17	2,76	2,23	1,81	1,37
11	4,44	4,03	3,11	2,72	2,20	1,80	1,36
12	4,32	3,93	3,06	2,68	2,18	1,78	1,36
13	4,22	3,85	3,01	2,65	2,16	1,77	1,35
14	4,14	3,79	2,98	2,62	2,15	1,76	1,35
15	4,07	3,73	2,95	2,60	2,13	1,75	1,34
16	4,02	3,69	2,92	2,58	2,12	1,75	1,34
17	3,97	3,65	2,90	2,57	2,11	1,74	1,33
18	3,92	3,61	2,88	2,55	2,10	1,73	1,33
19	3,88	3,58	2,86	2,54	2,09	1,73	1,33
20	3,85	3,55	2,85	2,53	2,09	1,73	1,33
25	3,73	3,45	2,79	2,49	2,06	1,71	1,32
30	3,65	3,39	2,75	2,46	2,04	1,70	1,31
35	3,59	3,34	2,72	2,44	2,03	1,69	1,31
40	3,55	3,31	2,70	2,42	2,02	1,68	1,30
45	3,52	3,28	2,69	2,41	2,01	1,68	1,30
50	3,50	3,26	2,68	2,40	2,01	1,68	1,30
55	3,48	3,25	2,67	2,40	2,00	1,67	1,30
60	3,46	3,23	2,66	2,39	2,00	1,67	1,30
65	3,45	3,22	2,65	2,39	2,00	1,67	1,30
70	3,44	3,21	2,65	2,38	1,99	1,67	1,29
75	3,43	3,20	2,64	2,38	1,99	1,67	1,29
80	3,42	3,20	2,64	2,37	1,99	1,66	1,29
85	3,41	3,19	2,64	2,37	1,99	1,66	1,29
90	3,40	3,18	2,63	2,37	1,99	1,66	1,29
95	3,40	3,18	2,63	2,37	1,99	1,66	1,29
100	3,39	3,17	2,63	2,36	1,98	1,66	1,29
150	3,36	3,15	2,61	2,35	1,98	1,66	1,29
200	3,34	3,13	2,60	2,35	1,97	1,65	1,29

Abb. 1.53 Tabelle der t(Student)-Verteilung

1.7 Wettbewerbsposition des Unternehmens

Das marktorientiert geführte Unternehmen bildet mit seinen Kunden und Wettbewerben ein System, dass durch das sogenannte „Strategische Dreieck" veranschaulicht werden kann:

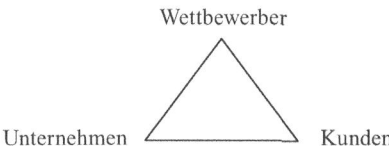

Der Abschn. 1.6 beschäftigte sich mit Methoden zur statistischen Analyse des Kundenverhaltens, insbesondere mit Konfidenzintervallen, parametrischen und nicht-parametrischen Hypothesentests, mit der multiplen Regressionsrechnung und partiellen Korrelationskoeffizienten. Im aktuellen Kapitel richten wir den Blickpunkt auf die Wettbewerber: Wir gehen im Folgenden insbesondere auf Methoden zur Beschreibung und Analyse der Marktpostion ein, die das Unternehmen relativ zu seinen Wettbewerbern einnimmt.

1.7.1 Kennzahlen

1.7.1.1 Marktkennzahlen

Mithilfe der folgenden Kennzahlen werden strukturelle Eigenschaften des Absatzmarktes beschrieben:

a) Absatzvolumen des Produkts j eines Unternehmens i

Man versteht hierunter die Absatzmenge eines Produkts.

b) Marktvolumen des Produkts j

Hierbei handelt es sich um die gesamte Absatzmenge aller Anbieter des Produkts j.

c) Marktanteil des Produkts j eines Unternehmens i

Mit dem Marktanteil s_{ij} gibt man die Stärke eines Unternehmens i im Produktmarkt j an. Der Marktanteil kann mengen- oder auch wertmäßig definiert werden:

$$s_{ij} = \left(\frac{\text{Absatz } q_{ij} \text{ bzw. Umsatz } U_{ij} \text{ von Unternehmen i im Produktmarkt j}}{\text{Marktvolumen } Q_j \text{ bzw. Marktumsatz } U_j \text{ des Produkts j}} \right) \cdot 100\,\%.$$

Voraussetzung für die Bestimmung des Marktanteils eines Produkts ist die räumliche, zeitliche und sachliche Abgrenzung des Marktes.

d) Relativer Marktanteil des Produkts j eines Unternehmens i

Der relative Marktanteil gibt die relative Stärke des Unternehmens i im Absatzmarkt von Produkt j an. Hierzu teilt man den Marktanteil s_{ij} des Unternehmens i im Produktmarkt j durch den Marktanteil s_{hj} des absatz- bzw. umsatzstärksten Konkurrenten h. Man erhält den relativen Marktanteil s_{ij}^{rel} des Unternehmens i im Produktmarkt j.

Beispiel: $s_{ij} = 0,4$ und $s_{hj} = 0,2$. Dann ist $s_{ij}^{rel} = \frac{0,4}{0,2} = 2$.

e) Konzentration im Absatzbereich

Diese Messzahl gibt an, wie sich das Marktvolumen auf die n Anbieter verteilt. Wichtigste Größe hierbei ist das Herfindahlsche Konzentrationsmaß, auch Herfindahl-Index genannt: $H_j = \sum_{i=1}^{n} s_{ij}^2$. Auf dieses Maß wird detailliert in Abschn. 1.7.2.2 eingegangen.

f) Marktpotential eines Produkts

Bei dem Marktpotential handelt es sich um die theoretische, maximale Aufnahmefähigkeit eines Marktes. Das Marktpotential von beispielsweise Fernsehgeräten in Deutschland könnte man durch die Anzahl der Wohnräume in Deutschland angeben. Aus der Prämisse, dass in jedem Raum ein Fernseher steht, ergibt sich dann die maximale Aufnahmefähigkeit des Marktes. Das Marktpotential für PKWs in Deutschland könnte mithilfe folgender Annahmen bestimmt werden: Jede zweite Person zwischen 18 und 25 Jahren besitzt einen Kleinwagen, jede Person zwischen 25 und 35 Jahren ein Fahrzeug der Mittelklasse und ab einem Alter von 35 Jahren teilen sich jeweils zwei Personen zwei Autos: ein kleines Stadtauto und einen Familienreisewagen.

g) Absatzpotential des Produkts j eines Unternehmens i

Hierunter versteht man das theoretische, maximale Absatzvolumen des Unternehmens i in dem Produktmarkt j. Bei dieser Kennzahl kommen zwei Schätzungen zusammen: Einerseits das Marktpotential des Produkts j und andererseits der Anteil, den das Unternehmen i an diesem Marktpotential erreichen kann.

Es ist selten eindeutig und objektiv zu klären, wie ein Produkt abzugrenzen ist. Zur Bestimmung des Marktanteils können wir das Produkt z. B. sehr fein definieren, so dass es sich nicht weiter in Varianten aufgliedert. Oder wir können es grob definieren, dann gehören hierzu alle Lösungen für ein bestimmtes Anwendungsproblem. Insofern ist die Ermittlung der oben genannten Kennzahlen nicht immer unproblematisch. Wegen dieser Unschärfe bei der Produktdefinition spielt der Begriff des Produktfelds eine wichtige Rolle. Unter einem Produktfeld werden Produktausprägungen subsumiert, deren Mengen sich sinnvoll und relevant aggregieren lassen. Physikalisch lassen sich beispielsweise die Mengen von Schüttgütern in Tonnen angeben, die von Industriegasen in Kubikmetern, die von Wasch- und Spülmaschinen in Stückzahlen und die von Dienstleistungen in Arbeitsstunden. Allerdings ist die Mengenaddition von z. B. Kunststoffgranulat und Kies, beides Schüttgüter, nicht in jedem Kontext relevant. Zur Darstellung von Logistikkapazitäten mag dies Sinn machen, nicht jedoch zur Analyse von Marktpositionen eines Industrieunternehmens. Insofern ist bei der Definition von Produktfeldern darauf zu achten, dass die entsprechenden Abgrenzungen in dem jeweiligen Entscheidungskontext auch sinnvoll sind.

Aktivseite

A. Anlagevermögen
I.   Immaterielle Vermögensgegenstände
II.   Sachanlagen
III. Finanzanlagen
B. Umlaufvermögen
I.   Vorräte
II.   Forderungen
III. Wertpapiere
IV.   Kassenbestand, Guthaben, Schecks
C. Rechnungsabgrenzungsposten

Passivseite

A. Eigenkapital
I.   Gezeichnetes Kapital
II.   Rücklagen
III. Gewinnvortrag bzw. Verlustvortrag
IV.   Jahresüberschuss bzw. Jahresfehlbetrag vor Steuern
B. Rückstellungen
C. Verbindlichkeiten
D. Rechnungsabgrenzungsposten

Abb. 1.54 Gliederung der Bilanz nach § 266 HGB (vor Ergebnisverwendung)

1.7.1.2 Bilanzielle Kennzahlen

Sind Wettbewerber zur Veröffentlichung von Handelsbilanzen verpflichtet, dann kann man hieraus Erkenntnisse über die wirtschaftliche Lage dieser Konkurrenten gewinnen. Diese Erkenntnisse sind hilfreich beim Aufbau von Wettbewerbsstrategien. Aus der Bilanz kann man z. B. die Haftungssubstanz, die Liquidität, verschiedene Erfolgspotentiale und spezifische Risiken herausinterpretieren. Allerdings müssen dabei bestimmte Einschränkungen bedacht werden:

- Bilanzen sind vergangenheitsbezogen konzipiert.
- Bilanzvorschriften schränken einerseits die Möglichkeiten der Bewertung und Darstellung ein.
- Andererseits sind Bilanzen im Rahmen der rechtlichen Möglichkeiten gestaltbar (Bilanzpolitik).

Die vereinfachte Gliederung der Bilanz in Abb. 1.54 zeigt auf der linken Seite (Aktiva) die Mittelverwendung und auf der rechten Seite (Passiva) die Mittelherkunft. Der Posten „Jahresüberschuss bzw. Jahresfehlbetrag" wird aus der Gewinn- und Verlustrechnung übernommen. Er ergibt sich aus dem Saldo von Erträgen und Aufwendungen der Abrechnungsperiode.

Der Jahresüberschuss kann auf das Rücklagenkonto und den Bilanzgewinn verteilt werden. Zur Erhöhung des Bilanzgewinns kann das Unternehmen Mittel aus den Rücklagen

	Umsatzerlöse
+	Lagerzugänge, bewertet zu Herstellungskosten
−	Aufwendungen (Material, Personal, Abschreibungen) für fertige und unfertige Produkte und selbst erstellte Anlagen
−	Sonstige betriebliche Aufwendungen, soweit nicht bereits oben enthalten
=	Betriebsergebnis
+	Finanzerträge
−	Finanzaufwendungen
=	Ergebnis der gewöhnlichen Geschäftstätigkeit
+	außerordentliche Erträge
−	außerordentliche Aufwendungen
=	Jahresüberschuss bzw. Jahresfehlbetrag vor Steuern

Abb. 1.55 Gliederung der GuV nach § 275 HGB (Gesamtkostenverfahren)

verwenden. Der Bilanzgewinn wird ganz oder teilweise an die Anteilseigner ausgeschüttet.

$$
\begin{array}{rl}
 & \text{Jahresüberschuss bzw. Jahresfehlbetrag} \\
+ & \text{Gewinnvortrag bzw. Verlustvortrag} \\
+ & \text{Entnahmen aus den Rücklagen} \\
- & \text{Einstellungen in die Rücklagen} \\
\hline
= & \text{Bilanzgewinn}
\end{array}
$$

Die Gewinn- und Verlustrechnung (GuV) misst den Wertezugang (Ertrag) und den Werteabgang (Aufwand) in einer Abrechnungsperiode. Eine wichtige Zwischenposition in der Gewinn- und Verlustrechnung stellt das „Betriebsergebnis" dar. Dies ist der Überschuss, der mit der Leistungserstellung erzielt wird. Wenn man noch das Finanzergebnis und das außerordentliche Ergebnis hinzunimmt, erhält man den Jahresüberschuss (siehe Abb. 1.55).

Einkommen und Rentabilität
Typische Kenngrößen des Einkommens, die aus der Bilanz und GuV eines Wettbewerbers gewonnen werden, sind folgende:

- Jahresüberschuss vor Steuern (EBT: earnings before taxes),
- Operatives Ergebnis oder Betriebsergebnis (EBIT: earnings before interest and taxes).

Die Relation des Jahresüberschusses zum Eigenkapital gibt Auskunft darüber, welche bilanzielle Verzinsung das durch die Eigentümer aufgebrachte Kapital erzielt. Man bezeichnet diese Größe als Eigenkapitalrentabilität:

- Jahresüberschuss zu Eigenkapital.

Demgegenüber beschreibt die Relation von

- Jahresüberschuss zu Gesamtkapital

die bilanzielle Rentabilität des Gesamtkapitals (return on investment) des Wettbewerbers. Wenn die Gesamtkapitalrentabilität über den Fremdkapitalzinsen liegt, dann kann der Wettbewerber durch die Aufnahme weiterer Kredite seine Eigenkapitalrentabilität erhöhen.

Die durch den Wettbewerber im Absatzmarkt erzielte bilanzielle Verzinsung wird durch die Umsatzrentabilität beschrieben:

- Jahresüberschuss zu Umsatzerlöse

Cash-Flow
Eine Abschätzung des finanziellen Wachstumspotentials des Wettbewerbers ergibt sich aus dem Netto-Cash-Flow. Er beschreibt das in der Periode erwirtschaftete Innenfinanzierungsvolumen. Hierunter versteht man den Anteil des Umsatzes, der mittelfristig für Investitionen zur Verfügung steht. Der Netto-Cash-Flow berechnet sich folgendermaßen:

- Netto-Cash-Flow
  = Jahresüberschuss + Abschreibung + Erhöhung der langfristigen Rückstellungen − Zuschreibungen − Verminderung der langfristigen Rückstellungen − Gewinnsteuerzahlung − Gewinnausschüttung

Kreditwürdigkeit
Aus der Fremdkapitalquote lässt sich die Kreditwürdigkeit des Wettbewerbsunternehmens abschätzen:

- Fremdkapital zu Gesamtkapital

Finanzierungsrisiko
Langfristige Anlagen sollten auch langfristig finanziert sein, um das Zinsaufwandsrisiko überschaubar zu halten. Die relevanten Kennzahlen lauten:

- Eigenkapital zu Anlagevermögen
- Eigenkapital zuzüglich langfristiges Fremdkapital zu Anlagevermögen

Wenn der Wettbewerber kurzfristige Kredite für langfristige Investitionen aufgenommen hat, dann weist dies möglicherweise auf Probleme bei der langfristigen Geldbeschaffung hin. Der Wettbewerber ist dann anfällig bei unerwarteten Zinssteigerungen.

Abb. 1.56 Eigenkapitalrendite
und erklärende Variablen

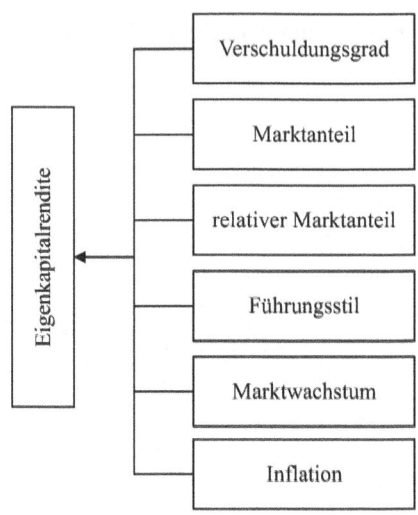

1.7.1.3 Analyse

Nachdem die absatz- und finanzorientierten Kennzahlen gewonnen wurden, können sie mit erklärenden Faktoren statistisch in Beziehung gesetzt werden. Insbesondere ist in diesem Zusammenhang die Regressionsrechnung nach Abschn. 1.6.5 zu nennen. Kausale Faktoren, die Ausprägungen und Verläufe betriebswirtschaftlicher Kennzahlen erklären können, sind z. B. Nachfragetrends, die Entwicklung der Rohstoffpreise, Arbeitskosten, Zinssätze, Inflationsraten, Wechselkurse, der Forschungs- und Entwicklungsaufwand, etc. (siehe Abb. 1.56). Es ist weiterhin aufschlussreich, den Zusammenhang zwischen der Liquidität eines Wettbewerbers und volks- oder finanzwirtschaftlichen Faktoren zu analysieren. Dadurch kann man abschätzen, in welchen gesamtwirtschaftlichen Situationen der Wettbewerber konkursgefährdet ist.

In einer sogenannten Längsschnittanalyse können die Kennzahlen als Zeitreihe dargestellt und analysiert werden. Zeitreihen betrachten wir in Abschn. 1.8. Bedeutende Analyseansätze liefern die Methode der Trendschätzung (Abschn. 1.8.3) und die Modelle stochastischer Prozesse (Abschn. 1.8.5). Die Analyseergebnisse können für die Prognose zukünftiger Kennzahlenentwicklungen eingesetzt werden (Abschn. 1.8.7).

In einer sogenannten Querschnittanalyse kann man Kennzahlen verschiedener Wettbewerbsunternehmen zu einem bestimmten Zeitpunkt erheben und vergleichend nebeneinander stellen. Auch hier kann man die Korrelationen zu möglichen ursächlichen Faktoren per Regressionsanalyse untersuchen und so die Struktur des Querschnitts analysieren (siehe Abb. 1.56).

Durch den Vergleich der Kennzahlen von Wettbewerbsunternehmen mit denen des eigenen Unternehmens können unternehmerische Ziele definiert werden. Zu Planungszwecken kann man die relativ zum eigenen Zielsystem jeweils besten Kennzahlen im

Markt bestimmen und diese dann zum Maßstab des eigenen Handelns machen („benchmarking").

1.7.2 Marktkonzentration

1.7.2.1 Lorenzkurve und Gini-Koeffizient

Determinanten der Marktkonzentration sind einerseits die Anzahl der Anbieter eines spezifischen Produktfelds und andererseits die (Ungleich-)Verteilung des Umsatzes oder Absatzes auf diese Anbieter. Die folgenden Fragen verdeutlichen die strategische Relevanz von Konzentrationsmessungen im Absatzmarkt:

- Wie hoch ist die Konzentration in dem Absatzmarkt, in dem sich das eigene Unternehmen mit seinem Produktfeld bewegt? Welche relative Position nimmt das eigene Unternehmen in diesem Markt ein?

  Wenn der Markt eines Produktfelds wenig konzentriert ist, aber das eigene Unternehmen in diesem Markt mit dem Produktfeld einen hohen Marktanteil besitzt, dann befindet sich das eigene Unternehmen vermutlich in einer guten Wettbewerbslage. Es kann dann im Allgemeinen den Markt beherrschen. Wenn hingegen die Konzentration hoch ist und der eigene Marktanteil gering, dann ist davon auszugehen, dass Wettbewerber den Markt dominieren.

  Die Wirkung weiterer Kombinationen von Marktkonzentration und eigenem Marktanteil können der nachfolgenden Matrix entnommen werden:

		Marktkonzentration		
		gering	mittel	hoch
	gering	$\sim$	$-$	$--$
Marktanteil	mittel	$+$	$\sim$	$-$
	hoch	$++$	$+$	$\sim$

  $-$ negative Wirkung auf die eigene Marktposition

  $\sim$ neutrale Wirkung auf die eigene Marktposition

  $+$ positive Wirkung auf die eigene Marktposition

- Wie stark konzentriert sich der Absatz des eigenen Unternehmens auf die Abnehmer (Kunden)?

  Ist diese Konzentrationskennzahl hoch, dann besteht auch ein hohes Umsatz- und Absatzrisiko, da durch den Wegfall eines großen Kunden ein erheblicher Teil der Einnahmen des eigenen Unternehmens i wegbricht.

- Wie stark ist der Absatzmarkt konzentriert, in den das eigene Unternehmen eintreten und expandieren möchte?

  Eine hohe Konzentration im Absatzmarkt ist gleichbedeutend mit einem oligopolistischen bzw. monopolitischen Wettbewerb (siehe Bd. II, Abschn. 1.6). Die Preise sind

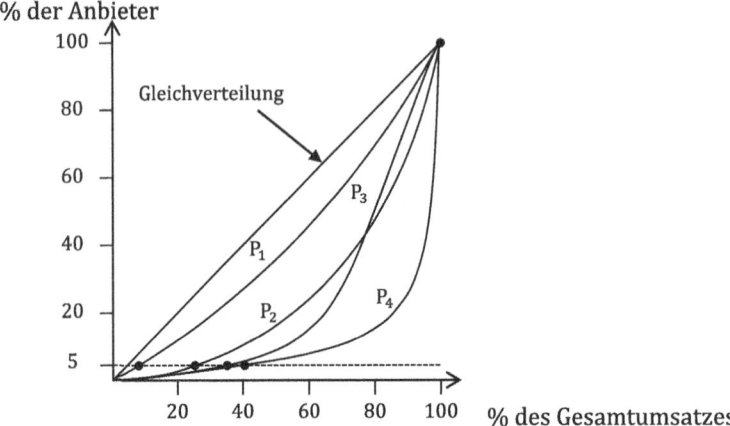

Abb. 1.57 Lorenzkurve

dann in der Regel hoch, die Gewinnmargen ebenfalls, was den Marktzutritt begünstigt. Es kann aber beim Marktzutritt neuer Wettbewerber zu einem Abwehrverhalten der bedrängten „Platzhirsche" kommen.

Mit der Lorenzkurve lässt sich die Konzentration im Absatzmarkt graphisch darstellen.[9] Hierbei reiht man zunächst die Anbieter eines Produktfelds nach ihrem jeweiligen Umsatz auf, beginnend mit dem umsatzstärksten Unternehmen. Ausgehend vom ermittelten Gesamtumsatz im Markt lassen sich dann die Umsatzanteile der Anbieter errechnen. 100 % der Anbieter vereinigen 100 % des Umsatzes auf sich. Aber welchen Umsatzanteil können 5 %, 10 %, 15 %, 20 % der größten Anbieter auf sich vereinigen? Die Lorenzkurve gestattet Aussagen der folgenden Art: x% der größten Anbieter eines Produktfelds erwirtschaften y% des Umsatzes im Markt.

Statt des Umsatzes kann man auch die Absatzmengen zu Grunde legen, wenn bei den angebotenen Produktvarianten hinreichend große Ähnlichkeiten vorliegen, so dass eine Aggregation möglich ist.

Beispiel
Die Konzentrationen in den Märkten der Produkte P_1, P_2, P_3 und P_4 werden durch die Lorenzkurven in der Abb. 1.57 beschrieben. Wie lassen sich diese Kurven interpretieren?
    Betrachten wir nur den P_3-Markt, dann können wir feststellen:

- 5 % der größten Anbieter von P_3 erzielen ca. 35 % des Gesamtumsatzes,
- 10 % der größten Anbieter von P_3 erzielen ca. 50 % des Gesamtumsatzes,

---

[9] M.O. Lorenz (1876–1959).

Abb. 1.58
Lorenzkurve, 1. Fall

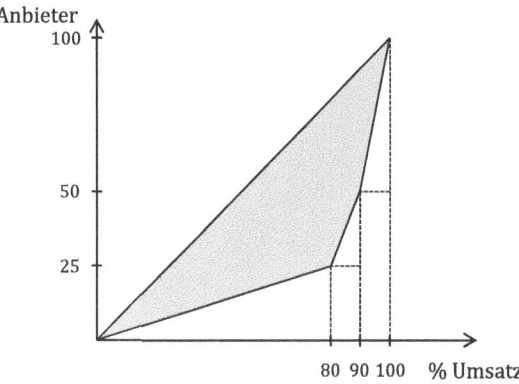

- 20 % der größten Anbieter von P_3 erzielen ca. 65 % des Gesamtumsatzes,
- 30 % der größten Anbieter von P_3 erzielen ca. 70 % des Gesamtumsatzes.

Betrachten wir hingegen den Querschnitt bei der 5 %-Marke, kommen wir zu folgenden Aussagen:

- 5 % der größten Anbieter im P_1-Markt erzielen ca. 7 % des Gesamtumsatzes,
- 5 % der größten Anbieter im P_2-Markt erzielen ca. 25 % des Gesamtumsatzes,
- 5 % der größten Anbieter im P_3-Markt erzielen ca. 35 % des Gesamtumsatzes,
- 5 % der größten Anbieter im P_4-Markt erzielen ca. 40 % des Gesamtumsatzes.

Wenn sich Lorenzkurven verschiedener Produkte schneiden, fällt der Vergleich der Konzentrationen nicht eindeutig aus. Dies ist im P_2- und im P_3-Markt in Abb. 1.57 der Fall. Links des Schnittpunkts sind die Umsatzanteile der größten Unternehmen bei Produkt P_3 größer als bei P_2. Rechts des Schnittpunkts ist es genau umgekehrt, hier entfallen auf das Produkt P_3 geringere Umsatzanteile als auf P_2.

Mit der Berechnung des sogenannten Gini-Koeffizienten G gewinnt man aus der Lorenzkurve eine Konzentrationskennzahl.[10] Den Gini-Koeffizienten berechnet man aus dem Quotient der schraffierten Fläche (siehe Abb. 1.58, 1.59 und 1.60) und der Dreiecksfläche unter der Linie bei Gleichverteilung. Die Dreiecksfläche besitzt den Wert 0,5. Eine vollkommene Gleichverteilung der Umsätze (bzw. Absätze) entspricht einem Gini-Koeffizienten von null. In diesem Sinne erzeugen hundert gleich große Anbieter im Markt oder nur zwei gleich große einen Gini-Koeffizienten von Null. Wenn stattdessen ein Unternehmen einen Umsatzanteil besitzt, der nahe bei 100 % liegt, während sich viele andere den Restumsatz im Markt teilen, dann führt das zu einem Gini-Koeffizienten von nahezu eins, da die schraffierte Fläche fast der Dreiecksfläche gleicht.

---

[10] C. Gini (1884–1965).

Abb. 1.59
Lorenzkurve, 2. Fall

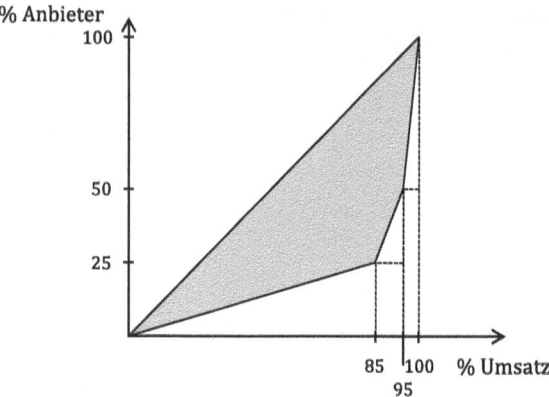

Abb. 1.60
Lorenzkurve, 3. Fall

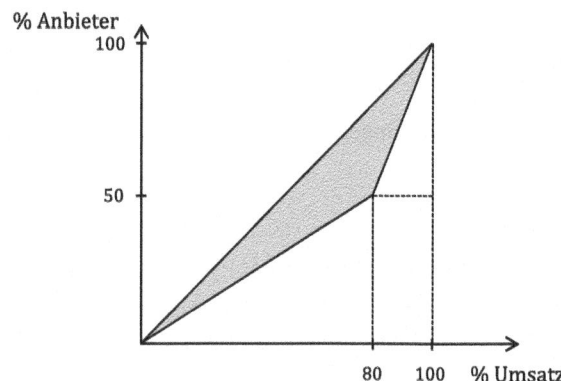

Beispiel

Die Verteilung der Umsätze in einem Produktmarkt j lautet folgendermaßen:

1. Fall		2. Fall		3. Fall	
Anzahl der Anbieter	Umsatz je Anbieter	Anzahl der Anbieter	Umsatz je Anbieter	Anzahl der Anbieter	Umsatz je Anbieter
5	16	5	17	5	16
5	2	5	2	5	4
10	1	10	0,5	–	–

Der zweite Fall unterscheidet sich von dem ersten dadurch, dass die 10 kleinen Anbieter Umsatzanteile an die 5 großen Anbieter abgeben. Die Konzentration nimmt hierdurch im Markt zu, was das Konzentrationsmaß auch widerspiegeln sollte. Im dritten Fall sind die kleinen Anbieter ganz vom Markt verschwunden. Ihre Umsätze konnten sich die mittleren Anbieter einverleiben. Hier sollte das Konzentrationsmaß höher sein als im ersten

Fall. Wie nachfolgend gezeigt wird, verhält sich der Gini-Koeffizient bei diesen Konzentrationsvorgängen unerwartet.

Zunächst berechnen wir die Anbieter- und Umsatzanteile und zeichnen die drei Lorenzkurven (siehe Abb. 1.58, 1.59 und 1.60).

1. Fall		2. Fall		3. Fall	
% Anbieter	% Umsatz	% Anbieter	% Umsatz	% Anbieter	% Umsatz
25	80	25	85	50	80
25	10	25	10	50	20
50	10	50	5	–	–

Die Gini-Koeffizienten G_j, die sich aus diesen drei Lorenzkurven ergeben, gleichen der jeweiligen schraffierten Fläche relativ zur Dreiecksfläche:

$$G_{j1} = \frac{1}{0,5} \cdot \left[0,5 - \frac{0,25 \cdot 0,8}{2} - \frac{(0,25 + 0,5) \cdot 0,1}{2} - \frac{(0,5 + 1,0) \cdot 0,1}{2} \right] = 0,5750$$

$$G_{j2} = \frac{1}{0,5} \cdot \left[0,5 - \frac{0,25 \cdot 0,85}{2} - \frac{(0,25 + 0,5) \cdot 0,1}{2} - \frac{(0,5 + 1,0) \cdot 0,05}{2} \right] = 0,6375$$

$$G_{j3} = \frac{1}{0,5} \cdot \left[0,5 - \frac{0,5 \cdot 0,8}{2} - \frac{(0,5 + 1,0) \cdot 0,2}{2} \right] = 0,3.$$

Die Gini-Koeffizienten für den ersten und den zweiten Fall lauten $G_{j1} = 0,5750$ bzw. $G_{j2} = 0,6375$. Gemäß dieser Kennzahl hat die Konzentration im Produktmarkt j also zugenommen. Das entspricht auch der intuitiven Interpretation des zugrundeliegenden Marktvorgangs. Im dritten Fall sind kleine Anbieter weggefallen. Ihr Umsatz fällt an die mittleren Unternehmen. Relativ zum ersten Fall müsste die Beurteilung lauten: Die Konzentration hat zugenommen. Relativ zum zweiten Fall ist das nicht so eindeutig, da sich der Umsatzanteil der größten Unternehmen im dritten Fall verringert.

Der Gini-Koeffizient beträgt im dritten Fall $G_{j3} = 0,3$ und liegt damit deutlich unter dem Gini-Koeffizient des ersten Falls in Höhe von $G_{j1} = 0,5750$. Dieses Ergebnis entspricht nicht dem gewünschten Resultat, schließlich fallen Wettbewerber weg. Dass dieses dann zu einer Reduzierung der Ungleichverteilung bei den restlichen Unternehmen führt, sollte nicht als eine Abnahme der Konzentration verstanden werden. Der Gini-Koeffizient eignet sich also nicht in jedem Fall zur Messung von Konzentrationsvorgängen.

1.7.2.2 Herfindahl-Index

Das Herfindahlsche Konzentrationsmaß H ist ein häufig vorkommender Index zur Messung der Konzentration.[11] Es basiert auf den Marktanteilen s_{ij} der einzelnen Anbieter i im Produktmarkt j. Die Absatzmenge q_{ij} des Unternehmens i wird hierzu durch das Marktvolumen Q_j geteilt: $s_{ij} = \frac{q_{ij}}{Q_j}$ für $i = 1, \ldots, n$. Die quadrierten Marktanteile werden

---

[11] O.C. Herfindahl (1912–1972).

1. Fall		2. Fall		3. Fall	
Anzahl der An- bieter	Umsatz je Anbieter	Anzahl der An- bieter	Umsatz je Anbieter	Anzahl der An- bieter	Umsatz je Anbieter
5	16	5	17	5	16
5	2	5	2	5	4
10	1	10	0,5	-	-
$G_{j1} = 0{,}5750$		$G_{j2} = 0{,}6375$		$G_{j3} = 0{,}3000$	
$H_{j1} = 0{,}1310$		$H_{j2} = 0{,}1468$		$H_{j3} = 0{,}1360$	

Abb. 1.61 Gini-Koeffizient und Herfindahl-Index des Produktmarkts j

aufsummiert:

$$H_j = \sum_i^n s_{ij}^2 = \sum_i^n \frac{q_{ij}^2}{Q_j^2} = \frac{\sum_i^n q_{ij}^2}{Q_j^2}.$$

Durch Quadrierung der Marktanteile erreicht man eine Gewichtung: Anbieter mit einem hohen Marktanteil gehen überproportional in das Maß ein.

Bei vollkommener Gleichverteilung der Absatzmengen $q_{ij} = q_j$ lautet der Zähler $n \cdot q_j^2$ und der Nenner $n^2 \cdot q_j^2$. Der Herfindahl-Index gleicht dann dem Quotienten $1/n$. Im Polypol mit $n \gg 0$ wird deshalb der Index nahe null sein: $1/n \approx 0$. Bei einem Monopol mit $n = 1$ wird auch H_j zu eins: Auf die Konzepte des Polypols und des Monopols gehen wir im Bd. II, Abschn. 1.6 ausführlich ein. Das Polypol und das Monopol stellen wettbewerbliche Extrempositionen dar. In diesem Sinne gilt: $0 < H_j \leq 1$.

Die Tabelle in Abb. 1.61 zeigt den Herfindahl-Index im Vergleich zum Gini-Koeffizient für die drei behandelten Fälle des Produktmarktes j.

Wir erkennen, dass H_j im dritten Fall ein Ergebnis liefert, das auf eine Zunahme der Konzentration relativ zum ersten Fall hinweist.

1.7.3 Marketingportfolio

1.7.3.1 Produktlebenszyklus

Der Produkteinführung gehen in technologieorientierten Industrien verschiedene Forschungs- und Entwicklungsphasen voraus, die auf unterschiedlichen Planungsebenen ablaufen (siehe Abb. 1.62). Beispiele finden sich in der Luft- und Raumfahrtindustrie, in der Chemie- und Pharmaindustrie, im Maschinen- und Fahrzeugbau und der Elektrotechnik. Hier gibt es marktnahe Forschungs- und Entwicklungsprogramme für Produkte, deren Markteinführungen in weniger als 5 Jahren bevorstehen. Parallel dazu laufen strategische Forschungs- und Entwicklungsprogramme mit einem Zeithorizont von bis zu

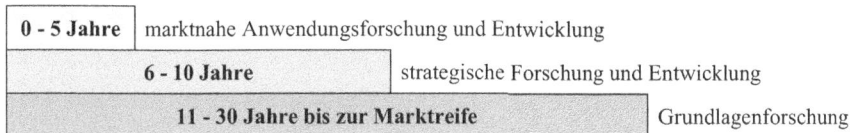

0 - 5 Jahre	marktnahe Anwendungsforschung und Entwicklung
6 - 10 Jahre	strategische Forschung und Entwicklung
11 - 30 Jahre bis zur Marktreife	Grundlagenforschung

Abb. 1.62 Forschung- und Entwicklung

10 Jahren. Gleichzeitig findet die Grundlagenforschung statt, die mit großer Ungewissheit erst in 10 bis 30 Jahren oder manchmal auch gar nicht zu neuen Anwendungen führt. Um der industriellen Grundlagenforschung eine Richtung zu geben, kommen Methoden der langfristigen Technologieprognose zum Einsatz.

Daneben gibt es auch Fälle mit sehr kurzen Forschungs- und Entwicklungsphasen auf nur einer Ebene für Produkte mit hoher Konsumnähe. Zu nennen ist hier beispielsweise die Bekleidungsindustrie mit vierteljährlich wechselnden Moden.

Wenn ein neues Produkt schließlich auf den Markt kommt, beginnt der sogenannte Produktlebenszyklus mit der Einführungsphase, in der Innovatoren davon überzeugt werden müssen, das Produkt zu erwerben (siehe Abschn. 1.6.1.6 und Abb. 1.63). Innovatoren sind Personen mit einer relativ geringen Risikoaversion und Interesse an Neuem. Der Produktstart ist erfolgreich, wenn der Kaufwunsch in andere gesellschaftliche Bereiche und Schichten „diffundiert" und die Gruppe der Imitatoren erfasst, die zum Ende der Einführungsphase auf den Plan treten. Ihre Risikoaversion ist etwas stärker ausgeprägt als die der Innovatoren.

Absatz und Umsatz erhöhen sich stark in der Wachstumsphase. In dieser Phase kaufen die sogenannten majoritätsbewussten Kunden, die erst zugreifen, wenn sie davon ausgehen können, dass das Produkt von vielen, eben der Majorität, erworben wird. Diese Kundschaft ist stark risikoscheu. Angehörige dieser Gruppe möchten erst erkennen, dass sich die Produktqualität im Markt durchgesetzt hat, bevor sie selbst kaufen. Außerdem sehen sie keinen Reiz darin, sich durch den Besitz eines neuen Produkts von anderen abzuheben.

In der Reifephase kommt es zu einer deutlichen Abflachung des Absatz- und Umsatzwachstums. Moderne Wettbewerbsprodukte kommen auf den Markt, die Kunden anziehen. Der am Markt durchsetzbare Preis oder die Absatzmenge sinken. Schließlich kommt es zum Abschwung und nur noch eine traditionsbewusste Kundschaft bleibt dem gealterten Produkt treu.

Der mit dem Produkt verbundene Deckungsbeitrag II (siehe Bd. I, Abschn. 1.4.3) ist in der Einführungsphase anfänglich noch negativ: Der Umsatz deckt nicht die variablen und die zurechenbaren fixen Kosten. Erst in der Wachstums- und Reifephase können Überschüsse verdient werden.

Wenn das Produkt vom Markt nicht angenommen wird, dann ist ein Teil der geleisteten Aufwendungen für Forschung, Entwicklung und Markteinführung einschließlich der

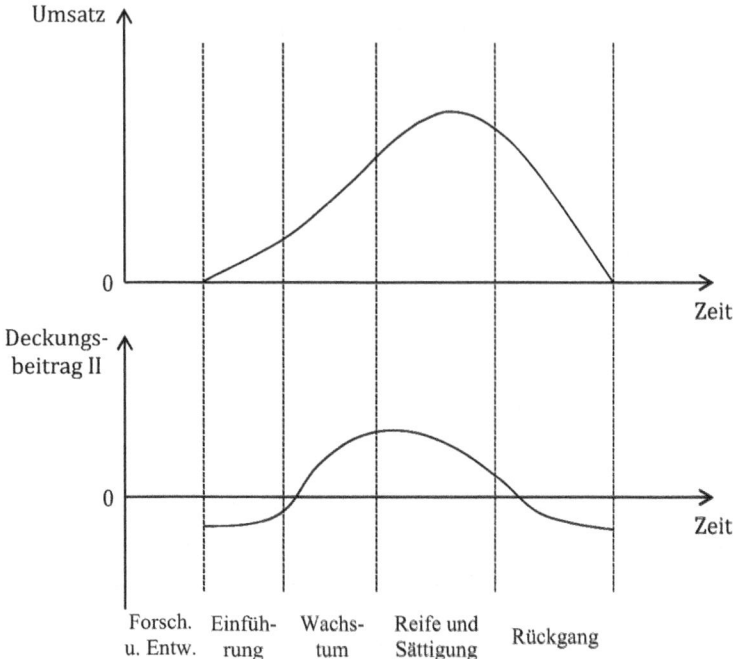

Abb. 1.63 Produktlebenszyklus

Werbung verloren. In diesen „sunk costs" kann ein Forschungshemmnis und im Fall einer anstehenden Marktzutrittsentscheidung eine Marktzutrittsbarriere liegen (siehe Bd. II, Abschn. 1.6.4).

Vor der Beendigung eines Lebenszyklus muss das Unternehmen soweit sein, ein neues Produkt erfolgreich in den Markt einzuführen, sonst bricht die Liquidität ein und das Konkursrisiko steigt (siehe Abb. 1.64). Es ist deshalb wichtig für Unternehmen, die Lebenszyklen der Produkte zu prognostizieren, trotz aller Unsicherheiten, die damit verbunden sind, und diese Prognosen in die Planungen einzubeziehen. Grundsätzliche Fragen, die eine strategische Marktforschung zur Prognose eines Lebenszyklus beantwortet muss, sind folgende:

a) Welche Kundensegmente sollen zum Zeitpunkt der Markteinführung und in den Folgeperioden anvisiert werden?

b) Wie hoch wird die Marktnachfrage nach diesem Produkttyp zum Zeitpunkt der Markteinführung und in den Folgeperioden sein?

c) Welche Substitute werden in der Markteinführung und in den Folgeperioden von Konkurrenten voraussichtlich angeboten?

d) Welche Absatzpreise werden zum Zeitpunkt der Markteinführung und in den Folgeperioden erzielbar sein?

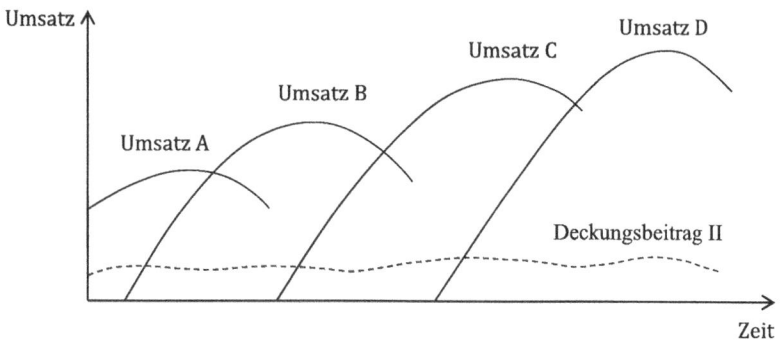

Abb. 1.64 Folge von Produktlebenszyklen

e) Welcher Nachfrageanteil wird zum Zeitpunkt der Markteinführung und in den Folgeperioden auf das eigene Produkt entfallen?

f) Welche Lieferanten kommen für die zu beschaffenden Vorprodukte in Frage?

g) Welche Beschaffungspreise werden zum Zeitpunkt der Markteinführung und in den
Folgeperioden vorherrschen?

h) Mit welchem Risiko sind die Prognosen behaftet?

i) Mit welchen Methoden kann der Produktlebenszyklus geschätzt werden, so dass er
anschließend Grundlage weiterer Unternehmensplanungen ist?

1.7.3.2 Diversifikation, Produkte, Geschäftsfelder

Die Prognoseunsicherheiten von Produktlebenszyklen sind erheblich. Es liegt deshalb nahe, nicht nur ein Produkt zu entwickeln und nicht nur auf ein Kundensegment zu setzen,
sondern in eine risikosenkende Mischung von Produkten und Segmenten zu investieren. Aus der Finanzierungstheorie kennt man den Begriff des Portfolios (siehe Bd. II,
Abschn. 2.5). So werden in Fonds Wertpapiere unter den Gesichtspunkten von erwarteter
Rendite und erwartetem Risiko entsprechend der Risikopräferenzen der Investoren zusammengestellt. Man nutzt bei der Portfoliobildung die Tatsache, dass die Einzelrenditen der
Wertpapiere nicht alle gleichgerichtet schwanken. So kommt es zu einer Risikostreuung
bzw. Risikoreduktion durch Diversifikation.

Das gleiche Prinzip kann auf das Unternehmenssortiment angewendet werden, das man
als eine Mischung aus Produkten bzw. Produktfeldern und verschiedenen Kundensegmen-
ten ansehen kann. Die Diversifikation des Sortiments kann horizontal, vertikal oder lateral
erfolgen (siehe Abb. 1.65). Das verdeutlichen wir durch ein Beispiel: Der Volkswagenkon-
zern hat sich durch den Kauf von MAN und Scania horizontal diversifiziert. Würde VW
einen Reifenhersteller erwerben, käme es zu einer vertikalen Diversifikation (Rückwärts-
integration). Bei dem Zukauf z. B. eines Anbieters von Pauschalreisen läge eine laterale
Diversifikation des Sortiments vor.

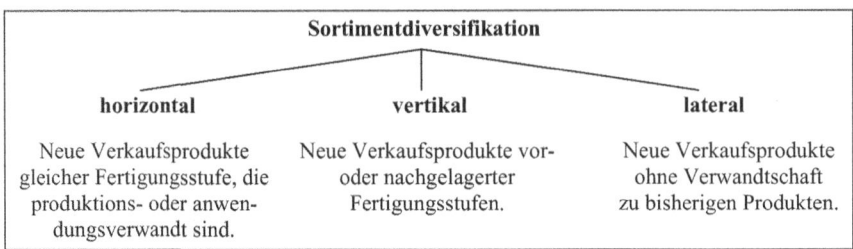

Abb. 1.65 Sortimentdiversifikation

1.7.3.3 Strategische Geschäftsfelder

Strategische Geschäftsfelder (SGF) sind Planungseinheiten, die im Dreieck „Unternehmen-Kunden-Wettbewerber" relativ autonome Teilsysteme bilden. Zu einem SGF gehören

- das eigene Produktfeld und seine nahen Substitute,
- die Kundensegmente des eigenen Produktfelds und
- die Wettbewerbsunternehmen, die die Substitute anbieten.

Weder Produktfelder noch Marktsegmente noch Wettbewerber können ad hoc benannt werden. Nur durch die Messung und Analyse des Kundenverhaltens werden die Zusammenhänge klar:

- Kunden haben spezifische Probleme, die sie lösen wollen und sie fragen hierzu Produkte nach, die einen Beitrag zur Problemlösung erwarten lassen.
- Marktsegmente sind Gruppen von Kunden, die sich bei auf sie wirkenden Reizen gleich oder sehr ähnlich verhalten.
- Unternehmen werden durch das Substitutionsverhalten der Kunden zu Wettbewerbern.

Beispiel

In einem Chemieunternehmen können z. B. alle Kunststoffe und Kautschuke, die an die Automobilindustrie geliefert werden, in einem Strategischen Geschäftsfeld „automotive polymers" zusammengefasst werden. Farben und Lacke für die Automobilindustrie können ein Strategisches Geschäftsfeld „automotive coatings" darstellen. Wenn man die Strategischen Geschäftsfelder organisatorisch im Unternehmen verankert, spricht man von Strategischen Geschäftseinheiten (SGE). Die Strategischen Geschäftseinheiten werden quer über verschiedene Sparten gelegt (siehe Abb. 1.66).

Die Strategische Geschäftseinheit (SGE) hat eine eigene Leitung und eigene zugeordnete Ressourcen. Sie wird als eigenständige Einheit geplant (Produkt-, Kommunikations-, Distributions- und Kontrahierungspolitik) und abgerechnet (Absatz, Umsatz, Kosten, Deckungsbeiträge). Man könnte natürlich die Spartenbildung direkt an den Strategischen

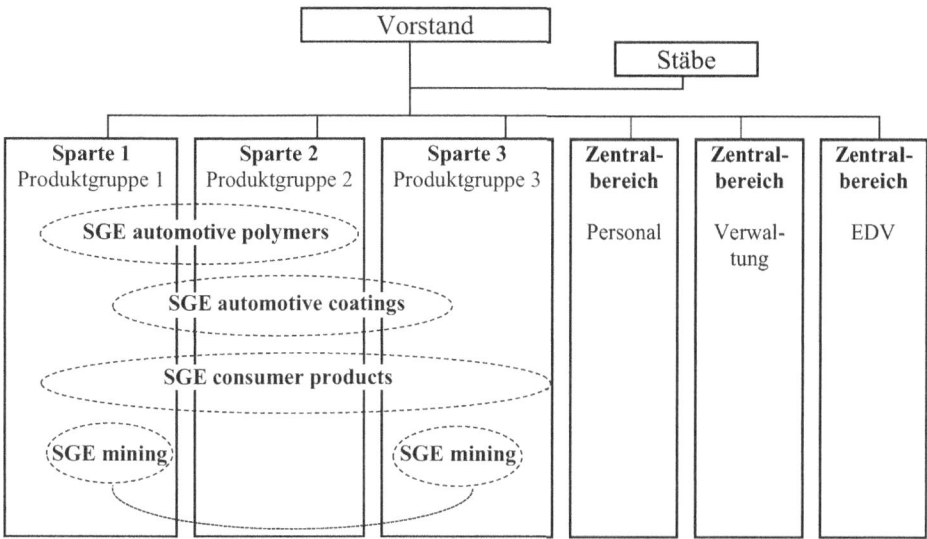

Abb. 1.66 SGE im Chemieunternehmen

Geschäftsfeldern ausrichten. Das ist in der Praxis aber nicht immer sinnvoll: Bei der Spartenbildung stehen regelmäßig produktionstechnische Ähnlichkeiten der Produkte im Vordergrund, während es bei der Bildung der Strategischen Geschäftseinheiten in erster Linie um den Absatzmarkt geht.

Um ein Strategisches Geschäftsfeld zu identifizieren, sind von Unternehmensberatern spezifische Fragen an das Unternehmen zu stellen:

1. Welche Kundenprobleme werden durch die Unternehmensleistungen gelöst (Funktion)?
2. Mit welchen Maßnahmen löst man die Kundenprobleme (Technologie)?
3. Welche Kundengruppen fragen die Unternehmensleistungen nach (Segmente)?
4. Welche Substitute werden von wem angeboten (Wettbewerber)?

Strategische Geschäftsfelder stehen im Wettbewerb zu den Strategischen Geschäftsfeldern andere Unternehmen. Dabei gibt es selten vollständige Überlappungen von Funktionen, Technologien, Segmenten und Wettbewerbern.

Beispiel
Bei vier Segmenten I bis IV, drei Funktionen A, B und C, vier Wettbewerbern a bis d und vier möglichen Technologien 1 bis 4 könnten die Antworten auf die Fragen des Unternehmensberaters folgendermaßen lauten:

- An das Segment I liefert man die Technologien 1 und 2 zur Lösung des Anwendungsproblems A und die Technologie 1 zur Lösung des Anwendungsproblems B. Zu beiden Anwendungen gibt es im Markt die Wettbewerbsprodukte a und b.
- An das Segment II liefert man die Technologie 3 zur Lösung des Anwendungsproblems C. Auch hier gibt es die Substitutionsprodukte a und b.
- An das Segment III liefert man die Technologie 4 zur Lösung der Anwendungsprobleme A, B und C. Hier sind die Wettbewerbsprodukte c und d relevant.
- Und schließlich liefert man an das Segment IV die Technologie 4 zur Lösung des Anwendungsproblems B. Wettbewerber sind hier ebenfalls die Produkte c und d.

Die Antworten lassen sich in Matrixform darstellen:

		Anwendungen		
		A	B	C
Zielgruppen	I	1, 2 a, b	1 a, b	
	II			3 a, b
	III	4 c, d	4 c, d	4 c, d
	IV		4 c, d	

A, B, C	Anwendungen
I, II, III, IV	Segmente
1, 2, 3, 4	Technologien
a, b, c, d	Wettbewerber

Man könnte in diesem einfachen Fall argumentieren, dass drei Geschäftsfelder erkennbar sind, die nachfolgend durch entsprechende Schattierungen unterschieden werden:

		Anwendungen		
		A	B	C
Zielgruppen	I	1, 2 a, b	1 a, b	
	II			3 a, b
	III	4 c, d	4 c, d	4 c, d
	IV		4 c, d	

In der Praxis ist die Abgrenzung der Strategischen Geschäftsfelder selten eindeutig und stabil.

1.7.3.4 Das PIMS-Forschungsprogramm

PIMS steht für „Profit Impact of Market Strategies". In den 1960er Jahren begann man bei der General Electric Company mit der empirischen Untersuchung statistischer Korrelationen zwischen verschiedenen Merkmalen der Strategischen Geschäftsfelder und der Geschäftsfeldrentabilität. Letztere kann man durch die Gesamtkapitalverzinsung (return on investment) messen. Dabei teilt man den erwirtschafteten Überschuss des Strategischen Geschäftsfelds durch den Wert des investierten Kapitals.

Im Rahmen der PIMS-Studie wurden bislang mehrere tausend Strategische Geschäftsfelder analysiert. Es wurde deutlich, dass die Qualität der Produkte, die absoluten und die relativen Marktanteile und das Wachstum der Märkte, in denen das Strategische Geschäftsfeld aktiv ist, positiv korreliert sind mit der Kapitalverzinsung.

Die Boston Consulting Group konzipiert ihr Portfoliomodell auf den Ergebnissen der PIMS-Studie. Drei Zusammenhänge sind für diesen Portfolioansatz besonders wichtig:

a) Wenn Unternehmen mit einem Strategischen Geschäftsfeld in einem Markt tätig sind, der einen Nachfrageüberhang und demzufolge ein hohes Wachstum aufweist, dann sind auch die Absatzpreise relativ hoch. Hierdurch wird Liquidität im Unternehmen erzeugt. Ein hohes Marktwachstum erfordert über die bloßen Ersatzinvestitionen hinaus permanent hohe Erweiterungsinvestitionen, um die Marktposition zu halten und ggf. auszubauen. Durch diese Investitionstätigkeit wird Liquidität verbraucht. Ein Geschäftsfeld in einem Markt mit niedrigem Wachstum und demzufolge eher niedrigen Absatzpreisen kann seine Position ohne hohe Erweiterungsinvestitionen halten.

b) Wenn Unternehmen mit einem Strategischen Geschäftsfeld einen hohen relativen Marktanteil besitzen, dann weist dieses auf eine hohe Wettbewerbsstärke des Geschäftsfelds hin. Ein hoher relativer Marktanteil kann bei linearen Gesamtkostenfunktionen zu einer hohen Liquidität führen (siehe Abb. 1.67). Bei einem hohen relativen Marktanteil sind nämlich die Produktionszahlen im Vergleich zu den Wettbewerbern groß, was positive Lerneffekte bringt (Lernkurve). Die zurechenbaren Stückkosten sind wegen dieser Lerneffekte und wegen der Degression der zurechenbaren Fixkosten pro Stück relativ niedrig (siehe Bd. I, Abschn. 1.4). Bei einem gegebenen

Abb. 1.67 Stückkostendegression

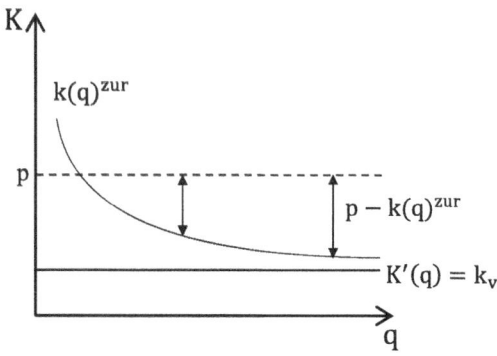

Abb. 1.68 Stückkosten und
Anlagengröße

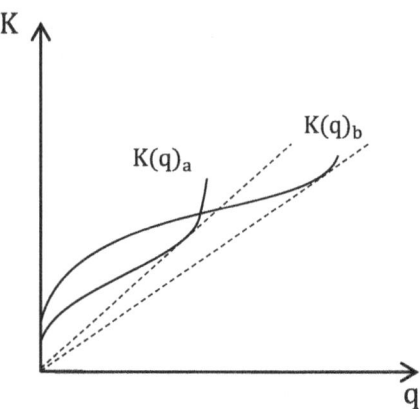

Absatzpreis und sinkenden zurechenbaren Stückkosten steigt der Deckungsbeitrag II
pro Stück mit zunehmender Ausbringungsmenge.

Doch auch bei nichtlinearen Gesamtkostenfunktionen kann argumentiert werden, dass
bei großen Mengen die Stückkosten kleiner sind als bei kleinen Mengen. Der Grund
liegt darin, dass die Investition in eine größere Produktionsanlage einen günstigeren
Gesamtkostenverlauf $K(q)$ bei großen Stückzahlen ermöglicht. In Abb. 1.68 sind die
Gesamtkostenfunktionen der Anlagen a und b dargestellt. Bei kleinen Stückzahlen ist
die Anlage a günstiger als die Anlage b. Die zurechenbaren Stückkosten sind niedriger.
Bei großen Stückzahlen verhält es sich umgekehrt.

Insofern ist es auch theoretisch nachvollziehbar, dass die empirische PIMS-Analyse zu
dem Ergebnis kommt, dass Strategische Geschäftsfelder mit hohem Marktwachstum und
mit hohem relativen Marktanteil über eine hohe Liquiditätserzeugung verfügen.

1.7.3.5   Ansatz der Boston Consulting Group

Um das BCG-Portfoliomodell für ein Unternehmen zu ermitteln, muss die strategische
Marktforschung die folgenden Informationen bereitstellen:

- Abgrenzung der Strategischen Geschäftsfelder
- inflationsbereinigtes Marktwachstum je Geschäftsfeld (MW)
- relative Marktanteile der Strategischen Geschäftsfelder (rel. MA)

Unter dem inflationsbereinigten Marktwachstum wird eine Größe verstanden, die sich
ohne Beeinflussung des betreffenden Unternehmens autonom entwickelt. Demgegenüber
kann der relative Marktanteil durch Unternehmensmaßnahmen verändert werden. In dem
Portfoliomodell der Boston Consulting Group werden vier Standardsituationen unterschieden:

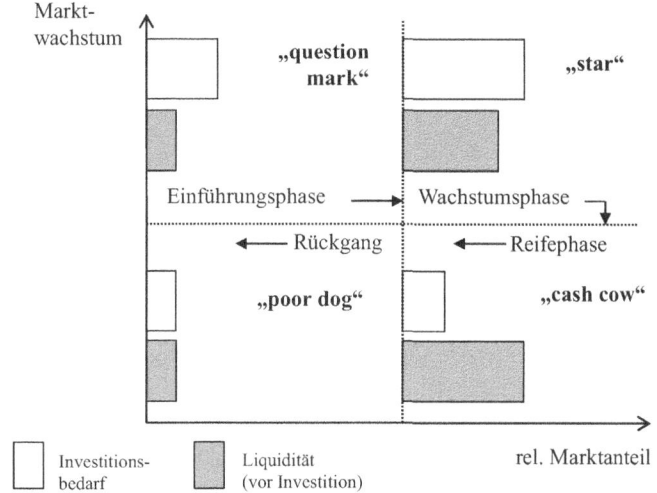

Abb. 1.69 Lebenszyklus und BCG-Portfolio

A) Question Mark

Marktwachstum: hoch
Relativer Marktanteil: klein

Typischerweise handelt es sich hierbei um junge Geschäftsfelder, die sich noch in der Einführungsphase befinden (siehe Abb. 1.69). Nach einer Forschungs- und Entwicklungsphase ist man vor kurzem in einen Markt eingetreten, der schnell wächst. Durch das Marktwachstum sind die Absatzpreise relativ hoch (demand pull). Der noch kleine relative Marktanteil sorgt jedoch für Lernkostennachteile und für eine geringe Degression der dem Produkt zurechenbaren fixen Kosten pro Stück. Deshalb erzeugen diese Strategischen Geschäftsfelder in der Standardsituation „question mark" keine Überschüsse (Deckungsbeitrag II).

Es bietet sich an, in die Strategischen Geschäftsfelder vom Typ „question mark" stark zu investieren, um die relativen Marktanteile nicht nur im Wachstumsmarkt zu halten, sondern auszubauen. Es sind also Ersatz-, besonders aber Erweiterungsinvestitionen nötig. Deshalb muss dem Geschäftsfeld Liquidität zugeführt werden. Hierdurch kann man mit dem Geschäftsfeld in die Zone einer günstigeren Stückkostendegression kommen.

Wenn man nur geringe Erfolgschancen sieht, den relativen Marktanteil eines Strategischen Geschäftsfelds vom Typ „question mark" zügig zu erhöhen, dann sollte man dieses abwickeln, da es sonst zu einer „Liquiditätsfalle" wird.

B) Star

Marktwachstum: hoch
Relativer Marktanteil: hoch

Es ist dem Unternehmen gelungen, „question mark"-Geschäftsfelder überproportional zum Markt wachsen zu lassen (siehe Abb. 1.69). Man hat diese Geschäftsfelder von der Einführungs- in die Wachstumsphase des Produktlebenszyklusses überführt, den relativen Marktanteil erhöht und erfolgreich „star"-Geschäftsfelder entwickelt.

Ein Hinweis ist hier wichtig: In der Portfolioanalyse muss man deutlich zwischen dem Wachstum DES Marktes unterscheiden, welches sich unabhängig von den Maßnahmen des Unternehmens ereignet und dem Wachstum eines Strategischen Geschäftsfelds IM Markt, welches auf bestimmte Unternehmensentscheidungen zurückzuführen ist.

Es bietet sich an, in Strategische Geschäftsfelder vom Typ „star" einen solchen Betrag zu investieren, dass die jeweilige Position im Wachstumsmarkt gehalten werden kann (siehe Abb. 1.69). Durch die Investitionen verbrauchen diese Geschäftsfelder Liquidität, die sie wegen der Stückkostendegression teilweise oder ganz selbst erzeugen können.

C) Cash Cow

Marktwachstum: niedrig
Relativer Marktanteil: hoch

Das Geschäftsfeld ist ausgereift und wettbewerbsstark (siehe Abb. 1.69). Es befindet sich in einem Markt, der durch Sättigungstendenzen gekennzeichnet ist. Die Produktpreise liegen wegen des geringen autonomen Marktwachstums auf einem moderaten Niveau, Investitionen in das Wachstum des Geschäftsfelds (Erweiterungsinvestitionen) sind nicht nötig. Die Stückkostendegression ist hoch. Es werden Liquiditätsüberschüsse erzeugt, die zur Querfinanzierung anderer Strategischer Geschäftsfelder verwendet werden können (siehe Abb. 1.69). Geschäftsfelder dieses Typs sind die Liquiditätsbasis des Unternehmens.

D) Poor Dogs

Marktwachstum: niedrig
Relativer Marktanteil: niedrig

In der Standardsituation sind in den Märkten der „poor dogs" die Absatzpreise niedrig, die zurechenbaren Stückkosten sind wegen der geringen relativen Marktanteile im Vergleich zu den Wettbewerbern relativ hoch. Überschüsse werden nicht produziert (siehe Abb. 1.69). Man sollte nicht mehr in diese Geschäftsfelder investieren, da sie zu „Liquiditätsfallen" werden. Diese Geschäftsfelder können abgewickelt werden.

1.7.3.6 Analyse und Schlussfolgerungen

Nachfolgend diskutieren wir drei verschiedene Portfoliosituationen. Die Größe der Kreise beschreibt den jeweiligen Umsatz des Strategischen Geschäftsfelds. Es bestehen hierbei Gestaltungsmöglichkeiten: Der Umsatz kann durch den Radius, den Durchmesser, den Umfang oder die Fläche ausgedrückt werden.

1. Fall

Das nachfolgende Portfolio ist ausgeglichen. Sowohl die derzeitige als auch die zukünftige Liquidität scheint gesichert.

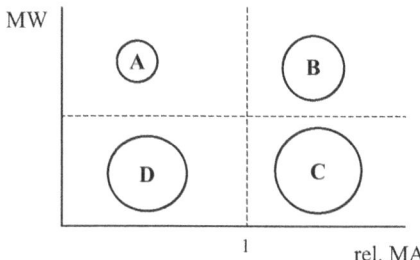

2. Fall

In der nächsten Portfoliosituation gibt es kein junges Strategisches Geschäftsfeld. Die derzeitige Liquiditätslage dürfte hervorragend sein, doch hat das Unternehmen strategische Schwächen. In einigen Jahren wird dem Unternehmen die „cash cow" fehlen, es wird zu Liquiditätsengpässen und einer Konkursgefährdung kommen.

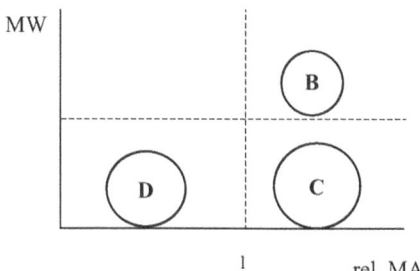

3. Fall

Strategisch ist das Unternehmen in der dritten Portfoliosituation gut aufgestellt. Es hat aber aktuell ein akutes Liquiditätsproblem, da es keine „cash cow" besitzt.

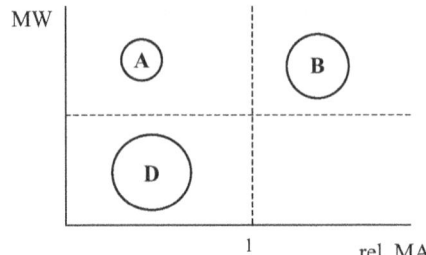

Der Erfolg der BCG-Portfoliomethode erklärt sich aus den folgenden Vorteilen:

- Das Modell ist anschaulich und leicht zu vermitteln. Es eignet sich deshalb als Tisch-vorlage („hand out") in Konferenzen.
- Das Modell ist ein hervorragender Ausgangpunkt für Diskussion über die zukünftige Unternehmensstrategie. In dem Sinne besitzt es einen hohen Kommunikationswert.
- Das autonome Marktwachstum und der relative Marktanteil sind objektiv messbar. Der Zusammenhang mit der Kapitalrendite ist gut theoretisch fundiert.
- Die empirische Relevanz der Schlüsselfaktoren ist durch die PIMS-Studie bestätigt.

Die Methode besitzt aber auch gravierende Nachteile:

- Es werden nur zwei Faktoren zu den Positionsbestimmungen der Strategischen Ge-schäftsfelder herangezogen.
- Das Modell selbst liefert keine Hinweise, mit welchen Maßnahmen ungünstige Portfo-liosituationen zu beheben sind.
- Die Reaktionen der Konkurrenten auf Maßnahmen des eigenen Unternehmens bleiben ausgeblendet.
- Die Einteilung in Felder ist willkürlich.
- Das Modell ist statisch.

Beispiel

Das Unternehmen $i = 1$ besitzt vier Strategische Geschäftsfelder $j = 1, \ldots, 4$ und kon-kurriert in allen vier Geschäftsfeldern gegen die Wettbewerber $i = 2$, $i = 3$ und $i = 4$. Die Marktforschung von Unternehmen 1 hat die folgenden Daten ermittelt:

Strate-gische Geschäfts-felder j	Absatz der Unter-nehmen i in den SGF im Jahr 2018				Im Markt abgesetz-te Mengen im Jahr 20…					Preisentwicklung im Jahr 20…				
	1	2	3	4	'14	'15	'16	'17	'18	'14	'15	'16	'17	'18
1	500	250	50	180	0	50	300	600	980	1,1	1,25	1,3	1,3	1,3
2	800	300	600	50	1400	1500	1550	1650	1750	17	23	15	20	23
3	200	1000	200	200	100	300	600	1000	1600	5	5	5	6	6
4	1000	9000	0	0	5000	5600	5800	5950	10.000	2,5	3	3,2	3,2	3,5

a) Es sind die aktuellen Marktkonzentrationen der Strategischen Geschäftsfelder mithilfe des Herfindahlschen Konzentrationsmaßes zu ermitteln.

b) Es sind die Daten des BCG-Portfoliomodells für das Unternehmen i = 1 zu bestimmen und das Portfolio zu skizzieren.

c) Gibt es im Portfolio des Unternehmens i = 1 Risiken?

Die folgende Tabelle zeigt die Marktanteile s_{ij} der Strategischen Geschäftsfelder j der Unternehmen i im Jahr 2018:

		Unternehmen i			
		1	2	3	4
Strate-gische Geschäfts-felder j	1	$\frac{500}{980} = 0{,}5102$	$\frac{250}{980} = 0{,}2551$	$\frac{50}{980} = 0{,}0510$	$\frac{180}{980} = 0{,}1837$
	2	$\frac{800}{1750} = 0{,}4571$	$\frac{300}{1750} = 0{,}1714$	$\frac{600}{1750} = 0{,}3429$	$\frac{50}{1750} = 0{,}0286$
	3	$\frac{200}{1600} = 0{,}1250$	$\frac{1000}{1600} = 0{,}6250$	$\frac{200}{1600} = 0{,}1250$	$\frac{200}{1600} = 0{,}1250$
	4	$\frac{1000}{10.000} = 0{,}1$	$\frac{9000}{10.000} = 0{,}9$	0	0

a) Die jeweiligen Marktkonzentrationen H der Strategischen Geschäftsfelder j lauten:

$$H_1 = \sum_i s_{i1}^2 = 0{,}3617 \qquad H_2 = \sum_i s_{i2}^2 = 0{,}3567$$

$$H_3 = \sum_i s_{i3}^2 = 0{,}4375 \qquad H_4 = \sum_i s_{i4}^2 = 0{,}8200$$

b) Aus den Marktanteilen s lassen sich die relativen Marktanteile s_{ij}^r der Geschäftsfelder j = 1, 2, 3, 4 des Unternehmens i = 1 berechnen:

$$s_{11}^r = \frac{0{,}5102}{0{,}2551} = 2{,}0000 \qquad s_{12}^r = \frac{0{,}4571}{0{,}3429} = 1{,}3333$$

$$s_{13}^r = \frac{0{,}1250}{0{,}6250} = 0{,}2000 \qquad s_{14}^r = \frac{0{,}1000}{0{,}9000} = 0{,}1111$$

Um das Wachstum der Märkte abzuschätzen, in denen sich die Strategischen Geschäftsfelder befinden, ermitteln wir zunächst für die Jahre 2014 bis 2018 die Marktumsatzzahlen der Geschäftsfelder. Die mittlere Wachstumsrate des ersten Geschäftsfelds kann folgendermaßen berechnet werden:

Der Umsatz beträgt 62,5 GE in 2015 und 1274 GE in 2018. Das entspricht einer Gesamtwachstumsrate in Höhe von $\frac{1274}{62{,}5} - 1 = 1938{,}40\,\%$ über drei Perioden. Im geometrischen Mittel wächst der Umsatz des Geschäftsfelds 1 von 2015 bis 2018 jede Periode um 173,17 %:

$$\sqrt[3]{\frac{1274}{62,5}} - 1 = \sqrt[3]{20,3840} - 1 = 1,7317 = 173,17\,\%.$$

Analog können auch die mittleren historischen Wachstumsraten der anderen Geschäftsfelder bestimmt werden. Die historischen Werte dienen in diesem einfachen Modell als Schätzwerte für die erwarteten Wachstumsraten:

Strategisches Geschäftsfeld j	Gesamtumsatz des Marktes und jährliche Wachstumsrate (in Klammern, in %) im Jahr …					Wachstumsrate p.a. (geometrisch)
	2014	2015	2016	2017	2018	2014–2018
1	0	62,5 (n.v.)	390 (524,00 %)	780 (100,00 %)	1274 (63,33 %)	173,17 %*
2	23.800	34.500 (44,96 %)	23.250 (−32,61 %)	33.000 (41,94 %)	40.250 (21,97 %)	14,04 %
3	500	1500 (200,00 %)	3000 (100,00 %)	6000 (100,00 %)	9600 (60,00 %)	109,33 %
4	12.500	16.800 (34,40 %)	18.560 (10,48 %)	19.040 (2,59 %)	35.000 (83,82 %)	29,36 %

* ab 2015

Das BCG-Portfoliomodell des Unternehmens i = 1 für das Jahr 2018 kann folgendermaßen skizziert werden:

SGF	Phase	Jahresumsatz 2018	rel. Marktanteil 2018	Marktwachstum pro Jahr
1	Wachstum	sehr klein (650 GE)	sehr groß (2,00)	sehr hoch (173,17 %)*
2	Reife	sehr groß (18.400 GE)	groß (1,33)	mittel (14,04 %)
3	Einführung	klein (1200 GE)	klein (0,20)	hoch (109,33 %)
4	Rückgang	groß (3500 GE)	sehr klein (0,11)	mittel (29,36 %)

* ab 2015

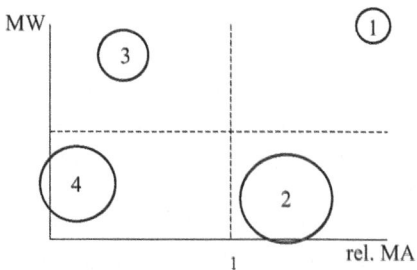

Positiv ist anzumerken, dass pro Phase ein Strategisches Geschäftsfeld vorhanden ist. Auch in den relativ wachstumsschwachen Märkten der Strategischen Geschäftsfelder 2 und 4 ist noch ein deutliches autonomes Wachstum (14,04 % bzw. 29,36 % p.a.) zu verzeichnen. Allerdings gibt es Risiken:

a) Das SGF 1 befindet sich in einem stark wachsenden Markt in einer herausragenden Wettbewerbsposition. Die Rendite (vor Investitionen) ist vermutlich enorm. Doch wird mit dem SGF 1 nur wenig Umsatz erwirtschaftet. Das Geschäftsfeld könnte eines Tages, wenn es zu einer „cash cow" geworden ist, nicht in der Lage sein, das Unternehmen ausreichend mit Liquidität zu versorgen. Es wäre notwendig, ein weiteres, umsatzstarkes „star"-Geschäftsfeld zu entwickeln.
b) Das SGF 4 ist sehr umsatzstark. Auch wenn keine Liquidität des Unternehmens für das SGF 4 aufgewendet wird, ist möglicherweise viel Kapital und Personal hier gebunden (Opportunitätskosten). Es wäre zu prüfen, ob man diese Geschäftsaktivität beenden kann, so dass die freigesetzten Ressourcen für neue Unternehmungen bereit stehen.

1.7.3.7 Ansatz von McKinsey

Das Vorgehen von McKinsey unterscheidet sich fundamental von dem der Boston Consulting Group. Man vertraut nicht auf nur zwei Kriterien, die objektiv messbar und für jede Unternehmensanalyse zu verwenden sind. Vielmehr erarbeitet man mit dem zu beratenden Unternehmen (dem Klienten) die individuellen, subjektiv relevanten Erfolgsmerkmale, die einerseits die Attraktivität eines Marktes ausmachen und andererseits die Wettbewerbsvorteile in diesem Markt bestimmen.

Unter der Kategorie „Marktattraktivität" werden alle marktbezogenen Erfolgsmerkmale des Strategischen Geschäftsfelds gesammelt, deren Ausprägungen sich nicht von dem Klienten beeinflussen lassen. Die Erfolgsmerkmale zu der Kategorie „relativer Wettbewerbsvorteil" können in ihren Ausprägungen vom Klienten durch Maßnahmen verändert werden.

Nachdem die Merkmale der Marktattraktivität und des relativen Wettbewerbsvorteils zusammengestellt sind, werden sie von dem Klienten in Zusammenarbeit mit dem Berater gewichtet und bewertet (siehe Bd. I, Abschn. 1.7, Nutzwertanalyse). Abb. 1.70 zeigt beispielhaft die Berechnung der Nutzwerte für ein Strategisches Geschäftsfeld A.

In dem Portfoliomodell in Abb. 1.71 sieht man das Strategische Geschäftsfeld A zusammen mit fünf weiteren, die nach dem gleichen Verfahren positioniert sind. Das Geschäftsfeld A befindet sich relativ weit rechts oben. McKinsey empfiehlt, in Geschäftsfelder zu investieren, die sich in dieser Erfolgszone befinden (Normstrategie). Bei den Geschäftsfeldern B und F ist der Mix aus Marktattraktivität und relativem Wettbewerbsvorteil unzureichend. Hier sollten keine Budgetmittel mehr investiert werden (Normstrategie). In der weiß unterlegten Zone entlang der Diagonalen befinden sich die Geschäftsfelder C, D und E, für die keine pauschale Beurteilung möglich ist. Hier sind weitere Untersuchungen notwendig.

Das McKinsey-Modell beseitigt einige der gravierenden Nachteile der BCG-Methode. So werden mehrere, vom Klienten bestimmte Merkmale zur Positionsbestimmung der

Marktattraktivität SGF A							
Beurteilung	1	2	3	4	5	6	Gewicht
Marktgröße						X	0,05
Marktwachstum			X				0,15
Branchenrentabilität				X			0,15
Innovationsgrad						X	0,05
Wettbewerbsintensität			X				0,15
Konjunkturanfälligkeit					X		0,15
Internationalität					X		0,05
Stabilität des Ordnungsrahmens			X				0,15
Versorgungssicherheit Rohstoffe				X			0,05
Fachkräfteangebot		X					0,05
4,00 von 6,00							

relativer Wettbewerbsvorteil SGF A							
Beurteilung	1	2	3	4	5	6	Gewicht
Relativer Marktanteil					X		0,15
Fertigungseffizienz, Kostenstruktur				X			0,10
Organisationsstruktur					X		0,05
Qualitäts- und Markenwahrnehmung					X		0,15
Forschungs- u. Entwicklungspotential			X				0,10
Servicenetz			X				0,05
Umweltstandard					X		0,15
Finanzkraft			X				0,05
Fertigungsstandorte	X						0,05
Arbeitszufriedenheit					X		0,15
5,05 von 6,00							

Abb. 1.70 Marktattraktivität und relativer Wettbewerbsvorteil

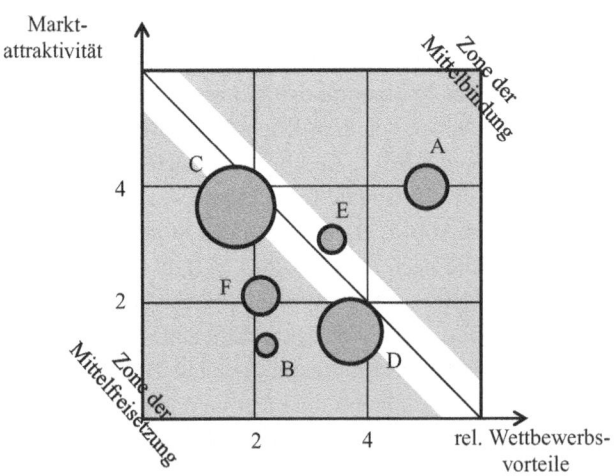

Abb. 1.71 Portfoliomodell von McKinsey

Strategischen Geschäftsfelder herangezogen. Die Erarbeitung der Merkmale durch zahlreiche Einzel- und Gruppengespräche beim Klienten und die Bestimmung der Merkmalsausprägungen in Evaluierungszirkeln des Klienten sind für sich genommen bereits ein wichtiger Bestandteil der Beratungsleistung. Es wird hierdurch in der Organisation des Klienten ein Bewusstseins- und Lernprozess in Gang gesetzt. Das Modell liefert genaue Hinweise auf die Probleme und weist damit auf Maßnahmen hin, um ungünstige Portfoliosituationen zu beheben. Wie die BCG-Portfoliomethode ist auch das McKinsey-Modell anschaulich und leicht zu vermitteln. Es kann zu einer Tischvorlage („hand out") in Konferenzen verdichtet werden. Das Modell ist somit ebenfalls ein hervorragender Ausgangpunkt für Diskussionen über die zukünftige Unternehmensstrategie.

Ausgeblendet bleiben auch bei dem McKinsey-Modell die Reaktionen der Konkurrenten auf Maßnahmen, die der Klient aufgrund der Portfolioberatung ergreift. Wie auch bei der BCG-Methode ist die Einteilung der Felder willkürlich und das Modell ist statisch.

1.8 Entwicklung und Prognose

Im nachfolgenden, letzten Abschnitt des Kapitels über Marketing und Marktforschung beschäftigen wir uns mit der Analyse der zeitlichen Entwicklung von Marktdaten und ihrer Prognose. Relevante Marktdaten in diesem Kontext sind beispielsweise:

- Demographische Daten von Kundengruppen (Durchschnittseinkommen, Durchschnittsalter, Kinderanzahl, Anteile bestimmter Bildungsabschlüsse etc.)
- Psychographischer Daten von Kundengruppen (Motivstärke, Einstellungsstärke u. ä.)
- Indizes, die Stimmungen bestimmter Gruppen darstellen (Zufriedenheitsindex, Risikowahrnehmungsindex, Geschäftsklimaindex, Zukunftsindex u. ä.)
- Volkswirtschaftliche Marktdaten (Konzentrationsindex, Auftragseingangsindex, Preisindex etc.)
- Betriebswirtschaftliche Daten der Wettbewerber (Investitionsausgaben, Ausgaben für Forschungs- und Entwicklung, Betriebsergebnis etc.)

Grundlegend für den aktuellen Abschnitt ist das Konzept der sogenannten Zeitreihe. Unter einer Zeitreihe versteht man die zeitlich geordnete Folge von Beobachtungen $y_1, y_2, \ldots, y_t, \ldots, y_T$. Beobachtungen sind Realisationen einer Folge von Zufallsvariablen Y_t ($t = 1, 2, \ldots, T$). Der Index t kennzeichnet einen Zeitpunkt auf dem Zeitstrahl oder ein Zeitintervall (Periode):

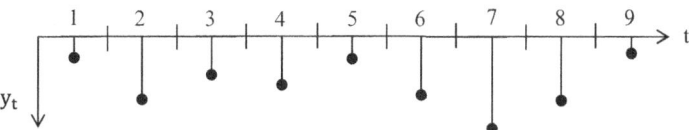

1.8.1 Zeitreihen

Man unterscheidet die folgenden Komponenten einer Zeitreihe:

- Glatte Komponente
  - Trendkomponente Tr (langfristige Niveauänderung)
  - zyklische Komponente Cy (mittelfristige Variation)
- periodische Komponente S (Variation in regelmäßig wiederkehrenden Zeitintervallen)
- Restkomponente U.

In einem additiven Modell baut sich die Zeitreihe aus der Addition der Einzelkomponenten auf:

$$y = Tr + Cy + S + U.$$

In einem multiplikativen Modell sind die Einzelkomponenten durch Multiplikation verknüpft:

$$y = Tr \cdot Cy \cdot S \cdot U.$$

Die Überführung des multiplikativen in das additive Modell erfolgt durch Logarithmierung:

$$\ln y = \ln Tr + \ln Cy + \ln S + \ln U.$$

1.8.2 Gleitender Durchschnitt

Ein sogenannter linearer Filter ist eine lineare Transformation einer Zeitreihe $\langle y_t \rangle = y_1, y_2, \ldots, y_T$ in eine neue Zeitreihe $\langle g_t \rangle$ gemäß der folgenden Transformationsvorschrift:

$$g_{t+v} = \sum_{i=1}^{l} a_i y_{t+i-1} \quad \text{für } t = 1, \ldots, T - l + 1$$

a_i Gewicht
l Anzahl der Summanden (Länge des Filters)
v Verschiebung des Zeitindex von g

Fluktuationen in der Zeitreihe, die nicht zur glatten Komponente zählen, werden je nach Länge des Filters ganz oder teilweise „weggefiltert", was den Namen begründet.

Der gleitende Durchschnitt ist ein spezieller linearer Filter, dessen Gewichte sich zu eins addieren. Beinhaltet der Stützbereich l z. B. $l = 3$ Werte, dann ergeben sich für den gleitenden Durchschnitt die Gewichte $a_1 = a_2 = a_3 = 1/3$. Die Verschiebung v liegt zwischen 0 und $l - 1$. Typisch sind:

$$v = (l - 1)/2 \quad \text{zentriert,}$$
$$v = 0 \qquad\qquad \text{vorlaufend,}$$
$$v = l - 1 \qquad\quad \text{nachlaufend.}$$

Je größer der Stützbereich l ist, desto stärker fällt die Glättung aus. Die periodischen Schwankungen lassen sich durch den gleitenden Durchschnitt weitgehend wegfiltern. Da der Mittelwert der Restkomponente über einen langen Stützbereich ungefähr dem Erwartungswert entspricht und damit null ergibt, bleibt nach der Glättung im Wesentlichen nur noch der Trend und die mittelfristige zyklische Schwankung übrig. In Abschn. 1.8.4, Abb. 1.73 ist hierzu ein Beispiel im Zusammenhang mit der Analyse des Verlaufs des Bruttoinlandsprodukts zu sehen. Nachdem der Trend herausgerechnet und die Zeitreihe mithilfe der Methode des Gleitenden Durchschnitts transformiert wurde, tritt in Abb. 1.73 die zyklische Schwankung deutlich hervor.

Beispiel
Es sei $\langle y_t \rangle = 6, 12, 16, 13, 6, 16, 19, 17, 21, 8, 15, 21$. Der lineare Filter wird durch die folgenden Daten beschrieben: $l = 4$ und $v = l - 1$, $a_1 = 0{,}1$, $a_2 = 0{,}4$, $a_3 = 0{,}3$, $a_4 = 0{,}2$. Der Zeitreihenwert g_4 der geglätteten Reihe wird folgendermaßen aus den Zeitreihenwerten $y_t (t = 1, 2, 3, 4)$ berechnet:

$$g_{t+v} = g_4 = \sum_{t=1}^{4} 0{,}1 \cdot 6 + 0{,}4 \cdot 12 + 0{,}3 \cdot 16 + 0{,}2 \cdot 13 = 12{,}8.$$

1.8.3 Trendanalyse

Die Trendkomponente einer Zeitreihe lässt sich durch eine Regressionsrechnung ermitteln (siehe Bd. I, Abschn. 3.8). Ist der wahre Zusammenhang zwischen der Zeit t und der Trendgröße y linear, dann lautet die Trendfunktion: $\hat{y} = a + bt$. Bei nichtlinearen Beziehungen zwischen t und y folgt der Trend z. B. einer Exponential- oder einer Potenzfunktion: $\hat{y} = a \cdot b^t$ bzw. $\hat{y} = a \cdot t^b$. Wir nehmen Linearität an. Die Koeffizienten a und b der linearen Trendfunktion $\hat{y} = a + bt$ werden folgendermaßen berechnet:

$$b = \frac{n \cdot \sum x_i y_i - \sum x_i \sum y_i}{n \cdot \sum x_i^2 - \sum x_i \cdot \sum x_i} = \frac{\frac{1}{n} \cdot \sum x_i y_i - \frac{1}{n} \sum x_i \frac{1}{n} \sum y_i}{\frac{1}{n} \cdot \sum x_i^2 - \left(\frac{1}{n} \sum x_i\right)^2}$$

$$a = \frac{1}{n} \sum y_i - b \cdot \frac{1}{n} \sum x_i = \overline{y} - b\overline{x}, \quad \text{mit} \quad x_i = t_i - t_1 + 1.$$

a, b   Koeffizienten

n   Anzahl der Perioden

t_1 Anfangsperiode

t_i Periode i

y_i zu erklärende Größe in Periode t_i

$\hat{y}_i$ geschätzter Wert der zu erklärenden Größe in Periode t_i

1.8.4   Analyse der BIP-Entwicklung 1951–1989 (Beispiel)

Das Bruttoinlandsprodukt gilt als Maßzahl für die volkswirtschaftliche Gesamtnachfrage. Zur nachfolgenden Darstellung der Zeitreihenanalyse verwenden wir das Bruttoinlandsprodukt der BR Deutschland der Jahre 1950 bis 1990. Aus der Zeitreihe des Bruttoinlandsprodukts, im Folgenden auch als BIP bezeichnet, lassen sich verschiedene Komponenten herausfiltern:

a) Wachstum (Trendkomponente Tr)

b) Konjunktur (zyklische Komponente Cy)

c) Saison (periodische Komponente S)

d) Restkomponente U

Die Komponenten addieren sich zum BIP auf: $BIP = BIP_{TR} + BIP_{Cy} + BIP_S + BIP_U$.

1.8.4.1   Datenaufbereitung (Beispiel)

Statistische Sekundärdaten, insbesondere aus sogenannten langen Reihen, müssen in der Regel aufbereitet werden. Der Grund liegt darin, dass sich im Lauf der Jahrzehnte der gemessene Gegenstand und die Messmethode ändern. Wir zeigen beide Problematiken nachfolgend an einem Beispiel und demonstrieren eine einfache Methode der Datenaufbereitung.

In der Tabelle in Abb. 1.74 in Abschn. 1.8.4.4 sind in Spalte 1 die Jahre und in Spalte 2 das nominale Bruttoinlandprodukt der BR Deutschland dargestellt, wie vom Statistischen Bundesamt ausgewiesen.[12] Ab 1960 kommen das Saarland und Berlin (West) zur Statistik hinzu. Es entsteht hierdurch ein Bruch in der langen Reihe, weil sich der gemessene Gegenstand verändert. Dieser Bruch muss für die weitere Auswertung repariert werden. Für das Jahr 1960 sind zwei BIP-Werte verzeichnet: einmal ohne Berücksichtigung und einmal mit Berücksichtigung der Erweiterung des Erhebungsgebiets. Um die Zahlen von 1950 bis 1960 an den neuen Standard anzupassen, kann man die Relation der beiden Werte

---

[12] Statistisches Bundesamt [Hrsg.], Volkswirtschaftliche Gesamtrechnung, Bruttoinlandsprodukt, Bruttonationaleinkommen, Volkseinkommen, Lange Reihen ab 1925, https://www.destatis.de/DE/ZahlenFakten/GesamtwirtschaftUmwelt/VGR/Inlandsprodukt/Tabellen/Volkseinkommen1925_xls.html.

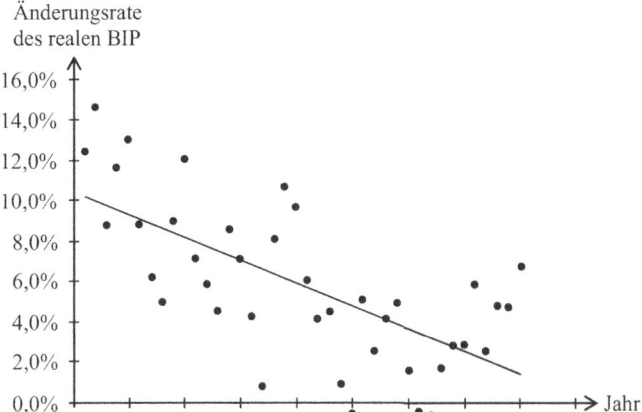

Abb. 1.72 Trendgerade

für 1960 auf alle BIP-Werte von 1950 bis 1960 übertragen. Das ist eine grobe aber einfache Methode zur Datenaufbereitung. Diese Anpassung findet sich in der Spalte 3/links in Abb. 1.74.

Im Jahr 1970 wurde die statistische Berechnung reformiert, so dass es hier zu einem Bruch in der ursprünglichen Datenreihe wegen einer neuen Messmethode kommt. Wiederum werden für das Jahr 1970 zwei Werte ausgewiesen: einmal mit der alten und einmal mit der neuen Berechnungsmethode. Die Relation dieser beiden Zahlen kann dazu verwendet werden, um die Werte des BIP der Jahre 1950 bis 1969 an die neue Messmethode anzupassen. Diese Anpassung findet sich in Spalte 3/rechts.

1.8.4.2 Trendkomponente (Beispiel)
Auf der Grundlage der Zahlen in Spalte 2, Abb. 1.74, für die Jahre 1970 bis 1990 und in Spalte 3/rechts, Abb. 1.74, für die Jahre 1950 bis 1969 kann die jährliche Änderungsrate des nominalen historischen BIP bestimmt werden. Sie findet sich in Spalte 4 in Abb. 1.74 in Abschn. 1.8.4.4.

In der Spalte 7 in Abb. 1.74 wird die Veränderung des realen BIP unter Berücksichtigung zweier Preisindizes dargestellt: a) des Preisindex der Lebenshaltungskosten eines durchschnittlichen Arbeiter- und Angestelltenhaushalts mit vier Personen und mittlerem Einkommen, und b) des Preisindex der Einzelhandelspreise, beide Male auf Basis der Preise von 1995.[13]

---

[13] Statistisches Bundesamt [Hrsg.], Verbraucherpreisindex für Deutschland – Lange Reihen ab 1948, https://www.destatis.de/DE/Themen/Wirtschaft/Preise/Verbraucherpreisindex/_inhalt. html%23sprg238948.

Abb. 1.73 Zyklische Komponente

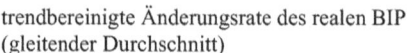

trendbereinigte Änderungsrate des realen BIP
(gleitender Durchschnitt)

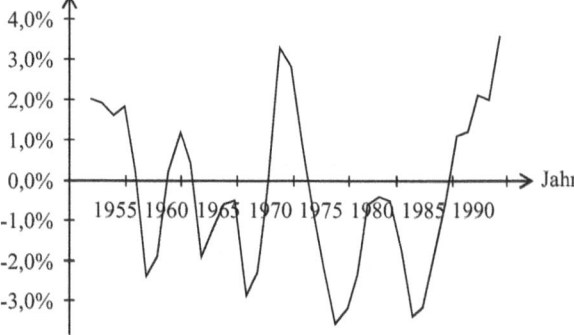

Die Regression der Veränderungsrate des realen BIP auf die Zeit liefert die folgende
Trendgleichung (siehe Abb. 1.72 und 1.74, Spalte 7b):

$$\hat{y}_i = \underbrace{0{,}1040}_{a_x} - 0{,}0022 \cdot x_i = 0{,}1040 - 0{,}0022(t_i - 1951 + 1) = \underbrace{4{,}3940}_{a} - 0{,}0022 \cdot t_i.$$

Das Bestimmtheitsmaß beträgt $R^2 = 0{,}4552$. Damit kann die Zeit ca. 45 % der Streu-
ung der jährlichen Änderungsrate des realen historischen BIP erklären. Wegen $p/2 = 1{,}80/2 \cdot 10^{-6} \ll 1\,\%$ kann unter Berücksichtigung der negativen Steigung von $\beta < 0$ ausgegangen werden (siehe Abschn. 1.6.5.5). Die Daten sprechen somit signifikant für einen
systematischen Rückgang der Wachstumsrate über die Zeit.

1.8.4.3 Zyklische Komponente (Beispiel)

Wenn wir von den Änderungsraten des realen BIP die mithilfe der Trendfunktion berechneten Änderungsraten abziehen, dann entfernen wir aus der Zeitreihe die Wachstumskom-
ponente (siehe Spalte 8 in Abb. 1.74). Übrig bleiben die zyklische, die periodische und die
Restkomponente.

Die Tabelle in Abb. 1.74 zeigt in Spalte 9 den gleitenden Durchschnitt mit $l = 3$ und
$v = (l - 1)/2$ der trendbereinigten Änderungsrate des realen BIP. Es tritt der zyklische
historische Verlauf deutlich hervor (siehe Abb. 1.73).

1.8.4.4 Berechnungstabelle (Beispiel)

1 Jahr	2 BIP Mrd. €	3 Anpassungen		4 Änderungsrate BIP	5 Preisindex a) 4 Personen, Arbeiter u. Angestellte, mittleres Einkommen, Basis 1995	6 Preisindex b) Einzelhandelspreise Basis 1995	7 Änderungsrate BIP real		8 trendbereinigten Änderungsrate des realen BIP (b)	9 gleitender Durchschnitt der trendbereinigten Änderungsrate des realen BIP (b)
		mit Saarland und Berlin (West)	Reform VWG ab 1971				mit a)	mit b)		
1950	49,69	52,66	55,00		26,4	35,9				
1951	61,00	64,65	67,51	22,8%	28,4	39,2	14,1%	12,4%	2,2%	
1952	69,75	73,92	77,20	14,3%	29,0	39,1	12,0%	14,6%	4,5%	2,0%
1953	74,92	79,40	82,92	7,4%	28,5	38,6	9,3%	8,8%	−0,9%	2,0%
1954	80,41	85,22	89,00	7,3%	28,6	37,1	7,0%	11,7%	2,2%	1,7%
1955	91,89	97,38	101,70	14,3%	29,0	37,5	12,7%	13,1%	3,8%	1,9%
1956	101,58	107,65	112,43	10,5%	29,8	38,1	7,6%	8,8%	−0,3%	0,3%
1957	110,72	117,34	122,54	9,0%	30,4	39,1	6,8%	6,2%	−2,7%	−2,2%
1958	118,95	126,06	131,65	7,4%	31,1	40,0	5,0%	5,0%	−3,6%	−1,9%
1959	130,31	138,10	144,23	9,6%	31,3	40,2	8,9%	9,0%	0,6%	0,1%
1960	**146,04**	154,77	161,64	12,1%	31,8	40,4	10,3%	11,5%	3,3%	1,0%
1960	**154,77**									
1961	169,60		177,13	9,6%	32,6	41,3	6,9%	7,2%	−0,8%	0,2%
1962	184,46		192,64	8,8%	33,5	42,4	5,8%	5,9%	−1,9%	−1,9%
1963	195,50		204,17	6,0%	34,5	43,0	2,9%	4,5%	−3,0%	−1,2%
1964	214,83		224,36	9,9%	35,3	43,5	7,4%	8,6%	1,3%	−0,6%
1965	234,77		245,19	9,3%	36,5	44,4	5,7%	7,1%	−0,0%	−0,5%
1966	249,63		260,71	6,3%	37,8	45,3	2,7%	4,2%	−2,7%	−2,9%
1967	252,76		263,97	1,3%	38,4	45,5	−0,3%	0,8%	−5,9%	−2,3%
1968	272,66		284,76	7,9%	38,8	45,4	6,8%	8,1%	1,7%	0,1%
1969	305,22		318,76	11,9%	39,6	45,9	9,7%	10,7%	4,5%	3,3%
1970	**345,28**		360,60	13,1%	40,9	47,3	9,5%	9,8%	3,8%	2,9%
1970	**360,60**									
1971	400,24			11,0%	43,0	49,5	5,6%	6,1%	0,3%	0,9%
1972	436,37			9,0%	45,3	51,8	3,5%	4,2%	−1,4%	−0,6%
1973	486,02			11,4%	48,4	55,2	4,2%	4,5%	−0,8%	−2,1%
1974	526,02			8,2%	51,7	59,2	1,3%	0,9%	−4,2%	−3,5%
1975	551,01			4,8%	54,8	62,4	−1,2%	−0,6%	−5,5%	−3,1%
1976	597,40			8,4%	57,2	64,4	3,9%	5,1%	0,4%	−2,3%
1977	636,54			6,6%	59,2	66,9	3,0%	2,6%	−1,9%	−0,5%
1978	678,94			6,7%	60,7	68,5	4,0%	4,2%	−0,0%	−0,3%
1979	737,37			8,6%	63,0	70,9	4,6%	4,9%	0,9%	−0,4%
1980	788,52			6,9%	66,3	74,6	1,6%	1,6%	−2,2%	−1,8%
1981	825,79			4,7%	70,5	78,5	−1,5%	−0,5%	−4,1%	−3,4%
1982	860,21			4,2%	74,3	82,3	−1,2%	−0,6%	−4,0%	−3,2%
1983	898,27			4,4%	76,7	84,5	1,2%	1,7%	−1,4%	−1,8%
1984	942,00			4,9%	78,5	86,2	2,5%	2,8%	−0,1%	−0,5%
1985	984,41			4,5%	80,1	87,6	2,4%	2,8%	0,1%	1,1%
1986	1 037,13			5,4%	79,9	87,2	5,6%	5,8%	3,3%	1,2%
1987	1 065,13			2,7%	80,0	87,3	2,6%	2,6%	0,3%	2,2%
1988	1 123,29			5,5%	80,9	87,8	4,3%	4,9%	2,9%	2,0%
1989	1 200,66			6,9%	83,2	89,6	3,9%	4,7%	2,9%	3,6%
1990	1 306,68			8,8%	85,5	91,4	5,9%	6,7%	5,1%	

* mit Saarland und Berlin (West) ** Reform der Volkswirtschaftlichen Gesamtrechnung (VGR)

Abb. 1.74 Berechnungstabelle

1.8.5 Stochastische Prozesse

Die Zeitreihe $y_1, y_2, \ldots, y_t, \ldots, y_T$ kann als Realisation einer Folge von Zufallsvariablen Y_t mit $t = 1, \ldots, T$ eines sogenannten stochastischen Prozesses $\langle Y_t \rangle$ mit der Länge T interpretiert werden. $F_1(y_1), F_2(y_2), \ldots, F_T(y_T)$ beschreiben hierbei jeweils die Verteilungen der Zufallsvariablen $Y_t, t = 1, \ldots, T$. Es ist Wesensbestandteil eines stochastischen Prozesses, dass zwischen den Zufallsvariablen Abhängigkeiten bestehen. Die Zufallsvariablen $Y_1, Y_2, \ldots, Y_T$ sind also in der Regel nicht stochastisch unabhängig voneinander. Die Messwerte entstammen zwar einer Stichprobe. Es handelt es sich hierbei aber nicht um eine einfache Stichprobe (siehe Abschn. 1.6.2.2).

Um die Entwicklung der Zeitreihe über T hinaus prognostizieren zu können ist es nützlich, den zugrundeliegenden stochastischen Prozess zu identifizieren. Dabei können in der Praxis grundsätzliche Probleme auftreten: Man hat in der Regel für einen bestimmten Zeitraum nur eine Zeitreihe $y_1, y_2, \ldots, y_t, \ldots, y_T$ vorliegen, also nur eine Realisation des stochastischen Prozesses. Um die Verteilungen $F_1(y_1), F_2(y_2), \ldots, F_T(y_T)$ zu schätzen, stehen für jede Verteilung F jeweils nur eine Ausprägung y_1 bzw. y_2 bzw. y_3 etc. zur Verfügung, was für die Schätzung natürlich nicht ausreichend ist. Wenn man aber begründet annehmen kann, dass die Verteilungen $F_1(y_1), F_2(y_2), \ldots, F_T(y_T)$ gleiche Strukturmerkmale besitzen, dann hat man mit $y_1, y_2, \ldots, y_t, \ldots, y_T$ möglicherweise genügend Daten zur Verfügung, um diese Strukturmerkmale abzuschätzen.

Im einfachen Fall vollständig gleicher Strukturmerkmale sind alle Y_t identisch verteilt. Wir nennen einen solchen stochastischen Prozess dann „streng stationär". Unter dieser Annahme kann eine Zeitreihe mit 30 Beobachtungswerten $y_1, y_2, \ldots, y_{30}$ bereits ausreichen, um den zugrunde liegenden stochastischen Prozess hinreichend genau anzugeben. Bei einem etwas geringeren Anforderungsniveau geht man davon aus, dass die Erwartungswerte $E(Y_t), t = 1, \ldots T$, die Varianzen $Var(Y_t), t = 1, \ldots, T$, und die Kovarianzen zwischen den Zufallsvariablen mit Abstand j: $Cov\left(Y_t, Y_{t-j}\right)$ für $j > 0$, jeweils gleich sind. Wir nennen einen solchen Prozess dann „schwach stationär" (siehe Abb. 1.75).

		schwach statio- närer Prozess	Weißes Rau- schen
Mittelwert- funktion	$\mu(t) = E(Y_t)$	$\mu(t) = \mu$	$E(\varepsilon_t) = 0$
Varianz- funktion	$\sigma^2(t) = Var(Y_t)$	$\sigma^2(t) = \sigma^2$	$Var(\varepsilon_t) = \sigma_\varepsilon^2$
Autokovarianz- funktion	$\gamma_j(t) = Cov\left(Y_t, Y_{t-j}\right)$	$\gamma_j(t) = \gamma_j$	$Cov(\varepsilon_t, \varepsilon_{t-j}) = 0$ für $j > 0$
Autokorrelati- onsfunktion	$\rho_j = \dfrac{\gamma_j(t)}{\sigma(t) \cdot \sigma(t-j)}$	$\rho_j = \dfrac{\gamma_j}{\sigma^2}$	$\rho_j = 0$

Abb. 1.75 Kenndaten schwach stationärer stochastischer Prozesse

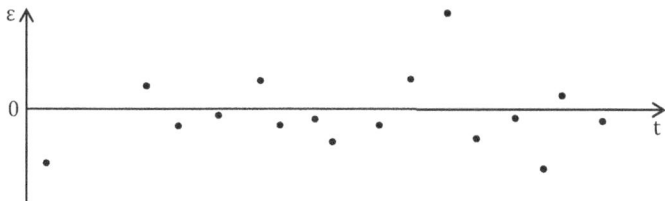

Abb. 1.76 Weißes Rauschen

1.8.5.1 Weißes Rauschen

Das sogenannte Weiße Rauschen $\langle \mathcal{E}_t \rangle = \mathcal{E}_1, \mathcal{E}_2, \mathcal{E}_3, \ldots, \mathcal{E}_t, \ldots$ ist ein besonderer stochastischer Prozess (siehe Abb. 1.76). Der Erwartungswert von $\mathcal{E}_t$ beträgt für alle t null. Die Varianz von $\mathcal{E}_t$ ist für alle t konstant. Die Kovarianz $\text{Cov}\left(\mathcal{E}_t, \mathcal{E}_{t-j}\right)$ zwischen $\mathcal{E}_t$ und allen $\mathcal{E}_{t-j}$ mit $j > 0$ ist ebenfalls null. Das Weiße Rauschen ist somit ein schwach stationärer Prozess. Häufig wird angenommen, dass $\mathcal{E}_t$ für alle t normalverteilt ist (Normalprozess). Unter dieser Annahme ist das Weiße Rauschen auch streng stationär.

Wir können mit einem idealen Würfel ein Weißes Rauschen erzeugen. Hierzu legen wir die folgende Zuweisung fest:

Ergebnis des Wurfs	1	2	3	4	5	6
Zuweisung	$-3\,\%$	$-2\,\%$	$-1\,\%$	$1\,\%$	$2\,\%$	$3\,\%$
Wahrscheinlichkeit	1/6	1/6	1/6	1/6	1/6	1/6

Beispiel

Wir werfen einen idealen Würfel acht Mal und erhalten die in Abb. 1.77 dargestellten Ergebnisse.

Der erzeugte stochastische Prozess besitzt einen Erwartungswert von null. Die Varianz $\text{Var}(\mathcal{E}_t)$ der möglichen Ergebnisse $-3\,\%$, $-2\,\%$, $-1\,\%$, $1\,\%$, $2\,\%$, $3\,\%$ des stochastischen Prozesses $\langle \mathcal{E}_t \rangle$ beträgt $4{,}66\,\%^2$. Die Kovarianzen zwischen den Ergebnissen sind null, da sie stochastisch unabhängig sind. Somit erfüllt dieser stochastische Würfelprozess die Bedingungen eines Weißen Rauschens.

1.8.5.2 AR-1-Prozess

Für Prognosezwecke sind sogenannte autoregressive Prozesse (AR) wichtig. Der AR-1-Prozess wird durch die folgende Prozessgleichung dargestellt: $Y_t = a + bY_{t-1} + \mathcal{E}_t$. Hier

Wurf (Zeitpunkt)	1	2	3	4	5	6	7	8
Ergebnis des Wurfs	3	1	1	6	2	5	5	6
stochastischer Prozess $\langle \mathcal{E}_t \rangle$	$-1\,\%$	$-3\,\%$	$-3\,\%$	$3\,\%$	$-2\,\%$	$2\,\%$	$2\,\%$	$3\,\%$

Abb. 1.77 Würfelprozess und Weißes Rauschen

sind a und b feste Parameter und $\langle \mathcal{E}_t \rangle$ ist ein Weißes Rauschen. Der Wert Y_t hängt vom Wert Y_{t-1} ab und dieser wiederum über die Beziehung $Y_{t-1} = a + bY_{t-2} + \mathcal{E}_{t-1}$ vom Wert Y_{t-2} und so weiter. Man sieht, dass in einem autoregressiven Prozess Y_t von allen Vorgängerwerten stochastisch abhängig ist.

Angenommen, der AR-Prozess sei (mindestens schwach) stationär, dann haben alle Y_t den gleichen Erwartungswert (siehe Abb. 1.75). Für den AR-1-Prozess mit der Prozess-gleichung $Y_t = a + bY_{t-1} + \mathcal{E}_t$ gilt dann: $E(Y_t) = E(a + bY_{t-1} + \mathcal{E}_t) = a + b\mu + 0 = \mu$. Es folgt: $\mu = \frac{a}{1-b}$. Hier muss $b \neq 1$ sein. Ein AR-1-Prozess ist demnach weder stark noch schwach stationär, wenn für den Wert des Parameters b gilt: $b = 1$. Auch für $|b| > 1$ ist der Prozess weder stark noch schwach stationär, da im Fall $|b| > 1$ die Varianz mit der Zeit unbegrenzt anwächst:

$$\mathrm{Var}(Y_t) = \mathrm{Var}(a + bY_{t-1} + \mathcal{E}_t) = b^2 \cdot \mathrm{Var}(Y_{t-1}) + \sigma_\varepsilon^2 > b^2 \cdot \mathrm{Var}(Y_{t-1}) > \mathrm{Var}(Y_{t-1}).$$

Für einen mindestens schwach stationären AR-1-Prozess muss demnach $|b| < 1$ gelten.

Beispiel

Wir gehen von der konkreten Realisierung des Weißen Rauschens gemäß Abb. 1.77 aus (Würfelprozess). Der Anfangswert des AR-1-Prozesses soll $y_0 = 1\,\%$ betragen und die Parameter a und b sollen $a = 1{,}2\,\%$ und $b = 0{,}6$ lauten. Der autoregressive Prozess $\langle Y_t \rangle$ entwickelt sich folgendermaßen:

$$y_1 = 1{,}2\,\% + 0{,}6 \cdot 1\,\% + (-1\,\%) = 0{,}8\,\%$$

$$y_2 = 1{,}2\,\% + 0{,}6 \cdot 0{,}8\,\% + (-3\,\%) = -1{,}32\,\%$$

$$y_3 = 1{,}2\,\% + 0{,}6 \cdot (-1{,}32\,\%) + (-3\,\%) = -2{,}592\,\%$$

$$y_4 = 1{,}2\,\% + 0{,}6 \cdot (-2{,}592\,\%) + 3\,\% = 2{,}6448\,\%$$

$$y_5 = 1{,}2\,\% + 0{,}6 \cdot 2{,}6448\,\% + (-2\,\%) = 0{,}7869\,\%$$

$$y_6 = 1{,}2\,\% + 0{,}6 \cdot 0{,}7869\,\% + 2\,\% = 3{,}6721\,\%$$

$$y_7 = 1{,}2\,\% + 0{,}6 \cdot 3{,}6721\,\% + 2\,\% = 5{,}4033\,\%$$

$$y_8 = 1{,}2\,\% + 0{,}6 \cdot 5{,}4033\,\% + 3\,\% = 7{,}4420\,\%.$$

Der Erwartungswert $E(Y_t)$ des AR-1-Prozesses beträgt: $\mu = \frac{1{,}2\,\%}{1-0{,}6} = 3\,\%$.

Beispiel

Wir gehen wieder von der konkreten Realisierung des stochastischen Rauschens gemäß Abb. 1.77 aus. Der Anfangswert des AR-1-Prozesses soll wieder $y_0 = 1\,\%$ betragen und die Parameter a und b sollen $a = 1{,}2\,\%$ und $b = 1$ lauten. Der Prozess entwickelt sich folgendermaßen:

$$y_1 = 1{,}2\,\% + 1 \cdot 1\,\% + (-1\,\%) = 1{,}2\,\%$$

$$y_2 = 1{,}2\,\% + 1 \cdot 1{,}2\,\% + (-3\,\%) = -0{,}6\,\%$$

$$y_3 = 1{,}2\,\% + 1 \cdot (-0{,}6\,\%) + (-3\,\%) = -2{,}4\,\%$$

$$y_4 = 1{,}2\,\% + 1 \cdot (-2{,}4\,\%) + 3\,\% = 1{,}8\,\%$$

$$y_5 = 1{,}2\,\% + 1 \cdot 1{,}8\,\% + (-2\,\%) = 1\,\%$$

$$y_6 = 1{,}2\,\% + 1 \cdot 1\,\% + 2\,\% = 4{,}2\,\%$$

$$y_7 = 1{,}2\,\% + 1 \cdot 4{,}2\,\% + 2\,\% = 7{,}4\,\%$$

$$y_8 = 1{,}2\,\% + 1 \cdot 7{,}4\,\% + 3\,\% = 11{,}6\,\%$$

Der autoregressive Prozess $\langle Y_t \rangle$ ist diesmal wegen $b = 1$ nicht stationär, die Variablen Y_t haben nicht alle den gleichen Erwartungswert.

1.8.5.3 MA-1-Prozess

Die Prozessgleichung des Moving-Average-Prozesses erster Ordnung (MA-1) lautet:

$$Y_t = \mathcal{E}_t + a_1 \mathcal{E}_{t-1} \quad \text{bzw.} \quad Y_t = a_0 + \mathcal{E}_t + a_1 \mathcal{E}_{t-1}.$$

Hier sind a_0 und a_1 feste Parameter und $\langle \mathcal{E}_t \rangle$ ist ein Weißes Rauschen.

Zur Verdeutlichung der Entwicklung des MA-1-Prozesses $\langle Y_t \rangle$ mit den Parametern $a_0 = 2\,\%$ und $a_1 = 0{,}50$ unterstellen wir wieder den stochastischen Würfelprozess mit der folgenden Realisation des Weißen Rauschens (siehe Abb. 1.77): $\varepsilon_1 = -1\,\%$, $\varepsilon_2 = -3\,\%$, $\varepsilon_3 = -3\,\%$, $\varepsilon_4 = 3\,\%$, $\varepsilon_5 = -2\,\%$, $\varepsilon_6 = 2\,\%$, $\varepsilon_7 = 2\,\%$, $\varepsilon_8 = 3\,\%$.

t	ε_t	y_t
1	$-1\,\%$	
2	$-3\,\%$	$y_2 = 2\,\% - 3\,\% + 0{,}5 \cdot (-1\,\%) = -1{,}5\,\%$
3	$-3\,\%$	$y_3 = 2\,\% - 3\,\% + 0{,}5 \cdot (-3\,\%) = -2{,}5\,\%$
4	$3\,\%$	$y_4 = 2\,\% + 3\,\% + 0{,}5 \cdot (-3\,\%) = 3{,}5\,\%$
5	$-2\,\%$	$y_5 = 2\,\% - 2\,\% + 0{,}5 \cdot 3\,\% = 1{,}5\,\%$
6	$2\,\%$	$y_6 = 2\,\% + 2\,\% + 0{,}5 \cdot (-2\,\%) = 3\,\%$
7	$2\,\%$	$y_7 = 2\,\% + 2\,\% + 0{,}5 \cdot 2\,\% = 5\,\%$
8	$3\,\%$	$y_8 = 2\,\% + 3\,\% + 0{,}5 \cdot 2\,\% = 6\,\%$

Wir prüfen nachfolgend, ob der MA-1-Prozess schwach stationär ist. Hierzu bestimmen wir die Mittelwertfunktion, die Varianzfunktion und die Autokovarianzfunktion des Prozesses.

Die Mittelwertfunktion lautet:

$$E(Y_t) = E(a_0 + \mathcal{E}_t + a_1 \mathcal{E}_{t-1}) = E(a_0) + E(\mathcal{E}_t) + a_1 E(\mathcal{E}_{t-1}) = a_0.$$

Damit ist die erste Eigenschaft schwach stationärer Prozesse erfüllt (siehe Abb. 1.75). In dem Beispiel beträgt der Erwartungswert $2\,\%$.

Die Varianzfunktion kann folgendermaßen berechnet werden:

$$\mathrm{Var}(Y_t) = E\left[(Y_t - E(Y_t))^2\right] = E\left[(a_0 + \varepsilon_t + a_1\varepsilon_{t-1} - E(a_0 + \varepsilon_t + a_1\varepsilon_{t-1}))^2\right]$$

$$= E\left[(a_0 + \varepsilon_t + a_1\varepsilon_{t-1} - a_0)^2\right] = E\left(\varepsilon_t^2 + 2a_1\varepsilon_t\varepsilon_{t-1} + a_1^2\varepsilon_{t-1}^2\right)$$

$$= \underbrace{E\left(\varepsilon_t^2\right)}_{\sigma_\varepsilon{}^2} + 2a_1\underbrace{E(\varepsilon_t\varepsilon_{t-1})}_{0} + a_1^2\underbrace{E\left(\varepsilon_{t-1}^2\right)}_{E\left(\varepsilon_t^2\right) = \sigma_\varepsilon{}^2} = \sigma_\varepsilon^2 + a_1^2\sigma_\varepsilon^2$$

$$= \left(1 + a_1^2\right)\sigma_\varepsilon^2.$$

Damit ist die zweite Eigenschaft schwach stationärer Prozesse erfüllt (siehe Abb. 1.75). Die Varianz $\mathrm{Var}(\varepsilon_t)$ der möglichen Ergebnisse des stochastischen Prozesses $\langle\varepsilon_t\rangle$ beträgt $4{,}66\,\%^2$ (siehe Abschn. 1.8.5.1). In dem Beispiel lautet die Varianz von Y_t damit: $\mathrm{Var}(Y_t) = (1 + 0{,}5^2)\cdot 4{,}66\,\%^2 = 5{,}8250\,\%^2$.

Schließlich ist noch die Autokovarianzfunktion zu bestimmen. Beim MA-1-Prozess hängt die Zufallsvariable Y_t sowohl von ε_t als auch von ε_{t-1} ab. Die Zufallsvariable Y_{t-1} wiederum ist von ε_{t-1} und von ε_{t-2} abhängig. Insofern beeinflusst ε_{t-1} sowohl Y_{t-1} als auch Y_t. Gehen wir noch einen weiteren Zeitpunkt zurück: Die Zufallsvariable Y_{t-2} ist von ε_{t-2} und von ε_{t-3} abhängig. Weder ε_{t-2} noch ε_{t-3} haben aber einen Einfluss auf die Realisierung von Y_t. Wir folgern, dass beim MA-1-Prozess zwischen Y_t, $t = 2, 3, \ldots, T$, und den jeweils unmittelbaren Vorgängern eine stochastische Abhängigkeit besteht. Zu den nicht unmittelbaren Vorgängern besteht jedoch Unkorreliertheit. Mit $Y_t = a_0 + \varepsilon_t + a_1\varepsilon_{t-1}$ und $Y_{t-1} = a_0 + \varepsilon_{t-1} + a_1\varepsilon_{t-2}$ folgt aus der Definition der Autokovarianzfunktion:

$$\mathrm{Cov}(Y_t, Y_{t-1}) = E\left((Y_t - E(Y_t))(Y_{t-1} - E(Y_{t-1}))\right)$$

$$= E\left[\left(a_0 + \varepsilon_t + a_1\varepsilon_{t-1} - a_0 - \overbrace{E(\varepsilon_t)}^{=0} - a_1\overbrace{E(\varepsilon_{t-1})}^{=0}\right)\right.$$

$$\left.\cdot(a_0 + \varepsilon_{t-1} + a_1\varepsilon_{t-2} - a_0)\right]$$

$$= E\left[(\varepsilon_t + a_1\varepsilon_{t-1})\cdot(\varepsilon_{t-1} + a_1\varepsilon_{t-2})\right]$$

$$= E\left[\varepsilon_t\varepsilon_{t-1} + a_1\varepsilon_t\varepsilon_{t-2} + a_1\varepsilon_{t-1}^2 + a_1^2\varepsilon_{t-1}\varepsilon_{t-2}\right]$$

$$= \underbrace{E(\varepsilon_t\varepsilon_{t-1})}_{\mathrm{Cov}(\varepsilon_t, \varepsilon_{t-1})} + a_1\underbrace{E(\varepsilon_t\varepsilon_{t-2})}_{\mathrm{Cov}(\varepsilon_t, \varepsilon_{t-2})} + a_1\underbrace{E\left(\varepsilon_{t-1}^2\right)}_{\sigma_\varepsilon{}^2} + a_1^2\underbrace{E(\varepsilon_{t-1}\varepsilon_{t-2})}_{\mathrm{Cov}(\varepsilon_{t-1}, \varepsilon_{t-2})} = a_1\sigma_\varepsilon^2$$

$$\mathrm{Cov}(Y_t, Y_{t-j}) = 0, \text{ für alle } j > 1.$$

Die Autokovarianzen betragen im Beispiel demnach $\mathrm{Cov}(Y_t, Y_{t-j}) = 0{,}5\cdot 4{,}66\,\%^2 = 2{,}33\,\%^2$ für $j = 1$ bzw. null für $j > 1$. Da auch die dritte Bedingung durch den MA-

1-Prozess erfüllt wird (siehe Abb. 1.75) kommen wir zu dem Schluss, dass der MA-1-Prozess schwach stationär ist.

Beispiel

Die Parameter des MA-1-Prozesses betragen: $a_0 = 2$ und $a_1 = 0{,}5$. Die Prozessgleichung lautet also: $Y_t = 2 + \mathcal{E}_t + 0{,}5\mathcal{E}_{t-1}$. Die Dichte- und die Verteilungsfunktion von $\langle \mathcal{E}_t \rangle$ werden folgendermaßen angegeben:

$$f(\varepsilon) = \begin{cases} \frac{1}{2}, & -1 \le \varepsilon \le 1 \\ 0, & \text{sonst} \end{cases}$$

$$F(\varepsilon) = P(\mathcal{E} \le \varepsilon) = \int_{-1}^{\varepsilon} \frac{1}{2}dx = \left[\frac{1}{2}x\right]_{-1}^{\varepsilon} = \frac{1}{2}\varepsilon + \frac{1}{2} = \frac{1}{2}(1 + \varepsilon) \quad \text{für} \quad -1 \le \varepsilon \le 1.$$

Wir können jetzt die Mittelwertfunktion, die Varianzfunktion und die Autokovarianzfunktion des stochastischen Prozesses bestimmen. Zunächst sind der Erwartungswert $E(\mathcal{E})$ und die Varianz $Var(\mathcal{E})$ zu berechnen:

$$E(\mathcal{E}) = \int_{-1}^{1} \varepsilon \cdot \frac{1}{2}d\varepsilon = \left[\frac{1}{2} \cdot \frac{1}{2}\varepsilon^2\right]_{-1}^{1} = \frac{1}{4} \cdot 1 - \frac{1}{4} \cdot 1 = 0$$

$$Var(\mathcal{E}) = \int_{-1}^{1} (\varepsilon - 0)^2 \cdot \frac{1}{2}d\varepsilon = \frac{1}{2}\int_{-1}^{1} \varepsilon^2 d\varepsilon = \frac{1}{2}\left[\frac{1}{3}\varepsilon^3\right]_{-1}^{1} = \frac{1}{2} \cdot \frac{1}{3} + \frac{1}{2} \cdot \frac{1}{3} = \frac{1}{3}.$$

Die Mittelwertfunktion des MA-1-Prozesses $\langle Y_t \rangle$ lautet:

$$E(Y_t) = E[(2 + \mathcal{E}_t + 0{,}5\mathcal{E}_{t-1})]^2 = E(2) + E(\mathcal{E}_t) + 0{,}5E(\mathcal{E}_{t-1}) = 2.$$

Die Varianzfunktion und die Autokovarianzfunktion ergeben sich analog zu der oben dargestellten allgemeinen Herleitung:

$$Var(Y_t) = E[(Y_t - E(Y_t))^2] = E\left[\left(2 + \mathcal{E}_t + 0{,}5\mathcal{E}_{t-1} - E(2 + \mathcal{E}_t + 0{,}5\mathcal{E}_{t-1}))^2\right]\right]$$

$$= E\left[(\mathcal{E}_t + 0{,}5\mathcal{E}_{t-1})^2\right] = \sigma_{\mathcal{E}}^2 + 0{,}5^2\sigma_{\mathcal{E}}^2 = \frac{5}{4}\sigma_{\mathcal{E}}^2 = \frac{5}{12}$$

$$Cov(Y_t, Y_{t-1}) = E\left((Y_t - E(Y_t))(Y_{t-1} - E(Y_{t-1}))\right)$$

$$= E\left[(2 + \mathcal{E}_t + 0{,}5\mathcal{E}_{t-1} - 2) \cdot (2 + \mathcal{E}_{t-1} + 0{,}5\mathcal{E}_{t-2} - 2)\right]$$

$$= 0{,}5\sigma_{\mathcal{E}}^2 = 0{,}5 \cdot \frac{1}{3} = \frac{1}{6}.$$

$$Cov(Y_t, Y_{t-j}) = 0 \quad \text{für} \quad j > 1.$$

1.8.6 Analyse der BIP-Entwicklung (Fortsetzung des Beispiels)

1.8.6.1 AR-1-Prozess

In der Tabelle in Abb. 1.74, Abschn. 1.8.4.4, werden in Spalte 7b die Änderungsraten des realen Bruttoinlandsprodukts $Y_t^{(7)}$ für die Jahre 1951 bis 1990 der BR Deutschland dargestellt. Nachfolgend wird durch die Hochzahl (7) diese Spalte 7b gekennzeichnet. Die Daten $Y_{t-1}^{(7)}$ entsprechen denen in Spalte $Y_t^{(7)}$, allerdings um eine Periode versetzt (siehe Abb. 1.78). Wir wollen den autoregressiven Prozess herausarbeiten, der am besten die Zeitreihe $Y_t^{(7)}$ beschreibt. Die Parameter a und b des autoregressiven Prozesses $Y_t^{(7)} = a + bY_{t-1}^{(7)} + \varepsilon_t$ können mithilfe der Methode zur Minimierung der Summe der quadrierten Abweichungen SQA geschätzt werden. Die SQA-Methode wird im Einzelnen im Bd. I, Abschn. 3.8.1 dargestellt. Es liegen 39 Datenpaare $(Y_t^{(7)}, Y_{t-1}^{(7)})$ vor. Wir minimieren die folgende Funktion:

$$SQA(a, b) = \sum_{t=1952}^{1990} \left(y_t^{(7)} - \hat{y}_t^{(7)}\right)^2 = \sum_{t=1952}^{1990} \left(y_t^{(7)} - a - by_{t-1}^{(7)}\right)^2 \to Min.$$

Aus der Bestimmungsgleichung für b kann der Steigungswert errechnet werden:

$$b = \frac{n \cdot \sum y_{t-1}^{(7)} y_t^{(7)} - \sum y_{t-1}^{(7)} \sum y_t^{(7)}}{n \cdot \sum (y_{t-1}^{(7)})^2 - \sum y_{t-1}^{(7)} \cdot \sum y_{t-1}^{(7)}} = \frac{39 \cdot 1664,88 - 225,70 \cdot 220,00}{39 \cdot 1891,61 - 225,70 \cdot 225,70} = 0,6691.$$

Mit bekanntem b kann man den Ordinatenwert a ermitteln:

$$a = \frac{1}{n} \sum y_t^{(7)} - b \cdot \frac{1}{n} \sum y_{t-1}^{(7)} = \frac{1}{39} 2,2 - 0,6691 \cdot \frac{1}{39} 2,2570 = 0,0177.$$

Abb. 1.78 Datentabelle

t	$y_t^{(7)}$	$y_{t-1}^{(7)}$	$y_t^{(7)} y_{t-1}^{(7)}$	$y_{t-1}^{(7)\,2}$
[1951]	[12,4%]			
1952	14,6%	12,4%	1,82%	1,54%
1953	8,8%	14,6%	1,29%	2,14%
1954	11,7%	8,8%	1,03%	0,78%
⋮				
1987	2,6%	5,8%	0,15%	0,34%
1988	4,9%	2,6%	0,13%	0,07%
1989	4,7%	4,9%	0,23%	0,24%
1990	6,7%	4,7%	0,32%	0,22%
Summe	220,00%	225,70%	1664,88(%)²	1891,61(%)²

Damit lautet die Gleichung des AR-1-Prozesses, der der Entwicklung der Wachstumsrate des realen BIP zugrunde gelegt wird:

$$Y_t^{(7)} = 0{,}0177 + 0{,}6691 Y_{t-1}^{(7)} + \varepsilon_t.$$

1.8.6.2 MA-1-Prozess

Wir nehmen an, dass dem Verlauf der trendbereinigten Änderungsrate des realen BIP der BR Deutschland ein MA-1-Prozess zugrunde liegt. Es ist unser Ziel, diesen MA-1-Prozess zu schätzen. Wir beziehen uns auf die Spalte 8 in Abb. 1.74 in Abschn. 1.8.4.4 (trendbereinigte Änderungsrate des realen BIP). Nachfolgend wird durch die Hochzahl (8) diese Spalte gekennzeichnet. Die allgemeine Gleichung des MA-1-Prozesses lautet: $Y_t^{(8)} = a_0 + \varepsilon_t + a_1 \varepsilon_{t-1}$. Es sind die Parameter a_0 und a_1 aus dem empirischen Datenmaterial zu bestimmen (siehe Abb. 1.79).

Den Schätzwert des Parameters a_0 können wir auf einfache Weise ermitteln. Da $E(\varepsilon_t) = 0$ gilt: $E(Y_t^{(8)}) = a_0$. Als Schätzwert für $E(Y_t^{(8)})$ verwenden wir den Mittelwert der trendbereinigten Änderungsrate des realen BIP (siehe Spalte 8 in Abb. 1.74 in Abschn. 1.8.4.4):

$$a_0 = \overline{y}^{(8)} = -0{,}001385.$$

Problematischer ist die Ermittlung des Schätzwerts für den Parameter a_1. Die Varianzfunktion und die Autokovarianzfunktion des MA-1-Prozesses lauten:

$$\operatorname{Var}\left(Y_t^{(8)}\right) = \left(1 + a_1^2\right)\sigma_\varepsilon^2 \quad \text{und} \quad \operatorname{Cov}\left(Y_t^{(8)}, Y_{t-1}^{(8)}\right) = a_1 \sigma_\varepsilon^2.$$

Hieraus können wir die Autokorrelationsfunktion bilden:

$$\operatorname{Korr}\left(Y_t^{(8)}, Y_{t-1}^{(8)}\right) = \frac{\operatorname{Cov}\left(Y_t^{(8)}, Y_{t-1}^{(8)}\right)}{\operatorname{Var}\left(Y_t^{(8)}\right)} = \frac{a_1}{\left(1 + a_1^2\right)}.$$

Abb. 1.79 Datentabelle zur Abschätzung des MA-1-Prozesses

t	$y_t^{(8)}$	$y_{t-1}^{(8)}$
1951	[2,2%]	
1952	4,5%	2,2%
1953	−0,9%	4,6%
1954	2,2%	−0,9%
⋮		
1988	2,9%	0,3%
1989	2,9%	2,9%
1990	5,1%	2,9%

Die Autokorrelationsfunktion bietet eine einfache Möglichkeit zur Berechnung eines Schätzwerts für den Parameter a_1: Die empirische Kovarianz der Wertepaare $\left(Y_t^{(8)}, Y_{t-1}^{(8)}\right)$ teilen wir durch die empirische Varianz von Y_t und setzen den Quotienten gleich $\frac{a_1}{(1+a_1^2)}$. Mithilfe der Formel zur Lösung quadratischer Gleichungen ermitteln wir a_1.

Die empirische Varianz der „trendbereinigten Änderungsrate des realen BIP" der Jahre 1952 bis 1990 lautet: $\mathrm{Var}\left(Y_t^{(8)}\right) = 0{,}0008085$. Die empirische Kovarianz der $Y_t^{(8)}$-Werte mit den um eine Periode versetzten Y_{t-1}-Werten können wir folgendermaßen berechnen (siehe Abb. 1.79):

$$\mathrm{Cov}\left(Y_t^{(8)}, Y_{t-1}^{(8)}\right) = \frac{1}{39} \sum \left(y_t^{(8)} - a_0\right)\left(y_{t-1}^{(8)} - a_0\right) = 0{,}0003376.$$

Damit erhalten wir den empirischen Korrelationskoeffizienten:

$$\mathrm{Korr}\left(Y_t^{(8)}, Y_{t-1}^{(8)}\right) = \frac{\mathrm{Cov}\left(Y_t^{(8)}, Y_{t-1}^{(8)}\right)}{\mathrm{Var}\left(Y_t^{(8)}\right)} = \frac{0{,}0003376}{0{,}0008085} = 0{,}4176.$$

Wir können jetzt den Schätzwert für a_1 ermitteln:

$$\frac{a_1}{\left(1 + a_1^2\right)} = 0{,}4176 \Leftrightarrow 0 = a_1^2 - \underbrace{\frac{1}{0{,}4176}}_{p} \cdot a_1 + \underbrace{1}_{q}.$$

Als Lösungen der quadratischen Gleichungen erhalten wir für $a_{1,1}$ und $a_{1,2}$:

$$a_{1,1} = -\frac{p}{2} + \sqrt{\left(\frac{p}{2}\right)^2 - q} = \frac{2{,}3946}{2} + \sqrt{\left(\frac{2{,}3946}{2}\right)^2 - 1} = 1{,}8557 \quad \text{bzw.}$$

$$a_{1,2} = -\frac{p}{2} - \sqrt{\left(\frac{p}{2}\right)^2 - q} = \frac{2{,}3946}{2} - \sqrt{\left(\frac{2{,}3946}{2}\right)^2 - 1} = 0{,}5389.$$

Man wählt $a_1 = a_{1,2} = 0{,}5389$, da für $a_{1,1} > 1$ die Varianz des Prozesses mit der Zeit unbeschränkt anwächst. Die geschätzte Gleichung des MA-1-Prozesses zur Beschreibung des Verlaufs der trendbereinigten Änderungsrate des realen BIP lautet dann:

$$Y_t^{(8)} = a_0 + \mathcal{E}_t + a_1 \mathcal{E}_{t-1} = -0{,}001385 + \mathcal{E}_t + 0{,}5389 \mathcal{E}_{t-1}.$$

1.8.6.3 Simulation des Konjunkturverlaufs

In Abschn. 1.8.5.1 wird dargestellt, wie man mit einem idealen Würfel ein Weißes Rauschen erzeugen kann. Wir orientieren uns an dem dort erzeugten stochastischen Prozess $\langle \mathcal{E}_t \rangle$:

Wurf (Zeitpunkt)	1	2	3	4	5	6	7	8
Ergebnis des Wurfs	3	1	1	6	2	5	5	6
stochastischer Prozess $\langle \mathcal{E}_t \rangle$	−0,01	−0,03	−0,03	0,03	−0,02	0,02	0,02	0,03

Abb. 1.80 MA-1-Prozess

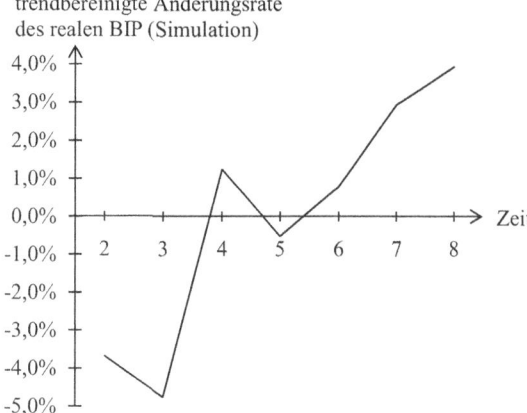

trendbereinigte Änderungsrate des realen BIP (Simulation)

Wir lassen den MA-1-Prozess bei $t_2 = 1952$ beginnen. Der MA-1-Prozess generiert die folgenden Änderungsraten:

$$\hat{y}_t^{(8)} = -0{,}1385\,\% + \varepsilon_t + 0{,}5389\varepsilon_{t-1}$$

$$\hat{y}_2^{(8)} = -0{,}1385\,\% + (-3\,\%) + 0{,}5389 \cdot (-1\,\%) \qquad = -3{,}68\,\%$$

$$\hat{y}_3^{(8)} = -0{,}1385\,\% + (-3\,\%) + 0{,}5389 \cdot (-3\,\%) \qquad = -4{,}76\,\%$$

$$\hat{y}_4^{(8)} = -0{,}1385\,\% + 3\,\% + 0{,}5389 \cdot (-3\,\%) \qquad = \;\;1{,}24\,\%$$

$$\hat{y}_5^{(8)} = -0{,}1385\,\% + (-2\,\%) + 0{,}5389 \cdot 3\,\% \qquad = -0{,}52\,\%$$

$$\hat{y}_6^{(8)} = -0{,}1385\,\% + 2\,\% + 0{,}5389 \cdot (-2\,\%) \qquad = \;\;0{,}78\,\%$$

$$\hat{y}_7^{(8)} = -0{,}1385\,\% + 2\,\% + 0{,}5389 \cdot 2\,\% \qquad = \;\;2{,}94\,\%$$

$$\hat{y}_8^{(8)} = -0{,}1385\,\% + 3\,\% + 0{,}5389 \cdot 2\,\% \qquad = \;\;3{,}94\,\%$$

Abb. 1.80 zeigt den simulierten Verlauf der trendbereinigten Änderungsrate des realen BIP.

1.8.7 Prognose

1.8.7.1 Trend

Wurde die lineare Trendgerade $\hat{y} = a + bt$ durch eine Regressionsrechnung aus den historischen Daten ermittelt, dann kann man diese Funktion für die Prognose verwenden. Hierzu setzt man für t eine zukünftige Periode t* ein und erhält mithilfe der Trendgeraden den prognostizierten Wert $\hat{y}_{t^*}$.

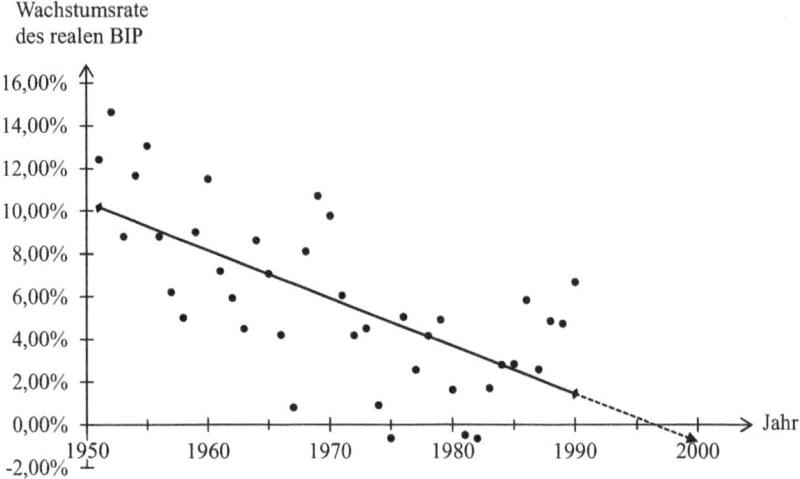

Abb. 1.81 lineare Prognose

Beispiel

Aus den jährlichen Daten der Änderungsrate des realen BIP der BR Deutschland der Jahre 1951 bis 1990 lässt sich die folgende Trendgerade ermittelt (siehe Abschn. 1.8.3, 1.8.4.2 und Abb. 1.81): $\hat{y}_i = 4{,}3940 - 0{,}0022 \cdot t_i$. Die prognostizierten Werte für die Jahre 1991, 1995 und 2000 lauten dann:

$$\hat{y}_{1991} = 439{,}40\,\% - 0{,}22\,\% \cdot 1991 = 1{,}38\,\%,$$
$$\hat{y}_{1995} = 439{,}40\,\% - 0{,}22\,\% \cdot 1995 = 0{,}50\,\%,$$
$$\hat{y}_{2000} = 439{,}40\,\% - 0{,}22\,\% \cdot 2000 = -0{,}60\,\%.$$

Beschreibt man den historischen Zusammenhang zwischen $\hat{y}_t$ und t durch nichtlineare Funktionstypen, ergeben sich entsprechend andere Trendprognosewerte $\hat{y}_{t^*}$.

1.8.7.2 Zeitreihen und stochastische Prozesse

Wenn plausibel ist, dass die Struktur des erzeugenden Prozesses unverändert bleibt, dann eignet sich die Zeitreihenanalyse für die Prognose:

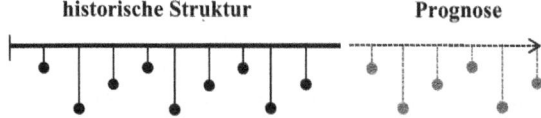

In Abschn. 1.8.6.1 schätzen wir eine AR-1-Prozessgleichung, die der Entwicklung der Änderungsrate des realen Bruttoinlandsprodukts der BR Deutschland in den Jahren 1951

bis 1990 zugrunde liegt. Die Gleichung des AR-1-Prozesses lautet:

$$Y_t^{(7)} = 0{,}0177 + 0{,}6691 Y_{t-1}^{(7)} + \varepsilon_t.$$

Wir können diese Gleichung verwenden, um den erwarten Wert auf der Grundlage des AR-1-Prozesses in t = 1991 zu ermitteln. Der letzte gemessene Wert der Zeitreihe beträgt $y_{1990}^{(7)} = 6{,}70\,\%$. Wir bilden den bedingten Erwartungwert $E(Y_{1991}^{(7)} | y_{1990}^{(7)})$ der Prozessgleichung:

$$E\left(Y_{1991}^{(7)} \,\middle|\, y_{1990}^{(7)}\right) = E\left(0{,}0177 + 0{,}6691 y_{1990}^{(7)} + \varepsilon_{1991}\right)$$
$$= 0{,}0177 + 0{,}6691 \cdot 0{,}0670 + E(\varepsilon_{1991}) = 0{,}0625.$$

Wir erwarten für t = 1991 eine Änderungsrate in Höhe von 6,25 %. Dieser Prognosewert unterscheidet sich deutlich von dem Trendprognosewert in Höhe von nur 1,38 %. Kritisch ist bei beiden Prognosetechniken anzumerken, dass sie ausschließlich „technisch" durchgeführt werden. Eine Analyse ursächlicher Faktoren unterbleibt.

1.8.7.3 Diskontinuitäten

Die Methode der Trendgerade stützt sich auf die zunächst plausible Idee, dass die Zukunft nach den gleichen kausalen Regeln abläuft, wie die Vergangenheit. Nur auf dieser Grundlage ist es sinnvoll, die Trendgerade in die Zukunft zu verlängern und für Prognosezwecke zu nutzen. Eine ganz andere Problematik entsteht, wenn man Diskontinuitäten prognostizieren möchte.

Wenn es Diskontinuitäten in dem Sinne gibt, dass sich die Kausalitäten verändern, nach denen ökonomische Beziehungen ablaufen, dann sollte sich auch das ökonomische Modell ändern, dass die jeweilige Ordnung abbildet. In dem Fall wäre die Datenmenge zu teilen: Es gäbe dann eine, die der alten Ordnung folgt und eine, die zu der neuen Ordnung gehört. Entsprechend muss man zwei Trendgeraden berechnen. Abb. 1.82 zeigt den Fall einer Diskontinuität D zum Zeitpunkt t_D. Die Daten rechts von t_D fallen in eine Phase neuer kausaler Beziehungen. Der durch die Regression bestimmte quantitative Zusammenhang zwischen Y und t hat sich verändert. Diskontinuitäten werden z. B. durch Kriege verur-

Abb. 1.82 Diskontinuität

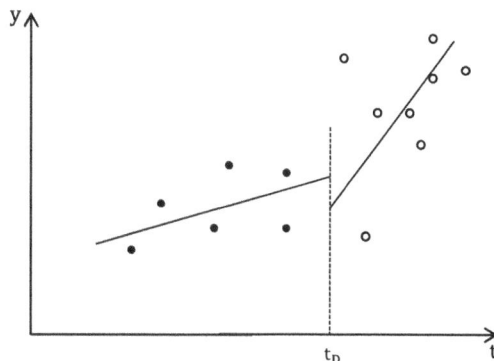

Abb. 1.83 Schwaches Signal

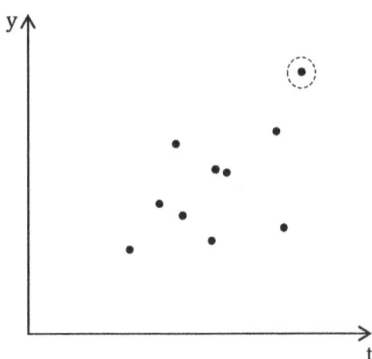

sacht. Aber auch die weltweiten Ereignisse der Jahre 1967/68, die Öl- und Energiekrise in den Jahren 1973 bis bis 1980, die Katastrophe im Kernkraftwerk Tschernobyl, die Transformation im ehemaligen Ostblock, der Zusammenbruch der UdSSR Anfang der 1990er Jahre, die Finanzmarktkrisen der Jahre 2001 und 2008/09 und schließlich die Corona-Pandemie des Jahres 2020 haben die haben die jeweiligen ökonomischen Ordnungen verändert. Auch neue Technologien können zu Strukturbrüchen führen. Diskontinuitäten lassen sich nachträglich identifizieren und quantitativ abschätzen.

Es kann nicht ausgeschlossen werden, dass bestimmte Daten, die als sogenannte „Ausreißer" in der Trendanalyse eingemittelt oder sogar weggestrichen werden, eine zukünftige fundamental veränderte Entwicklung ankündigen, quasi schwache Signale dieser zukünftigen Entwicklung sind. Die Begründung für solche schwachen Signale könnte wie folgt lauten: Für kurze Momente verändern sich in einer Ordnung die Gesetzmäßigkeiten und es kommt zu ungewöhnlichen Variablenausprägungen. Eine genaue Analyse dieser Momente könnte zur Entdeckung dieser zukünftigen Ordnung führen, die sich erst sehr schwach und nur für kurze Zeiträume ankündigt.

In Abb. 1.83 ist eine Punktewolke dargestellt. Es gibt in dieser Punktewolke einen „Ausreißer", der zur Verdeutlichung eingekreist ist. Wenn man sich diesen Ausreißer genauer ansieht, dann könnte er auf einen Widerspruch in dem dynamischen System hinweisen, der sich vertieft und einen Bruch, eine sogenannte Diskontinuität verursacht. H. I. Ansoff[14] wies im Jahr 1975 auf die Bedeutung schwacher Signale hin. Die Identifizierung eines solchen schwachen Signals ist allerdings nur möglich, wenn man bestimmte Paradigmenwechsel des Systems bereits gedanklich vorkonzipiert hat und im Prinzip weiß, welche Signale den Paradigmenwechsel ankündigen können. Dann hilft das schwache Signal dabei, den richtigen Zeitpunkt des Systemwechsels zu prognostizieren.

1.8.7.4 Szenariotechnik

Die Szenariotechnik wird verwendet, um unter Unsicherheit zu planen. Es werden hierzu mehrere mögliche zukünftige Entwicklungspfade, die auf unterschiedlichen realistischen

---

[14] H.I. Ansoff (1918–2002).

Abb. 1.84 Prognose mit verschiedenen Szenarien

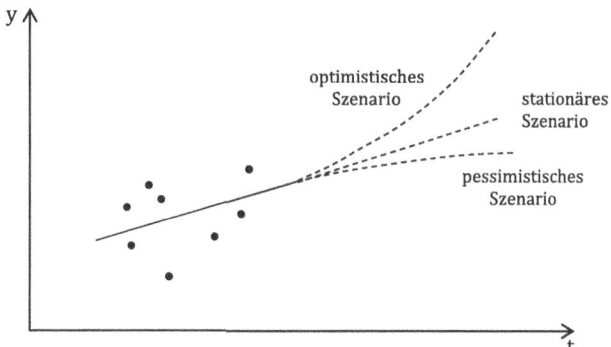

Annahmesätzen über die Zukunft basieren, dargestellt und analysiert (siehe Abb. 1.84).
Unternehmen bauen anschließend ihre Planungen auf diesen Szenarien auf.

Stochastische Entscheidungsbäume (siehe Bd. I, Abschn. 2.8) sind stark formalisierte
Szenariomodelle, in denen die Unsicherheiten über die zukünftigen Entwicklungen über
Zufallsknoten und Zustandswahrscheinlichkeiten abgebildet werden (siehe Abb. 1.85).
Das Ergebnis der Optimierung eines stochastischen Entscheidungsbaums ist z. B. eine An-
weisung, zunächst die Maßnahme A zu ergreifen und im Falle der stochastischen Reaktion
U der Umwelt die Maßnahme B einzuplanen, im Falle der stochastischen Reaktion V der
Umwelt die Maßnahme C vorzusehen. U und V können wir als Szenarien interpretieren,
A und B und C als optimale (bedingte) Planungen.

Abb. 1.85 Stochastischer
Entscheidungsbaum

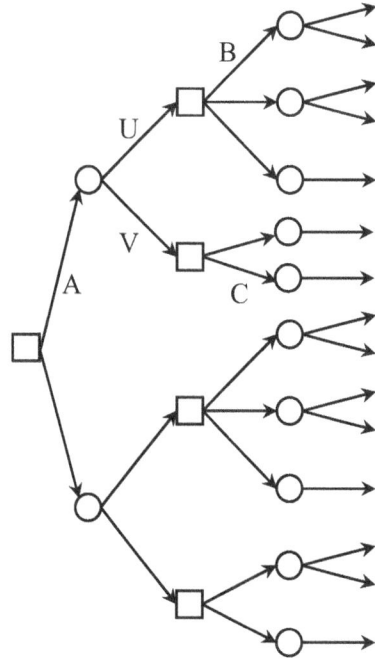

1.9 Aufgaben

1. Aufgabe

a) Was unterscheidet Produktions- von Investitionsgütern?

b) Was kennzeichnet Dienstleistungen?

2. Aufgabe

Es besteht zum herrschenden Preis ein Nachfrageüberhang. Zeichnen Sie diese Situation in ein Diagramm ein mit einer Angebotsfunktion und einer Nachfragefunktion, die in der üblichen Weise verlaufen.

3. Aufgabe

Im Unternehmen sind Ressourcen auf verschiedene produktive Aktivitäten und Bereiche strategisch zu verteilen. Es herrscht ein Ungleichgewicht in der Form eines Nachfragermarktes. Wo setzt das Unternehmen bei der Ressourcenverteilung seinen strategischen Schwerpunkt und wo nicht?

4. Aufgabe

Welche wirtschaftlichen Phänomene verursachen einen Anbietermarkt?

5. Aufgabe

Welche Maßnahmen maximieren typischerweise den langfristigen Gewinn des Industrieunternehmens in einem Anbietermarkt und welche in einem Nachfragermarkt? Bitte ankreuzen.

Maßnahme	Anbietermarkt	Nachfragermarkt
Steigerung des Forschungsbudgets		
Investitionen zur Verbesserung der Produktqualität		
Investitionen in die Erweiterung der Produktionskapazität		
Erhöhung der Kundenbesuchsfrequenz		
Gehaltsbonus zur Steigerung der Fertigungsintensität		
Installation attraktiver Fassaden am Besucherzentrum		
Training des Verkaufspersonals		
Druck farbiger Jahresabschlussberichte		
Einführung einer Spartenorganisation		
Einstellung von zusätzlichem Personal		

6. Aufgabe

Warum ist in einem industriellen Nachfragermarkt das horizontale Wettbewerbsverhalten hoch? Beginnen Sie Ihre Antwort mit Definitionen der Begriffe „Nachfragermarkt" und „horizontaler Wettbewerb".

7. Aufgabe

Produzieren und Investieren sind typische Tätigkeiten (Funktionen) eines Industriebetriebs.

Nehmen Marketingstrategien auf diese beiden Tätigkeiten im Industrieunternehmen Einfluss?

8. Aufgabe

a) Zur Erstellung des Marketingplans eines Industrieunternehmens, dass das Produkt A herstellt, ist der Markt von A produktmäßig abzugrenzen. Was versteht man hierunter?
b) Was versteht man unter der sogenannten „Marketingmixwirkung"?

9. Aufgabe

Nennen Sie vier Sachverhalte, durch die sich das Konsumgütermarketing (KGM) vom Investitionsgütermarketing (IGM) unterscheidet.

10. Aufgabe

In welchen Schritten läuft der Forschungsprozess im Sinne von Karl Popper ab?

11. Aufgabe

Nennen Sie Kritikpunkte an Poppers Falsifikationsprinzip.

12. Aufgabe

Erläutern Sie die folgenden Begriffe kurz:

a) Primär- und Sekundärdaten
b) Längsschnitt- und Querschnittsuntersuchung

13. Aufgabe

a) Beschreiben Sie die Funktionsweise und Vorteile der Paneluntersuchung.
b) Welche typischen Probleme können bei der Paneluntersuchung auftreten?

14. Aufgabe

a) Begründen Sie die Platzierung von Kontaktfragen und Korrelationsfragen im Fragebogen.
b) Nennen Sie zwei Vorteile des geschlossenen Fragetyps.

15. Aufgabe

Was unterscheidet Total- von Partialmodellen der Kaufverhaltensforschung?

16. Aufgabe

a) Was versteht man unter „kognitiv"?
b) Inwieweit ist ein „Motiv" kognitiv, inwieweit ist es das nicht?

c) Zählen Sie die Motive nach Maslow auf.

d) Was versteht man unter einer kognitiven Dissonanz?

e) Unter „Einstellungen" versteht man …

f) Unter „Emotionen" versteht man …

g) Was sind sogenannte majoritätsbewusste Käufer?

17. Aufgabe

Was versteht man unter dem sogenannten „buying center"?

18. Aufgabe

a) Definieren Sie den Begriff der „Marktsegmentierung".

b) Erläutern Sie, was man unter „psychographischen Segmentierungskriterien" versteht.

c) Es gibt Anforderungen an Marktsegmente. Ein wichtiges Stichwort in diesem Zusammenhang ist die „zeitliche Stabilität". Was ist damit gemeint?

19. Aufgabe

Steht die jeweilige Verhaltensweise für ein hohes oder geringes Involvement des Kunden? Bitte ankreuzen.

Verhaltensweise des Kunden	hohes I.	geringes I.
Der Kunde investiert nur wenig Mittel in die Informationssuche.		
Eine Informationswiederholung ist wichtig, um eine Erinnerungswirkung beim Kunden zu erzielen.		
Eine Meinungsänderung des Kunden ist leicht zu erreichen.		
Starke kognitive Dissonanzen können auftreten.		

20. Aufgabe

Angenommen, das Wissen über die Grundgesamtheit reicht aus, um sie abzugrenzen und die einzelnen Elemente zu identifizieren. Ansonsten weiß man nichts über die Grundgesamtheit. Ist das einfache Stichprobenverfahren in dieser Situation repräsentativ?

21. Aufgabe

a) Es wird eine einfache Stichprobe genommen. Wie lauten die erwartungstreuen Schätzfunktionen für den Mittelwert μ_X und die Varianz σ_X^2 der Grundgesamtheit?

b) Wofür steht im Zusammenhang mit Messverfahren der Begriff „reliabel"?

22. Aufgabe

a) Wie funktioniert das geschichtete Stichprobenverfahren und welchen Vorteil bietet es gegenüber dem einfachen (ungeschichteten) Verfahren?

b) Was versteht man unter einem Flächenstichprobenverfahren? Führt es zu einer repräsentativen Stichprobe?

c) Benötigt man für das Quotenauswahlverfahren Informationen über die Grundgesamtheit?

23. Aufgabe

Wir befragen die Merkmalsträger in zwei Stichproben, die verbunden sind. Bitte erläutern Sie den Zusatz „verbunden".

24. Aufgabe

Erläutern Sie den Unterschied zwischen einem nominalen, ordinalen und kardinalen Messniveau.

25. Aufgabe

a) X ist eine kardinal skalierte diskrete Zufallsvariable. Definieren Sie den Mittelwert und die Varianz der beobachteten Werte von X mithilfe der relativen Häufigkeitsverteilung mathematisch.

b) X und Y sind kardinal skalierte diskrete Zufallsvariablen. Definieren Sie die Kovarianz zwischen den beobachteten Werten von X und Y mithilfe der relativen Häufigkeitsverteilungen von X und Y mathematisch.

c) X ist eine kardinal skalierte stetige Variable. Definieren Sie die Parameter Erwartungswert und Varianz der stetigen Zufallsvariablen X mathematisch.

26. Aufgabe

Sehen Sie sich die folgende Kontingenzmatrix an:

	y_1	y_2
x_1	700	620
x_2	145	160

a) Wie lautet die Randverteilung $\begin{bmatrix} h_{1\bullet} \\ h_{2\bullet} \end{bmatrix}$?

b) Wie lautet die bedingte Verteilung $h_{i|y_1}$?

27. Aufgabe

Die einzelnen Zufallsvariablen Θ_i sind alle identisch verteilt wie Θ und stochastisch unabhängig.

- Die Varianz von Θ in der Grundgesamtheit kann unter Berücksichtigung einer Schichtung wie folgt formuliert werden:

$$\text{Var}(\Theta) = \sum_{s \in S} p_s \cdot \sigma_s^2 + \sum_{s \in S} p_s \cdot (\mu_s - \mu)^2.$$

- Die Varianz des Mittelwerts des geschichteten Stichprobenergebnisses lautet:

$$\text{Var}(\hat{\mu}) = \sum_{s \in S} p_s \cdot \frac{n_s}{n} \cdot \frac{\sigma_s^2}{n_s}.$$

a) Bestimmen Sie die Varianz des Mittelwerts $\text{Var}(\overline{\Theta})$ des ungeschichteten Stichprobenergebnisses.

b) Bestimmen Sie die Differenz $\text{Var}(\overline{\Theta}) - \text{Var}(\hat{\mu})$.

c) Ist die Differenz positiv oder negativ?

28. Aufgabe

Die Erinnerung von Markennamen könnte mit der Gestaltung von Werbeanzeigen zu tun
haben. Dieser Vermutung wird nachgegangen. Hierzu werden zwei unverbundene Zufallsstichproben im Umfang von je 120 Personen genommen. Die Personen kennen nicht den
Zweck der Untersuchung. Jeder Person werden dieselben 6 Anzeigen gezeigt. Die eine
Gruppe (A) sieht jede Anzeige nur kurz, die andere Gruppe (B) etwas länger (Kontaktzeit). Es findet dann anschließend ein Ablenkungsprogramm statt. Danach befragt man
jeden Probanden, an welche Anzeigenmerkmale und Merkmalsausprägungen er sich er-
innert: Farben, Formen, Situationen, Markennamen, etc. Es stellt sich heraus, dass in der
A-Gruppe nur 10 % der Probanden mindestens 2 Markennamen nennen können. In der
B-Gruppe sind es immerhin 15 %.

a) Bestimmen Sie das Konfidenzintervall der Differenz Δ_p der Anteile ($\alpha = 10\%$).

b) Stützt dieses Ergebnis die Hypothese, dass die Verlängerung der Kontaktzeit das Erinnerungsvermögen erhöht ($\alpha = 5\%$)?

29. Aufgabe

Ein lokales Marktforschungsinstitut erhält von einem kleinen Einzelhändler einen Auftrag: Es soll die Kundenzufriedenheit ermitteln. Man befragt 36 Kunden und der durchschnittliche Zufriedenheitswert beträgt 7,2 auf einer Skala von 1 (nicht zufrieden) bis 10
(sehr zufrieden). Nach 3 Monaten befragt man erneut 36 Kunden und diesmal beträgt
der durchschnittliche Zufriedenheitswert 7,7. Man geht in beiden Befragungen von einer
Standardabweichung des durchschnittlichen Zufriedenheitswerts in Höhe von 0,8 aus.

a) Bestimmen Sie Konfidenzintervalle der wahren Zufriedenheitssteigerung mit den Fehlerwahrscheinlichkeiten von $\alpha = 1\%$ und $\alpha = 10\%$. Formulieren Sie das Ergebnis.

b) Wir nehmen jetzt an, dass die Standardabweichung der einzelnen (!) Zufriedenheitswerte 0,8 beträgt. Wie ändert sich das Konfidenzintervall bei $\alpha = 10\%$?

c) Stützt ein Hypothesentest mit $\alpha = 10\%$ die Behauptung, dass die Zufriedenheit zugenommen hat? Man geht in beiden Befragungen von einer Standardabweichung der
   einzelnen (!) Zufriedenheitswerte in Höhe von 0,8 aus.

d) Welches Messniveau wird in der Studie unterstellt? Wie beurteilen Sie diese Herange-
   hensweise des Marktforschungsinstituts?

30. Aufgabe

Sie erwarten, dass sich in einer „Forced-Switching"-Befragung mehr als 35 % der Kunden
in der Grundgesamtheit wieder für Produktvarianten mit der Merkmalsausprägung M entscheiden. Sie befragen 100 zufällig ausgewählte Kunden, die sich für die Produktvariante

V_X mit der Merkmalsausprägung M entschieden haben, nach ihrer zweitbesten Kaufalternative. Die Auswertung der Fragebögen ergibt, dass 45 % der befragten Kunden sich für Produktvarianten mit der Merkmalsausprägung M entscheiden und 55 % für andere Varianten. Bestätigt das Befragungsergebnis Ihre Erwartung bei einem Signifikanzniveau von 5 %?

31. Aufgabe

Man nimmt eine Zufallsstichprobe im Umfang von n = 100. Prüfen Sie mithilfe eines aggregierten Forced-Switching-Tests die Behauptung, dass Besitzer von Benzinautos eine Präferenz dafür besitzen, zu Benzinautos zu wechseln (technologietreu). Das Signifikanzniveau beträgt 5 %. Nehmen Sie an, dass der Zentrale Grenzwertsatz angewendet werden kann.

		Diesel		Benzin		
	n(i)	V_a	V_b	V_c	V_d	V_e
Diesel						
V_a	20	---	12	4	4	0
V_b	30	12	---	5	12	1
Benzin						
V_c	30	9	7	---	10	4
V_d	15	2	5	6	---	2
V_e	5	0	0	3	2	---
	100					

32. Aufgabe

Es werden die p_j-Werte für jeden Koeffizienten b_j der folgenden Regressionsgleichung berechnet: $\hat{y} = a + b_1 x_1 + b_2 x_2 + \ldots + b_j x_j + \ldots + b_m x_m$. Die p_j-Werte stehen in Zusammenhang mit einem zweiseitigen statistischen t-Test.

a) Wie lauten die Hypothesen dieses statistischen Tests?
b) Welche Konsequenzen hat es, wenn ein p_j-Wert sehr klein ist?

33. Aufgabe

Es soll eine Regressionsfunktion des folgenden Typs: $\hat{y} = a + b_1 x_1 + b_2 x_2$ bestimmt werden. Hierzu ist die folgende Zielfunktion zu minimieren: „Summe der quadrierten Abweichungen".

a) Wie lautet der mathematische Ausdruck dieser Zielfunktion?
b) Bestimmen Sie die notwendigen Bedingungen des Minimums dieser Zielfunktion für a, b_1 und b_2.

34. Aufgabe

Folgende Messwerte sind gegeben:

i	x_{1i}	x_{2i}	y_i
1	7	6,6	4,0
2	8	5,5	3,2
3	12	1,1	1,9
4	11	1,4	1,9

a) Ermitteln Sie den einfachen Korrelationskoeffizienten $r_{X_1 Y}$.
b) Berechnen Sie den partiellen Korrelationskoeffizienten $r_{X_1 Y}^{par}$.

35. Aufgabe

Alternativen	Person 1	Person 2
A	5	10
B	1	10
C	2	3
D	7	5
E	7	8
F	2	3

a) Zwei Personen bewerten die Alternativen A bis F, indem sie auf einer Skala von 1 bis 10 ihre subjektiven Qualitätseinschätzungen angeben. Hierbei steht die Note 1 für „sehr schlecht" und die Note 10 für „sehr gut". Ermitteln Sie mithilfe eines geeigneten Korrelationskoeffizienten die Stärke der Übereinstimmung zwischen den Bewertungen.
b) Transformieren Sie die Bewertungen streng monoton steigend und nichtlinear. Wie hängt die Stärke der Übereinstimmung von dieser Transformation ab?

36. Aufgabe

Ein Automobilhändler führt unter seinen Kunden eine kleine Umfrage zur Qualitätsbeurteilung der Werkstattleistung durch. Hierzu nimmt er eine Zufallsstichprobe im Umfang von 40 Personen. Er bittet die Probanden darüber hinaus um die Beurteilung des Internetauftritts der Firma (gepaarte Stichprobe). Es stellt sich heraus, dass in der Stichprobe der Rangkorrelationskoeffizient, der die Korrelation zwischen den Rängen beider ordinaler Merkmale misst, bei 42 % liegt.

a) Testen Sie auf einem Signifikanzniveau von $\alpha = 5\,\%$, ob diese Korrelation signifikant von null verschieden ist.
b) Angenommen, es werden nur 15 Personen befragt und der Rangkorrelationskoeffizient in der Stichprobe beträgt 42 %. Wie verändert dieser reduzierte Stichprobenumfang das Ergebnis des Tests?

37. Aufgabe

a) Wir nehmen eine Zufallsstichprobe und messen bei jedem Merkmalsträger die Ausprägungen zweier Merkmale. Es ist auf Abhängigkeit der Merkmalsausprägungen zu testen. Die Fehlerwahrscheinlichkeit erster Ordnung soll maximal $\alpha = 4\,\%$ betragen.

  1. Fall: Mit welcher Wahrscheinlichkeit wird auf eine Abhängigkeit geschlossen, wenn Unabhängigkeit vorliegt? Oder kann man das in diesem Fall nicht angeben?

  2. Fall: Mit welcher Wahrscheinlichkeit wird auf eine Unabhängigkeit geschlossen, wenn Abhängigkeit vorliegt? Oder kann man das in diesem Fall nicht angeben?

b) Angenommen, in einem Test auf Unabhängigkeit beträgt die Quadratische Kontingenz 48 bei 32 Freiheitsgraden. Die Fehlerwahrscheinlichkeit soll maximal 4 % betragen. Zu welcher Entscheidung kommt man?

38. Aufgabe

Eine aufstrebende Unternehmensneugründung misst an 40 Tagen die Absatzveränderung Y. In einem Logbuch markiert man „grün" (g), wenn der Absatz an dem betreffenden Tag relativ zum Vortag um mindestens $+1\,\%$ ansteigt und „rot" (r), wenn die Absatzveränderung unter +1 % bleibt. Außerdem wird mit „ja" bzw. „nein" notiert, ob man am Abend des Vortags eine Werbemaßnahme X durchgeführt hat oder nicht.

	1	2	3	4	5	6	7	8	9	10	11	12	13
X	ja	ja	nein	ja	ja	nein	ja	ja	ja	ja	nein	ja	nein
Y	g	g	r	g	g	r	g	r	r	g	g	g	r

	14	15	16	17	18	19	20	21	22	23	24	25	26
X	nein	ja	nein	ja	ja	ja	ja	ja	nein	ja	ja	nein	ja
Y	g	r	r	g	g	g	g	r	g	r	g	r	g

	27	28	29	30	31	32	33	34	35	36	37	38	39	40
X	nein	nein	nein	nein	nein	ja	nein	ja	nein	nein	ja	nein	nein	ja
Y	r	g	r	r	g	r	r	r	g	g	r	r	r	g

a) Die Daten sind in einer Kontingenztabelle verdichtet darzustellen.

b) Lässt sich mit einer Fehlerwahrscheinlichkeit von 5 % begründet behaupten, dass die Absatzveränderung davon abhängt, ob zuvor eine Werbemaßnahme durchgeführt wurde oder nicht?

39. Aufgabe

Bitte beantworten und kurz erläutern:

a) Kann der Marktanteil eines Unternehmens bzw. Produktfelds über eins liegen?
b) Kann der relative Marktanteil eines Unternehmens bzw. Produktfelds negativ sein?

40. Aufgabe

a) Was versteht man unter dem Jahresüberschuss?
b) Wie unterscheidet sich der Jahresüberschuss vom Bilanzgewinn?
c) Das Betriebsergebnis erhält man aus der Gewinn und Verlustrechnung. Wie ermittelt man das Betriebsergebnis nach dem Gesamtkostenverfahren?
d) Wie lässt sich die Eigenkapitalrentabilität bilanziell messen?
e) Was misst der sogenannte Netto-Cash-Flow?

41. Aufgabe

In einer Branche gibt es sechs Unternehmen, die im Jahr 2020 mit dem Produkt j die folgenden Euro-Umsätze erzielt haben: 1,2 Mio., 6 Mio., 5 Mio., 600.000, 800.000, 400.000.

a) Berechnen Sie die Marktanteile und die relativen Marktanteile.
b) Zeichnen Sie die Lorenzkurve.
c) Berechnen Sie den Gini-Koeffizient und das Herfindahlsche Konzentrationsmaß.

42. Aufgabe

Beschreiben Sie in Worten, wieso der Gini-Koeffizient nicht immer das misst, was man allgemein und intuitiv unter der Konzentration versteht.

43. Aufgabe

a) Welche Phasen kennzeichnen einen Produktlebenszyklus?
b) Welche „Timing"-Risiken bestehen für ein Unternehmen im Zusammenhang mit dem Produktlebenszyklus?
c) Wie reagieren Unternehmen auf diese Risiken?

44. Aufgabe

a) Was unterscheidet ein Produkt von einem Strategischen Geschäftsfeld?
b) Sind Sparten Strategische Geschäftseinheiten?

45. Aufgabe

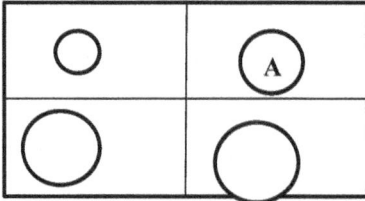

a) Bitte kurz und präzise das Maß an der Abszisse des Portfoliomodells definieren.

b) Wenn Sie die Größe an der Abszisse praktisch bestimmen wollen, entsteht ein wichtiges Abgrenzungsproblem. Welches? Wie sollte man das Abgrenzungsproblem praktisch im Sinne des Marketings lösen?

c) Angenommen, Sie haben zur Bestimmung des Ordinatenwerts die folgende Entwicklung gegeben: Umsatz 2012: 800 GE, Umsatz 2013: 900 GE, Umsatz 2014: 1300 GE, Umsatz 2015: 1000 GE, Umsatz 2016: 700 GE, Umsatz 2017: 1200 GE, Umsatz 2018: 2000 GE, Umsatz 2019: 2500 GE. Berechnen Sie den Ordinatenwert möglichst genau.

d) Wie beurteilen Sie die Liquidität des Strategischen Geschäftsfelds A vor Investitionen?

46. Aufgabe

a) Welche Größe steht an der Abszisse der McKinsey-Portfoliographik?

b) Welche Größe steht an der Ordinate der McKinsey-Portfoliographik?

c) Welche Methoden werden zur Ermittlung dieser beiden Größen verwendet?

47. Aufgabe

Eine Beratergruppe führt in einem Industrieunternehmen Gespräche mit dem Ziel durch, zuvor definierte Strategische Geschäftsfelder in einem Portfoliomodell zu positionieren. Hierzu ermittelt man eine Reihe von Merkmalen, die dann von Expertengruppen des Unternehmens bewertet werden. Die Bewertungen liegen zwischen 1 (sehr schlecht/ schwach/unvorteilhaft) und 10 (sehr gut/stark/vorteilhaft). Den Merkmalen wird dasselbe Gewicht zugewiesen.

Folgende Merkmale und Bewertungen hat man durch Befragung gefunden:

Merkmale	Strategische Geschäftsfelder				
	A	B	C	D	E
a) technische Kompetenz im Geschäftsfeld	6	1	6	4	6
b) Substitute der Wettbewerber	8	4	3	2	5
c) Konjunkturanfälligkeit der Geschäftsfelder	9	1	2	6	4
d) übliche Kundentreue in der Branche	7	1	4	5	7
e) Qualität der Führungskräfte im Geschäftsfeld	1	2	7	3	8
f) Wachstum des Marktes	10	2	3	7	2
g) Kostenvorteil in der Produktion	8	1	9	3	5
h) Kreditwürdigkeit	2	2	2	2	2
i) relativer Marktanteil	7	4	6	5	6
j) langfristige Marktrendite	9	1	5	4	4
Umsatz [Mio. €]	100	50	200	100	250

a) Skizzieren Sie das Portfoliomodell.

b) In welche Strategischen Geschäftsfelder sollte man investieren? Welche sollte man abschöpfen bzw. eliminieren?

48. Aufgabe

Ein Hersteller von Kunstfaser-Textilien stellt Stoffe für Autositze, Markisenbahnen, Abdeckplanen, Säcke, Verpackungsdecken, Überdachungsplanen, Zelte, Stoffe für Sportbekleidung, Netze und Ähnliches her. Man hat vier Strategische Geschäftseinheiten gebildet: Automotiv (A), Verpackung (V), Freizeit (F), Markisen und Überdachung (M).

(1) Man möchte besonders mit der Qualität der Produkte im Markt glänzen. Die Nachfragedynamik des Absatzmarktes ist sehr wichtig. Auch analysiert man mit sehr großem Interesse die Anzahl der Wettbewerber im Markt und deren Verhalten zueinander. Die Fach- und Führungsqualität der Vorgesetztenebene hält man für ein herausragendes Merkmal der SGEen. Der relative Marktanteil und die Fertigungskosten sind sehr bedeutsame Eigenschaften, um die Liquidität des Unternehmens zu sichern.

(2) Stoffe für A besitzen eine herausragende Qualität, allerdings stagniert der Markt seit Jahren. Die SGE wird von einem Team geleitet, das über gute Fach- und Führungskompetenzen verfügt. Der relative Marktanteil beträgt 1,8. Die Produktionskosten sind relativ zu den Produktionskosten der Wettbewerber hoch.

(3) Stoffe für V sind qualitativ im mittleren Bereich einzuordnen. Der Absatzmarkt entwickelt sich sehr dynamisch. Das Führungsteam ist nicht in der Lage, die SGE im Markt voran zu bringen. Der relative Marktanteil beträgt 0,4. Die Produktionskosten sind relativ zu den Produktionskosten der Wettbewerber hoch.

(4) Die Produkte im Bereich Freizeit sind herausragend. Sowohl mit den Zelten als auch mit der sportlichen Funktionskleidung kann man es mit jedem Wettbewerber aufnehmen. Der Absatzmarkt entwickelt sich geradezu explosiv. Die neue Produktmanagerin arbeitet sich noch ein. Wir hoffen, dass sie anfängliche Schwierigkeiten mit dem Marketingassistenten in den Griff bekommt. Der relative Marktanteil beträgt 0,8. Die Produktionskosten liegen relativ zu den Produktionskosten der Wettbewerber im mittleren Bereich.

(5) Probleme macht die Qualität im Bereich M. Kunden monieren die UV-Stabilisierung der Muster. Das hat den Bereich der Markisen und Überdachungen gegenüber den Wettbewerbern etwas zurückgeworfen. Das Management reagiert nur schwach auf die Situation. Das Geschäft ist stark von der allgemeinen Bautätigkeit in Deutschland abhängig und damit den üblichen Zyklen unterworfen. Unser relativer Marktanteil beträgt noch 0,8 und unsere Produktionskosten sind relativ niedrig.

(6) Bei der SGE V ist der Wettbewerb im Markt sehr hart. Es wird auch mit unlauteren Mitteln (Bestechung von Kunden, Industriespionage, Patentverletzung) gekämpft. Bei den anderen SGEen ist das Wettbewerbsverhalten im Markt normal.

a) Interpretieren Sie den Text und erstellen Sie ein Portfolio des Unternehmens.
b) Welche strategischen Schlüsse ziehen Sie aus Ihrer Portfolioanalyse?

49. Aufgabe

Gegeben ist die folgende Messreihe:

$$x_1 = 12, x_2 = 24, x_3 = 32, x_4 = 26, x_5 = 12, x_6 = 32, x_7 = 38, x_8 = 34.$$

Berechnen Sie die transformierte Messreihe $\langle g_{t+v} \rangle$ mit dem folgenden linearen Filter: Länge $l = 4$, Gewichte $a_1 = 0{,}4$, $a_2 = 0{,}3$, $a_3 = 0{,}2$, $a_4 = 0{,}1$, Verschiebung $v = l - 2$.

50. Aufgabe

Der Preisindex für das Jahr 2013 beträgt 120, für das Jahr 2014 beträgt der Index 122, für das Jahr 2015 beträgt der Index 126 und für das Jahr 2016 beträgt der Index 131, jeweils auf Basis der Preise des Jahres 2005. Gegeben sind die folgenden nominellen Verbrauchwerte eines Kosmetikprodukts in Geldeinheiten (GE):

Jahr	2013	2014	2015	2016
Mrd. GE	1,4	2,0	1,4	4,0

Bestimmen Sie die realen Verbrauchswerte des Kosmetikprodukts auf Basis der Preise des Jahres 2013.

51. Aufgabe

Das Bruttoinlandsprodukt eines Landes entwickelte sich wie folgt:

Jahr	Mrd. GE
1987	120
1988	116
1989	128

a) Bestimmen Sie die lineare Trendfunktion.

b) Berechnen Sie das Bestimmtheitsmaß.

c) Welchen Geldbetrag erwarten Sie für 1995?

52. Aufgabe

a) Definieren Sie den stochastischen Prozess „Weißes Rauschen".

b) Wie kann man mithilfe einer idealen Münze ein Weißes Rauschen erzeugen?

c) Zeigen Sie, dass bei diesem Münzprozess die Bedingungen des Weißen Rauschens erfüllt sind.

53. Aufgabe

a) Zeigen Sie, dass für einen schwach stationären AR-1-Prozess mit der Prozessgleichung
$Y_t = a + bY_{t-1} + \varepsilon_t$ und $|b| < 1$ gilt: $\mu = \frac{a}{1-b}$.

b) Leiten Sie die Autokovarianzfunktion des MA-1-Prozesses mit der Prozessgleichung
$Y_t = \varepsilon_t + a_1\varepsilon_{t-1}$ her.

54. Aufgabe

Benötigt man für optimale Entscheidungen Prognosen?

1.10 Lösungshinweise

1. Aufgabe

a) Produktions- und Investitionsgüter sind beide materiell. Allerdings werden Produktionsgüter in der Fertigung verbraucht. Sie gehen im Gegensatz zu Investitionsgütern stofflich in die neuen Produkte ein oder werden als Komponenten dort verbaut. Investitionsgüter sind Werkzeuge im Fertigungsprozess. Sie gehen weder stofflich noch als Komponenten in die erstellten Produkte ein. Ihr Wertverlust wird durch die Abschreibung dargestellt.

b) Dienstleistungen sind immateriell. Sie können weder gelagert noch transportiert werden.

2. Aufgabe

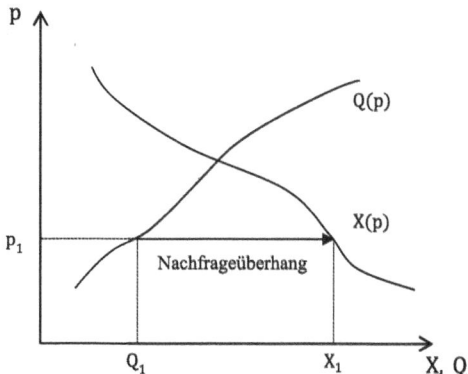

3. Aufgabe

Wegen des Nachfragermarktes sollten die Ressourcen in Marketingaktivitäten gehen und nicht in Produktionserweiterungen. Es ist die Präferenz der Nachfrager für das eigene Produkt zu steigern.

4. Aufgabe

In einem Anbietermarkt werden die Kunden rationiert. Die Ursache ist eine Produktions-menge, die zu gering ist, um zum herrschenden Marktpreis die Nachfrage zu decken. Es gibt zwei Hauptursachen für Anbietermärkte:

- Der Preis wird per Gesetz unter den Gleichgewichtspreis gezwungen.
- Die Anpassung der Angebotsmenge an die höhere Nachfrage braucht Zeit. In dieser Anpassungsphase sehen es die Unternehmen als vorteilhaft an, ein Hochschnellen des Preises auf den kurzfristigen Gleichgewichtspreis zu unterbinden.

5. Aufgabe

Maßnahme	Anbietermarkt	Nachfragermarkt
Steigerung des Forschungsbudgets		X
Investitionen zur Verbesserung der Produktqualität		X
Investitionen in die Erweiterung der Produktionskapazität	X	
Erhöhung der Kundenbesuchsfrequenz		X
Gehaltsbonus zur Steigerung der Fertigungsintensität	X	
Installation attraktiver Fassaden am Besucherzentrum		X
Training des Verkaufspersonals		X
Druck farbiger Jahresabschlussberichte		X
Einführung einer Spartenorganisation		X
Einstellung von zusätzlichem Personal	X	X

6. Aufgabe

Nachfragermarkt: Die angebotene Menge ist größer als die nachgefragte Menge.
Horizontaler Wettbewerb: Unternehmen der gleichen Produktionsstufe konkurrieren um
                         die Gunst der selben Kunden.

   Bei Anbietern, die von den Kunden in einem Nachfragermarkt rationiert werden, füllen sich die Lager. Sie müssen ihre Produktion drosseln. Schließlich müssen Anbieter mit zu geringer Liquidität den Markt verlassen. Jeder Anbieter, will er langfristig im Nachfra-germarkt bleiben, muss sich überlegen, wie er gegenüber den anderen Unternehmen der gleichen Produktionsstufe einen Kundenvorteil hinsichtlich Preis, Qualität, Image, Leis-tungsumfang und Kosten erzielen kann.

7. Aufgabe

Wichtig für das Marketing ist die Kundenorientierung. Wenn das Unternehmen beim Pro-duzieren auf die Qualitätsvorstellungen der Kunden und einen angemessenen Preis achtet, beim Investieren die Sortimentwünsche der Kunden und die Lieferfähigkeit im Blick hat, dann ist dieses Ausdruck der Marketingphilosophie. Marketing übt also einen Einfluss auf das Produzieren und Investieren aus.

8. Aufgabe

a) In der produktmäßigen Marktabgrenzung fasst man alle nahen Substitute, deren Anbieter und Verwender zu einem Markt zusammen.

b) Unter dem Marketingmix versteht man eine Kombination von produkt-, distributions-, kommunikations- und kontrahierungspolitischen Maßnahmen. Dieser Mix wird eingesetzt, um das Kundenverhalten in Hinblick auf die Unternehmensziele zu beeinflussen.

9. Aufgabe

1. KGM: Ist auf die Endstufe des Wirtschaftsprozesses, also die Konsumenten, ausgerichtet.
   IGM: Ist auf Unternehmen ausgerichtet.
2. KGM: Kunden sind gleichzeitig Einkäufer, Verwender und Entscheider.
   IGM: Einkäufer, Verwender und Entscheider sind unterschiedliche Personen (Buying Center).
3. KGM: Kaufentscheidungsprozesse sind i. d. R. kurz (Sekunden bis wenige Tage).
   IGM: Kaufentscheidungsprozesse sind i. d. R. lang (Tage, Monate, sogar Jahre).
4. KGM: Kundenzahl ist groß und räumlich verdichtet (Selbstbedienungsmärkte).
   IGM: Kundenzahl ist klein und global verstreut (Direktvertrieb).

10. Aufgabe

Erst wird eine kausale Theorie erstellt. Daraus leitet man logisch operationalisierte Prüfhypothesen ab. Diese werden empirisch überprüft. Aus einer Bestätigung gewinnt man keine Erkenntnis. Im Falle einer Falsifikation ist man aufgefordert, die Theorie zu überarbeiten, damit sie die Falsifikation erklärt. Dann ist die verbesserte Theorie empirisch zu überprüfen und der Forschungszyklus beginnt von neuem.

11. Aufgabe

a) Wenn die Theorie nicht mathematisch formuliert werden kann, bleiben Unschärfen bei der Hypothesenformulierung und der empirischen Überprüfung bestehen.

b) Der Vorgang der Überprüfung ist selbst vom Erkenntnisfortschritt abhängig. Eine heutige Bestätigung kann morgen eine Falsifikation bedeuten und umgekehrt.

12. Aufgabe

a) Sekundärdaten sind solche, die bereits aufgezeichnet wurden. Sie können in der sogenannten Sekundärforschung vorwiegend aus gedruckten Publikationen und aus digitalen Datenbanken gesammelt werden. Primärdaten müssen neu erhoben werden, da sie nicht anderweitig verfügbar sind. Zur Primärforschung werden schriftliche und mündliche Befragungen, Beobachtungen und Experimente eingesetzt. Eine Spezialform der Beobachtung ist das sogenannte „tracking".

b) In einer Querschnittsuntersuchung werden zu einem bestimmten Zeitpunkt die Ausprägungen der den Merkmalsträgern der Grundgesamtheit anhaftenden interessierenden Merkmale untersucht. Es lassen sich Strukturen in der Grundgesamtheit zu diesem Zeitpunkt erkennen und analysieren.

In der Längsschnittuntersuchung wird der Verlauf der Ausprägungen eines oder mehrerer Merkmale über einen bestimmten Zeitraum durch eine zeitliche Abfolge von Befragungen der Merkmalsträger gemessen.

13. Aufgabe

a) Bei der Längsschnittanalyse kann die Panelmethode verwendet werden. Hier wird nur einmal zu Beginn eine repräsentative Stichprobe mit Merkmalsträgern aus der interessierenden Grundgesamtheit genommen. Die Probanden werden dann in regelmäßigen Abständen befragt und die Merkmalsausprägungen gemessen (verbunden). Man kann so erkennen, wie Personen, die in früheren Zeitpunkten in einer bestimmten Weise geantwortet haben, sich später äußern. Es ist also das Wechselverhalten während der Befragungsfolge zu beobachten.

b) Schwindende Repräsentativität: Der Befragungskreis wird konstant gehalten, obwohl sich die Grundgesamtheit verändert.

Panellernen: Wegen der wiederholten Befragungen achten die Probanden zunehmend auf ihr Verhalten. Das Messverfahren hat demnach einen Einfluss auf das Ergebnis der Befragung.

Paneleitelkeit: Probanden neigen dazu, systematisch zu übertreiben, z. B. aus Prestigegründen (Konsumpanel) oder um das Selbstwertgefühl zu steigern (Bildungspanel) oder um einen Unterstützungsbedarf zu verdeutlichen (Sozialpanel).

Panelmüdigkeit: Es stellt sich durch die wiederholte Befragung Routine ein. Die Personen antworten nicht mehr sorgfältig.

Panelsterblichkeit: Einzelne Merkmalsträger verlassen das Panel. Das Panel ist dann so um Merkmalsträger zu ergänzen, dass die Struktur des Befragungskreises nicht verändert wird.

14. Aufgabe

a) Kontaktfragen kommen an den Anfang. Sie bauen positive Emotionen bei den Probanden auf. Ziel ist es, ein mögliches Misstrauen zu verringern. Korrelationsfragen kommen an das Ende, wenn hoffentlich Vertrauen entstanden ist. Korrelationsfragen richten sich an persönliche Merkmale, über die man nicht ohne weiteres berichtet.

b) Geschlossene Fragen erleichtern die Auswertung. Sie kann automatisiert erfolgen. Geschlossene Fragen erleichtern auch die Beantwortung, da die Probanden nicht selbst auf die möglichen Antwortalternativen kommen müssen.

15. Aufgabe

Totalmodelle analysieren den Zusammenhang zwischen Reiz und Reaktion unter vollständiger Einbeziehung aller kognitiven und aktivierenden Variablen und des sozialen Umfelds. Bei diesem hohen Anspruch gelingt es aber nicht, entsprechende quantitative Modelle zu bauen. Die Partialmethode verwendet den Black-Box-Ansatz: Sie blendet die kognitiven und aktivierenden Variablen und das soziale Umfeld aus. Dann operationalisiert sie den Reiz und die Reaktion und korreliert beide miteinander.

16. Aufgabe

a) „denkerisch": wahrnehmen, erinnern, lernen, entscheiden, etc.

b) Motive verknüpfen Emotionen mit einer Zielorientierung. Die Zielorientierung ist der kognitive Bestandteil des Motivs.

c) Physiologische Motive, Sicherheitsmotive, Kommunikationsmotive, Anerkennungsmotive, Selbstverwirklichungsmotive.

d) Widerstrebende Wahrnehmungen. Mögliche Verhaltensreaktionen sind z. B. die Negierung einer Wahrnehmung, die nachträgliche Korrektur einer Wahrnehmung, die Entschuldigung für eine Wahrnehmung, die Schuldzuweisung an einen vermuteten Verursacher der dissonanten Wahrnehmung.

e) … langfristig abgespeicherte stabile Bewertungsmuster.

f) … elektrische Erregungen von Nervenbahnen.

g) Majoritätsbewusste Käufer sind solche, die erst dann ein Produkt erwerben, wenn sie davon ausgehen, dass die Mehrheit der Menschen in ihrer Bezugsgruppe das Produkt besitzt.

17. Aufgabe

Das „buying center" ist ein Begriff aus dem Industrie- bzw. Investitionsgütermarketing. Zu einem „buying center" (Einkaufsgremium) gehören alle Personen, die an einer Kaufentscheidung mitwirken: Initiator des Kaufs, Multiplikator, Informant, Beurteiler, Entscheider, Beschaffer, Verwender.

18. Aufgabe

a) Kunden, die auf gleiche Reize gleich reagieren, werden einer Gruppe (Segment) zugewiesen. In einem Segment besteht also ein homogenes Kaufverhalten.

b) Bei den Mitgliedern eines Segments löst ein Reiz, z. B. eine Melodie oder eine Farbe, dieselbe Emotion aus. Oder der Reiz spricht die gleichen Motive und Einstellungen an. Emotionen, Motive und Einstellungen sind Kriterien, mithilfe derer eine psychische Segmentierung erfolgen kann.

c) Im Rahmen der Marketingstrategie werden Reize ausgesendet, die auf das Kaufverhalten wirken sollen. Die Reiz-Reaktionsmechanismen bei den Kunden in einem Segment müssen zeitlich stabil sein, damit die Marketingstrategie ihre Wirkung entfalten kann.

19. Aufgabe

Verhaltensweise des Kunden	hohes I.	geringes I.
Der Kunde investiert nur wenig Mittel in die Informationssuche.		X
Eine Informationswiederholung ist wichtig, um eine Erinnerungswirkung beim Kunden zu erzielen.		X
Eine Meinungsänderung des Kunden ist leicht zu erreichen.		X
Starke kognitive Dissonanzen können auftreten.	X	

20. Aufgabe

Ein Stichprobenverfahren ist dann repräsentativ, wenn jedes Element der Grundgesamtheit die gleiche Chance hat, in die Stichprobe zu gelangen. Diese Eigenschaft definiert den Begriff der uneingeschränkten Zufallsauswahl. Das einfache Stichprobenverfahren (Urnenmodell mit Zurücklegen) ist ein Spezialfall der uneingeschränkten Zufallsauswahl und ist demnach auch repräsentativ.

21. Aufgabe

a) $\overline{X} = \frac{1}{n} \sum_i X_i$ bzw. $s_X^2 = \frac{1}{n-1} \sum_i \left(X_i - \overline{X} \right)^2$.

b) „reliabel", also zuverlässig, ist ein Messverfahren dann, wenn bei jeder weiteren Messung an einem speziellen Merkmalsträger die gleichen Ergebnisse resultieren. Um Reliabilität zu sichern, müssen Ergebnisse unabhängig von der forschenden Person sein (Objektivität). Fehler treten nicht oder bei allen Messungen gleichermaßen auf.

22. Aufgabe

a) Es sei angenommen, dass wir den Anteil jeder Schicht in der Grundgesamtheit kennen. Wir führen in jeder Schicht eine Zufallsauswahl im Umfang proportional zur Schichtgröße durch und erhalten für jede Schicht ein Stichprobenergebnis. Die Stichprobenergebnisse aggregieren wir zum Gesamtergebnis. Bei diesem Verfahren können wir dann davon ausgehen, dass die Verteilung der Schichten in der Stichprobe der Verteilung dieser Schichten in der Grundgesamtheit entspricht. Dadurch reduziert sich die Varianz des Stichprobenfehlers.

b) Das Flächenstichprobenverfahren ist ein zweistufiges Verfahren: Zuerst wird eine Zufallsstichprobe aus der Menge der Flächen gezogen. Dann wird je eine Zufallsstichprobe aus den Mengen der Merkmalsträger jeder ausgewählten Fläche genommen. Wenn die Flächen gleiche Elementehäufigkeiten haben, dann ist das Verfahren repräsentativ.

c) Ja, man setzt die Stichprobe willkürlich nach bestimmten Merkmalsquoten zusammen, die man zuvor über die Grundgesamtheit recherchiert hat.

23. Aufgabe

Zwei Stichproben sind dann verbunden, wenn sich dieselben Merkmalsträger in ihnen befinden und die Zuordnung des Merkmalswerts eines Merkmalsträgers in der zweiten Stichprobe zu dem Merkmalswert desselben Merkmalsträgers in der ersten Stichprobe erhalten bleibt. Praktisches Vorgehen: Man zieht die Stichprobe per Zufallsverfahren aus der Grundgesamtheit und befragt die Merkmalsträger in der Stichprobe einmal zum ersten Zeitpunkt und dann ein zweites Mal zu einem späteren Zeitpunkt. Wenn die Zuordnung beider Merkmalswerte jedes Merkmalsträgers als Tupel erhalten bleibt, dann liegen zwei verbundene Stichproben vor.

24. Aufgabe

Eine Variable heißt nominal skaliert, wenn alternative Ausprägungen dieser Variable die Verschiedenheit zum Ausdruck bringen. Wird zusätzlich zu der Verschiedenheit noch eine

Rangordnung erkennbar, dann heißt die Variable ordinal skaliert. Bei einer kardinal skalierten Variable sind neben der Verschiedenheit und der Rangordnung auch die Abstände
der Ausprägungen inhaltlich sinnvoll interpretierbar.

25. Aufgabe

a) $\bar{x} = \sum_i h_i x_i$

   $s_X^2 = \sum_i h_i (x_i - \bar{x})^2$

b) $s_{XY} = \sum_i h_i (x_i - \bar{x}) (y_i - \bar{y})$

c) $\mu_X = \int_{-\infty}^{\infty} x \, f(x) dx$

   $\sigma_X^2 = \int_{-\infty}^{\infty} (x - \mu_X)^2 f(x) dx$

26. Aufgabe

a) $\begin{bmatrix} h_{1\bullet} \\ h_{2\bullet} \end{bmatrix} = \begin{bmatrix} 0{,}8123 \\ 0{,}1877 \end{bmatrix}$

b) $h_{i|y_1} = \begin{bmatrix} 0{,}8284 \\ 0{,}1716 \end{bmatrix}$

27. Aufgabe

a) $\mathrm{Var}(\overline{\Theta})$ ist wie folgt umzuformen:

$$\mathrm{Var}(\overline{\Theta}) = \mathrm{Var}\left(\frac{1}{n}\sum \Theta_i\right) = \frac{1}{n^2}\mathrm{Var}\left(\sum \Theta_i\right) = \frac{1}{n^2}\cdot n \cdot \mathrm{Var}(\Theta) = \frac{1}{n}\mathrm{Var}(\Theta).$$

Für $\mathrm{Var}(\Theta)$ setzen wir den in der Aufgabe gegebenen Ausdruck ein. Es folgt

$$\mathrm{Var}(\overline{\Theta}) = \frac{1}{n}\sum_{s\in S} p_s \cdot \sigma_s^2 + \frac{1}{n}\sum_{s\in S} p_s \cdot (\mu_s - \mu)^2.$$

b) $\mathrm{Var}(\hat{\mu})$ ist in der Aufgabe gegeben:

$$\mathrm{Var}(\hat{\mu}) = \sum_{s\in S} p_s \cdot \frac{n_s}{n} \cdot \frac{\sigma_s^2}{n_s}.$$

Nach kurzer Umformung erhalten wir:

$$\mathrm{Var}(\hat{\mu}) = \sum_{s\in S} p_s \cdot \frac{\sigma_s^2}{n} = \frac{1}{n}\sum_{s\in S} p_s \cdot \sigma_s^2.$$

Wir bilden jetzt die Differenz:

$$\mathrm{Var}(\overline{\Theta}) - \mathrm{Var}(\hat{\mu}) = \frac{1}{n}\sum_{s\in S} p_s \cdot (\mu_s - \mu)^2.$$

c) Die Differenz ist größer als null, wenn die Merkmalsmittelwerte in den Schichten nicht
alle mit dem Mittel der Grundgesamtheit übereinstimmen, sonst null.

28. Aufgabe

a) $0{,}05 - 1{,}645 \sqrt{\frac{0{,}1 \cdot 0{,}9}{120} + \frac{0{,}15 \cdot 0{,}85}{120}} \leq p_2 - p_1 \leq 0{,}05 + 1{,}645 \sqrt{\frac{0{,}1 \cdot 0{,}9}{120} + \frac{0{,}15 \cdot 0{,}85}{120}}$.

Konfidenzintervall: $[-0{,}02; 0{,}12]$

Mit einer Irrtumswahrscheinlichkeit von 10 % lässt sich folgern, dass die wahre Differenz $p_2 - p_1$ zwischen -2 % und 12 % liegt.

b) $H_0: \Delta_p = p_2 - p_1 = 0, \quad H_1: \Delta_p = p_2 - p_1 > 0, \quad \alpha = 5\%, \quad z_{1-\alpha} = 1{,}645$

$$\text{Var}(\Delta_h) = p \cdot (1 - p) \cdot \left(\frac{1}{n_1} + \frac{1}{n_2} \right) \approx h \cdot (1 - h) \cdot \left(\frac{1}{n_1} + \frac{1}{n_2} \right)$$

$$h = \frac{n_1 h_1 + n_2 h_2}{n_1 + n_2} = \frac{120 \cdot 0{,}1 + 120 \cdot 0{,}15}{240} = 0{,}125$$

$$z = \frac{0{,}15 - 0{,}1}{\sqrt{0{,}125 \cdot 0{,}875 \cdot \left(\frac{1}{120} + \frac{1}{120} \right)}} = \frac{0{,}05}{0{,}043} = 1{,}17 < 1{,}645$$

Die Erinnerungsleistung hat sich durch die Verlängerung der Kontaktzeit nicht signifikant erhöht.

29. Aufgabe

a) $(7{,}7 - 7{,}2) - 2{,}575 \cdot \sqrt{0{,}64 + 0{,}64} \leq (\mu_2 - \mu_1) \leq (7{,}7 - 7{,}2) + 2{,}575 \cdot \sqrt{0{,}64 + 0{,}64}$

Konfidenzintervall: $[-2{,}4133; 3{,}4133]$

$(7{,}7 - 7{,}2) - 1{,}645 \cdot \sqrt{0{,}64 + 0{,}64} \leq \mu_2 - \mu_1 \leq (7{,}7 - 7{,}2) + 1{,}645 \cdot \sqrt{0{,}64 + 0{,}64}$

Konfidenzintervall: $[-1{,}3611; 2{,}3611]$

Die wahre Zufriedenheitssteigerung liegt bei einer maximalen Fehlerwahrscheinlichkeit von nur 1 % zwischen $-2{,}4133$ und $3{,}4133$. Erhöhen wir die maximale Fehlerwahrscheinlichkeit auf 10 %, dann lautet das Konfidenzintervall der wahren Zufriedenheitssteigerung: $[-1{,}3611; 2{,}3611]$.

b) $(7{,}7 - 7{,}2) - 1{,}645 \cdot \sqrt{\frac{0{,}64}{36} + \frac{0{,}64}{36}} \leq (\mu_2 - \mu_1) \leq (7{,}7 - 7{,}2) + 1{,}645 \cdot \sqrt{\frac{0{,}64}{36} + \frac{0{,}64}{36}}$

Konfidenzintervall: $[0{,}1898; 0{,}8102]$

Die wahre Abweichung der beiden Zufriedenheitswerte liegt bei einer maximalen Fehlerwahrscheinlichkeit von 10 % zwischen 0,1898 und 0,8102.

c) $H_0: \Delta_\mu = \mu_2 - \mu_1 = 0, \quad H_1: \Delta_\mu = \mu_2 - \mu_1 > 0, \quad \alpha = 10\%, \quad z_{1-\alpha} = 1{,}28.$

$$z = \frac{7{,}7 - 7{,}2}{\sqrt{\frac{0{,}64}{36} + \frac{0{,}64}{36}}} = \frac{0{,}5}{0{,}1886} = 2{,}6517 > 1{,}28$$

H_1 wird bestätigt. Das Ergebnis spricht signifikant für eine Steigerung der Zufriedenheitswerte.

d) Das Marktforschungsinstitut behandelt die Zufriedenheitsangaben der Kunden als kardinale Größe. Eine solche Vorgehensweise ist wissenschaftlich fragwürdig. Es ist davon auszugehen, dass Zufriedenheitsangaben ordinal skaliert sind. Die Vorgehensweise in der Studie muss vor diesem Hintergrund als falsch eingestuft werden.

30. Aufgabe

Für die Wechselwahrscheinlichkeit p_X unter H_0 gilt:

$$p_X = p_X^0 = 35\,\%.$$

Für die Wechselwahrscheinlichkeit p_X unter H_1 gilt:

$$p_X > p_X^0 = 35\,\%.$$

Die standardisierte Prüfgröße z_X für die Variante V_X ist zu berechnen:

$$z_X = \frac{0,45 - 0,35}{\sqrt{\frac{0,35(1-0,35)}{100}}} = \frac{0,1}{0,0477} = 2,0966 > 1,645.$$

Wegen $z_X > z_{1-\alpha}$ entscheiden wir uns für H_1. Wir gehen von einem besonderen Substitutionszusammenhang zwischen V_X und den M-Varianten aus.

31. Aufgabe

- Anzahl der Probanden, die V_c, V_d oder V_e vor der Substitution kaufen: $n_M = 30 + 15 + 5 = 50$.
- Anzahl der Probanden, die V_c, V_d oder V_e nach der Elimination einer Benzin-Variante kaufen: $H_M = 14 + 8 + 5 = 27$.

$$p_c^0 = \frac{n_d}{n - n_c} + \frac{n_e}{n - n_c} = \frac{15}{100 - 30} + \frac{5}{100 - 30} = 0,2857$$

$$p_d^0 = \frac{n_c}{n - n_d} + \frac{n_e}{n - n_d} = \frac{30}{100 - 15} + \frac{5}{100 - 15} = 0,4118$$

$$p_e^0 = \frac{n_c}{n - n_e} + \frac{n_d}{n - n_e} = \frac{30}{100 - 5} + \frac{15}{100 - 5} = 0,4737$$

$$p_M^0 = (30 \cdot 0,2857 + 15 \cdot 0,4118 + 5 \cdot 0,4737)/50 = 0,3423$$

$$h_M = \frac{H_M}{n_M} = \frac{14 + 8 + 5}{50} = 0,54$$

$$z_{Benzin} = \frac{h_M - p_M^0}{\sqrt{\frac{p_M^0(1-p_M^0)}{n_M}}} = \frac{0,54 - 0,3423}{\sqrt{\frac{0,3423 \cdot (1-0,3423)}{50}}} = \frac{0,1977}{0,0671} = 2,9463 > 1,645$$

Bei einer Fehlerwahrscheinlichkeit von 5 % wird die Behauptung bestätigt, dass Besitzer von Benzinautos zu Benzinautos wechseln, d. h. ein Markt für Benzinautos besteht. Käufer sind also in diesem Sinne technologietreu.

32. Aufgabe

a) B_j steht für den wahren Koeffizienten: $B_j = 0$ [H_0] und $B_j \neq 0$ [H_1].

b) Ist der p_j-Wert kleiner als die gewählte Signifikanzzahl α, dann wird die Gegenhypothese H_1 angenommen.

33. Aufgabe

a) $SQA(a, b_1, b_2) = \sum_i (y_i - \hat{y}_i)^2 = \sum_i (y_i - a - b_1 x_{1i} - b_2 x_{2i})^2 \to Min$

b)
$$\frac{\partial}{\partial a} \sum_{i=1}^{n} (y_i - a - b_1 x_{1i} - b_2 x_{2i})^2 = \sum_{i=1}^{n} 2(y_i - a - b_1 x_{1i} - b_2 x_{2i}) \cdot (-1) = 0$$

$$\frac{\partial}{\partial b_1} \sum_{i=1}^{n} (y_i - a - b_1 x_{1i} - b_2 x_{2i})^2 = \sum_{i=1}^{n} 2(y_i - a - b_1 x_{1i} - b_2 x_{2i}) \cdot (-x_{1i}) = 0$$

$$\frac{\partial}{\partial b_2} \sum_{i=1}^{n} (y_i - a - b_1 x_{1i} - b_2 x_{2i})^2 = \sum_{i=1}^{n} 2(y_i - a - b_1 x_{1i} - b_2 x_{2i}) \cdot (-x_{2i}) = 0$$

34. Aufgabe

$\bar{x}_1 = 9,5$
$\bar{y} = 2,75$

$(x_{1i} - \bar{x}_1)(y_i - \bar{y})$	$(x_{1i} - \bar{x}_1)^2$	$(y_i - \bar{y})^2$
−3,125	6,25	1,5625
−0,675	2,25	0,2025
−2,125	6,25	0,7225
−1,275	2,25	0,7225
−7,2	17	3,21

$$r_{X_1 Y} = \frac{\sum_{i=1}^{n} (x_{1i} - \bar{x}_1)(y_i - \bar{y})}{\sqrt{\sum_{i=1}^{n} (x_{1i} - \bar{x}_1)^2} \cdot \sqrt{\sum_{i=1}^{n} (y_i - \bar{y})^2}} = -0,9747$$

X_1 auf X_2: $\quad \hat{x}_1 = 12,5661 - 0,8400 x_2$

Y auf X_2: $\quad \hat{y} = 1,4250 + 0,3630 x_2$

a_{12}	b_{12}	a_{02}	b_{02}
12,5661	−0,8400	1,4250	0,3630

$y_i - a_{02} - b_{02}x_{2i}$	$x_{1i} - a_{12} - b_{12}x_{1i}$	$e_{02i}e_{12i}$	$(e_{02i})^2$	$(e_{12i})^2$
0,1792	−0,0221	−0,0040	0,0321	0,0005
−0,2215	0,0539	−0,0119	0,0491	0,0029
0,0757	0,3579	0,0271	0,0057	0,1281
−0,0332	−0,3901	0,0130	0,0011	0,1522
	Summe:	0,0242	0,0880	0,2837

$$r_{X_1 Y}^{par} = \frac{\sum_{i=1}^{n} (x_{1i} - a_{12} - b_{12}x_{1i})(y_i - a_{02} - b_{02}x_{2i})}{\sqrt{\sum_{i=1}^{n} (x_{1i} - a_{12} - b_{12}x_{1i})^2} \cdot \sqrt{\sum_{i=1}^{n} (y_i - a_{02} - b_{02}x_{2i})^2}} = 0,1532$$

35. Aufgabe

a)

Alternativen	Person 1	Person 2	Position Person 1	Rang Person 1	Position Person 2	Rang Person 2
A	5	10	4	4	5	5,5
B	1	10	1	1	6	5,5
C	2	3	2	2,5	1	1,5
D	7	5	5	5,5	3	3
E	7	8	6	5,5	4	4
F	2	3	3	2,5	2	1,5

$\overline{\varrho} = 3{,}5, \overline{\varsigma} = 3{,}5, \sigma_{RS} = \frac{1}{6}\left[(4 - 3{,}5)(5{,}5 - 3{,}5) + (1 - 3{,}5)(5{,}5 - 3{,}5) + \ldots\right] = 0$

Die Bewertungen der beiden Personen stehen in diesem Fall weder in einem positiven noch in einem negativen Zusammenhang. Vielmehr sind sie nicht miteinander korreliert.

b) Die Bewertungen U werden z. B. in folgender Weise streng monoton steigend und nichtlinear in die Bewertung U^T transformiert: $U_i^T = 2 + U_i^2$.

Alternativen	Person 1	Person 2	Position Person 1	Position Person 2
A	27	102	4	5
B	3	102	1	6
C	6	11	2	1
D	51	27	5	3
E	51	66	6	4
F	6	11	3	2

Die Transformation hat keinen Einfluss auf die Positionsnummern und deshalb auch nicht auf die Ränge. Der Rangkorrelationskoeffizient bleibt unverändert bei null. Im Allgemeinen kann festgestellt werden, dass der Rangkorrelationskoeffizient stabil gegen streng monoton steigende Transformationen der Bewertungen ist.

36. Aufgabe

H_0: $E(r_{RS}) = 0$ und H_1: $E(r_{RS}) \neq 0$

a) $z_{1-\alpha} = 1{,}645$

$$z = r_{RS}\sqrt{n - 1} = 0{,}42\sqrt{40 - 1} = 2{,}62 > 1{,}645$$

H_1 wird angenommen. Die Daten sprechen signifikant dafür, dass die beiden Merkmale korreliert sind.

b) $t_{95\%; f=13} = 1{,}77$

$$t = \frac{r_{RS}}{\sqrt{1 - r_{RS}^2}}\sqrt{n - 2} = \frac{0{,}42}{\sqrt{1 - 0{,}1764}}\sqrt{15 - 2} = 1{,}6686 < 1{,}77$$

H_0 wird nicht verworfen. Man geht weiterhin von unkorrelierten Merkmalen aus.

37. Aufgabe

a) Im ersten Fall beträgt die gesuchte Wahrscheinlichkeit maximal 4 %. Sie entspricht der maximalen Wahrscheinlichkeit des Fehlers erster Ordnung. Im zweiten Fall kann man die Wahrscheinlichkeit nicht angeben, da man die Merkmalsverteilung unter H_1 nicht kennt.

b) $E(QK) = 32$ und $Var(QK) = 64$

$$P(QK \leq 48) = F_{St}\left(\frac{48-32}{\sqrt{64}}\right) = F_{St}(2) = 0,9772 > 0,96$$

Bei einer Fehlerwahrscheinlichkeit von $\alpha = 4\,\%$ bestätigt der Test die H_1-Hypothese: Die beiden Variablen sind stochastisch abhängig.

38. Aufgabe

	H_{ij}	grün y_1	rot y_2	$n_{i\bullet}$
ja	x_1	14	8	22
nein	x_2	7	11	18
	$n_{\bullet j}$	21	19	40

	h_{ij}	grün y_1	rot y_2	$h_{i\bullet}$
ja	x_1	0,35	0,2	0,55
nein	x_2	0,175	0,275	0,45
	$h_{\bullet j}$	0,525	0,475	1

	E_{ij}	grün y_1	rot y_2	$n_{i\bullet}$
ja	x_1	11,55	10,45	22
nein	x_2	9,45	8,55	18
	$n_{\bullet j}$	21	19	40

$$QK = \frac{(14-11,55)^2}{11,55} + \frac{(8-10,45)^2}{10,45} + \frac{(7-9,45)^2}{9,45} + \frac{(11-8,55)^2}{8,55}$$
$$= 0,5197 + 0,5744 + 0,6352 + 0,7020 = 2,4313$$
$$f = (2-1)(2-1) = 1, \quad 2,4313 < QK_{1-\alpha=95\,\%;\,f=1} = 3,84$$

Aufgrund des Tests kommt man nicht zu dem Schluss, dass die Überschreitung der 1 %-Marke davon abhängt, ob zuvor eine Werbemaßnahme durchgeführt wurde oder nicht.

39. Aufgabe

a) Der Marktanteil kann nicht über eins liegen, da der Absatz eines Unternehmens bzw. Produktfelds nie größer sein kann als der Gesamtabsatz im Markt.

b) Der relative Marktanteil kann nicht negativ sein. Er ist der Quotient des Marktanteils eines Unternehmens bzw. Produktfelds und des Marktanteils des stärksten Konkurrenzunternehmens bzw. -produktfelds. Beide Werte sind nichtnegativ, da es keine negativen Absatzmengen gibt.

40. Aufgabe

a) Der Jahresüberschuss ist die Differenz zwischen Erträgen und Aufwendungen in der Gewinn- und Verlustrechnung.

b) Wenn man den Jahresüberschuss um den Gewinn- bzw. Verlustvortrag korrigiert, Entnahmen aus den Rücklagen hinzuaddiert und Einstellungen in die Rücklagen abzieht, dann erhält man den Bilanzgewinn.

c) Wenn man zu den Umsatzerlösen der Abrechnungsperiode die Lagerveränderung, bewertet zu Herstellungskosten hinzuzählt und die betrieblichen Aufwendungen abzieht, dann erhält man das Betriebsergebnis.

d) Die Eigenkapitalrentabilität erhält man, indem man den bilanziellen Jahresüberschuss der Abrechnungsperiode durch das bilanzielle Eigenkapital teilt.

e) Der Netto-Cash-Flow ist ein Liquiditätsmaß. Er misst die Änderung der im Unternehmen verfügbaren geldlichen Mittel. Bilanziell kann man den Netto-Cash Flow in folgender Weise bestimmen: Jahresüberschuss + Abschreibung + Erhöhung der langfristigen Rückstellungen − Zuschreibungen − Verminderung der langfristigen Rückstellungen − Gewinnsteuerzahlung − Gewinnausschüttung.

41. Aufgabe

a) $s_{ij} = \left(\dfrac{\text{Umsatz } U_{ij} \text{ von Unternehmen i mit Produkt j}}{\text{Marktumsatz } U_j \text{ der Branche}} \right) \cdot 100\,\%$

$s_{ij}^{rel} = \dfrac{s_{ij}}{s_{hj}}$

Unternehmen i	Umsatz in €	Marktanteil s_{ij} in %	rel. Marktanteil s_{ij}^{rel} in %
1	1,2 Mio.	8,57	20,00
2	6 Mio.	42,86	120,00
3	5 Mio.	35,71	83,33
4	600.000	4,29	10,00
5	800.000	5,71	13,33
6	400.000	2,86	6,67

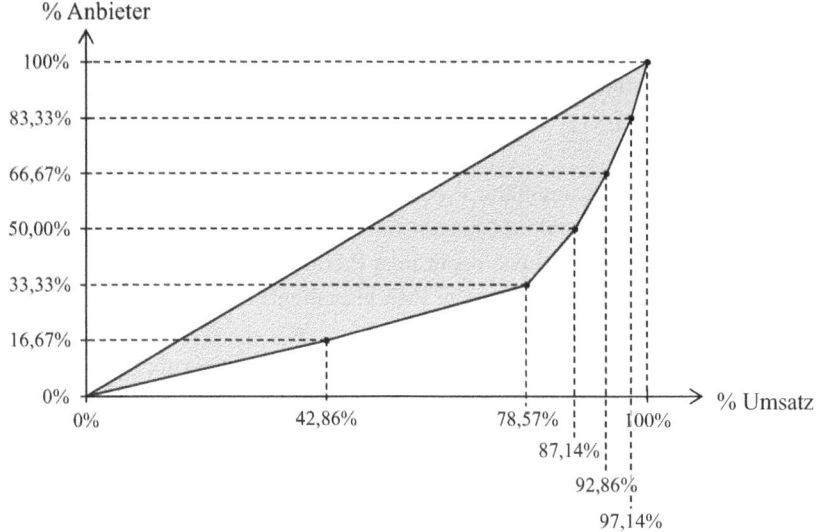

c) $G_j = \dfrac{1}{0,5} \cdot \Bigg[0,5 - \dfrac{0,1667 \cdot 0,4286}{2} - \dfrac{(0,1667 + 0,3333) \cdot 0,3571}{2}$

$\qquad\qquad - \dfrac{(0,3333 + 0,5) \cdot 0,0857}{2} - \dfrac{(0,5 + 0,6667) \cdot 0,0572}{2}$

$\qquad\qquad - \dfrac{(0,6667 + 0,8333) \cdot 0,0428}{2} - \dfrac{(0,8333 + 1,0) \cdot 0,0286}{2} \Bigg] = 0,4952$

$H_j = \displaystyle\sum_i^n s_{ij}^2$

$\quad = 0,0857^2 + 0,4286^2 + 0,3571^2 + 0,0429^2 + 0,0571^2 + 0,0286^2 = 0,3245$

42. Aufgabe

Der Gini-Koeffizient nimmt bei vollkommener Gleichverteilung den Wert Null an. Wenn Unternehmen im Markt zunächst unterschiedliche Umsätze erzielen und dann einige Unternehmen die anderen kaufen und in der Folge sich die Umsätze der verbleibenden Unternehmen angleichen, dann sinkt hierdurch der Gini-Koeffizient. Nach dem allgemeinen und intuitiven Verständnis hat die Konzentration aber zugenommen, da sich der Gesamtumsatz nach den Übernahmen auf nunmehr weniger Unternehmen verteilt.

43. Aufgabe

a) Forschungs- und Entwicklungsphase, Einführungs-, Wachstums-, Reife-, Sättigungs- und Rückgangsphase.

b) Zum einen muss die teils jahrelange Forschungs- und Entwicklungsphase abgeschlossen sein, damit eine Markteinführung stattfinden kann. Zum anderen darf die Rückgangsphase erst dann beginnen, wenn neue Produkte eingeführt werden können. Eine verzögerte Markteinführung oder eine verfrühte Produktbeerdigung, ohne Ausgleich durch andere Produkte, unterbricht den Liquiditätsstrom und kann in den Konkurs führen.

c) Unternehmen diversifizieren ihr Produktsortiment und sorgen für zeitversetzte Zyklen.

44. Aufgabe

a) Statt klar abgegrenzter singulärer Produkte bieten Unternehmen Produktvarianten an, die als differenzierte Problemlösungen für Kunden konzipiert sind. Die Gesamtheit dieser Varianten eines Produkts nennt man Produktfeld. Die Kombination eines Produktfelds mit einem Kundensegment (Marktsegment) kennzeichnet ein Strategisches Geschäftsfeld.

b) Strategische Geschäftseinheiten sind im Unternehmen organisatorisch verankerte Strategische Geschäftsfelder. Wenn Sparten nach Produktfeldern und Segmenten gebildet werden, dann sind diese Sparten gleichzeitig Strategische Geschäftseinheiten. Allerdings werden Sparten in der Praxis häufig nach produktionstechnischen Gesichtspunkten konzipiert. So fasst z. B. ein Automobilhersteller alle PKW in einer Sparte zusammen, auch wenn PKW an sehr unterschiedliche Segmente geliefert werden: private Haushalte, öffentliche Abnehmer (Polizei, Militär, Ministerien etc.) und Unternehmen (Leasingfirmen, Logistikdienstleister, Industrie etc.).

45. Aufgabe

a) Der „relative Marktanteil" ist folgendermaßen definiert: eigener Marktanteil relativ zum Marktanteil des stärksten Konkurrenten. Der Marktanteil ist die verkaufte Menge q geteilt durch die von allen Anbietern im Markt verkaufte Menge Q.

b) Abgrenzung von Q: Alle „nahen" Substitute. Problem: Ermittlung der „nahen" Substitute. Lösungsmöglichkeit: Befragung der (potentiellen) Kunden nach ihrer zweitbesten Wahl („forced-switching").

c) Geometrisches Mittel: $\sqrt[7]{\frac{2500}{800}} - 1 = 0,1768 = 17,68\,\%$.

d) A besitzt einen hohen relativen Marktanteil. Das bedeutet bei einer linearen Gesamtkostenfunktion, dass die zurechenbaren Stückkosten im Vergleich zu den zurechenbaren Stückkosten der Wettbewerber niedrig sind (Diagramm nachfolgend links). Aber auch bei U-förmigem Stückkostenverlauf kann argumentiert werden, dass größere Anlagen bei höherer Produktion zu geringeren Stückkosten führen. Durch das Marktwachstum werden die Absatzpreise nach oben gezogen (Diagramm nachfolgend rechts). Nehmen wir den Stückkosten- und den Preiseffekt zusammen, dann folgt, dass das SGF A, relativ zu den Wettbewerbern, einen hohen Stückdeckungsbeitrag II erzeugt, so dass die Liquiditätssituation vor Investitionen vermutlich sehr gut aussieht.

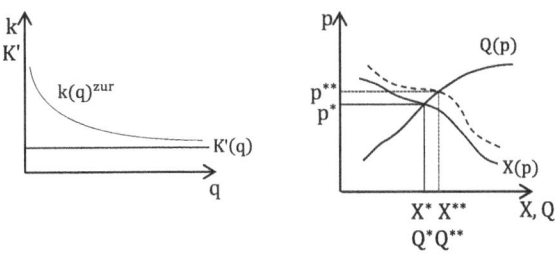

46. Aufgabe

a) Relativer Wettbewerbsvorteil: Diese Größe aggregiert die Erfolgsvariablen, die das Unternehmen beeinflussen kann.

b) Marktattraktivität: Diese Größe aggregiert die Erfolgsvariablen, die das Unternehmen nicht beeinflussen kann.

c) In beiden Fällen kommt die Nutzwertanalyse zur Anwendung.

47. Aufgabe

a) Die Nutzwerte können folgendermaßen berechnet werden:

Merkmale	Strategische Geschäftsfelder				
	A	B	C	D	E
rel. Wettbewerbsvorteil					
technische Kompetenz im Geschäftsfeld	6	1	6	4	6
Qualität der Führungskräfte im Geschäftsfeld	1	2	7	3	8
Kostenvorteil in der Produktion	8	1	9	3	5
Kreditwürdigkeit	2	2	2	2	2
relativer Marktanteil	7	4	6	5	6
Nutzwert	**4,8**	**2**	**6**	**3,4**	**5,4**
Marktattraktivität					
Substitute der Wettbewerber	8	4	3	2	5
Konjunkturanfälligkeit der Geschäftsfelder	9	1	2	6	4
übliche Kundentreue in der Branche	7	1	4	5	7
Wachstum des Marktes	10	2	3	7	2
langfristige Marktrendite	9	1	5	4	4
Nutzwert	**8,6**	**1,8**	**3,4**	**4,8**	**4,4**
Umsatz [Mio. €]	100	50	200	100	250

Das Portfoliomodell kann folgendermaßen skizziert werden:

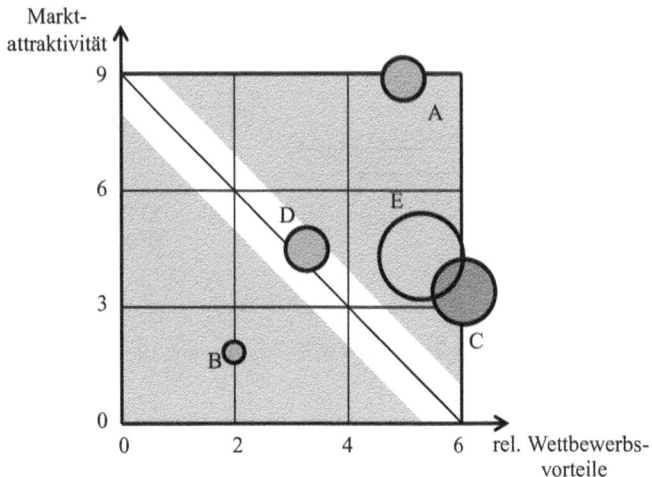

b) In A, C, und E sollte man investieren. Das SGF B sollte abgeschöpft werden. Das SGF
    D muss genauer untersucht werden.

48. Aufgabe

$+4$ steht für eine herausragende und -4 für eine schlechte Bewertung. Die Nutzwertana-
lysen können in der folgenden Weise konzipiert werden:

Merkmale (Gewicht)	Strategische Geschäftsfelder			
rel. Wettbewerbsvorteil	**A**	**V**	**F**	**M**
Fach- und Führungsqualität (0,25)	$+1$	-3	-1	-2
Qualität der Produkte (0,25)	$+3$	0	$+3$	-2
Relativer Marktanteil (0,25)	$+4$	-3	$+1$	$+1$
Fertigungskosten (0,25)	-2	-2	0	$+1$
Nutzwert	**1,5**	**−2**	**0,75**	**−0,5**
Marktattraktivität				
Nachfragedynamik (0,5)	-2	$+3$	$+4$	0
Anzahl und Verhalten der Wettbewerber (0,5)	0	-2	0	0
Nutzwert	**−1**	**0,5**	**2**	**0**

a) Umsatzangaben gibt es nicht. Nachfolgend wird das Portfolio skizziert.

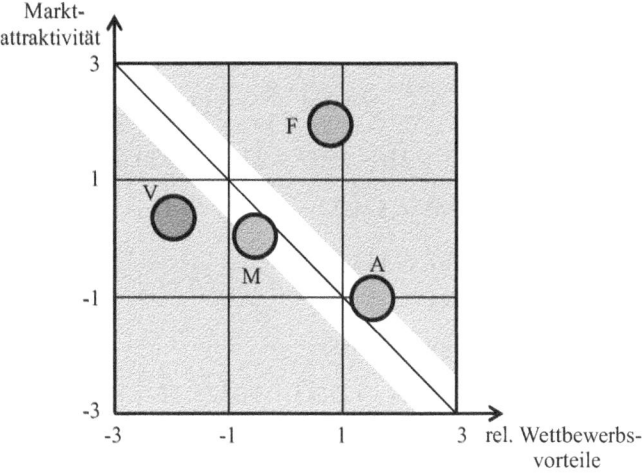

b) In die SGE F sollte man investieren. Die SGE A und die SGE M müssen weiter beobachtet werden. Genauere Untersuchungen sind hier nötig. Die SGE V sollte man
auslaufen lassen.

49. Aufgabe

$$g_{1+2} = g_3 = 0,4 \cdot 12 + 0,3 \cdot 24 + 0,2 \cdot 32 + 0,1 \cdot 26 = 21,0$$

$$g_{2+2} = g_4 = 0,4 \cdot 24 + 0,3 \cdot 32 + 0,2 \cdot 26 + 0,1 \cdot 12 = 25,6$$

$$g_{3+2} = g_5 = 0,4 \cdot 32 + 0,3 \cdot 26 + 0,2 \cdot 12 + 0,1 \cdot 32 = 26,2$$

$$g_{4+2} = g_6 = 0,4 \cdot 26 + 0,3 \cdot 12 + 0,2 \cdot 32 + 0,1 \cdot 38 = 24,2$$

$$g_{5+2} = g_7 = 0,4 \cdot 12 + 0,3 \cdot 32 + 0,2 \cdot 38 + 0,1 \cdot 34 = 25,4$$

50. Aufgabe

2013: 1,4 Mrd. GE

2014: $\frac{120}{122} \cdot 2,0$ Mrd. GE $= 1,97$ Mrd. GE

2015: $\frac{120}{126} \cdot 1,4$ Mrd. GE $= 1,33$ Mrd. GE

2016: $\frac{120}{131} \cdot 4,0$ Mrd. GE $= 3,66$ Mrd. GE

51. Aufgabe

t	x	y
1987	$1987 - 1987 + 1 = 1$	120
1988	$1988 - 1987 + 1 = 2$	116
1989	$1989 - 1987 + 1 = 3$	128

a) $b = \dfrac{n \cdot \sum x_i\, y_i - \sum x_i \sum y_i}{n \cdot \sum x_i{}^2 - \sum x_i \sum x_i} = \dfrac{2208 - 2184}{42 - 36} = 4$

$\quad a = \dfrac{1}{n} \sum y_i - b \cdot \dfrac{1}{n} \sum x_i = \dfrac{1}{3} \cdot 364 - 4 \cdot \dfrac{6}{3} = 113{,}33$

$\quad \hat{y} = 113{,}33 + 4x = 113{,}33 + 4(t - 1987 + 1) = -7830{,}67 + 4t$

b) $\quad \bar{y} = \dfrac{1}{3}(120 + 116 + 128) = 121{,}33$

$\quad \hat{y}_{1987} = -7830{,}67 + 4 \cdot 1987 = 117{,}33$

$\quad \hat{y}_{1988} = -7830{,}67 + 4 \cdot 1988 = 121{,}33$

$\quad \hat{y}_{1989} = -7830{,}67 + 4 \cdot 1989 = 125{,}33$

$$R^2 = \frac{s_{\hat{Y}}^2}{s_Y^2} = \frac{\frac{1}{3}\left((117{,}33 - 121{,}33)^2 + (125{,}33 - 121{,}33)^2\right)}{\frac{1}{3}\left((120 - 121{,}33)^2 + (116 - 121{,}33)^2 + (128 - 121{,}33)^2\right)}$$

$$= \frac{10{,}6667}{24{,}8889} = 0{,}4286 = 42{,}86\,\%$$

c) $\hat{y}_{1995} = -7830{,}67 + 4 \cdot 1995 = 149{,}33$ [Mrd. GE]

52. Aufgabe

a) Das Weiße Rauschen $\langle \mathcal{E}_t \rangle = \mathcal{E}_1, \mathcal{E}_2, \mathcal{E}_3, \ldots$ besitzt einen Erwartungswert $E(\mathcal{E}_t)$ von null für alle t. Die Varianz $\mathrm{Var}(\mathcal{E}_t)$ ist konstant für alle t. Die Kovarianz $\mathrm{Cov}(\mathcal{E}_t, \mathcal{E}_{t-j})$ zwischen $\mathcal{E}_t$ und allen $\mathcal{E}_{t-j}$ mit $j > 0$ ist null für alle t. Das Weiße Rauschen ist ein schwach stationärer Prozess. Sind die $\mathcal{E}_t$ für alle t normalverteilt, dann ist das Weiße Rauschen auch streng stationär.

b) Wir treffen die folgende Zuweisung:

Ergebnis des Wurfs	Kopf	Zahl
Zuweisung	2	−2
Wahrscheinlichkeit	0,5	0,5

Jetzt werfen wir die ideale Münze 8-mal (Experiment):

Wurf (Zeitpunkt)	1	2	3	4	5	6	7	8
Ergebnis des Wurfs	Zahl	Zahl	Kopf	Zahl	Zahl	Kopf	Kopf	Zahl
stochastischer Prozess $\langle \mathcal{E}_t \rangle$	−2	−2	2	−2	−2	2	2	−2

c) $\quad E(\mathcal{E}_t) = 0{,}5 \cdot 2 + 0{,}5 \cdot (-2) = 0, \quad$ für alle t

$\quad \mathrm{Var}(\mathcal{E}_t) = 0{,}5 \cdot (2 - 0)^2 + 0{,}5 \cdot (-2 - 0)^2 = 4, \quad$ für alle t

$\mathrm{Cov}(\mathcal{E}_t, \mathcal{E}_{t-j}) = 0{,}25 \cdot (2 - 0)(2 - 0) + 0{,}25 \cdot (2 - 0)(-2 - 0)$

$\qquad\qquad + 0{,}25 \cdot (-2 - 0)(2 - 0) + 0{,}25 \cdot (-2 - 0)(-2 - 0)$

$\qquad = 1 - 1 - 1 + 1 = 0, \quad$ für alle t und $j > 0$.

53. Aufgabe

a) Bei einem schwach stationären Prozess gleichen alle Erwartungswerte $E(Y_t), t = 1, 2, \ldots$ einem konstanten Wert μ. Es gilt also: $E(Y_t) = E(a + bY_{t-1} + \mathcal{E}_t) = a + b\mu + 0 = \mu$. Es folgt: $\mu = \frac{a}{1-b}$ mit $|b| < 1$.

b)
$$
\begin{aligned}
\mathrm{Cov}(Y_t, Y_{t-1}) &= E\left[(Y_t - E(Y_t))\,(Y_{t-1} - E(Y_{t-1}))\right] \\
&= E\left[(\mathcal{E}_t + a_1\mathcal{E}_{t-1}) \cdot (\mathcal{E}_{t-1} + a_1\mathcal{E}_{t-2})\right] \\
&= E\left[\mathcal{E}_t\mathcal{E}_{t-1} + a_1\mathcal{E}_t\mathcal{E}_{t-2} + a_1\mathcal{E}_{t-1}{}^2 + a_1^2\mathcal{E}_{t-1}\mathcal{E}_{t-2}\right] \\
&= E(\mathcal{E}_t\mathcal{E}_{t-1}) + a_1 E(\mathcal{E}_t\mathcal{E}_{t-2}) + a_1 E\left(\mathcal{E}_{t-1}{}^2\right) + a_1^2 E(\mathcal{E}_{t-1}\mathcal{E}_{t-2}) \\
&= a_1\sigma_{\mathcal{E}}^2
\end{aligned}
$$

und $\mathrm{Cov}(Y_t, Y_{t-1}) = 0,\quad$ für alle $j > 1$.

54. Aufgabe

Alle Ergebnisse heutiger Maßnahmen liegen in der Zukunft. Um dennoch optimale Entscheidungen über heutige Maßnahmen treffen zu können, muss man die zukünftigen Ergebnisse in Hinblick auf ihre erwarteten Zielerreichungsgrade miteinander vergleichen. Eine Prognose dieser Ergebnisse ist für eine optimale Entscheidungsfindung deshalb zwingend nötig.

2.1 Symbol- und Variablenverzeichnis

a, b	berechnete Regressionskoeffizienten
α	Fehlerwahrscheinlichkeit (1. Ordnung)
b	Formparameter Weibullverteilung
B_{10}	B10-Lebensdauer
β	Fehlerwahrscheinlichkeit (2. Ordnung)
cc	Annahmezahl im einstufigen Prüfplan
cc_0, cc_1, cc_2	Annahmezahlen im zweistufigen Prüfplan
χ_f^2	Chi-Quadrat Verteilung mit f Freiheitsgraden
χ_H^2	Chi-Quadrat Prüfgröße des Anpassungstests
$\chi_{1-\alpha;f}^2$	kritischer Wert
Δ	Differenz
e	Eulersche Zahl
$E(\ldots)$	Erwartungswert
$f(\ldots)$	Wahrscheinlichkeits- bzw. Dichtefunktion
$f_{Bi}(\ldots)$	Wahrscheinlichkeitsfunktion der Binomialverteilung
f	Zahl der Freiheitsgrade
$F(\ldots)$	Verteilungsfunktion, Funktion der kumulierten Ausfallwahrscheinlichkeiten
$F_{St}(\ldots)$	Verteilungsfunktion der Standardnormalverteilung
$F_n(\ldots)$	Summenhäufigkeit
GE	Geldeinheit
H	absolute Häufigkeit
H_0, H_1	Nullhypothese, Gegenhypothese
i	Rangzahl
i, j	Index

k	Anzahl nicht normgerechter Teile in der Stichprobe (Operationscharakteristik), Anzahl der Teile je Prüflos (Sudden Death)
$k_{1-\alpha}$	kritischer Wert (KS-Anpassungstest)
k	Anzahl der Klassen (χ^2-Anpassungstest)
$\bar{k}$	mittlere Erneuerungskosten
k_A	Kosten bei Ausfall
k_E	Kosten bei Erneuerung
$\bar{k}_{ZE}$	durchschnittliche Erneuerungskosten pro ZE
K	Anzahl nicht normgerechter Teile einer Lieferung (Grundgesamtheit)
K_n	Prüfgröße (KS-Anpassungstest)
$\lambda, \hat{\lambda}$	Ausfallrate, Schätzwert der Ausfallrate
m	Anzahl der Prüflose
Min	Minimum
MTTFF	Mean Time To First Failure
n, N	absolute Anzahl, Gesamtanzahl
n_{ges}	gesamter Strichprobenumfang
n_I	Stichprobengröße 1. Prüfstufe
n_{II}	Stichprobengröße 2. Prüfstufe
OC(. . .)	Operationscharakteristik
p, P	Punktwahrscheinlichkeit, Wahrscheinlichkeit
$P_{H_0}(\ldots)$	Wahrscheinlichkeit unter Gültigkeit der Nullhypothese
q	Ausschussquote, Ausfallquote
q_n	Ausfallquote in Periode n
r	Planausfälle zwecks Prüfende
R(. . .)	Zuverlässigkeitsfunktion
$R_E(\ldots)$	Zuverlässigkeitsfunktion bei periodischer Erneuerung
$\mathbb{R}$	Menge reeller Zahlen
sup(. . .)	Supremum (kleinste obere Schranke)
SQA(. . .)	Summe der quadrierten Abweichungen
t	Periode, Zeitpunkt
$\bar{t}$	Mittelwert von t
T	Charakteristische Lebensdauer, Periodenlänge
T_E	Erneuerungsperiode
T_v	Sicherheitsperiode
T^*	optimale Periode
τ	zufällige Dauer bis zum ersten Ausfall
v	Verfügbarkeitsrate
Var(. . .)	Varianz
w	Wahrscheinlichkeitswert
W	empirische Wahrscheinlichkeit
x, X	Realisation von X, Zufallsvariable X
$\bar{x}, \bar{X}$	Mittelwert von x bzw. von X

X_I, X_{II}	Ausschussanzahl 1. bzw. 2. Prüfstufe
y, Y	Realisation von Y, Zufallsvariable Y
$\overline{y}$, $\overline{Y}$	Mittelwert von y bzw. von Y
$\hat{y}$	Schätzwert für y, Prognosewert für y
z, Z	Realisation von Z, Zufallsvariable Z (standardisiert)
ZE	Zeiteinheit

2.2 Einleitung

Der Produkterfolg wird vom Preis und vom Anwendungsnutzen bestimmt. Der Anwendungsnutzen, den eine bezogene Komponente beim industriellen Kunden erzeugt, hängt maßgeblich von der Zuverlässigkeit (Reliability) dieses Bauteils ab. Unter der Zuverlässigkeit verstehen wir die Wahrscheinlichkeit, mit der eine Komponente während einer definierten Zeitdauer unter gegebenen Funktions- und Umgebungsbedingungen nicht ausfällt. Vor allem für Industriebetriebe, die Maschinen und Anlagen mit hohem Wert einsetzen oder Vorprodukte in großen Stückzahlen nachfragen und verwenden, ist der ungestörte Materialfluss und damit die Zuverlässigkeit von großer Wichtigkeit.

Ausfälle einzelner Komponenten können ggf. ganze Fertigungssysteme beeinträchtigen (siehe Bd. I, Abschn. 2.9: Systemfunktionen). Es ist deshalb notwendig, sich mit der Zuverlässigkeit von Komponenten zu beschäftigen. Wahrscheinlichkeitsverteilungen geben an, wie die Lebensdauer einer Komponente bis zum ersten Ausfall verteilt ist. Sind die Lebensdauerverteilungen erst einmal bekannt, dann lassen sich technische Konstruktionen und Fertigungsabläufe, Instandhaltungsstrategien sowie betriebliche Produktions- und Investitionsentscheidungen unter Berücksichtigung der Zuverlässigkeit optimieren.

2.3 Annahmekontrolle

Bevor ein Produkt in den Verkauf gelangt, werden Rohstoffe, Grundstoffe, diverse Vorprodukte unterschiedlichen Fertigstellungsgrads und schließlich das fertige Verkaufsprodukt zwischen verschiedenen Produktions- und Handelsbetrieben oftmals global hin und her bewegt. In dem Werterstellungsprozess des Produkts treffen immer wieder Lieferanten und Kunden aufeinander, die die Ware weiterverarbeiten oder durchhandeln. Kunden arbeiten in diesem Prozess mit ihren Zulieferern zusammen, um bereits in der Ausgangskontrolle des Lieferanten für eine hohe Normgerechtigkeit der zu beschaffenden Produkte zu sorgen. Außerdem führen Kunden eigene Annahmekontrollen durch (siehe Abb. 2.1). Eine Überprüfung jeder einzelnen Komponente ist in der Regel weder in der Ausgangskontrolle noch in der Eingangskontrolle wirtschaftlich, zumal sich manche Prüfungen der beschafften Ware nur durch ihre Zerstörung durchführen lassen. Die Entscheidung über die Annahme oder Ablehnung einer Lieferung wird deshalb regelmäßig auf Grundlage der Prüfergebnisse einer Teilauswahl aus der Lieferung getroffen.

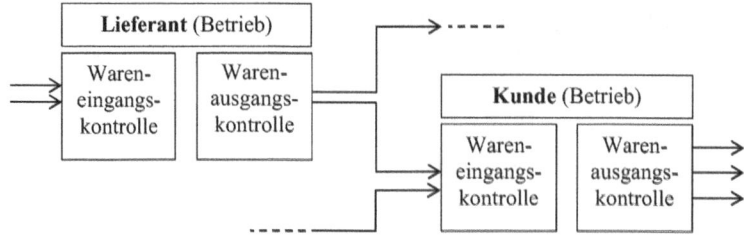

Abb. 2.1 Lieferkette

Vor der eigentlichen Warenausgangs- bzw. -eingangskontrolle sind Entscheidungen über den zu verwendenden Prüfplan, über das Stichprobenverfahren und den Stichprobenumfang zu treffen. Typischerweise wird aus einer Lieferung mit definiertem Umfang eine Zufallsstichprobe ohne Zurücklegen entnommen. Es wird die Normentsprechung der Stichprobenelemente (Merkmalsträger) geprüft. Mithilfe eines statistischen Tests wird dann auf die Beschaffenheit der gesamten Lieferung geschlossen. Im Ergebnis wird die Lieferung in ihrer Gesamtheit angenommen oder abgelehnt. Weil Grundlage dieses Verfahrens keine Vollerhebung, sondern eine Stichprobe ist, kann die resultierende Entscheidung nicht mit Sicherheit als richtig angesehen werden.

2.3.1 Entscheidungsproblematik

Zur Erstellung eines Prüfplans für die Ausgangs- oder Eingangskontrollen sind zunächst die folgenden Festlegungen notwendig:

1. die Prüfnormen,
2. der Stichprobenumfang n,
3. die Annahmezahl cc.

Mithilfe dieser Festlegungen wird auf Basis eines Stichprobenergebnisses entschieden, ob die abgehende bzw. ankommende Lieferung für die Verwendung freigegeben wird oder nicht. Die Ausschussquote q entspricht dabei der Wahrscheinlichkeit, dass ein zufällig der kompletten Lieferung entnommenes und zu prüfendes Teil im Sinne der Prüfstandards inakzeptabel und somit Ausschuss ist. Mit der Ausschussquote eng verwandt ist die Ausfallquote $q(t)$, die wir im Zusammenhang mit Lebensdauerverteilungen verwenden. Während die Ausfallquote $q(t)$ eine Messgröße über die Zeit darstellt (Längsschnitt), handelt es sich bei der Ausschussquote q um ein zeitpunktbezogenes Strukturmerkmal einer Komponentenmenge (Querschnitt).

Die Annahme oder Ablehnung einer Lieferung basiert auf der folgenden Überlegung: Überschreitet die Anzahl nicht normgerechter Teile in der Stichprobe die Annahmezahl cc, dann geht man von einer zu hohen Ausschussquote q in der Lieferung aus: Der Auftrag wird dann durch den Lieferanten nicht freigegeben (Ausgangskontrolle) bzw. durch den Kunden nicht angenommen (Eingangskontrolle).

Häufig arbeiten Lieferanten und Kunden in der Beschaffung zusammen, so dass gemeinsame Prüfstandards und Prüfparameter vereinbart werden. Zur organisatorischen Vereinfachung und Kostenreduktion entfällt manchmal sogar die Eingangskontrolle beim Kunden ganz. Die Prüfung wird vollständig in die Hand des Lieferanten gelegt. Das kann bei Reklamationen allerdings rechtliche Probleme aufwerfen.

Durch die Prüfung entsteht eine Unsicherheit, die beide Parteien tragen. Der Lieferant trägt das Risiko, dass die Stichprobe die Vermutung einer zu hohen Ausschussquote in der gesamten Lieferung nahelegt, obwohl das in Wahrheit nicht der Fall ist. Wir bezeichnen dieses als das Lieferantenrisiko des Prüfplans. Der Kunde hingegen trägt das Risiko, dass die Stichprobe die Vermutung einer akzeptablen Ausschussquote nahelegt, diese aber in Wahrheit inakzeptabel ist. Dieses bezeichnen wir als das Kundenrisiko des Prüfplans. Durch die Festlegung der Prüfnormen, des Stichprobenumfangs und der Annahmezahl lässt sich die Risikoverteilung zwischen Lieferant und Kunde beeinflussen.

Zur Entwicklung des Prüfplans kann man zunächst ein maximales Irrtumsrisiko für eine Partei, z. B. den Lieferanten, festlegen und dann den Stichprobenumfang n und die Annahmezahl cc an dieses Irrtumsrisiko anpassen.

Beispiel

Ein Unternehmer benötigt Montagebolzen, die eine bestimmte Festigkeit besitzen müssen. Diese Bolzen werden in großen Mengen bezogen. Der Lieferant garantiert, dass in einer Lieferung (maximal) $q_0 = 10\%$ der Bauteile nicht normgerecht, also Ausschussware sind. Der Bruch eines einzelnen Bolzens ist harmlos. Wenn aber mehrere Bolzen gleichzeitig versagen, kann das zu einem hohen Schaden führen. Es erfolgt deshalb eine besonders gründliche Annahmekontrolle. Hierzu wird der Lieferung eine Zufallsstichprobe entnommen. Mit dem Lieferanten wurde einvernehmlich ein Prüfplan abgestimmt, der einen Stichprobenumfang von n = 100 und eine nachfolgend zu bestimmende Annahmezahl cc vorsieht. Überschreitet die Anzahl der nicht normgerechten Bauteile in der Stichprobe diese Annahmezahl, geht die Lieferung zurück. Das Ergebnis der Stichprobe spricht dann dafür, dass der Ausschussanteil in Höhe von $q_0 = 10\%$ in der Lieferung überschritten ist.

Durch einen Hypothesentest soll geprüft werden, ob die Zusage des Lieferanten, dass die Lieferung einen Ausschussanteil von $q_0 = 10\%$ besitzt, haltbar ist. Eine ausführliche Erklärung des Hypothesentests findet sich in Bd. I, Abschn. 3.6. Das Signifikanzniveau wird mit $\alpha = 0,05$ festgelegt. Die Hypothesen sind wie folgt definiert: $q \leq 10\%$ [H_0] und $q > 10\%$ [H_1].

Als Prüfgröße dient die Anzahl X nicht normgerechter Bolzen:

$$X = \sum_{i=1}^{n} X_i \quad \text{mit} \quad X_i = \begin{cases} 1, & \text{Bolzen i ist defekt} \\ 0, & \text{Bolzen i ist intakt} \end{cases}$$

Wir nehmen an, dass die Variablen X_i identisch verteilt und unabhängig voneinander sind. Bei n-maliger Probenentnahme unter gleichen Bedingungen ist die Anzahl X binomialverteilt mit den folgenden Punktwahrscheinlichkeiten:

$$P(X = x) = f_{Bi}(x; q, n) = \binom{n}{x} \cdot q^x \cdot (1 - q)^{n-x} \quad \text{für} \quad x = 0, 1, 2, \ldots, n.$$

Wenn $nq(1 - q) \geq 9$, kann unter Anwendung des Zentralen Grenzwertsatzes die Normalverteilung als Näherung der Binomialverteilung verwendet werden (siehe Abschn. 1.6.2.13 [10] bzw. Bd. I, Abschn. 3.5.11). Diese Bedingung ist für $q_0 = 10\,\%$ und $n \geq 100$ erfüllt. Die Entscheidung erfolgt auf Basis der standardisierten Prüfgröße:

$$Z = \frac{X - nq_0}{\sqrt{nq_0(1 - q_0)}}.$$

Diese Prüfgröße ist unter der Maßgabe, dass $q = q_0$ gilt, standardnormalverteilt. Für den Fall, dass $q \neq q_0$, liegt wegen $E(Z) \neq 0$ keine Standardnormalverteilung vor.

Die H_1-Hypothese ist anzunehmen, wenn die Prüfgröße Z das 95 %-Quantil $z_{0,95} = 1,645$ übersteigt. Aus dieser Überlegung heraus ergibt sich die folgende im Prüfplan festzulegende Annahmezahl cc:

$$\frac{cc - 100 \cdot 0,10}{\sqrt{100 \cdot 0,10 \cdot 0,90}} = 1,645 \quad \Leftrightarrow \quad cc = 14,94 \approx 15.$$

Der statistische Hypothesentest führt zu der Ablehnung der Lieferung, wenn mehr als $cc = 15$ Bolzen in der Stichprobe im Umfang von n = 100 nicht normgerecht sind. Ansonsten wird die Lieferung angenommen.

Das Lieferantenrisiko entspricht dem α-Fehler des Hypothesentests (siehe Bd. I, Abschn. 3.4.4). Beträgt der tatsächliche Ausschussanteil 10 %, wie vom Lieferanten behauptet, so entspricht die Wahrscheinlichkeit, dass der Lieferant fälschlicherweise die Lieferung zurücknehmen muss, der Wahrscheinlichkeit des α-Fehlers in Höhe von maximal 5 %. Bei Verwendung der Binomialverteilung statt der Normalverteilung ergibt sich eine Wahrscheinlichkeit des α-Fehlers von 3,99 %. Das Vorgehen zur Berechnung dieser Wahrscheinlichkeit ist in Bd. I, Abschn. 3.5.2 dargestellt.

Der Käufer der Bolzen hat ein Interesse daran, dass eine inakzeptable Ausschussquote nur mit einer möglichst geringen Wahrscheinlichkeit unentdeckt bleibt. Dieses Kundenrisiko entspricht dem β-Fehler. Die Wahrscheinlichkeit für den β-Fehler kann nur dann bestimmt werden, wenn die wahre Verteilung unter H_1 bekannt ist. Beträgt die tatsächliche Ausschussquote z. B. 20 % statt der zugesagten 10 %, so lässt sich die Wahrscheinlichkeit für den β-Fehler näherungsweise wie folgt angeben:

$$P(X \leq 15; q = 0,20) = F_{St}\left(\frac{15 - 100 \cdot 0,20}{\sqrt{100 \cdot 0,20 \cdot 0,80}}\right) = F_{St}(-1,25) = 10,56\,\%.$$

Daraus folgt, dass in einem von zehn bis elf Fällen selbst diese deutliche Überschreitung der gerade noch akzeptierten Ausschussquote unerkannt bleibt und so zu einer geringeren Zuverlässigkeit bei der Montage führen kann. Um die Wahrscheinlichkeit des β-Fehlers zu reduzieren, könnte man die Annahmezahl cc verringern. Eine Absenkung der Annahmezahl ist aber häufig nicht durchzusetzen, da dies zu einer Vergrößerung des Risikos für den Lieferanten führt (α-Fehler). Es besteht bei einstufigen Prüfplänen praktisch nur die Möglichkeit, den Stichprobenumfang n zu vergrößern und die Annahmezahl entsprechend anzupassen. So lässt sich sowohl der α- als auch der β-Fehler verringern.

Im folgenden Abschnitt geht es deshalb darum, einen Stichprobenumfang n zu berechnen, der sowohl den Interessen des Lieferanten als auch den Interessen des Kunden entspricht. Zur Bewältigung dieser Aufgabe führen wir in das Konzept der sogenannten Operationscharakteristik (OC) ein, mit deren Hilfe man dann den Prüfplan und insbesondere den Stichprobenumfang n optimieren kann.

2.3.2 Operationscharakteristik

Die Operationscharakteristik OC ist eine Funktion, die jeder wahren unbekannten Ausschussquote q die Wahrscheinlichkeit zuordnet, dass die Lieferung nicht abgelehnt wird: $OC(q; cc, n)$ oder einfach $OC(q)$. Die Annahmezahl cc und der Stichprobenumfang n sind Parameter, die den Funktionsverlauf der Operationscharakteristik beeinflussen.

Beispiel (Fortsetzung)
Der Prüfplan sieht vor, eine Lieferung abzulehnen, wenn mehr als 15 von 100 zufällig ausgewählten Bolzen nicht normgerecht sind. Wir erinnern uns: Die Zustände der zufällig ausgewählten Bolzen sind identisch verteilt und unabhängig voneinander. Als Näherung an die Binomialverteilung kann die Normalverteilung verwendet werden (siehe Abschn. 1.6.2.13 [10] oder Bd. I, Abschn. 3.5.11).

Mit $cc = 15$ und n $= 100$ ergibt sich die Operationscharakteristik $OC(q; cc, n)$ wie folgt:

$$OC(q) = P(X \leq 15; q) = F_{St}\left(\frac{15 - 100 \cdot q}{\sqrt{100 \cdot q \cdot (1-q)}}\right).$$

Mit diesem Ansatz kann die Operationscharakteristik für verschiedene Werte der wahren unbekannten Ausschussquote q berechnet werden (siehe Abb. 2.2):

$$OC(0{,}10) = P(X \leq 15; q = 0{,}10) = F_{St}\left(\frac{5}{3{,}00}\right) = 0{,}9525 = 95{,}25\,\%,$$

$$OC(0{,}12) = P(X \leq 15; q = 0{,}12) = F_{St}\left(\frac{3}{3{,}25}\right) = 0{,}8212 = 82{,}12\,\%,$$

$$\mathbf{OC(0{,}15)} = P(X \leq 15; \boldsymbol{q = 0{,}15}) = F_{St}\left(\frac{0}{3{,}57}\right) = 0{,}5000 = \mathbf{50{,}00\,\%,}$$

Abb. 2.2 Operationscharakteristik des Prüfplans: $cc = 15$, n = 100

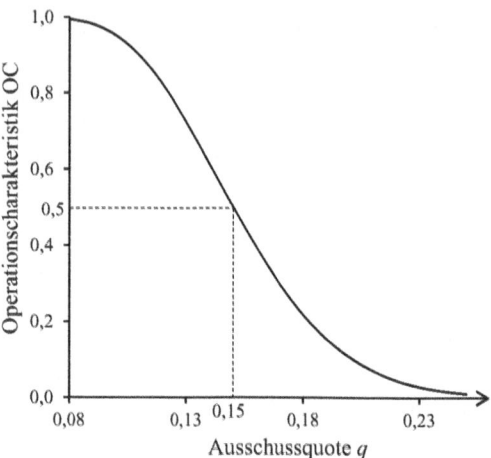

$$OC(0,20) = P(X \le 15; q = 0,20) = F_{St}\left(\frac{-5}{4,00}\right) = 0,1056 = 10,56\,\%,$$

$$OC(0,25) = P(X \le 15; q = 0,25) = F_{St}\left(\frac{-10}{4,33}\right) = 0,0104 = 1,04\,\%.$$

Ist die tatsächliche Ausschussquote sehr viel kleiner als die zugesagte Ausschussquote, so ist die Wahrscheinlichkeit nahe 100 %, dass die Lieferung angenommen wird. Mit zunehmender tatsächlicher Ausschussquote fällt die OC-Funktion zunächst mit zunehmender und dann mit abnehmender Rate und konvergiert schließlich gegen 0.

Der Graph in Abb. 2.2 beschreibt folgenden Zusammenhang: Bei einer tatsächlichen Ausschussquote q in Höhe der zugesagten Ausschussquote von $q_0 = 10\,\%$ beträgt die Wahrscheinlichkeit 95,25 %, dass die Lieferung angenommen wird. Ist die tatsächliche unbekannte Ausschussquote aber mit $q = 15\,\%$ inakzeptabel hoch, so wird die Lieferung mit einer Fehlerwahrscheinlichkeit von 50 % fälschlicherweise dennoch angenommen.

Um bei einer tatsächlichen unbekannten Ausschussquote von $q = 15\,\%$ die Wahrscheinlichkeit von 50 % für den β-Fehler zu reduzieren, ohne dass dies zu einer höheren Wahrscheinlichkeit des α-Fehlers führt, ist der Stichprobenumfang von n = 100 zu erhöhen, z. B. auf n = 400 Teile. Bei α = 5 %, $q_0 = 0,10$ und n = 400 beträgt die Annahmezahl gerundet $cc = 50,00$, wie die nachfolgende Rechnung zeigt:

$$P(X \le cc; q = 0,10, \text{n} = 400) = F_{St}\left(\frac{cc - 400 \cdot 0,10}{\sqrt{400 \cdot 0,10 \cdot 0,90}}\right) = F_{St}(1,645)$$

$$cc = 400 \cdot 0,10 + 1,645 \cdot \sqrt{400 \cdot 0,10 \cdot 0,90} = 49,87.$$

Bei einem Stichprobenumfang von n = 400 wird die Lieferung also akzeptiert, wenn die Anzahl nicht normgerechter Bauteile X in der Stichprobe maximal der Annahmezahl $cc = 50$ entspricht. Der Prüfplan n = 400 und $cc = 50$ führt zu folgender Operations-

Abb. 2.3 Operationscharakteristik des Prüfplans: $cc = 50$, $n = 400$

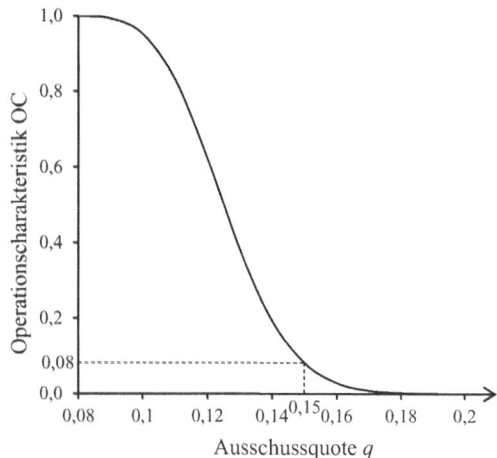

charakteristik:

$$\mathrm{OC}(0{,}10) = P(X \le 50; q = 0{,}10) = \mathrm{F}_{\mathrm{St}}\left(\frac{10}{6}\right) = 0{,}9525 = 95{,}25\,\%,$$

$$\mathrm{OC}(0{,}12) = P(X \le 50; q = 0{,}12) = \mathrm{F}_{\mathrm{St}}\left(\frac{2}{6{,}50}\right) = 0{,}6217 = 62{,}17\,\%,$$

$$\mathbf{OC(0{,}15)} = P(X \le 50; \boldsymbol{q = 0{,}15}) = \mathrm{F}_{\mathrm{St}}\left(\frac{-10}{\sqrt{51}}\right) = 0{,}0808 = \mathbf{8{,}08}\,\%,$$

$$\mathrm{OC}(0{,}20) = P(X \le 50; q = 0{,}20) = \mathrm{F}_{\mathrm{St}}\left(\frac{-30}{8}\right) \approx 0{,}0001 = 0{,}01\,\%,$$

$$\mathrm{OC}(0{,}20) = P(X \le 50; q = 0{,}25) = \mathrm{F}_{\mathrm{St}}\left(\frac{-50}{5 \cdot \sqrt{3}}\right) \approx 0\,\%.$$

In Abb. 2.3 ist die entsprechende Operationscharakteristik für n = 400 dargestellt. An dem Kurvenverlauf in Abb. 2.3 lässt sich erkennen, dass die Trennschärfe zwischen den einzelnen Ausschussquoten und den dazugehörigen OC-Werten durch die Erhöhung des Stichprobenumfangs von n = 100 auf n = 400 deutlich zugenommen hat. Hierdurch steigt bei gleichbleibender Ausfallquote die Präzision, mit der eine Zuverlässigkeitsaussage über die gesamte Lieferung getroffen wird. Die Wahrscheinlichkeit, dass eine tatsächliche Ausschussquote von $q = 15\,\%$ unentdeckt bleibt, beträgt nur noch ca. 8,08 % bei einer Berechnung mit der Standardnormalverteilung, bzw. 8,94 % bei einer exakten Berechnung mit der Binomialverteilung. Bei einem Stichprobenumfang von n = 100 lag diese Wahrscheinlichkeit noch bei 50 %!

Die Erhöhung des Stichprobenumfangs erhöht die Kosten der Ausgangs- bzw. Annahmekontrolle, reduziert aber sowohl das Lieferanten- als auch das Kundenrisiko. Es verringert sich die Wahrscheinlichkeit, aufgrund der Stichprobenergebnisse falsche Schlüsse über die Gesamtlieferung zu ziehen und sie fälschlicherweise anzunehmen oder abzulehnen.

2.3.3 Wahl des Prüfplans

Die Größe α steht für die Irrtumswahrscheinlichkeit, mit der eine Lieferung in der Ausgangskontrolle nicht freigegeben bzw. von der Eingangskontrolle nicht angenommen wird, obwohl die wahre, aber unbekannte Ausschussquote q der zugesagten (maximalen) Ausschussquote q_0 entspricht: $q = q_0$ (siehe Abb. 2.4). Dieser Irrtum schädigt den Lieferanten. Der Lieferant hat in dieser Situation ein Interesse daran, dass der Prüfplan mit hoher Wahrscheinlichkeit die Ausschussquote q_0 offen legt.

Analog kann festgestellt werden: Die Größe β steht für die Irrtumswahrscheinlichkeit, mit der eine Lieferung in der Ausgangskontrolle freigegeben bzw. von der Eingangskontrolle angenommen wird, obwohl die wahre, aber unbekannte Ausschussquote $q = q_1$ mit $q_1 > q_0$ vorliegt. Dieser Irrtum schädigt den Kunden. Der Kunde hat in dieser Situation ein Interesse daran, dass der Prüfplan die überhöhte Ausschussquote q_1 mit hoher Wahrscheinlichkeit offen legt.

Den Interessen des Lieferanten und des Kunden kann durch einen großen Stichprobenumfang mit einer entsprechend trennscharfen Prüfung entsprochen werden. Das ist zu zeigen.

Die Annahmezahl cc und der Stichprobenumfang n sind die Entscheidungsparameter, mit denen die beiden Irrtumswahrscheinlichkeiten α und β in ein Verhältnis gebracht werden können, dem Lieferanten und Kunden zustimmen.

Unter der Annahme, dass die zugesagte Ausschussquote q_0 vorliegt, kann es zum α-Fehler kommen. Die Wahrscheinlichkeit hierfür ergibt sich aus folgender Rechnung:

$$OC(q_0; cc, n) = F_{St}\left(\frac{cc - n \cdot q_0}{\sqrt{n \cdot q_0 \cdot (1 - q_0)}}\right) = 1 - \alpha.$$

Analog kann die Wahrscheinlichkeit für den β-Fehler bei $q = q_1$ bestimmt werden:

$$OC(q_1; cc, n) = F_{St}\left(\frac{cc - n \cdot q_1}{\sqrt{n \cdot q_1 \cdot (1 - q_1)}}\right) = \beta.$$

Abb. 2.4 α- und β-Fehler

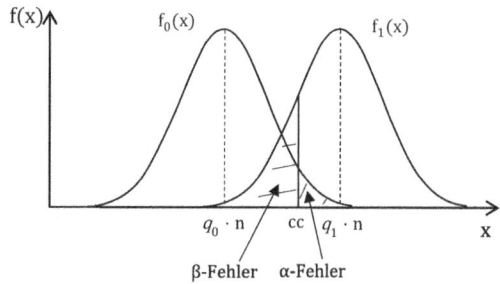

Für spezifische Irrtumswahrscheinlichkeiten α und β können die entsprechenden Parameter n und cc des Prüfplans als Lösung der folgenden Gleichungen bestimmt werden:

$$\frac{cc - n \cdot q_0}{\sqrt{n \cdot q_0 \cdot (1 - q_0)}} = z_{1-\alpha} \quad \text{und} \quad \frac{cc - n \cdot q_1}{\sqrt{n \cdot q_1 \cdot (1 - q_1)}} = z_\beta.$$

Durch Äquivalenzumformung ergibt sich:

I) $\quad cc - n \cdot q_0 = z_{1-\alpha} \cdot \sqrt{q_0 \cdot (1 - q_0)} \cdot \sqrt{n}$

II) $\quad cc - n \cdot q_1 = z_\beta \cdot \sqrt{q_1 \cdot (1 - q_1)} \cdot \sqrt{n}$

Nach Subtraktion der Gleichung II von Gleichung I erhält man:

$$n \cdot (q_1 - q_0) = \sqrt{n} \cdot \left(z_{1-\alpha} \cdot \sqrt{q_0(1 - q_0)} - z_\beta \cdot \sqrt{q_1 \cdot (1 - q_1)} \right).$$

Diese Gleichung lässt sich zum gesuchten Stichprobenumfang n auflösen:

$$n = \left(\frac{z_{1-\alpha} \cdot \sqrt{q_0 \cdot (1 - q_0)} - z_\beta \cdot \sqrt{q_1 \cdot (1 - q_1)}}{q_1 - q_0} \right)^2.$$

Sind α, β, q_0 und q_1 gegeben und lässt sich die Verteilung von X durch die Normalverteilung approximieren, dann kann der gesuchte Stichprobenumfang durch diese Gleichung bestimmt werden. Durch Umstellung der Gleichung I erhalten wir bei bekanntem Stichprobenumfang n dann auch die Annahmezahl cc:

$$cc = n \cdot q_0 + z_{1-\alpha} \cdot \sqrt{n \cdot q_0 \cdot (1 - q_0)}.$$

Beispiel

Ein Kunde hat Paletten bezogen, auf denen sich jeweils 100 Kisten mit jeweils 200 kleinen Kunststoffflaschen für medizinische Zwecke befinden. Der Lieferant hat mitgeteilt, dass normalerweise bei $q_0 = 10\,\%$ der Flaschen im Kunststoff kleine Stippen und Krater zu erkennen sind. Leider wurden einige Paletten versehentlich mit Fläschchen einer anderen, nicht freigegebenen Produktionscharge beladen, so dass auf diesen Paletten $q_1 = 16\,\%$ der Teile diese kleinen Mängel aufweisen. Es lässt sich nachträglich nicht anhand der Papiere klären, auf welcher Palette welche Charge verpackt wurde. Die Zuordnung der Paletten zu der jeweiligen Charge soll anhand von Stichproben erfolgen, die von den Paletten genommen werden. Hierzu wird folgendes vereinbart: Die Wahrscheinlichkeit, eine Palette fälschlicherweise abzulehnen oder anzunehmen, soll jeweils maximal 5 % betragen. Die Wareneingangskontrolle hat die Aufgabe, die Kennzahlen n und cc des Prüfplans entsprechend festzulegen.

Ausgangspunkt sind also die folgenden Parameter:

$$\alpha = 5\,\%, \beta = 5\,\%, q_0 = 0{,}10 \text{ und } q_1 = 0{,}16.$$

Die Bestimmungsgleichungen lauten:

$$\frac{cc - n \cdot 0{,}10}{\sqrt{n \cdot 0{,}10 \cdot 0{,}90}} = 1{,}645 \quad \text{und} \quad \frac{cc - n \cdot 0{,}16}{\sqrt{n \cdot 0{,}16 \cdot 0{,}84}} = -1{,}645.$$

Zunächst soll der Umfang der Stichprobe ermittelt werden:

I) $cc - n \cdot 0{,}10 = 1{,}645 \cdot \sqrt{0{,}09} \cdot \sqrt{n}$

II) $cc - n \cdot 0{,}16 = -1{,}645 \cdot \sqrt{0{,}1344} \cdot \sqrt{n}.$

Durch Subtraktion der Gleichung II von der Gleichung I ergibt sich:

$$0{,}06 \cdot n = 1{,}645 \cdot \left(\sqrt{0{,}09} + \sqrt{0{,}1344} \right) \cdot \sqrt{n}.$$

Unter Verwendung von $\frac{n}{\sqrt{n}} = \sqrt{n}$ folgt: $\sqrt{n} = 1{,}645 \cdot \left(\sqrt{0{,}09} + \sqrt{0{,}1344} \right) / 0{,}06$.
Der Stichprobenumfang beträgt demnach je Palette n = 334,02.
Durch Einsetzen des Stichprobenumfanges in Höhe von n = 334 in Gleichung I kann die Annahmezahl cc bestimmt werden:

$$cc = 334 \cdot 0{,}10 + 1{,}645 \cdot \sqrt{0{,}09} \cdot \sqrt{334} = 33{,}40 + 9{,}02 = 42{,}42.$$

Ganzzahligkeit

Besteht für die Annahmezahl eine Ganzzahligkeitsanforderung, dann muss man sich zwischen $cc = 42$ und $cc = 43$ entscheiden. Die damit verbundenen Fehlerwahrscheinlichkeiten können exakt mit der Binomial- oder angenähert mit der Normalverteilung bestimmt werden. Wir beginnen mit der exakten Berechnung und bezeichnen mit k die Anzahl der Bauteile in der Stichprobe, die nicht der Norm entsprechen:

$$\alpha = P(X > cc; q_0, n) = 1 - P(X \le cc; q_0, n) = 1 - F_{Bi}(cc; q_0, n)$$

$$= 1 - \sum_{k=0}^{cc} \binom{n}{k} \cdot q_0^k \cdot (1 - q_0)^{n-k}.$$

Aus $cc = 42$, n = 334 und $q_0 = 10\,\%$ ergibt sich der folgende Wert (siehe Abb. 2.5):

$$\alpha = P(X > 42; q_0, n) = \sum_{k=0}^{42} \binom{334}{k} \cdot 0{,}10^k \cdot (1 - 0{,}10)^{334-k} = 5{,}23\,\%.$$

Die approximative Berechnung mithilfe der Normalverteilung ist einfacher durchzuführen:

$$\alpha = P(X > 42) = 1 - F_{St}\left(\frac{cc - n \cdot q_0}{\sqrt{n \cdot q_0 \cdot (1 - q_0)}} \right) = 1 - F_{St}\left(\frac{42 - 334 \cdot 0{,}10}{\sqrt{334 \cdot 0{,}10 \cdot 0{,}90}} \right)$$

$$= 1 - F_{St}(1{,}57) = 1 - 0{,}9418 = 5{,}82\,\%.$$

Entsprechend wird β für die Ausschussquote $q_1 = 16\,\%$ berechnet (siehe Abb. 2.5):

$$\beta = P(X \le 42; q_1, n) = 1 - \sum_{k=0}^{42} \binom{334}{k} \cdot 0{,}16^k \cdot (1 - 0{,}16)^{334-k} = 4{,}80\,\%.$$

Abb. 2.5 Exakte und approximative Fehlerwahrscheinlichkeiten

	α-Fehler ($q_0 = 0,10$) Palette wird abgelehnt, obwohl sie normgerecht ist		β-Fehler ($q_1 = 0,16$) Palette wir angenommen, obwohl sie nicht normgerecht ist	
Annahmezahl cc	Binomialverteilung	Normalverteilung	Binomialverteilung	Normalverteilung
42	5,23%	5,82%	4,80%	4,36%
43	3,66%	4,01%	6,60%	5,94%

Die Berechnung mithilfe der Normalverteilung führt zu einem niedrigeren Wert:

$$\beta = P(X \leq 42) = F_{St}\left(\frac{cc - n \cdot q_1}{\sqrt{n \cdot q_1 \cdot (1 - q_1)}}\right) = F_{St}\left(\frac{42 - 334 \cdot 0,16}{\sqrt{334 \cdot 0,16 \cdot 0,84}}\right) = F_{St}(-1,71)$$

$$= 4,36\,\%.$$

Analog kann man auch die Fehlerwahrscheinlichkeiten für die Annahmezahl $cc = 43$ berechnen (siehe Abb. 2.5): Durch den Vergleich zwischen den Irrtumswahrscheinlichkeiten der Binomial- und Normalverteilung wird die Abweichung deutlich, die durch die Approximation entsteht. Man erkennt, dass die Wahl der Verteilung durchaus über die Annahme oder Ablehnung einer Palette entscheiden kann. In der Praxis reicht es bei großen Stichproben häufig aus, die Normalverteilung zu verwenden. Die approximative Berechnung mit der Normalverteilung ist einfacher. In der praktischen Anwendung kann es sich aber, gerade bei kleinen Stichproben, durchaus lohnen, die Binomialverteilung einer Prüfung zugrunde zu legen.

Die Berechnung der Fehlerwahrscheinlichkeiten mit den beiden Annahmezahlen 42 und 43 scheint zu einem Dilemma zu führen. Mit der Annahmezahl $cc = 42$ wird der Forderung des Kunden entsprochen: Der β-Fehler ist nicht größer als 5 %. Allerdings ist die Wahrscheinlichkeit einer fehlerhaften Ablehnung der Paletten mit $\alpha = 5{,}23\,\%$ bzw. 5,82 % zu hoch für den Lieferanten. Eine Erhöhung der Annahmezahl auf 43 löst zwar das Problem für den Lieferanten, da nun $\alpha = 3{,}66\,\%$ bzw. 4,01 % beträgt, allerdings scheint die Wahrscheinlichkeit einer fehlerhaften Warenannahme mit 6,60 % bzw. 5,94 % jetzt für den Kunden zu hoch.

Das Dilemma löst sich aber in vielen praktischen Fällen auf: Für den Fall, dass der Lieferant die Ausschussquote kontrollieren kann, wird deutlich, dass sich schon bei einer Ausschussquote von $q = 9{,}96\,\%$ eine Wahrscheinlichkeit für den α-Fehler von 4,97 % ergibt. Der Lieferant hat wenig gegen eine niedrige Annahmezahl von $cc = 42$ einzuwenden, da er die Ausschussquote so einstellen kann, dass auch mit $cc = 42$ sein tatsächliches Risiko einer Ablehnung maximal 5 % beträgt. In den Fällen der asymmetrischen Kontrollmöglichkeit einigen sich Lieferant und Kunde also auf den Prüfplan $(n, cc) = (334, 42)$.

Für den Fall, dass der Lieferant die Ausschussquote nicht kontrollieren kann, ermöglicht eine moderate Erhöhung des Stichprobenumfanges auf $n = 341$ einen Kompromiss.

Mit dem Prüfplan $(n, cc) = (341{,}43)$ ergeben sich Fehlerwahrscheinlichkeiten in Höhe von $\alpha = 4{,}87\,\%$ und $\beta = 4{,}79\,\%$ für $q_0 = 10\,\%$ bzw. $q_1 = 16\,\%$ (exakte Berechnung).

2.3.4 Zweistufiger Prüfplan

In Fällen, in denen bereits vor Prüfung aller in der Stichprobe enthaltenen Elemente die Annahmezahl überschritten ist, kann das Verfahren vorzeitig beendet werden. Ein vorzeitiges Ende des Verfahrens ist auch möglich, wenn in dessen Verlauf nur so wenige fehlerhafte Merkmalsträger aufgetreten sind, dass die Annahmezahl durch die restlichen Elemente nicht mehr überschritten werden kann. Sind z. B. beim Stichprobenplan $(n, cc) = (341{,}43)$ nach Prüfung von 321 Merkmalsträgern nur 23 nicht ordnungsgemäß, so kann das Verfahren beendet werden, da nach Untersuchung der letzten 20 Elemente die Annahmezahl in Höhe von 43 nicht mehr überschritten werden kann. In diesen Fällen kann so der Prüfaufwand reduziert werden.

Mit dem zweistufigen Prüfplan wird diese Grundidee in systematischer Weise aufgegriffen: In der ersten Stufe wird eine erste Stichprobe der Größe n_I aus der Grundgesamtheit (Warenlieferung) gezogen. Ist die Anzahl der Ausschussteile sehr gering, so wird die Lieferung direkt angenommen. Ist die Anzahl sehr groß, so wird die Lieferung abgelehnt und nur bei einem moderaten Ergebnis wird eine zweite Stichprobe im Umfang n_{II} gezogen und darauf basierend die Entscheidung getroffen. Durch das zweistufige Vorgehen können die Kosten, die durch die Entnahme und Prüfung einer Stichprobe entstehen, in vielen Fällen verringert werden, ohne auf den Vorteil der hohen Trennschärfe zu verzichten.

Vereinfachend könnte das Vorgehen wie folgt konkretisiert werden (siehe Abb. 2.6): Ergibt die Prüfung der ersten Stichprobe, dass die Anzahl der Ausschussteile X_I einen Grenzwert cc_0 nicht überschreitet, dann wird die Warenlieferung angenommen. Übersteigt die Anzahl der Ausschussteile einen höheren Grenzwert cc_1, dann wird die Warenlieferung abgelehnt und zurückgeschickt. Ist die Anzahl fehlerhafter Teile größer als cc_0 aber nicht größer als cc_1, dann wird eine zweite Stichprobe im Umfang von n_{II} gezogen. Ist die Anzahl der fehlerhaften Teile X_{II} in dieser zweiten Stichprobe kleiner oder gleich einer festzulegenden Zahl cc_2, dann wird die Lieferung angenommen. Ist sie größer als die Zahl cc_2, dann wird die Lieferung abgelehnt.

Abb. 2.6 2-stufiger Prüfplan

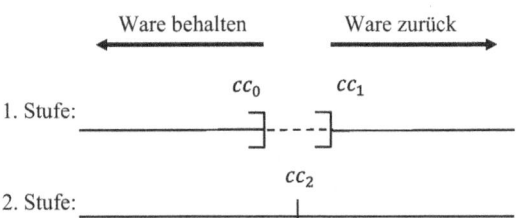

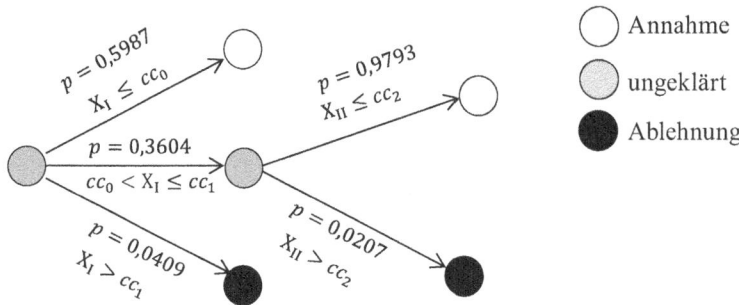

Abb. 2.7 Annahme und Ablehnung im 2-stufigen Plan, $q_0 = 10\%$

Beispiel ($q_0 = 10\%$)

Ein Unternehmen (Kunde) bezieht von einem Zulieferer Teile (Lieferant), um diese in der eigenen Produktion weiterzuverarbeiten. Die Warenlieferung soll in einem zweistufigen Prüfplan kontrolliert werden. Es wird festgelegt, dass in der ersten Stufe $n_I = 180$ Teile zu prüfen sind. Wenn die Ausschussanzahl X_I kleiner oder gleich $cc_0 = 19$ ist, soll die Warenlieferung angenommen werden. Ist die Ausschussanzahl größer als $cc_1 = 25$, dann ist die Lieferung zurückzuschicken. Liegt die Ausschussanzahl in der Stichprobe allerdings zwischen der unteren und der oberen Grenze: $cc_0 < X_I \leq cc_1$, dann will man eine zweite Stichprobe im Umfang von $n_{II} = 295$ Teilen nehmen und untersuchen. Wenn sich in dieser zweiten Stichprobe maximal $cc_2 = 40$ fehlerhafte Teile befinden: $X_{II} \leq 40$, dann ist die Lieferung anzunehmen, sonst abzulehnen.

Es soll für die zugesagte und vom Kunden akzeptierte Ausschussquote $q_0 = 10\%$ die Wahrscheinlichkeit dafür berechnet werden, dass eine Lieferung abgelehnt bzw. angenommen wird (siehe Abb. 2.7). Zusätzlich soll noch der erwartete Prüfaufwand berechnet werden, um den Vergleich mit dem einstufigen Prüfplan zu ermöglichen. Sind die Stichproben in Relation zum Umfang der Gesamtlieferung klein, so kann näherungsweise mit der Annahme „mit Zurücklegen" gearbeitet werden, selbst wenn tatsächlich die geprüften Teile nicht mehr zurückgelegt werden. Vereinfachend unterstellen wir Ziehungen „mit Zurücklegen". In diesem Sinne wird auch die zweite Stichprobe aus der gesamten Lieferung gezogen.

Zunächst wird die Wahrscheinlichkeit dafür bestimmt, dass eine Lieferung in der ersten Stufe des Prüfverfahrens angenommen wird:

$$P(\{\text{Annahme in Stufe I}\}; q_0 = 10\%) = P(X_I \leq 19; q_0 = 10\%)$$
$$= F_{St}\left(\frac{19 - 180 \cdot 0{,}1}{\sqrt{180 \cdot 0{,}1 \cdot 0{,}9}}\right)$$
$$= F_{St}(0{,}25) = 59{,}87\%.$$

Die Wahrscheinlichkeit, dass eine Lieferung bereits in der ersten Stufe abgelehnt wird beträgt

$$P(X_I > 25; q_0 = 10\%) = 1 - P(X_I \leq 25; q_0 = 10\%) = 1 - F_{St}\left(\frac{25 - 180 \cdot 0,1}{\sqrt{180 \cdot 0,1 \cdot 0,9}}\right)$$

$$= 1 - F_{St}(1,74) = 4,09\%.$$

Wird die Lieferung nach der ersten Stichprobe weder angenommen, noch abgelehnt, so ist eine zweite Stichprobe im Umfang $n_{II} = 295$ zu ziehen. Die Wahrscheinlichkeit hierfür ergibt sich aus der Gegenwahrscheinlichkeit der Summe von $P(X_I \leq 19)$ und $P(X_I > 25)$:

$$P(\{\text{Stufe II}\}; q_0 = 10\%) = 1 - (0,5987 + 0,0409) = 36,04\%.$$

Zunächst bestimmen wir die Wahrscheinlichkeit einer Annahme in der zweiten Stufe unter der Prämisse, dass das Verfahren überhaupt bis zur zweiten Stufe gelangt:

$$P(\{\text{Annahme in Stufe II}\}| \{\text{Stufe II}\}; q_0 = 10\%) = P(X_{II} \leq 40| \{\text{Stufe II}\}; q_0 = 10\%)$$

$$= F_{St}\left(\frac{40 - 295 \cdot 0,1}{\sqrt{295 \cdot 0,1 \cdot 0,9}}\right) = F_{St}(2,04)$$

$$= 97,93\%.$$

Die Annahme in der zweiten Stufe setzt voraus, dass in der ersten Stufe keine Entscheidung getroffen werden kann (siehe Abb. 2.7):

$$P(\{\text{Annahme in Stufe II}\}; q_0 = 10\%)$$

$$= P(\{\text{Stufe II}\}; q_0 = 10\%) \cdot P(\{\text{Annahme in Stufe II}\}| \{\text{Stufe II}\}; q_0 = 10\%)$$

$$= 0,3604 \cdot 0,9793 = 0,3529.$$

Da die Ereignisse „Annahme in Stufe I" und „Annahme in Stufe II" unvereinbar sind, ergibt sich die Wahrscheinlichkeit der Annahme durch Addition der zugehörigen Wahrscheinlichkeiten:

$$P(\{\text{Annahme}\}; q_0 = 10\%) = \underbrace{0,5987}_{\substack{\text{W'keit} \\ \text{Annahme} \\ \text{1. Stufe}}} + \underbrace{0,3529}_{\substack{\text{W'keit} \\ \text{Annahme} \\ \text{2. Stufe}}} = 95,16\%.$$

Die Gegenwahrscheinlichkeit dieses Ereignisses ist die Wahrscheinlichkeit des α-Fehlers: Ablehnung trotz zugesagter und vom Kunden akzeptierter Ausschussquote. Das Lieferantenrisiko liegt in dem Beispiel unter 5 %:

$$\alpha = 1 - 0,9516 = 4,84\% < 5\%.$$

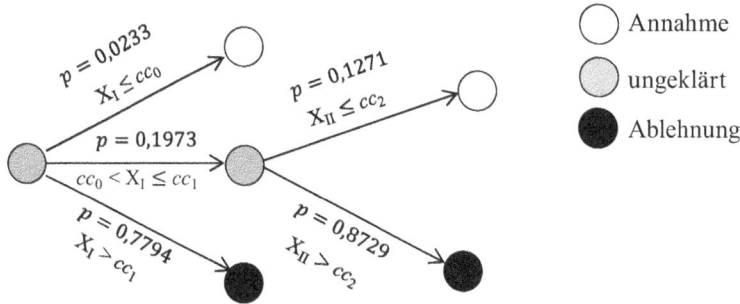

Abb. 2.8 Annahme und Ablehnung im 2-stufigen Plan, $q_1 = 16\,\%$

Der Stichprobenumfang der kompletten Prüfung hängt davon ab, ob eine zweite Stichprobe notwendig wird oder nicht. Wird die zugesagte und akzeptierte Ausschussquote $q_0 = 10\,\%$ unterstellt, so wird mit einer Wahrscheinlichkeit von $36{,}04\,\%$ eine zweite Stichprobe notwendig und damit sind zusätzlich $n_{II} = 295$ Teile zu prüfen. Mit der Gegenwahrscheinlichkeit von $63{,}94\,\%$ ist die Prüfung der ersten Stichprobe im Umfang $n_I = 180$ ausreichend. Der erwartete Stichprobenumfang beträgt somit:

$$E\left(n_{\text{ges}}\right) = n_1 + n_2 \cdot P\left(cc_0 < X_I \le cc_1\right) = 180 + 0{,}3604 \cdot 295 = 286{,}32.$$

Beispiel ($q_1 = 16\,\%$)
Für den Fall, dass die inakzeptable Ausschussquote $q_1 = 16\,\%$ vorliegt, soll nachfolgend das Kundenrisiko bestimmt werden. Hierzu ist die Wahrscheinlichkeit zu berechnen, dass die Lieferung angenommen wird (siehe Abb. 2.8).

Die Wahrscheinlichkeit der Annahme bereits in der ersten Stufe lautet:

$$P\left(X_I \le 19; q_1 = 16\,\%\right) = F_{St}\left(\frac{19 - 180 \cdot 0{,}16}{\sqrt{180 \cdot 0{,}16 \cdot 0{,}84}}\right) = F_{st}(-1{,}99) = 2{,}33\,\%.$$

Die Wahrscheinlichkeit der Ablehnung bereits in der ersten Stufe beträgt:

$$P\left(X_I > 25; q_1 = 16\,\%\right) = 1 - F_{St}\left(\frac{25 - 180 \cdot 0{,}16}{\sqrt{180 \cdot 0{,}16 \cdot 0{,}84}}\right) = 1 - F_{st}(-0{,}77) = 77{,}94\,\%.$$

Die Wahrscheinlichkeit, dass die zweite Stufe zur Entscheidungsfindung notwendig wird, kann folgendermaßen berechnet werden:

$$P\left(\{\text{Stufe II}\}; q_1 = 16\,\%\right) = 1 - (0{,}0233 + 0{,}7794) = 19{,}73\,\%.$$

Unter der Prämisse, dass das Verfahren überhaupt bis zur zweiten Stufe gelangt, lautet die Wahrscheinlichkeit einer Annahme in der zweiten Stufe (siehe Abb. 2.8):

$$P\left(X_{II} \le 40 \,|\{\text{Stufe II}\}\,; q_1 = 16\,\%\right) = F_{St}\left(\frac{40 - 295 \cdot 0{,}16}{\sqrt{295 \cdot 0{,}16 \cdot 0{,}84}}\right) = F_{St}\left(-1{,}14\right)$$

$$= 12{,}71\,\%.$$

	einstufiger Prüfplan	zweistufiger Prüfplan	
Kenngrößen	$n = 341$ $cc = 43$	$n_I = 180$ $cc_0 = 19$ $cc_1 = 25$	$n_{II} = 295$ $cc_2 = 40$
α-Fehler $(q_0 = 0,10)$	4,87%	4,84%	
β-Fehler $(q_1 = 0,16)$	4,79%	4,84%	
Prüfumfang	$n = 341$	$E(n_{ges}) = 286$, falls $q = 10\%$ $[q_0]$ $E(n_{ges}) = 238$, falls $q = 16\%$ $[q_1]$	

Abb. 2.9 Vergleich zwischen einstufigem und zweistufigem Prüfplan

Man begeht den β-Fehler, wenn man die Lieferung freigibt (Ausgangskontrolle) bzw. annimmt (Eingangskontrolle), obwohl die Ausschussquote mit $q_1 = 16\%$ inakzeptabel hoch ist. Die Wahrscheinlichkeit für diesen Fehler zweiter Ordnung beträgt:

$$\beta = 0{,}0233 + 0{,}1973 \cdot 0{,}1271 = 4{,}84\%.$$

Wird die inakzeptable Ausschussquote $q_1 = 16\%$ unterstellt, so wird mit einer Wahrscheinlichkeit von 19,73 % die Stufe II des Prüfverfahrens notwendig. Damit beträgt der erwartete Stichprobenumfang:

$$E\left(n_{ges}\right) = n_1 + n_2 \cdot P\left(cc_0 < X_I \leq cc_1\right) = 180 + 0{,}1973 \cdot 295 = 238{,}20.$$

Prüfkosten

Ziel der Zweistufigkeit ist die Kostenreduzierung, ohne dass es zu einem Verlust an Trennschärfe kommt. Tatsächlich kann man durch die Zweistufigkeit des Verfahrens den erwarteten Stichprobenumfang bei in etwa gleicher Trennschärfe verringern und damit im Mittel die Prüfkosten senken. Dies wird aus dem Vergleich der Ergebnisse des einfachen Prüfplan mit $(n, cc) = (341, 43)$ mit den Ergebnissen des zweistufigen Prüfplans $(n_I, n_{II}, cc_0, cc_1, cc_2) = (180, 295, 19, 25, 40)$ deutlich (siehe Abb. 2.9).

Wenn die Aufgabe darin besteht, einen Prüfplan

- mit einem α-Fehler von maximal 5 %,
- mit einem β-Fehler von maximal 5 % und
- mit einem möglichst geringen (erwarteten) Stichprobenumfang

zu entwickeln, dann empfiehlt es sich, ein zweitstufiges Verfahren zu verwenden.

Durch eine Variation lässt sich im zweistufigen Verfahren bei annähernd gleicher Trennschärfe der erwartete Stichprobenumfang weiter reduziert: Man trifft die Entscheidung auf Stufe II nicht nur auf Basis der Anzahl nicht normgerechter Elemente in der zweiten Stichprobe, sondern man berücksichtigt auch die Anzahl fehlerhafter Teile in der ersten Stichprobe! Die Warenlieferung ist zu stoppen bzw. abzulehnen, falls die Anzahl fehlerhafter Teile in der zweiten UND der ersten Stichprobe einen festzulegenden Grenzwert cc_{2+} überschreitet. Durch diese Modifikation werden die verfügbaren Informationen effizient genutzt. Nachfolgend ist das Vorgehen dieses modifizierten zweistufigen Prüfplans inklusive der zugehörigen Entscheidungsregel dargestellt:

Es wird die Anzahl X_I fehlerhafter Elemente in einer ersten Stichprobe vom Umfang n_I bestimmt. Die Lieferung wird angenommen, falls die Anzahl fehlerhafter Teile kleiner oder gleich einem Wert cc_0 ist:

$$X_I \leq cc_0 \quad \Rightarrow \quad \text{Annahme der Lieferung auf Stufe I}$$

Die Lieferung wird abgelehnt, falls die Anzahl fehlerhafter Teile größer einem Wert cc_1 ist:

$$X_I > cc_1 \quad \Rightarrow \quad \text{Ablehnung der Lieferung auf Stufe I}$$

Liegt die Anzahl X_I fehlerhafter Teile aber zwischen den beiden Schranken: $cc_0 < X_I \leq cc_1$, dann wird eine zweite Stichprobe im Umfang von n_{II} gezogen. Wenn dann die Gesamtanzahl fehlerhafter Teile kleiner oder gleich einem Wert cc_{2+} ist, dann nimmt man die Lieferung an. Ist die Gesamtanzahl fehlerhafter Teile aber größer als cc_{2+}, dann lehnt man die Lieferung ab:

$$X_I + X_{II} \leq cc_{2+} \quad \Rightarrow \quad \text{Annahme der Lieferung nach Stufe II}$$
$$X_I + X_{II} > cc_{2+} \quad \Rightarrow \quad \text{Ablehnung der Lieferung nach Stufe II}$$

In Abschn. 2.7, Aufgabe 5b, wird ein Beispiel zum modifizierten zweistufigen Verfahren gerechnet.

2.3.5 Bedeutung des Lieferumfangs

Der Lieferumfang hat Einfluss auf die Ergebnistreue des Prüfverfahrens, das in der Eingangs- bzw. Ausgangskontrolle zur Anwendung kommt. Bei einer Stichprobenentnahme aus einer vorgegebenen Anzahl von Bauteilen ist die Anzahl nicht normgerechter Teile in der Stichprobe nur dann binomialverteilt, wenn das jeweils gezogene Teil vor der nächsten Ziehung wieder in die Grundgesamtheit zurückgelegt wird. Ansonsten wären die Merkmalsausprägungen der gezogenen Teile stochastisch nicht voneinander unabhängig. Erfolgt die Ziehung ohne Zurücklegen und ist die Unabhängigkeit demnach nicht gegeben, dann ist bei einer uneingeschränkten Zufallsauswahl die stochastische Variable X nicht binomialverteilt, sondern hypergeometrisch verteilt (siehe Abschn. 1.6.2.2). Bezeichnet man mit N den Lieferumfang, mit K die Anzahl nicht normgerechter Teile in der Lieferung und mit n den Stichprobenumfang, so kennzeichnet $P(X = k)$ die Wahrscheinlichkeit, dass k Bauteile in der Stichprobe nicht der Norm entsprechen:

$$P(X = k) = \frac{\binom{K}{k} \cdot \binom{N-K}{n-k}}{\binom{N}{n}}.$$

Der Ausschussanteil q steht für die Anzahl nicht normgerechter Teile K in der Lieferung, relativ zum Lieferumfang N: $q = \frac{K}{N}$. Der Erwartungswert E(X) der hypergeometrisch verteilten Anzahl nicht normgerechter Teile in der Stichprobe beträgt $E(X) = n \cdot q$. Nach dieser Formel berechnet sich auch der Erwartungswert E(X) einer binomialverteilten Zufallsvariablen X. Die Varianz der hypergeometrisch verteilten Anzahl nicht normgerechter Teile in der Stichprobe bestimmt man folgendermaßen:

$$\text{Var}(X) = nq(1-q) \cdot \frac{N-n}{N-1}.$$

Die Varianz hypergeometrisch verteilter Zufallsvariablen stimmt bis auf den Korrekturfaktor $\frac{N-n}{N-1}$ mit der Varianz binomial verteilter Zufallsvariablen überein. Ist der Lieferumfang N im Vergleich zum Stichprobenumfang n sehr groß, so ist der Korrekturfaktor nur unwesentlich kleiner als 1, so dass in diesem Fall statt der hypergeometrischen Verteilung auch die Binomialverteilung näherungsweise verwendet werden kann.

Für n > 1 gilt: $\text{Var}(X) = nq(1-q) \cdot \frac{N-n}{N-1} < nq(1-q)$. Bei einem endlichen Lieferumfang ist die Stichprobenvarianz beim Verfahren „ohne Zurücklegen" kleiner als beim Verfahren „mit Zurücklegen". Wenn also das gezogene und geprüfte Teil vor der nächsten Ziehung nicht wieder in die Grundgesamtheit zurückgelegt wird, verbessert dies die Aussagegenauigkeit des Verfahrens.

Bei einem großen Lieferumfang von z. B. N = 10.000 und dem vereinbarten Prüfplan $(n, cc) = (334, 42)$ ergeben sich durch einen Wechsel von einem Verfahren „ohne Zurücklegen" hin zu einem Verfahren „mit Zurücklegen" allerdings nur leichte Veränderungen der Fehlerwahrscheinlichkeiten:

N = 10.000	α-Fehler $q_0 = 0{,}10$	β-Fehler $q_1 = 0{,}16$
binomial	5,23 %	4,80 %
hypergeometrisch	4,94 %	4,53 %

In der Praxis kann deshalb bei großen Lieferumfängen im Allgemeinen unter der Annahme „mit Zurücklegen" gerechnet werden.

2.4 Lebensdauerverteilung

In der Ausgangs- und Eingangskontrolle wird jedes Einzelteil einer Stichprobe, das aus einer bestimmten Lieferung entnommen wurde, daraufhin überprüft, ob es normgerecht ist oder nicht. Die Verteilung des stochastischen Ergebnisses mit nur zwei möglichen Merkmalsausprägungen ist sehr einfach: Mit der Wahrscheinlichkeit $1 - q$ ist ein zufällig ausgewähltes Teil normgerecht und mit der Wahrscheinlichkeit q ist es nicht normgerecht. Die Stichprobenentnahme dient dem Zweck, strukturelle Aussagen über die Grundgesamtheit zu einem bestimmten Zeitpunkt zu treffen, z. B. über die Ausschussquote q (Querschnittanalyse) einer bestimmten Lieferung.

Um das stochastische Ausfallverhalten über die Zeit abzubilden und zu analysieren führen wir jetzt ein neues Konzept ein: Die Verteilung der stochastischen Lebensdauer τ. Die Lebensdauerverteilung beschreibt die Wahrscheinlichkeit eines Ausfalls bis zum Zeitpunkt t (Längsschnittanalyse). Kennen wir den Verlauf des Ausfallverhaltens, dann können wir durch optimal terminierte und dimensionierte Instandhaltungsmaßnahmen die Lebensdauerverteilung beeinflussen.

2.4.1 Ausfallwahrscheinlichkeit

Das Ausfallverhalten von Komponenten kann man mithilfe von historischen Daten abschätzen, die in der praktischen industriellen Anwendung generiert werden. Die so gewonnenen Erfahrungswerte dienen als Grundlage zur Schätzung zukünftiger Ausfallwahrscheinlichkeiten bzw. der Verteilung der stochastischen Lebensdauer. Auch durch Simulationen lassen sich Ausfallwahrscheinlichkeiten ermitteln. In der Praxis werden beide Vorgehensweisen miteinander kombiniert: Bereits vor der Betriebsaufnahme schätzt man das Ausfallverhalten mithilfe von Simulationen ab. Schon in der Konzeptionsphase lässt sich so das Ausfallverhalten eines technischen Systems optimieren. Dann reichert man schrittweise diese Berechnungen mit Praxisdaten an.

Wir betrachten das Ausfallverhalten von n gleichen neuen Komponenten. Der Gesamtzeitraum wird in Teilperioden unterteilt und nach jedem Ausfall die Periode t des Ausfalls notiert.

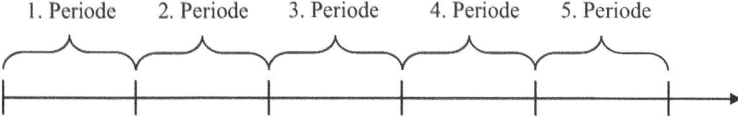

Die zu Beginn der Betrachtungen noch unbekannte, zufällige Periode, in der der Ausfall einer Komponente stattfindet, bezeichnen wir mit τ (Ausfallperiode). Auf Basis der relativen Häufigkeiten der Komponentenausfälle je Periode lassen sich die folgenden empirischen Wahrscheinlichkeitsaussagen treffen:

- Ausfallwahrscheinlichkeit „in" Periode t: $W(\tau = t)$,
- Ausfallwahrscheinlichkeit „bis" Periode t: $W(\tau \leq t) = F(t)$,
- Wahrscheinlichkeit, dass bis zur Periode t kein Ausfall erfolgt, der Ausfall also erst „nach" Periode t stattfindet: $R(t) = W(\tau > t)$.

Die Funktionsbezeichnung F steht hierbei für „failure", also Versagen, und R steht hier für „reliability", also Zuverlässigkeit.

Beispiel

In Abb. 2.10 sind die Ausfälle einer Anzahl n = 1000 neuer und identischer Komponenten, z. B. Pumpen, je Periode angegeben. Hieraus lassen sind die empirischen Ausfallwahrscheinlichkeiten $W(\tau = t)$ und $W(\tau \leq t) = F(t)$ und die empirischen Zuverlässigkeiten $R(t) = W(\tau > t)$ bestimmen.

Es gilt:

a) Die empirische Wahrscheinlichkeit für einen Pumpenausfall in t (also $\tau = t$) gleicht dem Quotienten aus der Anzahl der Pumpenausfälle in der Periode t relativ zur gesamten Anzahl neuer Pumpen. Wir verwenden hierfür den Ausdruck: Ausfallwahrscheinlichkeit in t.

b) Die empirische Wahrscheinlichkeit für einen Ausfall bis einschließlich Periode t (also $\tau \leq t$) gibt die Anzahl aller bis zum Ende von Periode t ausgefallenen Pumpen relativ zur gesamten Anzahl neuer Pumpen wieder. Wir verwenden hierfür den Ausdruck: kumulierte Ausfallwahrscheinlichkeiten bis t.

c) Die empirische Wahrscheinlichkeit für einen Ausfall nach Periode t beschreibt die Anzahl aller bis zum Ende der Periode t nicht ausgefallenen Pumpen relativ zur gesamten Anzahl neuer Pumpen. Wir verwenden hierfür den Ausdruck: Zuverlässigkeit bis t oder Überlebenswahrscheinlichkeit bis t.

Ausfall in Periode	1	2	3	4	5	t
Anzahl der Ausfälle in t	100	120	120	110	110	H(t)
Empirische Wahrscheinlichkeit W: Ausfall einer Pumpe …						
… in t	10%	12%	12%	11%	11%	$W(\tau = t)$
… bis t	10%	22%	34%	45%	56%	$W(\tau \leq t) = F(t)$
… nach t	90%	78%	66%	55%	44%	$W(\tau > t) = R(t)$

Abb. 2.10 Empirische Lebensdauerverteilung

Bei diskreter Zeitmessung ergibt sich der Wert der Lebensdauerverteilung F(t) aus der Summe der Ausfallwahrscheinlichkeiten über alle Perioden bis einschließlich t:

$$F(t) = W(\tau \leq t) = \sum_{i=1}^{t} W(\tau = i).$$

$W(t - i < \tau \leq t)$ kennzeichnet die Wahrscheinlichkeit eines Ausfalls nach $t - i$ Perioden, aber spätestens in Periode t. $W(t - i < \tau \leq t)$ kann aus der Verteilungsfunktion F(t) gewonnen werden. Hierzu zieht man von der kumulierten Ausfallwahrscheinlichkeit bis t die kumulierte Ausfallwahrscheinlichkeit bis $t - i$ ab:

$$W(t - i < \tau \leq t) = F(t) - F(t - i) = (1 - R(t)) - (1 - R(t - i)) = R(t - i) - R(t).$$

Die folgenden Beispielrechnungen zu Abb. 2.10 verdeutlichen die Verwendung der kumulierten Ausfallwahrscheinlichkeiten:

a) Zur Bestimmung der Wahrscheinlichkeit eines Ausfalls in der dritten oder vierten Periode ist der Zeitraum von Ende der zweiten Periode bis Ende der vierten Periode zu betrachten. Die Ausfallwahrscheinlichkeit in diesem Zeitintervall berechnet sich folgendermaßen:

$$W(2 < \tau \leq 4) = F(4) - F(2) = 0{,}45 - 0{,}22 = 23\,\%.$$

b) Die Ausfallwahrscheinlichkeit einer Pumpe in der zweiten Periode, also $W(\tau = 2)$, beträgt:

$$W(1 < \tau \leq 2) = F(2) - F(1) = R(1) - R(2) = 0{,}90 - 0{,}78$$
$$= 12\,\%.$$

Möchte man die Zuverlässigkeit einer neuen Pumpe angeben, d. h. die Wahrscheinlichkeit, dass dieses Objekt bis zum Ende der Periode t nicht ausfällt, dann kann die Zuverlässigkeitsfunktion R(t) unmittelbar aus den Daten oder indirekt aus der Lebensdauerverteilung F(t) berechnet werden: $R(t) = W(\tau > t) = 1 - W(\tau \leq t) = 1 - F(t)$. Gemäß Abb. 2.10 beträgt die Zuverlässigkeit einer neuen Pumpe bis zum Ende der dritten Periode: $R(3) = 1 - F(3) = 1 - 0{,}34 = 66\,\%$.

2.4.2 Ausfallquote q(t)

Die Ausfallquote $q(t)$ beschreibt die bedingte Wahrscheinlichkeit dafür, dass eine zum Ende der Periode $t - 1$ noch nicht ausgefallene und damit funktionstüchtige Komponente in der Periode t ausfällt. Die bedingte Wahrscheinlichkeit wird ausführlich in Bd. I,

Abschn. 3.3.5 erörtert. Die Ausfallquote $q(t)$ ist folgendermaßen definiert:

$$q(t) = W(\tau \leq t | \tau > t - 1) = \frac{W(t - 1 < \tau \leq t)}{W(\tau > t - 1)} = \frac{F(t) - F(t - 1)}{R(t - 1)}.$$

Ziehen wir von der kumulierten Ausfallwahrscheinlichkeit bis t die Wahrscheinlichkeit ab, dass die Komponente bis zum Ende der Periode t − 1 versagt, dann erhalten wir die Wahrscheinlichkeit für einen Ausfall in Periode t: $W(t) = F(t) - F(t - 1)$. Die Größe $R(t - 1)$ im Nenner beschreibt die Wahrscheinlichkeit, dass die Komponente bis zum Ende der Periode t − 1 nicht ausfällt, und somit zu Beginn der Periode t ordnungsgemäß funktioniert.

Wegen $R(t) = 1 - F(t)$ lässt sich die Ausfallquote auch folgendermaßen schreiben:

$$q(t) = W(\tau \leq t | \tau > t - 1) = \frac{R(t - 1) - R(t)}{R(t - 1)} = 1 - \frac{R(t)}{R(t - 1)}.$$

Die zugehörige Gegenwahrscheinlichkeit $1 - q(t)$ entspricht der Zuverlässigkeit einer Komponente in der Periode t, die bereits über t − 1 Perioden intakt ist:

$$1 - q(t) = W(\tau > t | \tau > t - 1) = \frac{P(\tau > t)}{P(\tau > t - 1)} = \frac{R(t)}{R(t - 1)}.$$

Beispiel

Unter Verwendung der Daten aus Abb. 2.10 lassen sich die Ausfallquoten $q(t)$ bestimmen:

Man möchte die Wahrscheinlichkeit dafür berechnen, dass eine Pumpe, die in der ersten Periode noch intakt ist, in der zweiten Periode versagt. Zur empirischen Ermittlung dieser bedingten Wahrscheinlichkeit sind die Ausfälle in der zweiten Periode mit der Anzahl der Pumpen, die am Anfang der zweiten Periode noch intakt sind, ins Verhältnis zu setzen. Da nach der ersten Periode nur noch 900 Pumpen intakt sind und hiervon in der zweiten Periode 120 Pumpen ausfallen, beträgt die gesuchte bedingte Wahrscheinlichkeit $120/900 = 13,33\,\%$. Die Ausfallquote lässt sich auch direkt aus den relativen Häufigkeiten bzw. empirischen Wahrscheinlichkeiten der Perioden berechnen. Für eine Pumpe, die seit zwei Perioden fehlerfrei arbeitet, wird die Wahrscheinlichkeit für einen Ausfall in der dritten Periode wie folgt berechnet:

$$W(\tau \leq 3 | \tau > 2) = \frac{W(\tau = 3)}{W(\tau > 2)} = \frac{12\,\%}{78\,\%} = 15,38\,\%.$$

2.4.3 Exponentialverteilung

Die Exponentialverteilung ist eine stetige Lebensdauerverteilung. Sie kann als stetiges Gegenstück der diskreten geometrischen Verteilung bezeichnet werden. Ihr einziger Parameter ist die konstante Ausfallrate λ. Die Exponentialverteilung kann man, wie auch die geometrische Verteilung, zur Darstellung und Analyse eines gedächtnislosen Ausfallverhaltens nutzen. Im Unterschied zur geometrischen Verteilung können mit ihr Ausfälle bei einem kontinuierlichen Zeitverlauf dargestellt werden.

2.4.3.1 Einführung

Wir beginnen die Einführung in die Theorie der Exponentialverteilung mit zwei Beispielen.

Erstes Beispiel

Anfänglich sind 1000 gleiche elektronische Komponenten vollständig funktionsfähig. Die Ausfallquote beträgt 5 % monatlich. Es findet keine Reparatur und kein Ersatz statt. Die nachfolgende Tabelle zeigt die Entwicklung der zu erwartenden Anzahl funktionsfähiger Komponenten im ersten Jahr:

Monat (Mo)	0	1	2	3	4	5	6
intakte Komponenten	1000	950	902,5	857,375	814,5063	773,7809	735,0919

Monat (Mo)	7	8	9	10	11	12
intakte Komponenten	698,3373	663,4204	630,2494	598,7369	568,8001	540,3601

Nach einem Jahr sind noch 540 intakte Komponenten zu erwarten. Dies entspricht einer Zuverlässigkeit von 54 % bzw. einer Ausfallwahrscheinlichkeit innerhalb des ersten Jahres von 46 %. Zwei Aspekte merken wir an.

a) Dieses Ergebnis erhalten wir auch durch die direkte Berechnung mithilfe der zugehörigen geometrischen Verteilung, wie nachfolgend gezeigt wird:
Es gilt: $W(\tau > t | \tau > t - 1) = \frac{R(t)}{R(t-1)}$. Die Überlebenswahrscheinlichkeit für das erste Jahr ergibt sich aus der Überlebenswahrscheinlichkeit für den ersten Monat (Mo), multipliziert mit der bedingten Überlebenswahrscheinlichkeit für den zweiten Monat, bis zum zwölften Monat:

$$R(12\,\text{Mo}) = \frac{R(1\,\text{Mo})}{R(0\,\text{Mo})} \cdot \frac{R(2\,\text{Mo})}{R(1\,\text{Mo})} \cdot \ldots \cdot \frac{R(11\,\text{Mo})}{R(10\,\text{Mo})} \cdot \frac{R(12\,\text{Mo})}{R(11\,\text{Mo})}$$

$$= \underbrace{(1 - q_{\text{Mo}}) \cdot (1 - q_{\text{Mo}}) \cdot \ldots \cdot (1 - q_{\text{Mo}})}_{12\,\text{Mal}} = (1 - q_{\text{Mo}})^{12}.$$

Es folgt:

$$R(12\,\text{Mo}) = W(\tau > 1\,\text{Jahr}) = W(\tau > 12\,\text{Mo}) = (1 - q_{\text{Mo}})^{12} = 0{,}95^{12} = 54{,}04\,\%$$

$$F(12\,\text{Mo}) = W(\tau \leq 1\,\text{Jahr}) = 1 - W(\tau > 1\,\text{Jahr}) = 1 - 0{,}95^{12} = 45{,}96\,\%.$$

b) Eine „monatliche" Ausfallquote von konstant 5 % beschreibt eine höhere Zuverlässigkeit als eine „jährliche" Ausfallquote von konstant $12 \cdot 5\,\% = 60\,\%$. Das kann folgendermaßen begründet werden: Jeden Monat fallen Komponenten aus. Die (bedingte) monatliche Ausfallwahrscheinlichkeit von 5 % bezieht sich nicht auf alle intakten Komponenten zum Zeitpunkt $t = 0$, sondern nur auf die zum Anfang des jeweiligen Monats intakten Teile. Und die werden von Monat zu Monat weniger. Bei

Verwendung einer monatlichen Ausfallquote in Höhe von $q = 5\%$ ist deshalb mit weniger geplanten Ausfällen pro Jahr zu rechnen als bei einer jährlichen Ausfallquote von $q = 60\%$.

Zweites Beispiel

Für die Instandhaltungsplanung, aber auch die Investitions- und Absatzplanung benötigt ein Unternehmen Zuverlässigkeitsdaten für unterschiedliche Zeiträume, z. B. Monate und Wochen, aber auch für Tage und sogar einzelne Stunden. Das Unternehmen modelliert das Ausfallverhalten einer Komponente auf Basis einer konstanten Ausfallquote q. Die Planungsabteilung bemüht sich um ein einfaches Verfahren, zur Bestimmung der verschiedenen Überlebenswahrscheinlichkeiten dieser Komponenten.

Man ermittelt zunächst den Zeitraum, in dem die Hälfte aller Komponenten erwartungsgemäß ausgefallen sind. Die Dauer dieses Zeitraums kennzeichnet man mit T/2. Die Wahrscheinlichkeit für den Ausfall einer Komponenten bis T/2 lautet: $W(\tau \leq T/2) = F(T/2) = 50\%$. Vereinfachend unterstellt die Planungsabteilung, dass im Zeitraum bis T dann 100% der Komponenten ausfallen: $W(\tau \leq T) = F(T) = 100\%$! Die Zuverlässigkeit R(T) beträgt unter dieser Prämisse null und die Ausfallquote für den Zeitraum T beträgt eins. Um Ausfallquoten kleinerer Zeitintervalle zu bestimmen, wendet die Planungsabteilung eine einfache lineare Regel an: Sie unterteilt den Zeitraum T in n gleich große Teilzeiträume der Länge $\Delta t = T/n$ mit $n > 1$. Dann nimmt sie an, dass zwischen den Intervallen der Länge Δt und den Ausfallquoten q_n ein linearer Zusammenhang besteht:

$$q_n = q \cdot \frac{\Delta t}{T} = \frac{q}{n} = \frac{1}{n}.$$

Hier macht die Planungsabteilung einen logischen Fehler: Wenn man die Zuverlässigkeit R(T) mithilfe der ermittelten Ausfallquoten $q_n = \frac{1}{n}$ bestimmt, dann erhält man keineswegs den Wert $R(T) = 0$, sondern für unterschiedliche Werte n sehr unterschiedliche Resultate für R(T). Abb. 2.11 stellt die Ergebnisse dieser Untersuchung auszugsweise dar.

n	Δt	$q_n = \frac{1}{n}$	$R(T) = (1 - q_n)^n = \left(1 - \frac{1}{n}\right)^n$	$q = 1 - \dfrac{R(T)}{R(0)}$
1	T	1	$R = 1 - F(T) = 0{,}00\%$	100%
2	T/2	0,5	$R = (1 - 0{,}50)^2 = 25{,}00\%$	75%
4	T/4	0,25	$R = (1 - 0{,}25)^4 = 31{,}64\%$	$68{,}36\%$
12	T/12	0,0833	$R = (1 - 0{,}0833)^{12} = 35{,}21\%$	$64{,}79\%$

Abb. 2.11 Zuverlässigkeit und Ausfallquote

Die Zahlen in der Tabelle in Abb. 2.11 legen die folgende Vermutung nahe: Mit zunehmender Anzahl n an Teilintervallen und damit einhergehend kleinerem Zeitintervall $\Delta t = T/n$ wächst die berechnete Überlebenswahrscheinlichkeit R(T) und nähert sich einem bestimmten festen Wert an.

Nachfolgend führen wir mithilfe der Grenzwertbetrachtung $n \to \infty$ die Ausfallzeit als stetige Zufallsvariable ein. Die Anzahl der Teilintervalle wird beliebig vergrößert und entsprechend die Intervallbreite verkleinert. Statt des Begriffs der Ausfallquote mit dem Symbol q verwenden wir für den stetigen Fall den Begriff der Ausfallrate mit dem Symbol λ.

Für $n \to \infty$ und $\Delta t \to 0$ ergeben sich wegen $e = \lim_{n \to \infty} \left(1 + \frac{1}{n}\right)^n$ die folgenden Grenzwerte:

$$R(1) = P(\tau > 1) = \left(1 - \frac{\lambda \cdot 1}{n}\right)^n \underset{n \to \infty}{\to} e^{-\lambda} \quad \text{und}$$

$$R(t) = P(\tau > t) = \left(1 - \frac{\lambda \cdot t}{n}\right)^n \underset{n \to \infty}{\to} e^{-\lambda \cdot t}.$$

Verdeutlichung

Die monatliche Ausfallquote von $100\,\%/12$ ergibt eine Zuverlässigkeit von $35{,}21\,\%$ über ein Jahr (siehe Abb. 2.11). Die wöchentliche Ausfallquote in Höhe von $100\,\%/52$ ergibt eine Zuverlässigkeit in Höhe von $\left(1 - \frac{1}{52}\right)^{52} = 36{,}43\,\%$ über ein Jahr. Bei Unterteilung eines Jahres in Tagesperioden ergibt sich schließlich eine Zuverlässigkeit in Höhe von $\left(1 - \frac{1}{365}\right)^{365} = 36{,}74\,\%$ über ein Jahr. Eine zeitstetige Betrachtung mit einer jährlichen Ausfallrate in Höhe von $\lambda = 100\,\%/\text{Jahr}$ ergibt über ein Jahr die folgende Zuverlässigkeit:

$$R(1\,\text{Jahr}) = W(\tau > 1\,\text{Jahr}) = e^{-\lambda \cdot t} = e^{-100\,\% \cdot \frac{1}{\text{Jahr}} \cdot 1\,\text{Jahr}} = e^{-100\,\%} = 36{,}79\,\%.$$

Beispiel

Setzen wir eine größere Anzahl neuer, identischer elektronischer Komponenten gleichzeitig unter Strom, dann stellen wir fest, dass einige von ihnen schon am Anfang defekt sind. Die zu Beginn intakten Komponenten treten unmittelbar in eine Phase ein, in der typischerweise nur noch zufällig verteilt mal die ein, mal die andere der überlebenden Komponenten ausfällt. In dieser Phase ist die Ausfallrate λ eine konstante Größe. Reparieren und ersetzen wir keine dieser defekten Komponenten, dann reduziert sich die Anzahl der überlebenden elektrischen Teile mit konstanter stetiger Rate bis schließlich keine Komponenten mehr arbeitet.

Bei Unterstellung einer konstanten Ausfallrate λ kann das stochastische Ausfallverhalten durch die folgenden Funktionen beschrieben werden:

- kumulierte Ausfallwahrscheinlichkeit bis t bzw. Lebensdauerverteilung:

$$F(t) = P(\tau \leq t) = 1 - e^{-\lambda t}, \quad t \geq 0$$

- Dichtefunktion f(t):

$$f(t) = F'(t) = \lambda \cdot e^{-\lambda t}, \quad t \geq 0$$

- Zuverlässigkeit bis t bzw. Überlebensverteilung:

$$R(t) = P(\tau > t) = e^{-\lambda t}, \quad t \geq 0$$

Die Lebensdauer folgt im Fall einer konstanten Ausfallrate der sogenannten Exponentialverteilung. Mit der konstanten Ausfallrate λ sind die Lebensdauerverteilung $F(t) = 1 - e^{-\lambda t}$ bzw. die Überlebensverteilung $R(t) = e^{-\lambda t}$ eindeutig definiert. Es sind alle nichtnegativen reellen Ausfallzeiten als Realisation möglich. Die Exponentialfunktion wird in einem zeitstetigen Kontext verwendet: t bezeichnet hier einen Zeitpunkt bzw. die zeitstetige Lebensdauer.

2.4.3.2 Bedingte Ausfallwahrscheinlichkeit

Wie hoch ist die Ausfallwahrscheinlichkeit in einem definierten Zeitintervall der Länge Δt, wenn die Komponente bis zum Beginn des Zeitintervalls ausfallfrei im Einsatz ist? Es ist die bedingte Ausfallwahrscheinlichkeit zu berechnen. Im Fall einer exponentialverteilten Lebensdauer ist die Wahrscheinlichkeit, dass eine zu Periodenbeginn funktionstüchtige Komponente innerhalb der nächsten Periode der Länge Δt ausfällt, unabhängig vom Alter t des Bauteils. Allgemein lässt sich dies wie folgt zeigen:

$$
\begin{aligned}
P(\tau \leq t + \Delta t | \tau > t) &= \frac{P(t < \tau \leq t + \Delta t)}{P(\tau > t)} = \frac{F(t + \Delta t) - F(t)}{R(t)} \\
&= \frac{\left(1 - e^{-\lambda(t+\Delta t)}\right) - \left(1 - e^{-\lambda t}\right)}{e^{-\lambda t}} = \frac{e^{-\lambda t} - e^{-\lambda(t+\Delta t)}}{e^{-\lambda t}} \\
&= 1 - e^{-\lambda \Delta t} = P(\tau < \Delta t).
\end{aligned}
$$

Beispiel

Ein elektronisches Bauteil besitzt eine konstante Ausfallrate in Höhe von $\lambda = \frac{1}{3\,\mathrm{ZE}}$. Die kumulierte Ausfallwahrscheinlichkeit lässt sich folgendermaßen berechnen: $F(t) = 1 - e^{-\lambda t} = 1 - e^{-\frac{1}{3\mathrm{ZE}}t}$ [ZE]. Die Wahrscheinlichkeit, dass das betreffende Bauteil innerhalb der ersten drei Jahre ausfällt, beträgt 63,21 %:

$$P(\tau \leq 3\,\mathrm{ZE}) = F(3\,\mathrm{ZE}) = 1 - e^{-\frac{1}{3\mathrm{ZE}} \cdot 3\,\mathrm{ZE}} = 1 - e^{-1} = 63{,}21\,\%.$$

Die kumulierte Ausfallwahrscheinlichkeit eines bereits 6 Jahre alten Bauteils über die folgenden 3 Jahre beträgt wegen der konstanten Ausfallrate ebenfalls 63,21 %. Dies zeigt die folgende Berechnung der bedingten Wahrscheinlichkeit:

$$
\begin{aligned}
P(\tau \leq 9\,\mathrm{ZE} | \tau > 6\,\mathrm{ZE}) &= \frac{P(6\,\mathrm{ZE} < \tau \leq 9\,\mathrm{ZE})}{P(\tau > 6\,\mathrm{ZE})} = \frac{R(6\,\mathrm{ZE}) - R(9\,\mathrm{ZE})}{R(6\,\mathrm{ZE})} \\
&= \frac{e^{-\frac{1}{3\mathrm{ZE}} \cdot 6\,\mathrm{ZE}} - e^{-\frac{1}{3\mathrm{ZE}} \cdot 9\,\mathrm{ZE}}}{e^{-\frac{1}{3\mathrm{ZE}} \cdot 6\,\mathrm{ZE}}} = 1 - e^{-1} = 63{,}21\,\%.
\end{aligned}
$$

2.4.3.3 Bestimmung der Ausfallrate aus der Zuverlässigkeitsfunktion

Wir beziehen uns auf die Abb. 2.10 und den Abschn. 2.4.2. Ausgangspunkt der Bestimmung der Ausfallrate aus der Zuverlässigkeitsfunktion ist die Ausfallquote $q(t)$ der Periode t, also die bedingte Wahrscheinlichkeit

$$q(t) = W(\tau \leq t | \tau > t - 1) = \frac{F(t) - F(t-1)}{R(t-1)}.$$

Der Zusammenhang zwischen der Ausfallrate $\lambda(t)$ und der Zuverlässigkeitsfunktion $R(t)$ folgt aus einer Grenzwertbetrachtung. Statt Perioden betrachten wir deshalb Zeitpunkte: Angenommen, die zweite Periode beginnt mit $t = 1$ und die dritte Periode mit $t = 2$. Wir wollen zunächst bestimmen, wie groß die Ausfallquote eines kleinen Intervalls der Länge Δt ist. Es ist naheliegend, die Ausfallwahrscheinlichkeit des kleinen Intervalls der Länge $\Delta t = 2,1\,ZE - 2,0\,ZE$ entsprechend seines Anteils an der Länge des Intervalls $(2\,ZE; 3\,ZE]$ abzuschätzen:

$$W(\tau \leq 2,1\,ZE | \tau > 2\,ZE) = \frac{F(2\,ZE + 0,1\,ZE) - F(2\,ZE)}{R(2\,ZE)}$$

$$\approx W(\tau \leq 3\,ZE | \tau > 2\,ZE) \cdot \frac{0,1\,ZE}{1\,ZE}.$$

Wir folgen diesem plausiblen Gedanken. Für kurze Zeitintervalle der Länge Δt gilt näherungsweise:

$$W(\tau \leq t + \Delta t | \tau > t) = \frac{F(t + \Delta t) - F(t)}{R(t)}$$

$$\approx \frac{F(t+1) - F(t)}{R(t)} \cdot \frac{\Delta t\,[ZE]}{1\,ZE} = q(t+1) \cdot \frac{\Delta t\,[ZE]}{1\,ZE}.$$

Durch Multiplikation beider Seiten mit $1\,ZE/\Delta t\,[ZE]$ erhält man:

$$q(t+1) \approx \frac{F(t + \Delta t) - F(t)}{\Delta t\,[ZE]} \cdot \frac{1}{R(t)} \cdot 1\,ZE.$$

Die Überführung dieses diskreten periodischen Modells in ein zeitstetiges Modell kann durch die Grenzwertbetrachtung $\Delta t \to 0$ für den Ausdruck $\frac{F(t+\Delta t) - F(t)}{\Delta t\,[ZE]}$ erfolgen. Aus der Grenzwertbetrachtung ergibt sich so die Ausfallrate $\lambda(t)$:

$$\lambda(t) = \lim_{\Delta t \to 0} \left(\frac{F(t + \Delta t) - F(t)}{\Delta t\,[ZE]} \cdot \frac{1\,ZE}{R(t)} \right) = \lim_{\Delta t \to 0} \left(\frac{F(t + \Delta t) - F(t)}{\Delta t} \right) \cdot \frac{1}{R(t)} = \frac{F'(t)}{R(t)}.$$

Wegen $F'(t) = f(t)$ und $F'(t) = -R'(t)$ gilt auch:

$$\lambda(t) = \frac{f(t)}{R(t)} = \frac{-R'(t)}{R(t)}.$$

Mithilfe der Beziehung $\lambda(t) = f(t)/R(t)$ bzw. $\lambda(t) = -R'(t)/R(t)$ lässt sich die Ausfallrate aus der Zuverlässigkeitsfunktion bestimmen.

Beispiel

Für die exponentialverteilte Lebensdauer ist dieser Zusammenhang leicht gezeigt:

$$\lambda(t) = \frac{f(t)}{R(t)} = \frac{\lambda e^{-\lambda t}}{e^{-\lambda t}} = \lambda.$$

Die Ausfallrate $\lambda(t)$ ist hier konstant.

2.4.3.4 Bestimmung der Zuverlässigkeitsfunktion aus der Ausfallrate

Wir gehen jetzt den umgekehrten Weg und zeigen, wie man aus der Ausfallrate $\lambda(t)$ auf die zugehörige Zuverlässigkeitsfunktion $R(t)$ schließen kann. Wir beginnen mit der Beziehung $\lambda(t) = -R'(t)/R(t)$. Durch Umstellung ergibt sich die folgende Differentialgleichung: $R'(t) = -\lambda(t) \cdot R(t)$. Die Lösung $R(t)$ der Differentialgleichung ist die zur Ausfallrate $\lambda(t)$ passende Zuverlässigkeitsfunktion $R(t)$.

Mithilfe der Methode der Trennung der Variablen lassen sich separierbare Differentialgleichungen erster Ordnung lösen:

$$\frac{dR}{dt} = -\lambda(t) \cdot R \quad \Leftrightarrow \quad \frac{dR}{R} = -\lambda(t)dt.$$

Durch Integration beider Seiten erhält man:

$$\int \frac{1}{R} dR = -\int \lambda(t)dt \quad \Rightarrow \quad \ln(R) = -\int \lambda(t)dt.$$

Die Zuverlässigkeitsfunktion $R(t)$ kann somit wie folgt aus der Ausfallrate $\lambda(t)$ bestimmt werden:

$$R(t) = e^{-\int \lambda(t)dt}.$$

Bei der Ermittlung der Stammfunktion von $\lambda(t)$ ist die hierdurch auftretende Konstante so zu bestimmen, dass die Zuverlässigkeit $R(t)$ zum Startzeitpunkt $100\,\%$ beträgt, d. h. die Randbedingung $R(0\,ZE) = 1$ muss erfüllt sein.

Der Ansatz wird jetzt auf den Fall einer konstanten Ausfallrate $\lambda(t) = \lambda$ angewendet. Für $\lambda(t) = \lambda$ ergibt sich: $R(t) = e^{-\int \lambda dt} = e^{-\lambda t + C}$.

Zum Startzeitpunkt $t = 0$ liegt kein Ausfall vor und somit gilt: $R(t = 0) = 1$. Es lässt sich die spezielle Lösung des Randwertproblems bestimmen. Hierzu ist die Integrationskonstante C zu berechnen:

$$R(t = 0) = e^{-\lambda \cdot 0 + C} = e^{C} = 1 \quad \Rightarrow \quad C = 0.$$

Durch Einsetzen ergibt sich schließlich die gesuchte Zuverlässigkeitsfunktion: $R(t) = e^{-\lambda t}$. Für den Fall einer konstanten Ausfallrate $\lambda(t) = \lambda$ ist die Lebensdauer erwartungsgemäß exponentialverteilt mit dem Parameter λ.

Abb. 2.12 Zuverlässigkeitsfunktionen

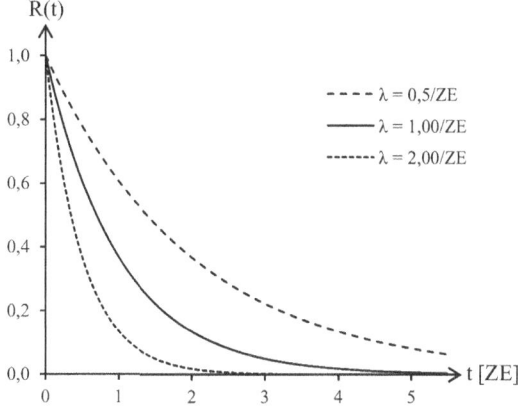

Abb. 2.13 Kumulierte Ausfallwahrscheinlichkeiten

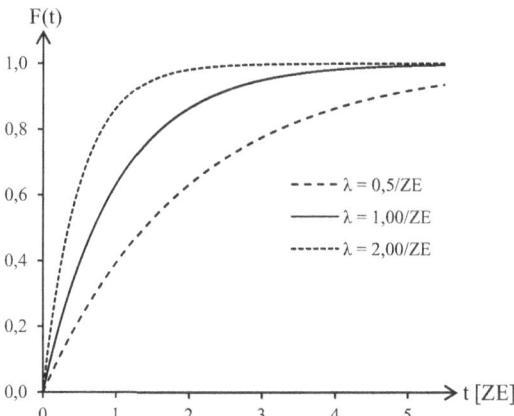

In Abb. 2.12 sind für verschiedene Ausfallraten λ die dazugehörigen Graphen der Zuverlässigkeit $R(t)$ dargestellt. Die Abbildung zeigt die Zuverlässigkeitsfunktionen $R(t)$ für Ausfallraten $\lambda = 0{,}5/\text{ZE}$, $\lambda = 1{,}00/\text{ZE}$ und für $\lambda = 2{,}00/\text{ZE}$. Je höher die Ausfallrate, desto schneller nimmt zu Beginn die Zuverlässigkeit ab. Da die Zuverlässigkeit nicht unter null sinken kann, reduziert sie sich später entsprechend wenig.

Die kumulierten Ausfallwahrscheinlichkeiten $F(t) = 1 - e^{-\lambda t}$ sind die Gegenwahrscheinlichkeiten zu den Zuverlässigkeiten. Diese sind in Abb. 2.13 dargestellt.

Beispiel

Es soll die Zuverlässigkeit einer Komponente bei unterjährigen Zeiträumen berechnet werden, also z. B. die Zuverlässigkeit über einen Zeitraum von einem Monat oder einem Tag. Daher wird ein Modell mit einer stetigen Lebensdauerverteilung gesucht. Es wird deshalb statt der konstanten Ausfallquote eine konstante Ausfallrate unterstellt. Wir gehen somit von der Zuverlässigkeit $R(t) = e^{-\lambda t}$ aus. Die Ausfallrate λ ist jedoch unbekannt.

Bekannt ist nur, dass typischerweise 60 % der zu Beginn noch intakten Komponenten innerhalb eines Jahres ausfallen. Damit die Ausfallrate λ zu dieser Erfahrung passt, ist λ so zu bestimmen, dass die Zuverlässigkeit über ein Jahr 40 % beträgt.

$$R(t = 1\,\text{Jahr}) = W(\tau > 1\,\text{Jahr}) = e^{-\lambda\left[\frac{1}{\text{Jahr}}\right] \cdot 1\,\text{Jahr}} = 0{,}40$$

$$\Rightarrow \lambda\left[\frac{1}{\text{Jahr}}\right] = -\ln(0{,}40) \cdot \frac{1}{\text{Jahr}} = 0{,}9163 \cdot \frac{1}{\text{Jahr}} = 91{,}63\,\%/\text{Jahr}.$$

Eine Ausfallrate von 91,63 % passt zur Erfahrung, dass 60 % der zu Beginn funktionstüchtigen Komponenten innerhalb des Jahres ausfallen:

$$F(t = 1\,\text{Jahr}) = 1 - e^{-\frac{0{,}9163}{\text{Jahr}} \cdot 1\,\text{Jahr}} = 60\,\%.$$

Es lassen sich nun für verschiedene unterjährige Zeiträume die zugehörigen Zuverlässigkeitswahrscheinlichkeiten auf Basis der jährlichen Zuverlässigkeit bestimmen:

$$R\left(t = \frac{1}{12}\text{Jahr}\right) = e^{-0{,}9163 \cdot \frac{1}{12}} = 0{,}9265 = 92{,}65\,\%, \quad F\left(t = \frac{1}{12}\text{Jahr}\right) = 7{,}35\,\%$$

$$R\left(t = \frac{3}{12}\text{Jahr}\right) = e^{-0{,}9163 \cdot \frac{3}{12}} = 0{,}7953 = 79{,}53\,\%, \quad F\left(t = \frac{3}{12}\text{Jahr}\right) = 20{,}47\,\%$$

$$R\left(t = \frac{6}{12}\text{Jahr}\right) = e^{-0{,}9163 \cdot \frac{6}{12}} = 0{,}6325 = 63{,}25\,\%, \quad F\left(t = \frac{6}{12}\text{Jahr}\right) = 36{,}75\,\%$$

$$R\left(t = \frac{1}{365}\text{Jahr}\right) = e^{-0{,}9163 \cdot \frac{1}{365}} = 0{,}9975 = 99{,}75\,\%, \quad F\left(t = \frac{1}{365}\text{Jahr}\right) = 0{,}25\,\%.$$

Allgemein kann man die zu einer konstanten Ausfallquote q passende konstante Ausfallrate λ (und umgekehrt) wie folgt ermitteln:

$$F(1\,\text{ZE}) = 1 - e^{-\lambda\left[\frac{1}{\text{ZE}}\right] \cdot 1\,\text{ZE}} = q$$

$$\Leftrightarrow R(1\,\text{ZE}) = e^{-\lambda\left[\frac{1}{\text{ZE}}\right] \cdot 1\,\text{ZE}} = 1 - q \Leftrightarrow \lambda\left[\frac{1}{\text{ZE}}\right] = -\ln(1-q) \cdot \frac{1}{\text{ZE}}.$$

2.4.3.5 Erwartungswert und Varianz der exponentialverteilten Lebensdauer

Ist die Lebensdauer einer Komponente exponentialverteilt, dann kann die erwartete Zeit bis zum Ausfall $E(\tau)$ wie folgt berechnet werden (MTTFF: „mean time to first failure"):

$$E(\tau) = \int\limits_{0}^{\infty} t \cdot f(t)\,dt = \int\limits_{0}^{\infty} t \cdot \lambda \cdot e^{-\lambda t}\,dt.$$

Aus der partiellen Integration folgt die Stammfunktion von $t \cdot \lambda \cdot e^{-\lambda t}$:

$$\int t \cdot \lambda \cdot e^{-\lambda t} dt = t \cdot \left(\lambda \cdot \frac{1}{-\lambda} \cdot e^{-\lambda t} \right) - \int 1 \cdot \left(-e^{-\lambda t} \right) dt = \left(-t \cdot e^{-\lambda t} \right) + \int e^{-\lambda t} dt$$

$$= -t \cdot e^{-\lambda t} - \frac{1}{\lambda} \cdot e^{-\lambda t}.$$

Der Erwartungswert der Lebensdauer lautet:

$$E(\tau) = \int\limits_0^\infty t \cdot \lambda \cdot e^{-\lambda t} dt = -\left[t \cdot e^{-\lambda t} + \frac{1}{\lambda} \cdot e^{-\lambda t} \right]_0^\infty = -\lim_{T \to \infty} \left[t \cdot e^{-\lambda t} + \frac{1}{\lambda} \cdot e^{-\lambda t} \right]_0^T$$

$$= -\lim_{T \to \infty} \left[\left(T \cdot e^{-\lambda T} + \underbrace{\frac{1}{\lambda} \cdot e^{-\lambda T}}_{\to 0} \right) - \left(0 + \frac{1}{\lambda} \right) \right].$$

Für die Grenzwertbetrachtung $\lim_{T \to \infty} T \cdot e^{-\lambda T}$ wenden wir die Regel von l'Hospital an[1]. Die Regel besagt vereinfacht Folgendes: Konvergieren Zähler und Nenner des Quotienten $\frac{f(x)}{g(x)}$ beide gegen unendlich bzw. beide gegen null, dann stimmt der Grenzwert von $\frac{f(x)}{g(x)}$ mit dem Grenzwert des Quotienten $\frac{f'(x)}{g'(x)}$ überein. Angewendet auf das Teilergebnis $\lim_{T \to \infty} T e^{-\lambda T}$ ergibt sich:

$$\lim_{T \to \infty} \frac{T}{e^{\lambda T}} = \lim_{T \to \infty} \frac{1}{\lambda e^{\lambda T}} = 0.$$

Damit erhalten wir das folgende Ergebnis:

$$E(\tau) = -\lim_{T \to \infty} \left[\underbrace{T e^{-\lambda T}}_{\to 0} - 0 + \underbrace{\frac{1}{\lambda} e^{-\lambda t}}_{\to 0} - \frac{1}{\lambda} \right] = \frac{1}{\lambda}.$$

Der Erwartungswert der exponentialverteilten Lebensdauer gleicht der reziproken konstanten Ausfallrate.

Beispiel

Die durchschnittliche Lebensdauer eines Leuchtelements beträgt 5000 Betriebsstunden. Wird eine konstante Ausfallrate unterstellt, dann kann man die Wahrscheinlichkeit bestimmen, dass ein Element in den ersten 500 Betriebsstunden ausfällt. Im Fall einer konstanten Ausfallrate gilt nämlich: $P(\tau \leq t) = F(t) = 1 - e^{-\lambda t}$. Für $t = 500\,\text{h}$ und $\lambda = \frac{1}{E(\tau)} = \frac{1}{5000\,\text{h}}$

---

[1] G.F.A. l'Hospital (1661–1704).

ergibt sich, dass die Ausfallwahrscheinlichkeit für die ersten 500 Betriebsstunden 9,52 %
beträgt: $P(\tau \leq 500\,h) = F(500\,h) = 1 - e^{-\frac{500\,h}{5000\,h}} = 0{,}0952 = 9{,}52\,\%$.

Hieraus lässt sich die Wahrscheinlichkeit, dass ein Leuchtelement länger als 500 h intakt bleibt, berechnen:

$$P(\tau \geq 500\,h) = R(500\,h) = e^{-\frac{500\,h}{5000\,h}} = 0{,}9048 = 90{,}48\,\%.$$

Analog zur Bestimmung von $E(\tau)$ lässt sich nun auch eine Bestimmungsgleichung für
die Varianz der Lebensdauer herleiten:

$$E\left(\tau^2\right) = \int_0^\infty t^2 \cdot f(t)dt = \int_0^\infty t^2 \cdot \lambda \cdot e^{-\lambda t}dt.$$

Durch partielle Integration wird die Stammfunktion von $t^2 \cdot \lambda \cdot e^{-\lambda t}$ bestimmt:

$$\int t^2 \cdot \lambda \cdot e^{-\lambda t}dt = t^2 \cdot \left(-e^{-\lambda t}\right) + \int 2t \cdot \left(e^{-\lambda t}\right)dt$$

$$= -t^2 \cdot e^{-\lambda t} + 2t \cdot \left(\frac{1}{-\lambda} \cdot e^{-\lambda t}\right) - \int 2 \cdot \left(\frac{1}{-\lambda} \cdot e^{-\lambda t}\right)dt$$

$$= -t^2 \cdot e^{-\lambda t} - \frac{2t}{\lambda} \cdot e^{-\lambda t} + \frac{2}{\lambda}\int e^{-\lambda t}dt$$

$$= -t^2 \cdot e^{-\lambda t} - \frac{2t}{\lambda} \cdot e^{-\lambda t} + \frac{2}{\lambda}\left(\frac{1}{-\lambda} \cdot e^{-\lambda t}\right)$$

$$= -t^2 \cdot e^{-\lambda t} - \frac{2t}{\lambda} \cdot e^{-\lambda t} - \frac{2}{\lambda^2} \cdot e^{-\lambda t}.$$

Es folgt die Lösung des uneigentlichen Integrals mithilfe der Grenzwertbetrachtung
von t:

$$E\left(\tau^2\right) = \lim_{T \to \infty}\left[-t^2 \cdot e^{-\lambda t} - \frac{2t}{\lambda} \cdot e^{-\lambda t} - \frac{2}{\lambda^2} \cdot e^{-\lambda t}\right]_0^T$$

$$= \lim_{T \to \infty}\left[\left(-T^2 \cdot e^{-\lambda T} - \frac{2T}{\lambda} \cdot e^{-\lambda T} - \frac{2}{\lambda^2} \cdot e^{-\lambda T}\right) - \left(0 - \frac{0}{\lambda} \cdot e^0 - \frac{2}{\lambda^2} \cdot e^0\right)\right] = \frac{2}{\lambda^2}.$$

Unter Einsatz der sogenannten Varianzzerlegung (siehe Bd. I, Abschn. 3.5.3) lässt sich
ein einfacher Ausdruck für die Varianz der Lebensdauer bestimmen:

$$\mathrm{Var}(\tau) = E\left(\tau^2\right) - [E(\tau)]^2 = \frac{2}{\lambda^2} - \left(\frac{1}{\lambda}\right)^2 = \frac{1}{\lambda^2}.$$

Die Varianz der Lebensdauer ist reziprok zum Quadrat der Ausfallrate.

Beispiel
Wir betrachten eine Komponente, für die eine konstante jährliche Ausfallquote in Höhe
von $q = 60\,\%$ beobachtet wurde. Mit welchem durchschnittlichen Betrag für Stillstands-

und Ersatzkosten ist langfristig pro Jahr zu rechnen, wenn je Ausfall mit $100\,€$ kalkuliert wird und im Falle eines Defekts die Komponente unmittelbar ausgetauscht wird?

Langfristig wird die durchschnittliche Zeitdauer bis zum notwendigen Ersatz der Komponente (MTTFF) näherungsweise dem Erwartungswert der Lebensdauer entsprechen. Passend zur Beobachtung einer konstanten jährlichen Ausfallquote von $60\,\%$ ist die Annahme einer konstanten Ausfallrate in Höhe von

$$\lambda\left[\frac{1}{\text{Jahr}}\right] = -\ln(1-q)\cdot\frac{1}{\text{Jahr}} = -\ln\left(\frac{0{,}40}{\text{Jahr}}\right) = \frac{0{,}9163}{\text{Jahr}}.$$

Für die erwartete Lebensdauer gilt damit:

$$\mathrm{E}(\tau) = \frac{1}{\lambda} = \frac{1\,\text{Jahr}}{0{,}9163} = 1{,}09\,\text{Jahre}.$$

Die Varianz der Lebensdauer beträgt:

$$\mathrm{Var}(\tau) = \left(\frac{1}{\lambda}\right)^2 = \frac{1\,\text{Jahr}^2}{0{,}9163} = 1{,}19\,\text{Jahre}^2.$$

Die jährlichen erwarteten Kosten für Stillstand und Ersatz betragen langfristig $100€/1{,}09\,\text{Jahre} = 91{,}63\,\frac{€}{\text{Jahr}}$.

2.4.3.6 Schätzung der Ausfallrate λ

Der Parameter λ der Exponentialverteilung kann aus Beobachtungen zur Lebensdauer bereits ausgefallener Bauteile bzw. aus Lebensdauerprüfungen geschätzt werden. Aus der erwarteten Lebensdauer $\mathrm{E}(\tau)$ lässt sich eine entsprechende Schätzfunktion für den Parameter λ herleiten:

$$\mathrm{E}(\tau) = \frac{1}{\lambda}\,[\text{ZE}] \quad \Leftrightarrow \quad \lambda = \frac{1}{\mathrm{E}(\tau)}\left[\frac{1}{\text{ZE}}\right].$$

Man verwendet den Mittelwert der gemessenen Ausfallzeiten als Schätzfunktion für die erwartete Ausfallzeit. Der sich hieraus ergebende Schätzwert für die Ausfallrate, der auf den Ausfallzeiten der Stichprobenelemente beruht, lautet:

$$\hat{\lambda} = \frac{1}{\frac{1}{n}\sum_{i=1}^{n}t_i}\left[\frac{1}{\text{ZE}}\right].$$

Beispiel

Es wird eine Lebensdauerprüfung an sechs elektronischen Bauteilen durchgeführt. Man beobachtet die folgenden Ausfallzeiten in Jahren:

i	1	2	3	4	5	6
t_i [Jahre]	2,1	0,1	1,3	0,4	3,1	5,0

Aus der Annahme einer konstanten Ausfallrate ergibt sich, dass die Ausfallzeiten exponentialverteilt sind. Die mittlere Lebensdauer der Komponenten in der Stichprobe beträgt:

$$\bar{t} = \frac{1}{n} \sum_{i=1}^{n} t_i = \frac{12\,\text{Jahre}}{6} = 2\,\text{Jahre}.$$

Hieraus erhält man den Schätzwert $\hat{\lambda}$ für den unbekannten (wahren) Parameter λ der Grundgesamtheit:

$$\hat{\lambda} = \frac{1}{\frac{1}{n} \sum_{i=1}^{n} t_i} = \frac{1}{2\,\text{Jahre}} = \frac{1}{2}\,\text{p.a.}$$

Auf Grundlage dieser Schätzung kann die Zuverlässigkeitsfunktion eines neuen elektronischen Bauteils bestimmt werden:

$$R(t) = e^{-\frac{1}{2}\frac{1}{\text{Jahr}} \cdot t\,[\text{Jahr}]}.$$

Die Ausfallwahrscheinlichkeit für das erste Jahr beträgt:

$$P(\tau \leq 1\,\text{Jahr}) = F(1\,\text{Jahr}) = 1 - R(1\,\text{Jahr}) = 1 - e^{-0,5/\text{Jahr} \cdot 1\,\text{Jahr}} = 39,35\,\%.$$

2.4.4 Badewannenkurve

In vielen praktischen Fällen hängt die Höhe der Ausfallrate, d. h. die Zuverlässigkeit eines aktuell noch intakten Bauteils vom bereits erreichten Alter ab. Die sogenannte Badewannenkurve in Abb. 2.14 beschreibt den möglichen zeitlichen Verlauf der Ausfallrate $\lambda(t)$ in drei Phasen, die durch Frühausfälle, Zufallsausfälle bzw. Spätausfälle gekennzeichnet sind. Je nach Art der Komponente werden alle drei Phasen durchlaufen, oder nur zwei oder auch nur eine.

Abb. 2.14 Badewannenkurve

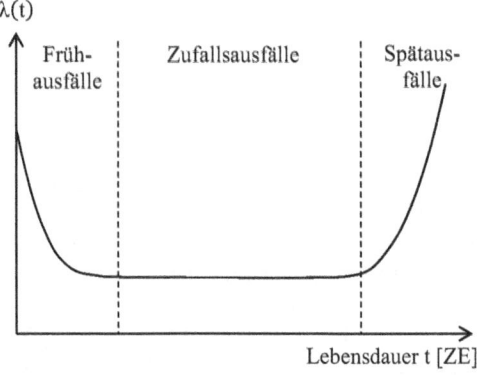

Frühausfälle

Durch Bedienungs-, Konstruktions-, Montage-, Software- oder Werkstofffehler versagt die Komponente bereits nach kurzer Betriebszeit. Hat sie aber eine gewisse Zeit schadlos überstanden, sinkt das Ausfallrisiko pro Zeiteinheit deutlich. Beispielsweise besitzen diverse elektrische und elektronische Komponenten gleich zu Beginn der ersten Nutzung ein hohes Ausfallrisiko. Man kann sie deshalb effektiv prüfen, indem man sie kurzzeitig an das Stromnetz anschließt.

Die folgenden Maßnahmen verringern das Risiko von Frühausfällen:

- Optimierung der Fertigungsprozesse,
- Vermeidung konstruktiver Fehler,
- Optimierung der Prozesse bei Inbetriebnahme der Komponente,
- gründliche Schulung der Bedienungsmannschaft.

Sorgfältige Ausgangskontrollen beim Hersteller und Eingangskontrollen beim industriellen Kunden verringern die Wahrscheinlichkeit, schadhafte Komponenten zu verwenden.

Zufallsausfälle

Im mittleren Bereich der Badewannenkurve ist die Ausfallrate konstant. Das Risiko für den Ausfall einer Komponente, wenn sie es bis in diesen Bereich geschafft hat, bleibt über einen längeren Zeitraum unverändert. Dies ist der Anwendungsfall der geometrischen und exponentiellen Lebensdauerverteilung. Ursachen für Ausfälle liegen z. B. in zufällig auftretenden Bedienungs- und Wartungsfehlern einer ansonsten eingeübten Bedienungsmannschaft. Elektrische und elektronische Komponenten, die die kurze Phase der Frühausfälle überstanden haben, arbeiten zumeist problemlos über lange Zeit. Nur selten ereignen sich noch Ausfälle und häufig sind die Ursachen hierfür unklar (Zufall!).

Spätausfälle

Der dritte Bereich der Badewannenkurve ist gekennzeichnet durch eine mit fortschreitender Lebensdauer deutlich ansteigende Ausfallrate. Diese Spätausfälle sind in der Regel auf Verschleiß- und Ermüdungsprozesse im Material zurückzuführen. Die technischen, physikalischen und chemischen Eigenschaften der verwendeten Werkstoffe verändern sich durch die langen Belastungszeiten, sowie Umwelt- und Witterungseinflüsse, so dass es schließlich zu einem Versagen kommt. Nur wenn Komponenten Spätausfälle aufweisen, sind Instandhaltungsstrategien zweckmäßig: So kann man z. B. durch Wartung den Verschleißprozess verzögern und präventive Erneuerungsmaßnahmen können Ausfallereignisse ganz verhindern (siehe Abschn. 2.6).

2.4.5 Weibullverteilung

2.4.5.1 Einleitung

Die Weibullverteilung wurde im Jahr 1951 zur Abbildung des Ausfallverhaltens von Komponenten bei Ermüdungsversuchen entwickelt. Sie ist nach dem schwedischen Ingenieur und Mathematiker Waloddi Weibull[2] benannt. Mit Hilfe der Weibullverteilung kann je nach Wahl der Parameter das Ausfallverhalten einer Komponente abgebildet werden, die eine sinkende, konstante oder auch steigende Ausfallrate besitzt. Die zweiparametrische Weibullverteilung wird durch den Lageparameter T und den Formparameter b in ihrer Lage und Form bestimmt.

Die Zuverlässigkeitsfunktion der Weibullverteilung lautet:

$$R(t) = P(\tau > t) = e^{-\left(\frac{t}{T}\right)^b} \quad \text{für} \quad t \geq 0.$$

Als Komplementärwahrscheinlichkeit ergibt sich die Verteilungsfunktion und aus deren Ableitung die Dichtefunktion der Lebensdauer:

$$F(t) = P(\tau \leq t) = 1 - e^{-\left(\frac{t}{T}\right)^b} \quad \text{für} \quad t \geq 0,$$

$$f(t) = F'(t) = \frac{b}{T} \cdot \left(\frac{t}{T}\right)^{b-1} \cdot e^{-\left(\frac{t}{T}\right)^b} \quad \text{für} \quad t \geq 0.$$

Die Weibullverteilung kann sehr flexibel an die empirischen Gegebenheiten angepasst werden, was ihre weite Verbreitung erklärt. In Abb. 2.15 sind Graphen der Zuverlässigkeitsfunktion R(t) mit der Charakteristischen Lebenszeit T = 1 ZE und unterschiedlichen Werten des Formparameters b zu sehen. Ist b = 0,5, so nimmt die Zuverlässigkeit zu Beginn sehr stark ab. Wird der Formparameter b = 3,0 angenommen, so reduziert sich die Zuverlässigkeit zunächst kaum. Im Spezialfall b = 1 geht die Weibullverteilung in die Exponentialverteilung über:

$$R(t) = e^{-\left(\frac{t}{T}\right)^1} = e^{-\frac{1}{T}t} = e^{-\lambda t} \quad \text{für} \quad t \geq 0.$$

In Abb. 2.16 sind Verteilungsfunktionen F(t) nach Weibull mit verschiedenen Formparametern dargestellt. Die kumulierten Ausfallwahrscheinlichkeiten sind die Gegenwahrscheinlichkeiten zu den Zuverlässigkeiten R(t), wie sie in Abb. 2.15 zu sehen sind.

Hat eine Komponente die Charakteristische Lebensdauer T erreicht, beträgt die kumulierte Ausfallwahrscheinlichkeit 63,21 % und die Überlebenswahrscheinlichkeit 36,79 %. Dieses Ergebnis ist unabhängig von der Wahl des Formparameters b:

$$F(t = T) = 1 - e^{-\left(\frac{T}{T}\right)^b} = 1 - e^{-(1)^b} = 1 - e^{-1} = 0,6321 = 63,21\,\%.$$

In Abb. 2.17 sind Dichtefunktionen für T = 1 ZE und verschiedene Werte des Formparameters b dargestellt. Bei Dichtefunktionen mit den Parameterwerten b = 1,5 und b = 2 verringern sich die Ausfallwahrscheinlichkeiten pro kleinem Zeitintervall ab einer

---

[2] E. H. W. Weibull (1887–1979).

Abb. 2.15 Überlebens-wahrscheinlichkeiten (Weibullverteilung)

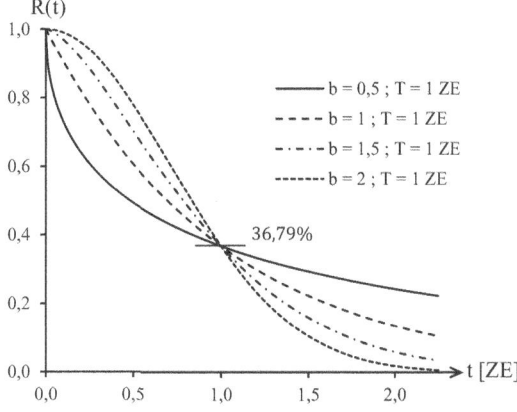

Abb. 2.16 Ausfallverteilungs-funktion (Weibullverteilung)

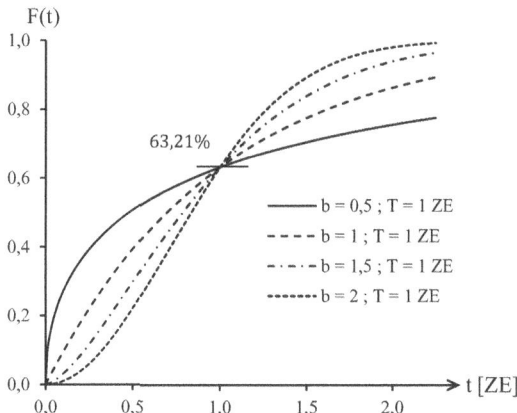

bestimmten Zeit stetig, weil immer weniger Komponenten überleben. Besonders auffällig sind die unterschiedlichen Kurvenverläufe für b ≤ 1 und b > 1.

Gelegentlich wird auch die dreiparametrische Weibullverteilung verwendet:

$$R(t) = P(\tau > t) = e^{-\left(\frac{t-t_0}{T-t_0}\right)^b} \text{ für } t \geq t_0.$$

Durch den zusätzlichen Parameter t_0 besteht die Möglichkeit, eine ausfallfreie Zeit zu modellieren. Die zugehörige Zuverlässigkeitsfunktion nimmt für $t \leq t_0$ den Wert Eins an. Die dreiparametrische Weibullverteilung wird verwendet, wenn sich Ausfälle erst ab einem bestimmten Zeitpunkt t_0 ereignen. Folglich nimmt die Zuverlässigkeit erst bei $t \geq t_0$ ab.

2.4.5.2 Ausfallrate und Formparameter b

Der Formparameter b und der zeitliche Verlauf der Ausfallrate $\lambda(t)$ stehen in einem engen mathematischen Zusammenhang, den man nutzt, um die Form der Weibullverteilung

Abb. 2.17 Dichtefunktionen (Weibullverteilung)

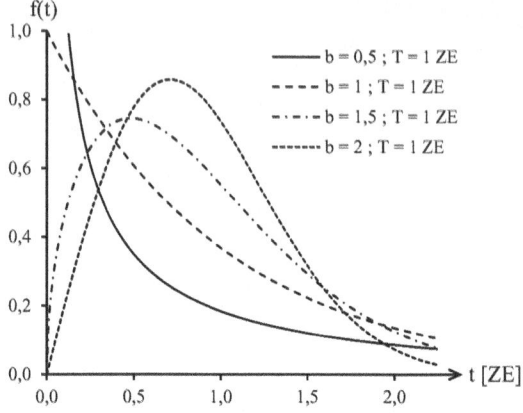

Abb. 2.18 Funktionen der Ausfallrate

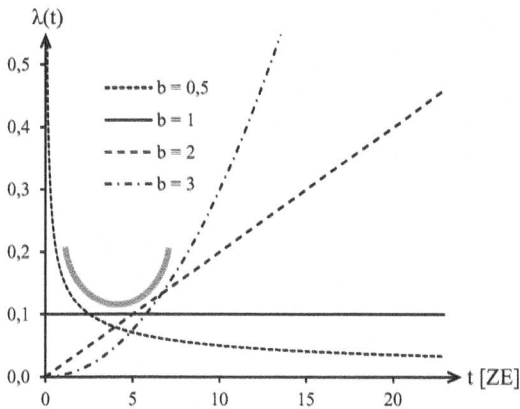

den empirischen Gegebenheiten anzupassen. Insbesondere kann man die so angepasste Weibullverteilung für die verschiedenen Phasen der „Badewannenkurve" (siehe Abb. 2.14 und 2.18) verwenden. Wenn die Ausfallrate abnimmt, wie das typischerweise bei Frühausfällen der Fall ist, dann kann diese Situation durch einen Formparameter modelliert werden, der unter eins liegt: b < 1. Wenn die Ausfallrate hingegen konstant ist, also eine Phase mit Zufallsausfällen vorliegt, wählt man b = 1. Nimmt die Ausfallrate zu, dann liegen typischerweise Spätausfälle vor. Man geht dann von b > 1 aus.

Mithilfe der Beziehung $\lambda(t) = \frac{f(t)}{R(t)}$ lässt sich die Ausfallrate als Funktion von t folgendermaßen aus den Parametern T und b bestimmen:

$$\lambda(t) = \frac{f(t)}{R(t)} = \frac{\frac{b}{T} \cdot \left(\frac{t}{T}\right)^{b-1} \cdot e^{-\left(\frac{t}{T}\right)^b}}{e^{-\left(\frac{t}{T}\right)^b}} = \frac{b}{T} \cdot \left(\frac{t}{T}\right)^{b-1} = \frac{b}{T^b} \cdot t^{b-1}.$$

Man sieht, dass die Ausfallrate in Abhängigkeit der Lebensdauer t durch eine Potenz-funktion beschrieben wird. Der Exponent dieser Potenzfunktion entspricht dem um eins verminderten Formparameter.

Beispiel

Empirische Untersuchungen eines technischen Systems ergeben, dass die Ausfallrate drei Phasen durchläuft. Zunächst treten Frühausfälle auf. In dieser Phase lässt sich der Ver-lauf der Ausfallrate näherungsweise durch die folgende Funktion beschrieben: $\lambda(t) \approx 0{,}16\frac{1}{ZE} \cdot \frac{1}{\sqrt{t/ZE}}$. Es folgt dann eine Phase der Zufallsausfälle. Die empirische Ausfall-rate ist hier weitgehend konstant. Als Näherung benutzt man: $\lambda(t) \approx 0{,}1\frac{1}{ZE}$. Es treten dann zunehmend Verschleißausfälle auf und die Ausfallrate steigt zunächst linear mit der Zeit an: $\lambda(t) \approx 0{,}02\frac{1}{ZE} \cdot t/ZE$, und dann schließlich quadratisch mit der Zeit: $\lambda(t) \approx 0{,}003\frac{1}{ZE} \cdot \left(\frac{t}{ZE}\right)^2$. Diese Verläufe der Ausfallrate lassen sich mit Hilfe der Weibullverteilung mathematisch darstellen. Es zeigt sich, dass mit T = 10 ZE und b = 0,5 (Frühausfälle), T = 10 ZE und b = 1 (Zufallsausfälle), T = 10 ZE und b = 2 (frühe Spätausfälle) sowie mit T = 10 ZE und b = 3 (späte Spätausfälle) der Verlauf der Ausfallrate der Weibullverteilung den empirischen Ausfallsdaten angenähert werden kann:

$$T = 10\,ZE, b = 0{,}5: \quad \lambda(t) = \frac{0{,}5}{T} \cdot \left(\frac{t}{T}\right)^{-0{,}5} = \frac{0{,}5}{\sqrt{T}} \cdot \frac{1}{\sqrt{t}} = 0{,}1581 \cdot \frac{1}{\sqrt{t}}\left[\frac{1}{ZE}\right]$$

$$T = 10\,ZE, b = 1: \quad \lambda(t) = \frac{1}{T} \cdot \left(\frac{t}{T}\right)^{0} = \frac{1}{T} = 0{,}1\left[\frac{1}{ZE}\right]$$

$$T = 10\,ZE, b = 2: \quad \lambda(t) = \frac{2}{T} \cdot \left(\frac{t}{T}\right)^{1} = \frac{2}{T^2} \cdot t = 0{,}02 \cdot t\left[\frac{1}{ZE}\right]$$

$$T = 10\,ZE, b = 3: \quad \lambda(t) = \frac{3}{T} \cdot \left(\frac{t}{T}\right)^{2} = \frac{3}{T^3} \cdot t^2 = 0{,}003 \cdot t^2\left[\frac{1}{ZE}\right].$$

In Abb. 2.18 sind die Verläufe der Ausfallrate als Funktion der Zeit graphisch darge-stellt. Es ergibt sich die Badewannenkurve (siehe auch Abb. 2.14).

Beispiel

Ein Unternehmen möchte den Zuverlässigkeitsverlauf eines Bauteils ermitteln. Eine Ana-lystengruppe hat aus empirischen Daten vorheriger Lebensdauerprüfungen Schätzwerte für die Parameter b und T für verschiedene Lebensphasen des Bauteils ermittelt:

	Phase I	Phase II	Phase III
t [ZE]	0–0,5	0,5–1,2	1,2–3
b	0,5	1	3
T [ZE]	3		

Das Vorgehen gliedert sich in die folgenden Schritte:

a) Für jede Phase wird der Verlauf der Ausfallrate bestimmt: $\lambda(t) = \frac{-R'(t)}{R(t)} = \frac{b}{T^b} \cdot t^{b-1}$.
b) Die Überlebenswahrscheinlichkeiten ergeben sich aus der Beziehung: $R(t) = e^{-\int \lambda dt}$.

Zu a) Bestimmung der Ausfallraten:

Phase 1: $\lambda(t) = \frac{0,5}{3^{0,5}} \frac{1}{ZE} \cdot \left(\frac{t}{ZE}\right)^{-0,5} = 0,2887 \frac{1}{ZE} \cdot \left(\frac{t}{ZE}\right)^{-0,5}$
Phase 2: $\lambda(t) = \frac{1}{3} \frac{1}{ZE} \cdot \left(\frac{t}{ZE}\right)^{0} = \frac{1}{3} \frac{1}{ZE}$
Phase 3: $\lambda(t) = \frac{3}{3^3} \frac{1}{ZE} \cdot \left(\frac{t}{ZE}\right)^{2} = \frac{1}{9} \frac{1}{ZE} \cdot \left(\frac{t}{ZE}\right)^{2}$

Zu b) Bestimmung der Zuverlässigkeit:

$$R(0,5) = e^{-\int_0^{0,5} \lambda(t)dt} = e^{-\int_0^{0,5} 0,2887 \cdot t^{-0,5}dt} = 66,48\,\%$$

$$R(1,2) = e^{-\int_0^{1,2} \lambda(t)dt} = e^{-\left(\int_0^{0,5} \lambda(t)dt + \int_{0,5}^{1,2} \lambda(t)dt\right)} = e^{-\int_0^{0,5} 0,2887 \cdot t^{-0,5}dt} \cdot e^{-\int_{0,5}^{1,2} 1/3 dt}$$

$$= 0,6648 \cdot 0,7919 = 52,65\,\%$$

$$R(3) = e^{-\int_0^{3} \lambda(t)dt} = e^{-\left(\int_0^{0,5} \lambda(t)dt + \int_{0,5}^{1,2} \lambda(t)dt + \int_{1,2}^{3} \lambda(t)dt\right)}$$

$$= e^{-\int_0^{0,5} 0,2887 \cdot t^{-0,5}dt} \cdot e^{-\int_{0,5}^{1,2} 1/3 dt} \cdot e^{-\int_{1,2}^{3,0} 1/9 \cdot t^2 dt}$$

$$= 0,6648 \cdot 0,7919 \cdot e^{-\left[\frac{3^3}{27} - \frac{1,2^3}{27}\right]} = 0,6648 \cdot 0,7919 \cdot \frac{e^{-\left(\frac{3}{3}\right)^3}}{e^{-\left(\frac{1,2}{3}\right)^3}}$$

$$= 0,6648 \cdot 0,7919 \cdot \frac{0,3679}{0,9380} = 0,2065 = 20,65\,\%$$

Ein Bauteil wird mit einer Wahrscheinlichkeit von $0,5265/0,6648 = 79,19\,\%$ über die gesamte Phase II zuverlässig funktionieren, wenn es den Bereich der Frühausfälle überstanden hat. Da diese bedingte Wahrscheinlichkeit nur von der Ausfallrate in Phase II abhängt, hätte man dieses Ergebnis auch direkt durch folgende Berechnung erzielen können:

$$P(\tau > 1,2\,ZE | \tau > 0,5\,ZE) = \frac{e^{-\frac{1,20\,ZE}{3\,ZE}}}{e^{-\frac{0,50\,ZE}{3\,ZE}}} = e^{-\frac{0,70}{3}} = 79,19\,\%.$$

Betrachtet man ein Bauteil, das die Phase II überstanden hat, so ergibt sich analog folgende bedingte Wahrscheinlichkeit eines Ausfalls bis $t = 3\,ZE$:

$$P(\tau \le 3\,ZE | \tau > 1,2\,ZE) = \frac{W(1,2\,ZE < \tau \le 3\,ZE)}{W(\tau > 1,2\,ZE)} = \frac{R(1,2\,ZE) - R(3\,ZE)}{R(1,2\,ZE)}$$

$$= \frac{32,00\,\%}{52,65\,\%} = 60,78\,\%.$$

Ein Bauteil, das den Bereich II überstanden hat, wird mit einer Wahrscheinlichkeit von $39,22\,\%$ über die gesamte Phase III zuverlässig funktionieren. Da diese bedingte Wahrscheinlichkeit nur von der Ausfallrate im Bereich III abhängt, hätte man dieses Ergebnis auch direkt durch folgende Berechnung erzielen können:

$$P(\tau > 3\,\mathrm{ZE}|\tau > 1{,}2\,\mathrm{ZE}) = \frac{e^{-\left(\frac{3{,}00\,\mathrm{ZE}}{3\,\mathrm{ZE}}\right)^3}}{e^{-\left(\frac{1{,}20\,\mathrm{ZE}}{3\,\mathrm{ZE}}\right)^3}} = 0{,}3922 = 39{,}22\,\%.$$

2.4.5.3 B10-Lebensdauer

Zur Beschreibung von Zuverlässigkeiten wird in der Praxis auch die sogenannte B10-Lebensdauer verwendet. Sie beschreibt die Zeitdauer, in der durchschnittlich 10 % der Komponenten ausgefallen sind bzw. in der die Ausfallwahrscheinlichkeit einer Komponente die Marke von 10 % erreicht. Die B10-Lebensdauer entspricht dem 10 %-Quantil $t_{0{,}10}$ der Lebensdauerverteilung: $W\,(\tau \leq t_{0{,}10}) = 0{,}10$. Die dazugehörige Zuverlässigkeit beträgt $R\,(t_{0{,}10}) = 0{,}90$. Für eine konstante jährliche Ausfallrate $\lambda = 0{,}50/\mathrm{Jahr}$ wird die B10-Lebendauer in folgender Weise berechnet:

$$R\,(t_{0{,}10}) = e^{-0{,}50/\mathrm{Jahr} \cdot t_{0{,}10}[\mathrm{Jahr}]} = 0{,}90 \iff t_{0{,}10}[\mathrm{Jahr}] = -\frac{\ln(0{,}90)}{0{,}5 \cdot \frac{1}{\mathrm{Jahr}}} = 0{,}21\,\mathrm{Jahre}.$$

Die Komponente erreicht also die B10-Marke nach etwas mehr als 10 Wochen. Das Konzept kann problemlos verallgemeinert werden: Die B_x-Lebensdauer gibt die Zeitdauer an, bis zu der die Ausfallwahrscheinlichkeit der Komponente die Marke x erreicht.

2.4.6 Kolmogorov-Smirnov-(KS)-Anpassungstest (nichtparametrisch)

Mit Hilfe des KS-Anpassungstests ist es möglich zu prüfen, ob die für eine Zufallsvariable unterstellte theoretische Verteilung mit den empirischen Beobachtungen in Einklang steht. Der KS-Anpassungstest eignet sich nur für stetige Verteilungen.[3]

Mit der Nullhypothese dieses Tests wird postuliert, dass die betrachtete Zufallsvariable, in unserem Fall die stochastische Lebensdauer, einer hypothetischen, eindeutig definierten Verteilung folgt. Es ist die genau spezifizierte Gestalt der Verteilungsfunktion $F_0(x)$ anzugeben, d. h. alle Parameter dieser Verteilung müssen vollständig festgelegt sein. Bei der Weibullverteilung wären das die Parameter b und T. Mit der Gegenhypothese wird festgestellt, dass die interessierende Zufallsvariable eine andere Verteilung besitzt.

Die H_0- und H_1-Hypothese des KS-Tests lauten also: $F(x) = F_0(x)$ bzw. $F(x) \neq F_0(x)$.

Die Fehlerwahrscheinlichkeit α, mit der die wahre Hypothese H_0 irrtümlicherweise abgelehnt wird, ist auf ein in der Praxis übliches Niveau von 1 %, 5 % oder 10 % zu setzen.

Es ist eine einfache Stichprobe mit n Elementen aus der Grundgesamtheit zu ziehen. Die Stichprobenvariablen $X_1, X_2, \ldots, X_i, \ldots, X_n$ müssen unabhängig voneinander sein. Das Stichprobenergebnis muss in aufsteigender Reihenfolge sortiert werden. Wir nehmen

---

[3] A. N. Kolmogorov (1903–1987), N. W. Smirnov (1900–1966).

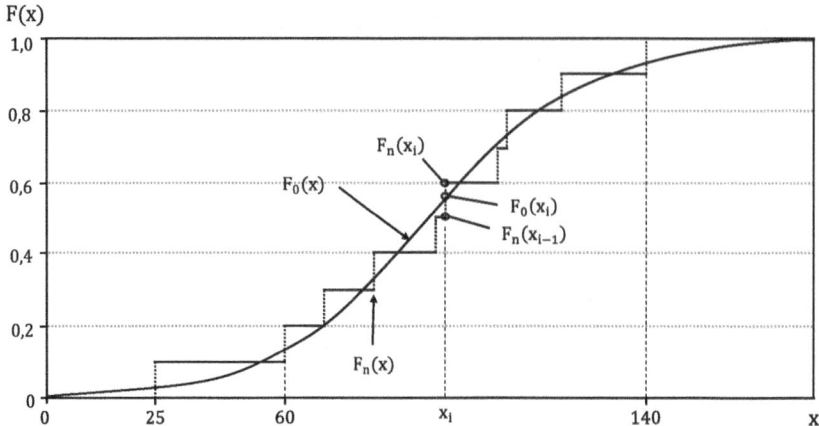

Abb. 2.19 KS-Test Treppenfunktion

hier an, dass mit $(x_1, x_2, \ldots, x_i, \ldots, x_n)$ bereits die aufsteigend sortierte Rangwertreihe beschrieben wird: $x_{i-1} \leq x_i$.

Es ist die Prüfgröße, die sogenannte KS-Teststatistik zu konstruieren. Durch diese Prüfgröße erfolgt ein Vergleich der sogenannten Summenhäufigkeit $F_n(x)$ mit der unter H_0 postulierten Verteilung $F_0(x)$. Die Summenhäufigkeit bezeichnet die empirische, auf den Beobachtungen basierende Verteilungsfunktion. Die an einer Stelle x auftretende maximale Differenz zwischen diesen beiden Funktionen entspricht der Prüfgröße. Im KS-Test lautet diese:

$$K_n = \sup_{x \in \mathbb{R}} |F_n(x) - F_0(x)| \,.$$

Es ist also der x-Wert zu ermitteln, bei dem der Unterschied zwischen der empirischen Summenhäufigkeit und der kumulierten Wahrscheinlichkeit der theoretischen Verteilung am größten ist.

Die empirische Summenhäufigkeitsfunktion $F_n(x)$ erhält man wie folgt: Man ordnet jedem $x \in \mathbb{R}$ den Anteil der Elemente der Stichprobe zu, deren Merkmalswerte kleiner oder gleich x sind. Für alle x, die unter dem niedrigsten Stichprobenwert x_1 liegen, ist $F_n(x)$ gleich null. Ab dem ersten Stichprobenwert steigt $F_n(x)$ mit jedem Stichprobenwert an, und zwar in Stufen um jeweils $1/n$. Schließlich erreicht die Treppenfunktion ab x_n den Wert eins (siehe Abb. 2.19).

Die treppenförmig verlaufende Summenhäufigkeitsfunktion $F_n(x)$ berechnet sich demnach folgendermaßen:

$$F_n(x) = \begin{cases} 0, & \text{falls } x < x_1 \\ \frac{i}{n}, & \text{falls } x_i \leq x < x_{i+1} \text{ und } 1 \leq i \leq n-1 \\ 1, & \text{falls } x \geq x_n \end{cases}$$

Beispiel

Wir nehmen eine Stichprobe im Umfang von n = 10 und ordnen die Ausfallzeiten der Stichprobenelemente aufsteigend an: $x_1 \leq x_2 \leq \ldots \leq x_n$. Beispielsweise lautet die Rangwertreihe: $25 \leq 60 \leq \ldots \leq 140$. Für den Merkmalswert $x_1 = 25$ ergibt sich die Summenhäufigkeit $F_{10}(x_1) = \frac{1}{n}$, also $F_{10}(25) = \frac{1}{10} = 10\%$. Das bedeutet, dass 10% der Stichprobenwerte kleiner oder gleich $x_1 = 25$ sind. Für $25 < x < 60$ kommt keine Beobachtung hinzu, so dass auch hierfür gilt: $F_{10}(x) = 10\%$. Für den Merkmalswert $x_2 = 60$ ergibt sich die Summenhäufigkeit $F_{10}(60) = \frac{2}{10} = 20\%$. Es sind also 20% der Merkmalswerte kleiner oder gleich $x_2 = 60$. So fährt man fort, bis man den höchsten Merkmalswert $x_{10} = 140$ erreicht, mit $F_{10}(140) = \frac{10}{10} = 100\%$.

Betrachten wir jetzt die Prüfgröße: $K_n = \sup\limits_{x \in \mathbb{R}} |F_n(x) - F_0(x)|$. Die maximale Abweichung $|F_n(x) - F_0(x)|$ tritt an einer der Sprungstellen der Treppenfunktion auf. Abb. 2.19 verdeutlicht, dass an den Sprungstellen jeweils zwei Abweichungen zu berücksichtigen sind: $K_{i,1} = |F_n(x_i) - F_0(x_i)|$ und $K_{i,2} = |F_n(x_{i-1}) - F_0(x_i)|$.

Wenn die empirischen Daten gut zu der Verteilung passen, die unter H_0 postuliert wird, dann ist eine geringe Abweichung und somit eine kleine Prüfgröße zu erwarten. Eine große Abweichung zwischen der empirischen und der hypothetischen Verteilungsfunktion spricht gegen die Gültigkeit der Nullhypothese. Demzufolge wird man die Nullhypothese ablehnen, wenn die Prüfgröße einen kritischen Wert $k_{1-\alpha}$ überschreitet (rechtsseitiger Ablehnungsbereich).

Die kritische Abweichung $k_{1-\alpha}$ ist dabei folgendermaßen definiert: Die Wahrscheinlichkeit dafür, dass die Prüfgröße größer als die kritische Abweichung ist, gleicht der Fehlerwahrscheinlichkeit α, falls H_0 gilt: $P_{H_0}(K_n \geq k_{1-\alpha}) = \alpha$. Die maximale Abweichung $|F_n(x) - F_0(x)|$ wird also mit der kritischen Abweichung $k_{1-\alpha}$ verglichen. Falls $K_n > k_{1-\alpha}$, so sprechen die empirischen Werte signifikant für die Gültigkeit der Gegenhypothese H_1, dass die Zufallsvariable nicht der postulierten Verteilung folgt. H_0 ist dann abzulehnen, weil die maximale Differenz größer als die maximal zulässige Differenz ist.

Die Quantile von $k_{1-\alpha}$ sind in der Tabelle in Abb. 2.20 für $n \leq 30$ aufgeführt.

2.4.6.1 Beispiel: Konstante Ausfallrate

Bisher hatte der Lieferant von Pumpen seinen Kunden eine konstante Ausfallrate $\lambda = 0{,}50\frac{1}{10^4\,\text{h}}$ zugesagt. Die Instandhaltungsabteilung des Kunden prüft, ob diese Aussage stimmen kann. Es soll ermittelt werden, ob die Ausfallzeiten von 10 zufällig ausgewählten Pumpen signifikant gegen die Gültigkeit dieser Aussage sprechen.

Eine Stichprobe liefert folgende Ausfallzeiten $t_i \left[10^4\,\text{h}\right]$: 2,58; 2,16; 1,58; 3,10; 1,34; 1,48; 1,66; 1,32; 2,70; 2,36. Der Mittelwert dieser Zeiten lautet: $\bar{t} = 2{,}03 \cdot 10^4\,\text{h}$. Im Fall einer konstanten Ausfallrate ergibt sich der folgende Schätzwert:

$$\hat{\lambda} = \frac{1}{\bar{t}} = \frac{1}{2{,}03 \cdot 10^4\,\text{h}} = 0{,}493\frac{1}{10^4\,\text{h}}.$$

Dies ist nahezu identisch mit der zugesagten Ausfallrate von $\lambda = 0{,}50\frac{1}{10^4\,\text{h}}$. Diese Berechnung macht jedoch nur dann Sinn, wenn eine konstante Ausfallrate und damit eine

Abb. 2.20 Tabelle der kritischen Werte des KS-Tests

n	α = 0,05%	α = 1%	α = 5%	α = 10%	α = 20%
1	0,99750	0,99500	0,97500	0,95000	0,90000
2	0,94995	0,92925	0,84187	0,77638	0,68377
3	0,86419	0,82895	0,70758	0,63604	0,56481
4	0,77628	0,73417	0,62392	0,56521	0,49265
5	0,70533	0,66848	0,56326	0,50944	0,44697
6	0,65277	0,61655	0,51925	0,46799	0,41035
7	0,60966	0,57576	0,48341	0,43606	0,38145
8	0,57420	0,54174	0,45426	0,40962	0,35828
9	0,54435	0,51327	0,43000	0,38746	0,33907
10	0,51864	0,48889	0,40924	0,36866	0,32257
11	0,49631	0,46766	0,39121	0,35241	0,30825
12	0,47664	0,44900	0,37542	0,33814	0,29573
13	0,45914	0,43243	0,36142	0,32548	0,28466
14	0,44345	0,41758	0,34889	0,31416	0,27477
15	0,42927	0,40416	0,33759	0,30397	0,26585
16	0,41637	0,39197	0,32733	0,29471	0,25774
17	0,40458	0,38083	0,31796	0,28626	0,25035
18	0,39374	0,37059	0,30935	0,27850	0,24356
19	0,38373	0,36114	0,30142	0,27135	0,23731
20	0,37445	0,35238	0,29407	0,26473	0,23152
21	0,36582	0,34423	0,28724	0,25857	0,22614
22	0,35776	0,33663	0,28086	0,25283	0,22111
23	0,35021	0,32951	0,2749	0,24746	0,21642
24	0,34313	0,32283	0,2693	0,24241	0,21201
25	0,33646	0,31654	0,26404	0,23767	0,20786
26	0,33016	0,3106	0,25907	0,2332	0,20396
27	0,32421	0,30499	0,25437	0,22897	0,20026
28	0,31857	0,29968	0,24993	0,22497	0,19676
29	0,31322	0,29463	0,24571	0,22117	0,19344
30	0,30813	0,28984	0,2417	0,21756	0,19029

exponentialverteilte Lebensdauer auch tatsächlich unterstellt werden kann, was bei Maschinenteilen, die einem Verschleißprozess unterliegen, eher nicht plausibel ist. Mit Hilfe des KS-Tests soll daher überprüft werden, ob die Annahme einer konstanten Ausfallrate und damit einer exponentialverteilten Lebensdauer mit $\lambda = 0,50\frac{1}{10^4\,\text{h}}$ haltbar ist.

Der Test läuft folgendermaßen ab:

(1) Wird in der Verteilungshypothese zunächst nur eine Aussage über den Verteilungstyp aber noch keine Aussage über die Parameter dieser Verteilung getroffen, so sind die Parameter dieser vermuteten theoretischen Verteilung aus den Ausfalldaten zu schätzen. In dem hier vorliegenden Fall ist eine Schätzung des Parameters λ nicht notwendig, da dieser entsprechend der Zusage des Lieferanten vorliegt. Die postu-

lierte theoretische Verteilung ist damit eindeutig definiert:

$$F_0(x) = 1 - e^{-0.50 \frac{1}{10^4 \, h} \cdot t [10^4 \, h]}.$$

(2) Die H_0- und die H_1-Hypothese lauten:

$$F(t) = F_0(t) \; [H_0] \quad \text{bzw.} \quad F(t) \neq F_0(t) \; [H_1] \quad \text{mit} \quad F_0(t) = 1 - e^{-0.50 \frac{1}{10^4 \, h} \cdot t [10^4 \, h]}.$$

(3) Es ist ein plausibles Signifikanzniveau festzulegen. In der Praxis wird häufig ein Wert von $\alpha = 5\,\%$ verwendet. Hiermit drückt sich ein Kompromiss zwischen den Wahrscheinlichkeiten für die Fehler 1. und 2. Ordnung aus.

(4) Es sind die Ergebnisse der Stichprobe nach ihrer Ausfallzeit aufsteigend zu sortieren. Anschließend sind zu diesen Ausfallzeiten die Werte der vermuteten theoretischen Verteilungsfunktion zu bestimmen. Die Summenhäufigkeiten berechnet man gemäß

$$F_n(t) = \begin{cases} 0, & \text{falls } t < t_1 \\ \dfrac{i}{n}, & \text{falls } t_i \leq t < t_{i+1} \text{ und } 1 \leq i \leq n-1 \\ 1, & \text{falls } t \geq t_n \end{cases}$$

(5) Abb. 2.21 zeigt die Ermittlung der Differenzen $|F_n(t_i) - F_0(t_i)|$ bzw. $|F_n(t_{i-1}) - F_0(t_i)|$.

(6) Es ist die größte Differenz K_n zu identifizieren und mit $k_{1-\alpha}$ zu vergleichen. Die größte Differenz findet sich bei $i = 1$ und beträgt $K_n = 0,48$. Bei einer Stichprobengröße von $n = 10$ und einer geforderten Irrtumswahrscheinlichkeit von maximal $\alpha = 5\,\%$ beträgt der kritische Wert: $k_{1-\alpha} = 0,4092$. Es zeigt sich, dass die Teststatistik K_n größer als der kritische Wert $k_{1-\alpha}$ ist: $0,48 > 0,4092$. Deshalb ist die Nullhypothese zu verwerfen.

i	$t_i \, [10^4 \, h]$ sortiert	$F_0(t_i)$	$F_n(t)$	$|F_n(t_i) - F_0(t_i)|$	$|F_0(t_i) - F_n(t_{i-1})|$
1	1,32	0,48	0,1	0,38	0,48
2	1,34	0,49	0,2	0,29	0,39
3	1,48	0,52	0,3	0,22	0,32
4	1,58	0,55	0,4	0,15	0,25
5	1,66	0,56	0,5	0,06	0,16
6	2,16	0,66	0,6	0,06	0,16
7	2,36	0,69	0,7	0,01	0,09
8	2,58	0,72	0,8	0,08	0,02
9	2,70	0,74	0,9	0,16	0,06
10	3,10	0,79	1,0	0,21	0,11

Abb. 2.21 KS-Test und Exponentialverteilung

i	t_i [10^4 h] sortiert	$F_0(t_i)$	$F_n(t)$	$|F_n(t_i) - F_0(t_i)|$	$|F_0(t_i) - F_n(t_{i-1})|$
1	1,32	0,25	0,1	0,15	0,25
2	1,34	0,26	0,2	0,06	0,16
3	1,48	0,33	0,3	0,03	0,13
4	1,58	0,39	0,4	0,01	0,09
5	1,66	0,44	0,5	0,06	0,04
6	2,16	0,72	0,6	0,12	0,22
7	2,36	0,81	0,7	0,11	0,21
8	2,58	0,88	0,8	0,08	0,18
9	2,70	0,91	0,9	0,01	0,11
10	3,10	0,98	1,0	0,02	0,08

Abb. 2.22 KS-Test und Weibullverteilung

(7) Die Daten sprechend bei Wahl der Fehlerwahrscheinlichkeit $\alpha = 5\%$ signifikant für die H_1-Hypothese, dass die Lebensdauer nicht exponentialverteilt ist mit $\lambda = 0{,}50 \frac{1}{10^4 \text{h}}$.

2.4.6.2 Beispiel: Weibullverteilung

Betrachtet man die Ausfallzeiten der Pumpen in der Stichprobe, so fällt auf, dass vor dem Zeitpunkt t [h] $= 1{,}32 \cdot 10^4$ h keine Ausfälle stattgefunden haben. Nach diesem Zeitpunkt finden die Ausfälle relativ regelmäßig statt (siehe Abb. 2.22, Spalte t_i). Da die Anzahl noch funktionstüchtiger Pumpen offensichtlich mit der Zeit abnimmt, deutet dies auf eine steigende Ausfallrate hin. Daher soll nun geprüft werden, ob eine Weibullverteilung als Lebensdauerverteilung in Frage kommt. Hierzu sind die Parameter der Weibullverteilung festzulegen. Es werden die Parameterwerte $T = 2 \cdot 10^4$ h und $b = 3$ angenommen. Ohne diese Vorgabe wären diese aus dem empirischen Material zu schätzen (siehe Abschn. 2.5.1). Es wird nun geprüft, ob die beobachteten Ausfallzeiten signifikant gegen die Gültigkeit der Verteilungsannahme sprechen.

Der Test läuft folgendermaßen ab:

(1) Mit den Parametern $T = 2$ ZE (in 10^4 h) und $b = 3$ lautet die vermutete Weibullverteilung:

$$F_0(t) = 1 - e^{-\left(\frac{t}{T}\right)^b} = 1 - e^{-\left(\frac{t \, [\text{ZE}]}{2 \, \text{ZE}}\right)^3}.$$

(2) H_0: $F(t) = F_0(t)$ und H_1: $F(t) \neq F_0(t)$.

Die Nullhypothese [H_0] beschreibt die Situation, dass die empirische Lebensdauerverteilung der vermuteten Verteilung entspricht. Die Gegenhypothese [H_1] behauptet, dass die empirische Lebensdauerverteilung nicht durch die vermutete Verteilung beschrieben werden kann.

(3) Es ist ein plausibles Signifikanzniveau zu bestimmen. Nach Abwägung der Kosten für die Fehler 1. und 2. Ordnung entscheidet man sich für den Kompromiss: $\alpha = 5\,\%$.

(4) Es sind die Ergebnisse der Stichprobe nach ihrer Ausfallzeit aufsteigend zu sortieren. Zum einen sind zu diesen Ausfallzeiten die Werte der vermuteten theoretischen Verteilungsfunktion zu bestimmen. Zum anderen bildet man die Summenhäufigkeiten gemäß

$$F_n(t) = \begin{cases} 0, & \text{falls } t < t_1 \\ \dfrac{i}{n}, & \text{falls } t_i \leq t < t_{i+1} \text{ und } 1 \leq i \leq n-1 \\ 1, & \text{falls } t \geq t_n \end{cases}$$

(5) Es sind die Differenzen $|F_n(t_i) - F_0(t_i)|$ bzw. $|F_n(t_{i-1}) - F_0(t_i)|$ zu berechnen. Die Ergebnisse finden sich in der Tabelle in Abb. 2.22.

(6) Es ist die größte absolute Differenz K_n zu suchen und mit $k_{1-\alpha}$ zu vergleichen. Die größte Differenz findet sich bei $i = 1$ und beträgt $K_n = 0{,}25$. Bei einer Stichprobengröße von $n = 10$ und einer maximal zulässigen Irrtumswahrscheinlichkeit von $\alpha = 5\,\%$ beträgt der kritische Wert laut Tabelle in Abb. 2.22: $k_{1-\alpha} = 0{,}4092$. Wenn $K_n \leq k_{1-\alpha}$, dann entscheidet man sich für H_0. Wenn aber $K_n > k_{1-\alpha}$, dann entscheidet man sich für H_1. Da $K_n = 0{,}25 < 0{,}4092$, wird die Nullhypothese nicht verworfen. Durch die Ausfallzeiten kann die unter H_0 postulierte Verteilung nicht signifikant widerlegt werden.

(7) Man kommt zu dem Ergebnis, dass die Ausfallzeiten durch die vermutete Weibullverteilung mit $T = 1$ ZE und $b = 3$ ausreichend genau abgebildet werden können.

2.4.7 χ^2-Anpassungstest (nichtparametrisch)

Der Vorteil des KS-Anpassungstests liegt in der Anwendbarkeit auf kleine Stichprobenumfänge. Nachteilig ist, dass die Untersuchungsvariable stetig verteilt sein muss. Alternativ zum KS-Test kann unter bestimmten Voraussetzung ein χ^2-Anpassungstest durchgeführt werden, der sich auch für diskrete Verteilungen eignet.

Der χ^2-Anpassungstest ist analog zum χ^2-Unabhängigkeitstest konstruiert, der in Abschn. 1.6.7 beschrieben ist. Die Tabelle zur χ^2-Verteilung befindet sich in Abschn. 1.6.8.1. Eine stetig verteilte Untersuchungsvariable muss zunächst klassiert werden. Nach Ziehen der Stichprobe sind dann die Häufigkeiten der Beobachtungen zu zählen, die in die diskreten Klassen fallen. Liegen die Daten der Untersuchungsvariable diskret vor (siehe Abb. 2.23), so ergibt sich hieraus bereits eine erste Klassenbildung, die ggf. noch entscheidungsrelevant geändert wird. Es ist zu bedenken, dass der χ^2-Test Klassen erforderlich macht, in denen die absoluten Häufigkeiten nicht kleiner als fünf sind. Der χ^2-Anpassungstest eignet sich nicht für kleine Datenmengen.

Abb. 2.23 Klassen

Klasse	Verschleißgrad	beobachtete Häufigkeit
1	hoch	100
2	mittel	109
3	niedrig	95

Wie bereits beim KS-Test lauten die Hypothesen H_0 und H_1: $F(x) = F_0(x)$ bzw. $F(x) \neq F_0(x)$. Die Teststatistik wird analog zu der Statistik des χ^2-Unabhängigkeitstests gebildet (siehe Abschn. 1.6.7): Es werden beim χ^2-Anpassungstest die theoretischen Merkmalshäufigkeiten einer unter H_0 postulierten Verteilung mit den empirischen Merkmalshäufigkeiten verglichen. Um die theoretischen Merkmalshäufigkeiten E_i der Klassen i zu erhalten, multipliziert man die theoretischen Wahrscheinlichkeiten p_i der Klassen i, die sich aus der postulierten Verteilung ergeben, mit der Gesamtanzahl der Messwerte n: $E_i = n \cdot p_i$, mit $p_i = P(X \in$ Klasse i$)$. Die χ^2-Prüfgröße des Anpassungstests wird bestimmt, indem zunächst für jede Klasse i die Differenz zwischen der empirischen (beobachteten) Häufigkeit H_i und dem unter H_0 postulierten Wert E_i quadriert und durch den postulierten Wert E_i dividiert wird. Diese Einzelabweichungen werden über alle Klassen i ($i = 1, \ldots, k$) aufsummiert:

$$\chi_H^2 = \sum_{i=1}^{k} \frac{(H_i - E_i)^2}{E_i}.$$

Die Verteilung der Prüfgröße kann näherungsweise gut durch eine χ^2-Verteilung beschrieben werden, wenn die beschriebenen Anforderungen an die Anzahl der Beobachtungen und an die Klassenbildung beachtet werden. Parameter der χ^2-Verteilung ist die Zahl der Freiheitsgrade f. Die Zahl der Freiheitsgrade berechnet sich aus der Anzahl der Klassen k und der Anzahl der zu schätzenden Parameter m der unter H_0 postulierten Verteilung, vermindert um eins: $f = k - m - 1$.

Ausgehend von den Freiheitsgraden f und dem Signifikanzniveau α lässt sich der kritische Wert $\chi_{1-\alpha}^2$ bestimmen (siehe Abschn. 1.6.7). Schließlich vergleicht man den ermittelten χ_H^2-Wert der Prüfgröße mit dem kritischen Wert $\chi_{1-\alpha}^2$ (siehe die Tabelle zur χ^2-Verteilung in Abschn. 1.6.8.1). Wenn $\chi_H^2 \leq \chi_{1-\alpha}^2$, dann ist die Nullhypothese H_0 nicht zu verwerfen. Ist $\chi_H^2 > \chi_{1-\alpha}^2$, dann wird H_0 abgelehnt und die Gegenhypothese H_1 angenommen, da die beobachteten Werte deutlich gegen die postulierte Verteilung $F_0(x)$ sprechen.

Beispiel: Gleichverteilte Dauer einer Wartungsmaßnahme

In einem Produktionsbetrieb wird die Dauer einer standardisierten Wartungsmaßnahme notiert. Da es sich bei der Dauer um eine stetige Größe handelt, ist sie zu klassieren. Man entscheidet sich für vier Klassen. Es soll untersucht werden, ob die Wartungsdauer

Klasse	Merkmal (Dauer in min)	beobachtete Häufigkeit H_i	Wahrschein-lichkeit p_i	erwartete Häufigkeit E_i
1	29 – 30	89	0,25	75
2	30 – 31	66	0,25	75
3	31 – 32	85	0,25	75
4	32 – 33	60	0,25	75

Abb. 2.24 Wartungsdauer

der stetigen Gleichverteilung folgt oder die Daten deutlich gegen diese Verteilungsannahme sprechen. Die Tabelle in Abb. 2.24 stellt die Informationen zusammen, die zur Durchführung des Anpassungstests zur Verfügung stehen.

Es liegen $k = 4$ Klassen vor. Verteilungsparameter der Gleichverteilung sind hier nicht aus den Daten zu schätzen, weshalb gilt: m = 0. Die näherungsweise χ^2-verteilte Prüfgröße besitzt drei Freiheitsgrade: $f = k - m - 1 = 4 - 0 - 1 = 3$. Bei einem Signifikanzniveau von $\alpha = 5\%$ lautet der kritische Wert: $\chi^2_{1-\alpha} = 7{,}81$. Siehe hierzu die Tabelle zur χ^2-Verteilung in Abschn. 1.6.8.1. Der empirische Wert der Prüfgröße wird folgendermaßen berechnet:

$$\chi^2_H = \sum_{i=1}^{k} \frac{(H_i - E_i)^2}{E_i} = \frac{(89 - 75)^2}{75} + \frac{(66 - 75)^2}{75} + \frac{(85 - 75)^2}{75} + \frac{(60 - 75)^2}{75}$$
$$= 8{,}03.$$

Da $\chi^2_H > \chi^2_{1-\alpha}$, ist die Nullhypothese zu verwerfen. Mit einer Fehlerwahrscheinlichkeit von $\alpha = 5\%$ sprechen die Daten signifikant gegen die in der Nullhypothese formulierte Gleichverteilung.

Beispiel: Weibullverteiltes Ausfallverhalten
Der Ausfall einer abnutzbaren Komponente verursacht neben Ersatz- auch Stillstandskosten. Um einem Ausfall vorzubeugen und so das Stillstandsrisiko während der laufenden Fertigung zu reduzieren, soll das Bauteil bereits vor einem möglichen Ausfall präventiv ersetzt werden. Als entscheidendes Lebensdauermerkmal, das ursächlich für den Verschleiß und damit für den Ausfall verantwortlich ist, hat man die Länge der Laufzeiten identifiziert (siehe Abb. 2.25). Letztlich ist es das Ziel, den wirtschaftlich sinnvollen Ersatzzeitpunkt zu bestimmen. Grundlage für die Wirtschaftlichkeitsrechnung sind neben Kosten- und Erlösgrößen die der Kalkulation zugrundeliegende Lebensdauerverteilung. Man hat die Vermutung, dass die Lebensdauer weibullverteilt ist. Die Parameter werden aus dem empirischen Datenmaterial geschätzt:

$$F_0(t) = 1 - e^{-\left(\frac{t\,[h]}{65{,}71\,h}\right)^{5{,}2}}.$$

Abb. 2.25 Laufzeiten

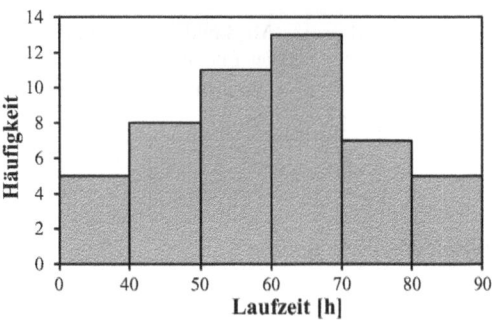

Mit Hilfe des χ^2-Anpassungstests soll geprüft werden, ob die Beschreibung des Ausfallverhaltens durch diese Weibullverteilung haltbar ist oder die beobachteten verschleißbedingten Ausfallzeiten deutlich gegen diese Verteilungshypothese sprechen. Grundlage der Untersuchung sind 49 Ausfallprotokolle von vergleichbaren Komponenten.

Im ersten Schritt werden die Hypothesen aufgestellt. Die H_0-Hypothese lautet: Das Ausfallverhalten wird durch die Weibullverteilung $F(t) = F_0(t)$ mit $F_0(t) = 1 - e^{-\left(\frac{t\,[h]}{65{,}71\,h}\right)^{5{,}2}}$ beschrieben. Die H_1-Hypothese behauptet das Gegenteil: Das Ausfallverhalten wird nicht durch die Weibullverteilung $F_0(t)$ beschrieben.

Da es sich bei der Laufzeit um eine stetige Zufallsvariable handelt, muss eine Klassierung erfolgen. Die aus den Ausfallprotokollen zusammengetragenen klassierten Häufigkeiten sind in Abb. 2.25 graphisch dargestellt.

Die unter H_0 zu erwartenden Häufigkeiten berechnen sich folgendermaßen: $E_i = n \cdot p_i$ mit $p_i = P(\tau \in \text{Klasse } i)$. Die Wahrscheinlichkeiten p_i werden auf Basis der unter H_0 angegebenen Weibullverteilung bestimmt. Die Vorgehensweise für die ersten beiden Klassen ist nachfolgend dargestellt:

$$E_1 = n \cdot P(\tau \in \text{Klasse } 1) = n \cdot P(\tau \leq 40) = 49 \cdot \left(1 - e^{-\left(\frac{40\,h}{65{,}71\,h}\right)^{5{,}2}}\right) \approx 3{,}57$$

$$E_2 = n \cdot P(\tau \in \text{Klasse } 2) = n \cdot P(40 < \tau \leq 50) = 49 \cdot \left(e^{-\left(\frac{40\,h}{65{,}71\,h}\right)^{5{,}2}} - e^{-\left(\frac{50\,h}{65{,}71\,h}\right)^{5{,}2}}\right)$$

$$\approx 6{,}94.$$

In Abb. 2.26 sind die unter H_0 zu erwartenden Häufigkeiten E_i den beobachteten Häufigkeiten H_i gegenübergestellt.

Jetzt kann der Wert der Prüfgröße berechnet werden:

$$\chi_H^2 = \sum_{i=1}^{k} \frac{(H_i - E_i)^2}{E_i} = \frac{(5 - 3{,}57)^2}{3{,}57} + \frac{(8 - 6{,}94)^2}{6{,}94} + \frac{(11 - 12{,}22)^2}{12{,}22} + \frac{(13 - 14{,}06)^2}{14{,}06}$$

$$+ \frac{(7 - 9{,}18)^2}{9{,}18} + \frac{(5 - 2{,}74)^2}{2{,}74} = 3{,}32.$$

Zeitraum t [h]	t ≤ 40	40 < t ≤ 50	50 < t ≤ 60	60 < t ≤ 70	70 < t ≤ 80	80 < t ≤ 90
Klasse i	1	2	3	4	5	6
empirische Häufigkeit H_i	5	8	11	13	7	5
unter H_0 zu erwartende Häufigkeit E_i	3,57	6,94	12,22	14,06	9,18	2,74

Abb. 2.26 Beobachtete und erwartete Häufigkeiten der klassierten Betriebsdauer

Es sind die Freiheitsgrade $f = k - m - 1$ zu bestimmt. Es liegen 6 Klassen vor: $k = 6$. Da angenommen wird, dass die beiden Parameter der Weibullverteilung T und b aus den gleichen empirischen Daten geschätzt werden, muss dies bei der Bestimmung der Freiheitsgrade berücksichtigt werden: m = 2. Die Zahl der Freiheitsgrade lautet demzufolge: $f = 6 - 2 - 1 = 3$.

Bei $f = 3$ Freiheitsgraden und einem gewählten Signifikanzniveau von $\alpha = 0,05$ ergibt sich laut Tabelle der folgende $\chi^2_{1-\alpha}$-Wert: $\chi^2_{1-\alpha} = 7,81$. Die Prüfgröße $\chi^2_H = 3,32$ ist kleiner als der kritische Wert. Wegen $\chi^2_H < \chi^2_{1-\alpha}$ wird die Nullhypothese nicht verworfen. Man bleibt bei der Vermutung, dass die Ausfallzeiten der gegebenen Weibullverteilung folgen.

Ein weiterer Blick in die Tabelle der χ^2-Verteilung zeigt, dass selbst bei einem Signifikanzniveau von $\alpha = 10\%$ die Entscheidung zu Gunsten der H_0-Hypothese ausfällt.

2.5 Lebensdauerprüfung

Das stochastische Ausfallverhalten einer Komponente wird durch die Lebensdauerverteilung modelliert. Ein erster Schritt zur empirischen Bestimmung dieser Verteilung liegt in der Wahl eines geeigneten Funktionstyps. Diese Entscheidung ist in vielen Fällen unproblematisch, da mit der Weibullverteilung eine Funktion zur Verfügung steht, die flexibel den Gegebenheiten angepasst werden kann. Aus den vorliegenden Ausfallzeiten sind die Parameter der Lebensdauerverteilung zu schätzen. Bei der Weibullverteilung gelingt dies mithilfe der Regressionsrechnung. In Bd. I, Abschn. 3.8 wird das Verfahren zur Bestimmung einer Regressionsgeraden dargestellt.

2.5.1 Methodik

2.5.1.1 SQA-Methode und Weibullverteilung
Um die SQA-Methode zur Schätzung der Parameter der Weibullverteilung anwenden zu können, ist es notwendig, die Zuverlässigkeitsfunktion in eine lineare Form zu transfor-

mieren. Hierzu ist sie doppelt zu logarithmieren:

$$R(t) = e^{-\left(\frac{t}{T}\right)^b} \Leftrightarrow \ln\left(R(t)\right) = -\left(\frac{t}{T}\right)^b \Leftrightarrow -\ln\left(R(t)\right) = \left(\frac{t}{T}\right)^b$$

$$\Leftrightarrow \ln\left(-\ln\left(R(t)\right)\right) = b \cdot \ln\left(\frac{t}{T}\right)$$

$$\Leftrightarrow \ln\left(-\ln\left(R(t)\right)\right) = -b \cdot \ln(T) + b \cdot \ln(t).$$

Werden Einheiten hinzugefügt, wie z. B. die Betriebszeit, müssen die letzten beiden Schritte der Herleitung entsprechend angepasst werden:

$$\Leftrightarrow \ln\left(-\ln\left(R(t)\right)\right) = b \cdot \ln\left(\frac{\frac{t}{1\,ZE}}{\frac{T}{1\,ZE}}\right)$$

$$\Leftrightarrow \ln\left(-\ln\left(R(t)\right)\right) = -b \cdot \ln(T/1\,ZE) + b \cdot \ln(t/1\,ZE).$$

Bezeichnet man die so transformierte Zuverlässigkeitsfunktion $\ln\left(-\ln\left(R(t)\right)\right)$ mit y_t, die logarithmierte Zeit $\ln(t)$ mit x_t und die Konstante $-b \cdot \ln(T)$ mit a, so erhält man die linearisierte Form der Weibullverteilung:

$$\underbrace{\ln\left(-\ln\left(R(t)\right)\right)}_{y_t} = \underbrace{-b \cdot \ln(T)}_{a} + b \cdot \underbrace{\ln(t)}_{x_t}, \quad \text{also} \quad y_t = a + bx_t.$$

Die Steigung b beschreibt den proportionalen Zusammenhang zwischen der doppelt logarithmischen Zuverlässigkeit $y_t = \ln\left(-\ln\left(1 - F(t)\right)\right)$ und der einfach logarithmischen Ausfallzeit $x_t = \ln(t)$. In dem logarithmischen Raum kann die Funktion der Weibullverteilung als Gerade mit dem Ordinatenabschnitt a und der Steigung b dargestellt werden (Abb. 2.27).

Den Datensatz mit n Ausfallzeiten $t_i, i = 1, \ldots, n$ erhält man aus Lebensdauerprüfungen oder der Betriebspraxis. Der Datensatz kann als eine Stichprobe aus einer unendlich großen Anzahl möglicher Stichproben aufgefasst werden. Zur Durchführung der Regression benötigt man für jedes t_i die dazugehörige kumulierte Wahrscheinlichkeit $F(t_i)$. In einer realen Situation sind zwar die Ausfallzeiten bekannt, nicht aber die zugehörigen kumulierten Ausfallwahrscheinlichkeiten. Insofern liegen keine Wertepaare vor und die Weibullgerade kann nicht unmittelbar aus den Beobachtungen berechnet werden.

Im nachfolgenden Abschn. 2.5.1.2 wird ein Weg aufgezeigt, der es möglich macht, einen Näherungswert F_i zu jeder Ausfallzeit t_i zu bestimmen. Die Näherungswerte F_i weichen zwar typischerweise von den wahren, aber unbekannten kumulierten Ausfallwahrscheinlichkeiten $F(t_i)$ ab, sind aber nicht systematisch zu groß oder zu klein. Betrachtet man nun die logarithmisch transformierten Ausfallzeiten $x_i = \ln(t_i)$ und die doppelt logarithmisch transformierten Näherungswerte $y_i = \ln(-\ln(1 - F_i))$, so liegen diese Wertepaare mal oberhalb, mal unterhalb der wahren, aber unbekannten Weibullgerade.

Mit Hilfe der SQA-Methode lassen sich die Parameter der Weibullgeraden und damit die Lebensdauerverteilung schätzen. Zur Bestimmung der Regressionsgeraden geht man

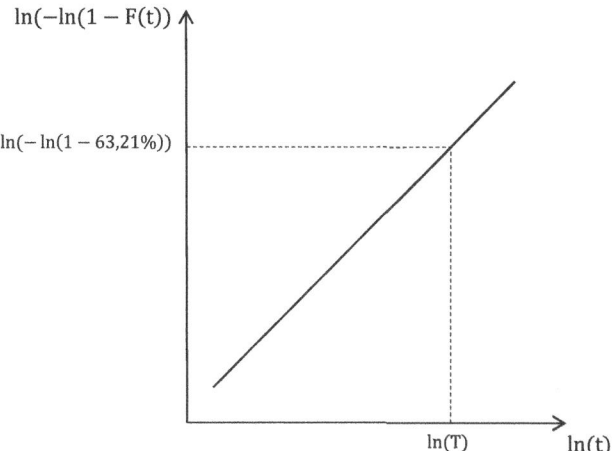

Abb. 2.27 Weibullgerade

so vor, wie in Bd. I, Abschn. 3.8. beschrieben: Die Parameter a und b sind so zu berechnen, dass die Summe der quadrierten Abweichungen SQA(a, b) minimal wird. Der allgemeine Ansatz lautet:

$$SQA(a, b) = \sum_{t=1}^{n} (y_t - \hat{y}_t)^2 = \sum_{t=1}^{n} (y_t - (a + bx_t))^2 \to Min$$

Die partiellen Ableitungen nach a und b werden null gesetzt und nach den gesuchten Parametern umgestellt. Im Allgemeinen wendet man zur Berechnung der Parameter einer Regressionsgeraden die folgenden Formeln an, wie in Bd. I, Abschn. 3.8. gezeigt:

$$b = \frac{n \cdot \sum x_i y_i - \sum x_i \sum y_i}{n \cdot \sum x_i^2 - \sum x_i \cdot \sum x_i} = \frac{\frac{1}{n} \cdot \sum x_i y_i - \frac{1}{n} \sum x_i \frac{1}{n} \sum y_i}{\frac{1}{n} \cdot \sum x_i^2 - \left(\frac{1}{n} \sum x_i\right)^2}$$

$$a = \frac{1}{n} \sum y_i - b \cdot \frac{1}{n} \sum x_i = \overline{y} - b\overline{x}.$$

In folgendem Abschnitt wird erläutert, wie die Näherungswerte F_i gewonnen werden, so dass man die Schätzung der Weibull-Lebensdauerverteilung vornehmen kann.

2.5.1.2 Ermittlung der Näherungswerte F_i

Wir unterstellen, dass eine Zufallsstichprobe genommen wird und damit ein Datensatz mit Ausfallzeiten vorliegt. Die Ausfallzeiten $(t_1, t_2, \ldots, t_i, \ldots t_n)$ im Datensatz sind in aufsteigender Reihenfolge sortiert: $t_{i-1} \leq t_i \leq t_{i+1}$. Die geordneten Werte werden als Ranggrößen bezeichnet. Der Index i steht für die Rangzahl. Um die Regressionsrechnung durchführen zu können, benötigen wir die den Zeiten t_i zugehörigen kumulierten Ausfallwahrscheinlichkeiten: $((t_1, F_1), (t_2, F_2), \ldots, (t_i, F_i), \ldots, (t_n, F_n))$.

Da die Parameter der Lebensdauerverteilung nicht bekannt sind, können die Ausfallwahrscheinlichkeiten nicht exakt bestimmt werden. Ein einfacher Weg zur Abschätzung
der kumulierten Ausfallwahrscheinlichkeiten F_i ist folgender: Ist das erste Bauteil der
Stichprobe ausgefallen, so sind $1/n$ der Stichprobe ausgefallen. In t_2 sind $2/n$ und in t_3
bereits $3/n$ ausgefallen usw. In einer Annäherung erhält man die folgende Schätzung der
kumulierten Ausfallwahrscheinlichkeiten: $F_i = \frac{i}{n}$.

Die Schätzung ist deshalb ungenau, weil wir nur von einer Stichprobe ausgehen, was
zwar der Situation in der Praxis entspricht, zur gedanklichen Herleitung stochastischer
Zusammenhänge aber doch zu kurz greift. Stellen wir uns vor, dass die Entnahme der
Zufallsstichprobe im Umfang von n zu untersuchenden gleichen Teilen insgesamt m mal
wiederholt wird. Jedes Mal liefert die Stichprobenziehung einen geordneten Datensatz mit
n aufsteigenden Ausfallzeiten. Sehen wir uns die geordneten Datensätze an: Die erste (und
kleinste) Ausfallzeit t_1 in der Zufallsstichprobe $j = 1$ nimmt einen anderen Wert an als die
erste (und kleinste) Ausfallzeit t_1 in der Zufallsstichprobe $j = 2$. In der Zufallstichprobe
$j = 3$ ist der Wert der ersten (und kleinsten) Ausfallzeit t_1 wiederum ein anderer usw. Zu
jedem Rang i existieren also m Ausfallzeiten $t_{j;i}, j = 1, \ldots, m$.

Zu diesen m Ausfallzeiten gehören m kumulierte Wahrscheinlichkeiten. Diese Wahrscheinlichkeiten folgen einer bestimmten statistischen Verteilung: Es gibt eine spezifische
Verteilung der m Wahrscheinlichkeitswerte der ersten Ranggröße t_1, gleiches gilt für t_2
und jede weitere Ranggröße. Als Schätzwerte F_i für die wahren kumulierten Wahrscheinlichkeiten $F(t_i)$ können wir die Erwartungswerte der Verteilungen dieser Ranggrößen nehmen, die Medianwerte oder die Modalwerte. Üblicherweise schätzt man die kumulierte
Ausfallwahrscheinlichkeit $F(t_i)$, die zu einer bestimmten Ranggröße t_i gehört, durch den
Median der m Wahrscheinlichkeitswerte. Der Median zeichnet sich dadurch aus, dass
bei einem gegebenen Rang i 50 % der Ausfallzeiten einen höheren Wahrscheinlichkeitswert und 50 % der Ausfallzeiten einen geringeren Wahrscheinlichkeitswert besitzen (siehe Abschn. 1.6.2.8). In diesem Sinne ist der Median also ein Mittelwert. Ohne weitere
Begründung stellen wir fest, dass die kumulierte Ausfallwahrscheinlichkeit durch die folgende Formel des Medians approximativ berechnet werden kann:

$$F\left(t_i\right) \approx F_i = \frac{i - 0{,}3}{n + 0{,}4} \quad (i = 1, \ldots, n).$$

Man erkennt deutlich, dass die erste grobe Schätzung von $F(t_i)$ durch $F_i = \frac{i}{n}$ insbesondere für große Werte von n kaum von dieser genaueren Berechnung abweicht.

2.5.2 Beispiel: Lebensdaueruntersuchung

Ein Unternehmen, welches Bauteile für den Maschinenbau herstellt, möchte die Ausfallzeiten einer neuen Bauteilreihe ermitteln. Zu diesem Zweck wird eine Stichprobe im
Umfang n = 16 aus der laufenden Produktion entnommen. Die Stichprobenelemente
werden auf einem Prüfstand belastet. Für jedes Bauteil ergeben sich durch die Belastung

i	Ausfallzeit [h]		i	Ausfallzeit [h]
1	632		9	983
2	677		10	1025
3	685		11	1077
4	821		12	1093
5	849		13	1161
6	915		14	1185
7	955		15	1233
8	965		16	1295

Abb. 2.28 Ausfallzeiten

unterschiedliche Ausfallzeiten, die aufsteigend sortiert werden und in Abb. 2.28 zusammengetragen sind.

Im ersten Schritt sind die kumulierten Ausfallwahrscheinlichkeiten dieser Ausfallzeiten zu schätzen. Ist das erste Bauteil der Stichprobe ausgefallen, so sind zu diesem geordneten Ausfallzeitpunkt t_1 1/16 der Stichprobe ausgefallen. Zum geordneten Ausfallzeitpunkt t_2 sind 2/16 und zum geordneten Ausfallzeitpunkt t_3 bereits 3/16 ausgefallen. In einer Annäherung erhält man eine Schätzung der Ausfallwahrscheinlichkeiten: $w_1 = 6{,}25\,\%$, $w_2 = 12{,}5\,\%$ und $w_3 = 18{,}75\,\%$ usw.

Als Lebensdauerverteilung wird eine Weibullverteilung zugrunde gelegt. Bei praktischen Anwendungen sollte bei Schätzungen mit Weibullverteilungen die nachfolgende allgemeine Näherungsformel für die Ermittlung der kumulierten Ausfallwahrscheinlichkeiten verwendet werden (Medianformel): $F(t_i) \approx F_i = \frac{i-0{,}3}{n+0{,}4}$. Der Schätzwert der kumulierten Ausfallwahrscheinlichkeit F_1 lautet demnach:

$$F_1 = \frac{1-0{,}3}{16+0{,}4} = 0{,}0427 = 4{,}27\,\%.$$

Abb. 2.29 zeigt die angenäherten Ausfallwahrscheinlichkeiten der geordneten Ausfallzeiten des gegebenen Datensatzes.

i	Ausfallzeit [h]	kumulierte Ausfallwahrscheinlichkeit [%]	i	Ausfallzeit [h]	kumulierte Ausfallwahrscheinlichkeit [%]
1	632	4,27	9	983	53,05
2	677	10,37	10	1025	59,15
3	685	16,46	11	1077	65,24
4	821	22,56	12	1093	71,34
5	849	28,66	13	1161	77,44
6	915	34,76	14	1185	83,54
7	955	40,85	15	1233	89,63
8	965	46,95	16	1295	95,73

Abb. 2.29 Ausfallzeiten und geschätzte kumulierte Ausfallwahrscheinlichkeiten

i	t_i [h]	F_i $= \dfrac{i - 0{,}3}{n + 0{,}4}$	x_i $= \ln\left(\dfrac{t_i\,[h]}{1\,h}\right)$	x_i^2	y_i $= \ln(-\ln(1 - F_i))$	$x_i y_i$
1	632	0,0427	6,4489	41,5882	−3,1322	−20,1994
2	677	0,1037	6,5177	42,4800	−2,2124	−14,4199
3	685	0,1646	6,5294	42,6333	−1,7154	−11,2008
4	821	0,2256	6,7105	45,0311	−1,3638	−9,1520
5	849	0,2866	6,7441	45,4823	−1,0856	−7,3215
6	915	0,3476	6,8189	46,4977	−0,8509	−5,8021
7	955	0,4085	6,8617	47,0831	−0,6441	−4,4194
8	965	0,4695	6,8721	47,2261	−0,4558	−3,1321
9	983	0,5305	6,8906	47,4805	−0,2796	−1,9268
10	1025	0,5915	6,9324	48,0588	−0,1107	−0,7677
11	1077	0,6524	6,9819	48,7474	0,0553	0,3858
12	1093	0,7134	6,9967	48,9536	0,2229	1,5597
13	1161	0,7744	7,0570	49,8018	0,3981	2,8092
14	1185	0,8354	7,0775	50,0910	0,5900	4,1759
15	1233	0,8963	7,1172	50,6546	0,8183	5,8240
16	1295	0,9573	7,1663	51,3554	1,1487	8,2316
		$\sum$	109,7230	753,1649	−8,6174	−55,3555
		$\emptyset$	6,8577	47,0728	−0,5386	−3,4597

Abb. 2.30 Zwischenergebnisse zur Anwendung der SQA-Methode

Aus den Ausfallzeiten und Ausfallwahrscheinlichkeiten in Abb. 2.29 werden die Parameter b und T der Weibullverteilung geschätzt. Hierzu sind die Ausfallzeiten und Ausfallwahrscheinlichkeiten zu transformieren: Die Ausfallzeiten werden logarithmiert:

$$x_i = \ln\left(\frac{t_i\,[h]}{1\,h}\right).$$

Die kumulierten Ausfallwahrscheinlichkeiten sind doppelt zu logarithmieren:

$$y_i = \ln\left(-\ln\left(1 - F_i\right)\right).$$

Abb. 2.30 zeigt die Zwischenergebnisse der SQA-Methode. Aus den Werten der Tabelle lässt sich nun mit der bereits bekannten Formel die Steigung b der Regressionsgerade errechnen (siehe Bd. I, Abschn. 3.8):

$$b = \frac{\frac{1}{n} \cdot \sum x_i y_i - \frac{1}{n} \sum x_i \frac{1}{n} \sum y_i}{\frac{1}{n} \cdot \sum x_i^2 - \left(\frac{1}{n} \sum x_i\right)^2} = \frac{-3{,}4597 + 6{,}8577 \cdot 0{,}5386}{47{,}0728 - 6{,}8577^2} = 5{,}2258.$$

Anschließend wird die Konstante a bestimmt:

$$a = \bar{y} - b \cdot \bar{x} = -0{,}5386 - 5{,}2258 \cdot 6{,}8577 = -36{,}3756.$$

Abb. 2.31 Weibullverteilung
(vollständige Daten)

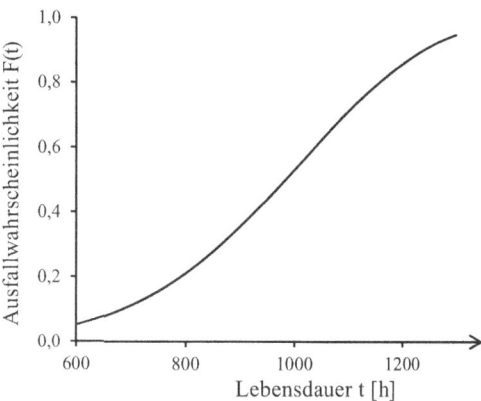

Durch Rücktransformation wird aus a und b die Charakteristische Lebensdauer geschätzt:

$$a = -b \cdot \ln\left(\frac{T}{1\,h}\right) \Leftrightarrow \ln\left(\frac{T}{1\,h}\right) = -a/b \Leftrightarrow \frac{T}{1\,h} = e^{-a/b} \Leftrightarrow T = e^{-a/b} \cdot 1\,h.$$

Damit erhalten wir das Ergebnis für T:

$$T = e^{-a/b} \cdot 1\,h = e^{-\frac{-36,3756}{5,2258}} \cdot 1\,h \approx 1054,45\,h.$$

Die ermittelte Weibullverteilung lautet:

$$F(t) = 1 - e^{-\left(\frac{t}{T}\right)^b} = 1 - e^{-\left(\frac{t\,[h]}{1054,45\,h}\right)^{5,2258}}.$$

Die daraus resultierende Verteilung ist in Abb. 2.31 graphisch dargestellt.

2.5.3 Zensierte Daten

Die Prüfkosten stehen in engem Zusammenhang mit der Anzahl der untersuchten Komponenten und der Untersuchungsdauer. Deshalb entwickelt man in der Praxis Verfahren, die es ermöglichen, bereits aus kleinen Datensätzen auf die Lebensdauerverteilung zu schließen. Sogenannte zensierte Datensätze liegen vor, wenn nicht von allen Elementen der Zufallsstichprobe die Ausfalldaten erhoben und ausgewertet werden (siehe Abb. 2.32):

a) Bei einer Rechtszensierung Typ I wartet man nicht ab, bis alle Teile der Stichprobe ausgefallen sind. Man begnügt sich mit der Auswertung der ersten Ausfälle in einem begrenzten Zeitfenster.

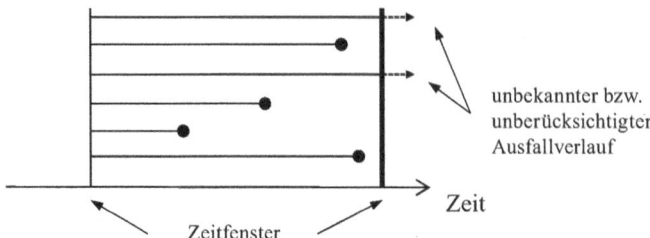

Abb. 2.32 Rechtszensierung Typ I

b) Wenn man die Prüfserie nach einer vorgegebenen Ausfallanzahl abbricht, liegt eine Rechtszensierung Typ II vor.

c) Bei Sudden-Death-Untersuchungen lässt man Gruppen von Komponenten, sogenannte Prüflose, gegeneinander konkurrieren. Je Prüflos wird der erste Ausfall abgewartet. Sobald der erfolgt ist, wird das gesamte Prüflos aus dem Verfahren genommen. Das Prüfverfahren ist also beendet, wenn in jedem Prüflos genau eine Komponente ausgefallen ist.

2.5.3.1 Rechtszensierung Typ I

Bei einer Rechtszensierung Typ I, wie in Abb. 2.32 dargestellt, wird der Anfangs- und der Endzeitpunkt der Untersuchung festgelegt. Es wird notiert, wie viele Teile zu welchen Zeitpunkten in diesem Betrachtungszeitraum ausfallen. Die Anzahl der ausgefallenen Teile ist damit zufällig.

Das mit dem Abbruch verbundene Informationsdefizit hat einen Einfluss auf die Schätzung der Weibull-Lebensdauerverteilung, da die Ausfallzeiten der Bauteile, die nach dem Abbruchzeitpunkt noch intakt sind, unbekannt bzw. unberücksichtigt bleiben. Abb. 2.33 zeigt beispielhafte Ausfallzeiten (siehe zum Vergleich auch Abb. 2.28).

Abb. 2.33 Ausfallzeiten, rechtszensiert Typ I

i	Ausfallzeit [h]	kumulierte Ausfallwahrscheinlichkeit [%]
1	632	4,27
2	677	10,37
3	685	16,46
4	821	22,56
5	849	28,66
6	915	34,76
7	955	40,85

	t_i [h]	F_i $= \dfrac{i-0{,}3}{n+0{,}4}$	x_i $= \ln\left(\dfrac{t_i\,[h]}{1\,h}\right)$	x_i^2	y_i $= \ln(-\ln(1-F_i))$	$x_i y_i$
1	632	0,0427	6,4489	41,5882	−3,1322	−20,1994
2	677	0,1037	6,5177	42,4800	−2,2124	−14,4199
3	685	0,1646	6,5294	42,6333	−1,7154	−11,2008
4	821	0,2256	6,7105	45,0311	−1,3638	−9,1520
5	849	0,2866	6,7441	45,4823	−1,0856	−7,3215
		Σ	32,9506	217,2149	−9,5095	−62,2936
		$\varnothing$	6,5901	43,4430	−1,9019	−12,4587

Abb. 2.34 Datentabelle der rechtszensierten Untersuchung Typ I

Im ersten Schritt bestimmen wir die Näherungswerte F_i für die kumulierten Ausfallwahrscheinlichkeiten $F(t_i)$, die zu den Ausfallzeiten passen. Bei deren Berechnung ist die gesamte Stichprobengröße n zugrunde zu legen. Sind die Startzeitpunkte aller Komponenten im Prüfverfahren gleich, so ergeben sich die Ausfallwahrscheinlichkeiten nach folgender Rechnung: $F(t_i) \approx F_i = \frac{i-0{,}3}{n+0{,}4}$. Die angenäherten kumulierten Ausfallwahrscheinlichkeiten sind in Abb. 2.33 aufgeführt.

Ein Vergleich zwischen Abb. 2.29 und 2.33 zeigt: Die fünf Näherungswerte für die kumulierten Ausfallwahrscheinlichkeiten entsprechen den ersten fünf Werten der unzensierten Untersuchung. Abb. 2.34 fasst die Zwischenergebnisse des rechtszensierten Prüfverfahrens zusammen. Die in der untersten Zeile gelisteten durchschnittlichen Werte unterscheiden sich von den entsprechenden Werten in Abb. 2.30, da dort insgesamt sechzehn Ausfallzeiten verarbeitet wurden. Jetzt sind es nur noch fünf von $n = 16$ Bauteilen, mit denen das Prüfverfahren begonnen wurde.

Mit der bereits bekannten Formel werden die Steigung b und die Konstante a der Regressionsgerade errechnet (siehe Bd. I, Abschn. 3.8.):

$$b = \frac{\frac{1}{n}\cdot\sum x_i y_i - \frac{1}{n}\sum x_i\,\frac{1}{n}\sum y_i}{\frac{1}{n}\cdot\sum x_i{}^2 - \left(\frac{1}{n}\sum x_i\right)^2} = \frac{-12{,}4587 + 6{,}5901\cdot 1{,}9019}{43{,}4430 - 6{,}5901^2} = 5{,}5228.$$

$$a = \overline{y} - b\cdot\overline{x} = -1{,}9019 - 5{,}5228\cdot 6{,}5901 = -38{,}2977.$$

Durch Rücktransformation wird aus a und b die Charakteristische Lebensdauer geschätzt: Aus $a = -b\cdot\ln\left(\frac{T}{1\,h}\right)$ folgt: $\ln\left(\frac{T}{1\,h}\right) = -a/b$ und $\frac{T}{1\,h} = e^{-a/b}$. Die Rücktransformation ergibt:

$$T = e^{-a/b}\cdot 1\,h = e^{-\frac{-38{,}2977}{5{,}5228\,h}}\cdot 1\,h \approx 1027{,}08\,h.$$

Abb. 2.35 Weibullverteilung (rechtszensiert Typ I)

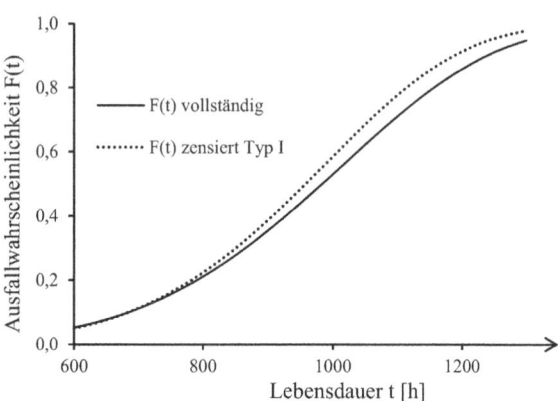

Die aus den unvollständigen Lebensdauerdaten ermittelte Weibullverteilung lautet:

$$F(t) = 1 - e^{-\left(\frac{t}{T}\right)^b} = 1 - e^{-\left(\frac{t\,[h]}{1027{,}08\,h}\right)^{5{,}5228}} \quad \text{[rechtszensiert Typ I]}.$$

Vergleicht man die Weibullverteilung, die sich aus der rechtszensierten Untersuchung ergibt, mit der Lebensdauerverteilung bei vollständiger Nutzung aller Daten, dann erkennt man einen leichten Unterschied:

$$F(t) = 1 - e^{-\left(\frac{t}{T}\right)^b} = 1 - e^{-\left(\frac{t\,[h]}{1054{,}45\,h}\right)^{5{,}2258}} \quad \text{[nicht zensiert]}.$$

Aus der rechtszensierten Typ I Untersuchung ergibt sich, dass nach 1027,08 h durchschnittlich 63,21 % der Teile ausgefallen sind, während die vollständige Untersuchung hier einen Wert von 1054,45 h angibt. Abb. 2.35 zeigt die Weibullverteilungen für die jeweiligen Untersuchungsarten. Durch die verkürzte Prüfdauer der Typ I Zensierung werden die Prüfkosten verringert. Vorteilhaft ist außerdem, dass bei einer vorher festgelegten Prüfdauer der Zeitaufwand besser kalkuliert werden kann.

2.5.3.2 Rechtszensierung Typ II

Bei der Rechtszensierung vom Typ II wird die Untersuchung so lange durchgeführt, bis eine vorher bestimmte Anzahl gleicher Komponenten ausgefallen ist. Die Anzahl der Teile, die bis zum Versuchsende ausfallen, ist also vorab bekannt, nicht aber die Versuchsdauer, die bei dieser Methode zufallsabhängig ist. Die zeitliche Planbarkeit der Typ II Methode ist nur eingeschränkt gegeben. Nachfolgend stellen wir die Typ II Zensierung vor und beziehen uns auf das Beispiel der Abb. 2.28 in Abschn. 2.5.2. Es wird festgelegt, dass die Untersuchung nach r = 4 Ausfällen abzubrechen ist. 12 der 16 Teile sind nach dem Untersuchungsende also noch intakt.

Im ersten Schritt bestimmen wir die kumulierten Ausfallwahrscheinlichkeiten $F\,(t_i)$, die zu den ersten vier Ausfallszeiten t_i gehören. Wir verwenden hierfür die bereits bekann-

i	t_i [h]	F_i $= \dfrac{i-0,3}{n+0,4}$	x_i $= \ln\left(\dfrac{t_i\,[h]}{1\,h}\right)$	x_i^2	y_i $= \ln(-\ln(1-F_i))$	$x_i y_i$
1	632	0,0427	6,4489	41,5882	−3,1322	−20,1994
2	677	0,1037	6,5177	42,4800	−2,2124	−14,4199
3	685	0,1646	6,5294	42,6333	−1,7154	−11,2008
4	821	0,2256	6,7105	45,0311	−1,3638	−9,1520
	$\sum$		26,2065	171,7326	−8,4239	−54,9721
	$\emptyset$		6,5516	42,9332	−2,1060	−13,7430

Abb. 2.36 Datentabelle der rechtszensierten Untersuchung

te Medianformel $F_i = \frac{i-0,3}{n+0,4}$. Der Berechnung der Näherungswerte F_i liegt der gesamte Stichprobenumfang $n = 16$ zugrunde. Es ergeben sich die folgenden Werte: $F(t_1) = 4,27\,\%$, $F(t_2) = 10,37\,\%$, $F(t_3) = 16,46\,\%$ und $F(t_4) = 22,56\,\%$.

Die kumulierten Ausfallwahrscheinlichkeiten der ersten vier Ausfälle sind identisch mit den Werten der unzensierten Untersuchung (siehe Abb. 2.29). Abb. 2.36 fasst die Zwischenergebnisse zusammen.

Zur Ermittlung der Parameter der Weibullverteilung wird die folgende Rechnung durchgeführt (siehe Bd. I, Abschn. 3.8.):

$$b = \frac{\frac{1}{n} \cdot \sum x_i y_i - \frac{1}{n}\sum x_i \frac{1}{n}\sum y_i}{\frac{1}{n} \cdot \sum x_i^2 - \left(\frac{1}{n}\sum x_i\right)^2} = \frac{-13,7430 + 6,5516 \cdot 2,1060}{42,9332 - 6,5516^2} = 5,6144$$

$$a = \bar{y} - b \cdot \bar{x} = -2,1060 - 5,6144 \cdot 6,5516 = -38,8893$$

$$T = e^{-a/b} \cdot 1\,h = e^{-\frac{-38,8893}{5,6144}} \cdot 1\,h \approx 1019,13\,h.$$

Die aus den unvollständigen Lebensdauerdaten ermittelte Weibullverteilung lautet:

$$F(t) = 1 - e^{-\left(\frac{t}{T}\right)^b} = 1 - e^{-\left(\frac{t\,[h]}{1019,13\,h}\right)^{5,6144}} \qquad \text{[rechtszensiert Typ II].}$$

Vergleichen wir die Weibullverteilung, die sich aus der rechtszensierten Untersuchung vom Typ II ergibt, mit der Lebensdauerverteilung bei vollständiger Nutzung aller Daten, dann erkennen wir deutliche Unterschiede:

$$F(t) = 1 - e^{-\left(\frac{t}{T}\right)^b} = 1 - e^{-\left(\frac{t\,[h]}{1054,45\,h}\right)^{5,2258}} \qquad \text{[nicht zensiert].}$$

Aus der rechtszensierten Untersuchung vom Typ II ergibt sich, dass bereits nach 1019,13 h im Mittel 63,21 % der Teile ausgefallen sind. Auf Basis der rechtszensierten Untersuchung vom Typ I hingegen wird eine Charakteristische Lebensdauer von

Abb. 2.37 Weibullverteilungen (rechtszensiert Typ I und II)

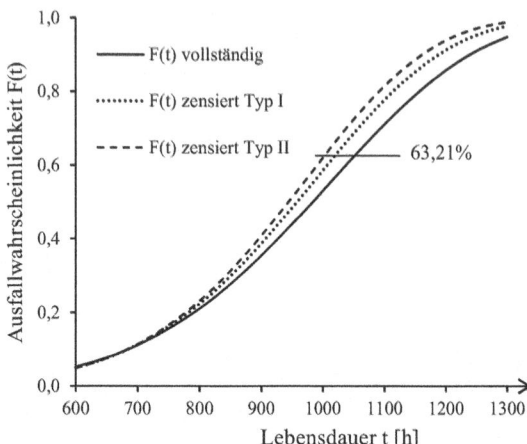

1027,08 h vermutet und die vollständige Untersuchung legt einen Wert von 1054,45 h nahe. Die Typ II Verteilung ist in Abb. 2.37 im Vergleich graphisch dargestellt.

Die Funktion der Lebensdauerverteilung bei Verwendung rechtszensierter Daten verläuft zunächst steiler als bei der Verwendung vollständiger Daten. Man geht hier also davon aus, dass bereits bis zu einem früheren Zeitpunkt 63,21 % der Teile ausfallen.

2.5.3.3 Sudden-Death-Untersuchung

Bei einer Sudden-Death-Untersuchung wird zunächst eine Zufallsstichprobe im Umfang n aus einer Grundgesamtheit gleicher Komponenten genommen. Die Zufallsstichprobe setzt sich aus m gleich großen Prüflosen, bestehend aus jeweils k Teilen zusammen: $n = m \cdot k$. In jedem Prüflos werden die einzelnen Teile genau solange belastet, bis jeweils ein Teil ausgefallen ist. Die restlichen Teile der Prüflose werden nicht weiter untersucht. Man erhält also insgesamt m erste Ausfallzeiten, für jedes Prüflos eine.

Abb. 2.38 zeigt den Fall für eine Stichprobe im Umfang von $n = 16$ gleichen Komponenten. Die Stichprobe wird in $m = 4$ Lose mit den Versuchsbezeichnungen C, A, G und Q zerlegt. In jedem Los befinden sich $k = 4$ Teile. Die jeweilige erste Ausfallzeit je Prüflos ist grau hinterlegt.

		Prüfobjekt Nr.				Minimum	t_j
		1	2	3	4		
	C	t_{C1}	t_{C2}	t_{C3}	t_{C4}	t_{C4}	t_1
Prüflos	A	t_{A1}	t_{A2}	t_{A3}	t_{A4}	t_{A2}	t_2
	G	t_{G1}	t_{G2}	t_{G3}	t_{G4}	t_{G1}	t_3
	Q	t_{Q1}	t_{Q2}	t_{Q3}	t_{Q4}	t_{Q3}	t_4

Abb. 2.38 Prüflose und minimale Ausfallzeiten

		\multicolumn{5}{c}{Prüfobjekt Nr.}
		1	2	3	4	t_j
Prüflos	C	t_{C1}	t_{C2}	t_{C3}	632 h	$t_1 = 632$ h
	A	t_{A1}	677 h	t_{A3}	t_{A4}	$t_2 = 677$ h
	G	849 h	t_{G2}	t_{G3}	t_{G4}	$t_3 = 849$ h
	Q	t_{Q1}	t_{Q2}	1161 h	t_{Q4}	$t_4 = 1161$ h

Abb. 2.39 Beispiel einer Sudden-Death-Prüfung

Die ersten Ausfallzeiten t_j je Prüflos werden aufsteigend sortiert: $t_{j-1} \leq t_j \leq t_{j+1}$. Das Minimum der ersten Ausfallzeiten, also die Zeit t_1, ist gleichzeitig auch die minimale Ausfallzeit der gesamten n Prüfobjekte. Unter den Ausfallzeiten aller Prüfobjekte kann der Zeit t_1 deshalb der Rang 1 zugeordnet werden.

Den ersten Ausfallzeiten der anderen Prüflosen, also den Zeiten t_2, t_3 und t_4, kann man aber nicht einfach die Ränge 2, 3 bzw. 4 zuweisen. Grund hierfür ist, dass z. B. zwischen der Ausfallzeit t_1 und der Ausfallzeit t_2 bis zu drei Prüfobjekte des Prüfloses C potentiell hätten ausfallen können. Die Rangzahl der Ausfallzeit t_2 könnte bei einer vollständigen Lebensdauerprüfung 2, 3, 4 oder 5 betragen. Da sich dieser Sachverhalt bei der Sudden-Death-Prüfung nicht klären lässt, wird der betreffenden Ausfallzeit t_j eine Rangzahl $i(t_j)$ zugeordnet, die im Mittel passt. Die korrigierten Rangzahlen $i(t_j)$ werden nach folgender Gleichung errechnet:

$$i\left(t_j\right) = i\left(t_{j-1}\right) + N\left(t_j\right) \quad \text{mit} \quad N\left(t_j\right) = \frac{n + 1 - i\left(t_{j-1}\right)}{n + 1 - \text{Anzahl ausgeschiedener Teile}}.$$

$N(t_j)$ beschreibt den durchschnittlichen Zuwachs der Rangzahl. Hierbei steht der Zähler für die noch freien Ränge und der Nenner für die noch verbliebenen Teile im Test.

Mit diesen korrigierten Rangzahlen können dann die Näherungswerte der Ausfallwahrscheinlichkeiten mithilfe der bereits bekannten Medianformel bestimmt werden:

$$F_j = \frac{i\left(t_j\right) - 0,3}{n + 0,4}.$$

Im Anschluss schätzt man wie gewohnt die Parameter der Weibullverteilung.

Beispiel
Wir orientieren uns an dem Beispiel der Abb. 2.28 in Abschn. 2.5.2 und teilen die 16 gleichen Komponenten in m $= 4$ Prüflose (C, A, G, Q) mit je k $= 4$ Teilen auf. Sobald in einem Los ein Teil ausgefallen ist, wird in diesem Los die Untersuchung beendet. Abb. 2.39 zeigt, wie das Ergebnis der Sudden-Death-Prüfung ausfallen könnte.

Die ersten Ausfälle der Prüflose werden nach ihrer Größe geordnet:

$$t_1 = 632 \, \text{h} < t_2 = 677 \, \text{h} < t_3 = 849 \, \text{h} < t_4 = 1161 \, \text{h}.$$

j	t_j	F_j	x_j	x_j^2	y_j	$x_j y_j$
	[h]	$= \dfrac{i(t_j) - 0{,}3}{n + 0{,}4}$	$= \ln\left(\dfrac{t_j\,[h]}{1\,h}\right)$		$= \ln(-\ln(1 - F_j))$	
1	632	0,0427	6,4489	41,5883	−3,1318	−20,1967
2	677	0,1177	6,5177	42,4804	−2,0777	−13,5418
3	849	0,2177	6,7441	45,4829	−1,4044	−9,4714
4	1161	0,3780	7,0570	49,8012	−0,7448	−5,2561
		Σ	26,7677	179,3528	−7,3587	−48,466
		$\varnothing$	6,6919	44,8382	−1,8397	−12,1165

Abb. 2.40 Datentabelle der Sudden-Death-Untersuchung

Der Rang der ersten Ausfallzeit wird auf eins gesetzt: $i(t_1) = 1$. Unter Verwendung der Formel $i(t_j) = i(t_{j-1}) + N(t_j)$ werden die Ränge $i(t_j)$ der anderen Ausfälle in der folgenden Weise berechnet:

$$i(t_2) = 1 + \frac{16 + 1 - 1}{16 + 1 - 4} = 2{,}23$$

$$i(t_3) = 2{,}23 + \frac{16 + 1 - 2{,}23}{16 + 1 - 8} = 3{,}87$$

$$i(t_4) = 3{,}87 + \frac{16 + 1 - 3{,}87}{16 + 1 - 12} = 6{,}50.$$

Anschließend werden die geschätzten Ausfallwahrscheinlichkeiten bestimmt:

$$t_1: \quad F_1 = \frac{1 - 0{,}3}{16 + 0{,}4} = 4{,}27\,\%$$

$$t_2: \quad F_2 = \frac{2{,}23 - 0{,}3}{16 + 0{,}4} = 11{,}77\,\%$$

$$t_3: \quad F_3 = \frac{3{,}87 - 0{,}3}{16 + 0{,}4} = 21{,}77\,\%$$

$$t_4: \quad F_4 = \frac{6{,}50 - 0{,}3}{16 + 0{,}4} = 37{,}80\,\%.$$

Abb. 2.40 fasst die Zwischenergebnisse der Sudden-Death-Untersuchung zusammen.

Aus den Werten der Tabelle lässt sich die Steigung b der Regressionsgerade errechnen (siehe Bd. I, Abschn. 3.8):

$$b = \frac{\frac{1}{n} \cdot \sum x_j y_j - \frac{1}{n} \sum x_j \frac{1}{n} \sum y_j}{\frac{1}{n} \cdot \sum x_j^2 - \left(\frac{1}{n} \sum x_j\right)^2} = \frac{-12{,}1165 + 6{,}6919 \cdot 1{,}8397}{44{,}8382 - 6{,}6919^2} = 3{,}4334.$$

Anschließend wird die Konstante a bestimmt:

$$a = \bar{y} - b \cdot \bar{x} = -1{,}8397 - 3{,}4334 \cdot 6{,}6919 = -24{,}8157.$$

Abb. 2.41 Weibullverteilungen (rechtszensiert Typ I, II und Sudden Death)

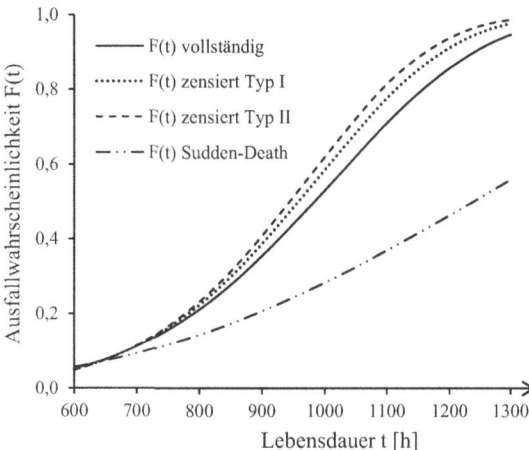

Durch Rücktransformation wird aus a und b die Charakteristische Lebensdauer geschätzt:

$$a = -b \cdot \ln\left(\frac{T}{1\,h}\right) \quad \Leftrightarrow \quad \ln\left(\frac{T}{1\,h}\right) = -a/b \quad \Leftrightarrow \quad \frac{T}{1\,h} = e^{-a/b} \Leftrightarrow T = e^{-a/b} \cdot 1\,h.$$

Damit erhalten wir die Schätzung der Charakteristischen Lebensdauer:

$$T = e^{-a/b} \cdot 1\,h = e^{-\frac{-24,8157}{3,4334}} \cdot 1\,h \approx 1377,0977\,h.$$

Die aus den unvollständigen Lebensdauerdaten ermittelte Weibullverteilung lautet:

$$F(t) = 1 - e^{-\left(\frac{t}{T}\right)^b} = 1 - e^{-\left(\frac{t\,[h]}{1377,0977\,h}\right)^{3,4334}}.$$

Vergleichen wir die Weibullverteilung, die sich aus der Sudden-Death-Untersuchung ergibt, mit den Lebensdauerverteilungen bei vollständiger Nutzung aller Daten und den Lebensdauerverteilungen aus den rechtszensierten Untersuchungen Typ I und II, dann erkennen wir deutliche Unterschiede (Abb. 2.41). Die geschätzte Weibullverteilung bei dem Sudden-Death-Verfahren besitzt eine Charakteristische Lebensdauer von $T = 1377,0977\,h$, die größer ist als bei den anderen Untersuchungsmethoden. Die geschätzte Verteilungsfunktion bei dem Sudden-Death-Verfahren verläuft dadurch zunächst flacher als die der anderen Prüfverfahren.

Die Kurven basieren alle auf den Beispielzahlen der Abb. 2.28. Zwei Anmerkungen sind hierzu zu machen:

a) Finden die ersten Ausfälle in den konkurrierenden Prüflosen zu anderen als den gewählten Zeitpunkten statt, ist es durchaus denkbar, dass das Sudden-Death-Verfahren zu einem stärkeren Anstieg der kumulierten Ausfallwahrscheinlichkeit führt als die vollständige Lebensdauerprüfung. Insbesondere der sehr späte erste Ausfall im Prüflos Q ist für den hier gezeigten flachen Verlauf der kumulierten Ausfallwahrscheinlichkeit der Sudden-Death-Untersuchung verantwortlich.

b) Die Unterschiede zwischen der geschätzten Lebensdauerverteilung bei vollständiger Nutzung aller Daten und den Lebensdauerverteilungen aus den zensierten Untersuchungen fallen geringer aus, wenn im Falle der Zensierung mit mehr Ausfalldaten gearbeitet wird.

2.6 Instandhaltungsstrategie

2.6.1 Einleitung

In der Instandhaltungsplanung unterscheidet man zwischen korrektiven und vorbeugenden (präventiven) Maßnahmen. Das Ziel einer korrektiven Maßnahme ist die Wiederherstellung des funktionsfähigen Zustands, nachdem die Komponente ausgefallen ist. Mit einer präventiven Maßnahme nimmt man hingegen auf den Alterungsprozess einer Komponente Einfluss.

1. **Wartungsmaßnahmen** bewahren den angestrebten Zustand (Sollzustand) bzw. verzögern den Abbau des vorhandenen Abnutzungsvorrats. Zu ihnen gehören Tätigkeiten wie Reinigen, Nachstellen, Justieren, Auffüllen, etc.

2. **Inspektionsmaßnahmen** dienen der Beurteilung des aktuellen Zustands (Istzustand), der Bestimmung der Ursachen einer Abnutzung, sowie der Festlegung notwendiger Konsequenzen für die weitere Nutzung. Dazu gehören Tätigkeiten wie die Überprüfung auf Verschleiß, auf Korrosion, Brüche, Leckagen, Schmorstellen etc.

3. **Instandsetzungsmaßnahmen** dienen dazu, die ursprüngliche Funktion wiederherzustellen. Dazu gehören Tätigkeiten wie der Austausch, die Reparatur, das Hinzufügen oder das Neuordnen, etc.

4. **Verbesserungen** umfassen technische und administrative Maßnahmen, die die Zuverlässigkeit, Haltbarkeit und Sicherheit erhöhen, ohne die ursprüngliche Funktion zu beeinträchtigen.

Eine Instandhaltungsstrategie bezeichnet den optimalen Mix von kurz- und langfristig geplanten Wartungs-, Inspektions-, Instandsetzungs- und Verbesserungsmaßnahmen. Im Rahmen der Strategie werden der zu erwartende sachliche und personelle Ressourcenbedarf, die Zielbudgets und die relevanten Termine festgelegt. Die Instandhaltungsstrategie ist das Optimierungsergebnis eines logisch konstruierten Entscheidungsmodells (siehe Bd. I, Abschn. 1.3). Das stochastisch bestimmte Alterungs- und Ausfallverhalten von Komponenten und Systemen spielt in solchen Entscheidungsmodellen eine zentrale Rolle.

2.6.2 Periodisches Instandsetzungsmodell

Die altersbasierte Erneuerung zählt zu den präventiven Instandhaltungsmaßnahmen. Die Idee besteht darin, den Ersatz vorzunehmen, bevor die Komponente ausfällt, um so die Anzahl ungeplanter Reparaturen und Stillstände in der Produktion einzudämmen. Ganz verhindern kann man die ungeplanten Unterbrechungen des Fertigungsablaufs durch präventive Instandhaltungsmaßnahmen im Allgemeinen allerdings nicht, da stochastisch bedingte Ausfälle jederzeit auftreten können.

Wir gehen davon aus, dass geplante, periodisch durchgeführte Instandsetzungsmaßnahmen stattfinden (Reparatur bzw. Austausch). Es werden die folgenden Modellannahmen getroffen:[4]

- Außerhalb der geplanten Zeitpunkte findet keine Instandsetzung statt. Wird also eine Komponente funktionsuntüchtig, dann liegt sie bis zum nächsten geplanten Instandsetzungstermin still.
- Sind die Komponenten noch intakt, werden sie dennoch routinemäßig zum geplanten Instandsetzungstermin ausgetauscht.
- Die Komponenten können nach einer Instandsetzung als vollständig erneuert angesehen werden.
- Ausfallereignisse vor und nach einer Instandsetzung sind voneinander stochastisch unabhängig.
- Die Dauer der Stilllegung während der Reparatur bzw. des Austauschs ist vernachlässigbar gering.

Wir treffen folgende Vereinbarungen:

Die feste Zeitdauer zwischen den geplanten periodischen Erneuerungszeitpunkten kennzeichnen wir mit der Größe T_E. Die Zuverlässigkeit einer neuwertigen Einheit, die nicht instandgesetzt wird, beschreiben wir durch die Zuverlässigkeitsfunktion $R(t)$. Wird die Komponente nach der Periodendauer T_E regelmäßig instandgesetzt, ergibt sich die Zuverlässigkeitsfunktion $R_E(t)$. Die Größe n steht für die Anzahl der bis t durchgeführten geplanten Instandsetzungsmaßnahmen.

Aufgrund der stochastischen Unabhängigkeit des Ausfallverhaltens vor und nach der Erneuerung lautet die Zuverlässigkeitsfunktion bei periodischer Erneuerung:

$$R_E(t) = (R(T_E))^n \cdot R(t - n \cdot T_E), \quad \text{für} \quad n \cdot T_E \leq t < (n+1) \cdot T_E \quad \text{und} \quad n = 0, 1, 2, \ldots$$

$(R(T_E))^n = \underbrace{R(T_E) \cdot R(T_E), \ldots, R(T_E)}_{\text{n-mal}}$ steht für die Wahrscheinlichkeit, n Perioden ohne

Ausfall zu überstehen. Die Differenz $t - n \cdot T_E$ bezeichnet die Zeitdauer seit der letzten

---

[4] Bertsche, B., Lechner, G.: Zuverlässigkeit im Fahrzeug und Maschinenbau, 3. Aufl. 2004, S. 360–365.

Instandsetzung. Die Zuverlässigkeit $R(t - n \cdot T_E)$ entspricht der Überlebenswahrscheinlichkeit nach dem letzten Instandsetzungstermin. Aus dem Produkt der beiden Zuverlässigkeiten ergibt sich die gesamte Zuverlässigkeit $R_E(t)$ der Komponente.

Die Überlebenswahrscheinlichkeiten $R(t)$, $R(T_E)$ und $R_E(t)$ hängen von der Ausfallrate $\lambda(t)$ ab. Für eine Komponente mit konstanter Ausfallrate gilt die Irrelevanz der periodischen Instandsetzungsstrategie:

$$R_E(t) = e^{-n \cdot \lambda \cdot T_E} \cdot e^{-\lambda(t - n \cdot T_E)} = e^{-\lambda t} = R(t).$$

Wenn nämlich die Zuverlässigkeit einer Einheit mit periodischer Ausfallrate unabhängig vom Alter ist, erhöht eine periodische Reparatur bzw. ein periodischer Austausch die Zuverlässigkeit nicht.

Anders verhält es sich im Fall einer zeitabhängigen Ausfallrate. Bei einer Komponente, deren Ausfallverhalten durch eine zweiparametrische Weibullverteilung beschrieben wird, lässt sich die Zuverlässigkeit bei periodischen Instandsetzungsmaßnahmen wie folgt berechnen. Setzen wir die Weibull-Zuverlässigkeitsfunktion $R(t) = e^{-\left(\frac{t}{T}\right)^b}$ in die Funktion $R_E(t) = (R(T_E))^n \cdot R(t - n \cdot T_E)$ ein, so erhalten wir:

$$R_E(t) = \left(e^{-\left(\frac{T_E}{T}\right)^b}\right)^n \cdot e^{-\left(\frac{t - n \cdot T_E}{T}\right)^b} \quad \text{für} \quad n \cdot T_E \leq t < (n+1) \cdot T_E \quad \text{und} \quad n = 0, 1, 2, \ldots$$

Beispiel

Es wird eine Komponente betrachtet, deren Zuverlässigkeit sich mit der Weibullverteilung darstellen lässt. Die Charakteristische Lebensdauer der betrachteten Einheit beträgt $T = 1500$ Arbeitsstunden [h] und der Formparameter der Funktion hat den Wert $b = 3$. Die Zuverlässigkeit $R(t)$ lässt sich mit diesen Angaben wie gewohnt bestimmen. Nun möchte man aber wissen, wie sich die Zuverlässigkeit der Komponente bei periodischen Instandsetzungsmaßnahmen verhält. Es wird veranschlagt, die Reparatur bzw. den Ersatz alle $T_E = 750$ Maschinenstunden durchzuführen. Die Zuverlässigkeitsformel für $R_E(t)$ liefert den Funktionsverlauf, wie in Abb. 2.42 dargestellt.

Man erkennt, dass der Graph von $R_E(t)$ an den Erneuerungspunkten Knickstellen aufweist und der Abnutzungsprozess dort jeweils wieder neu beginnt. Die Ursache liegt in der Modellannahme, dass die Komponente sich nach jeder Reparatur bzw. nach jedem Ersatz im neuwertigen Zustand befindet.

Eine Vergleichsrechnung zum Zeitpunkt $t = 2100$ verdeutlicht den Einfluss, den eine periodische Instandsetzungsstrategie auf die Zuverlässigkeit hat:

- $R(2100) = e^{-\left(\frac{2100}{1500}\right)^3} = 0{,}0643,$ ohne periodische Erneuerung,
- $R_E(2100) = e^{-\left(2\left(\frac{750}{1500}\right)^3 + \left(\frac{2100 - 2 \cdot 750}{1500}\right)^3\right)} = 0{,}7305,$ mit periodischer Erneuerung $(n = 2)$.

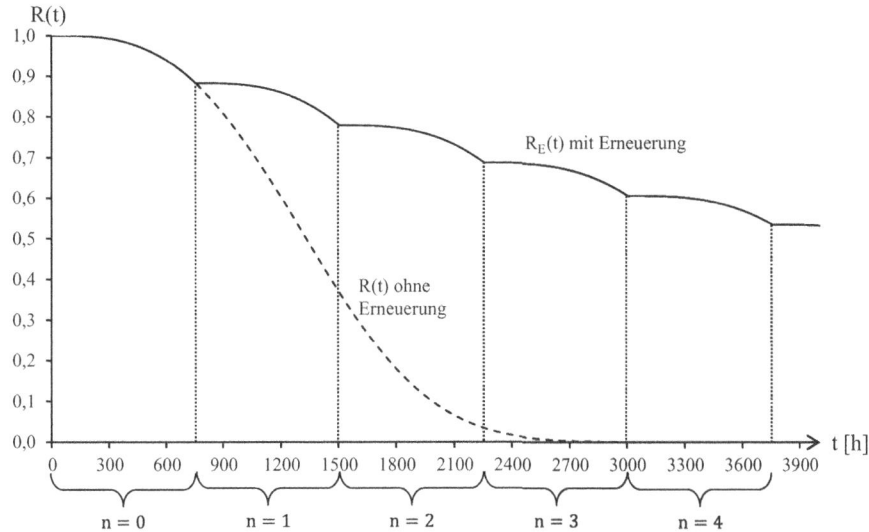

Abb. 2.42 R(t) mit und ohne periodische Instandsetzungsmaßnahmen

Wir fassen das Ergebnis dieses Beispiels zusammen: Mit einer periodischen Instandsetzungsstrategie nimmt die Zuverlässigkeit deutlich langsamer ab als bei einem Verzicht auf periodische Reparatur und Ersatzmaßnahmen.

Das Ergebnis hängt entscheidend von dem Formparameter b ab. Da dieser die Stärke des Verschleißes über die Zeit ausdrückt, besitzen periodische Erneuerungen bei großen Werten von b eine hohe Wirkung. Bei kleinen Werten des Formparameters ist es gut möglich, dass die Kosten der Strategie die Erträge übersteigen. Bei einem Wert von b $= 1$ liegt eine konstante Ausfallrate vor und periodische Erneuerungen haben keinen Effekt auf die Zuverlässigkeit. Bei einem Wert des Formparameter von b < 1 erhöhen periodische Erneuerungen sogar die Ausfallwahrscheinlichkeiten, weil die Ausfallrate ohne Erneuerung mit der Zeit abnimmt.

2.6.3 Optimale Erneuerungsperiode

Es wird angenommen, dass eine neue Komponente zum Zeitpunkt t $= 0$ in Betrieb geht und ein Verschleißprozess einsetzt. Der Verschleißprozess soll durch die kumulierte Ausfallwahrscheinlichkeit $F(t) = 1 - e^{-\left(\frac{t}{T}\right)^b}$ beschrieben werden. Wir nehmen ferner an, dass durch Gesetz, Vereinbarung mit dem Kunden oder Unternehmenspolitik eine (marginale) Verfügbarkeitsrate v der Komponente vorgeschrieben ist. Durch die Verfügbarkeitsrate v wird eine maximal zulässige Ausfallrate λ^{Max} definiert: $v = (1 - \lambda^{Max})$. Präventive Austauschmaßnahmen der Komponente sollen garantieren, dass die Verfügbarkeitsrate v

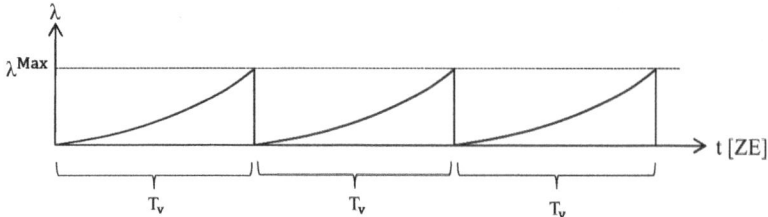

Abb. 2.43 Sicherheitsperiode

nicht unterschritten wird. Aus der Definition der Ausfallrate

$$\lambda(t) = \frac{f(t)}{R(t)} = \frac{b}{T} \cdot \left(\frac{t}{T}\right)^{b-1} = \frac{b}{T^b} \cdot t^{b-1}$$

ergibt sich für den Fall b > 1 die Berechnungsformel für die maximale Länge der Sicherheitsperiode T_v:

$$T_v = \sqrt[b-1]{\lambda^{Max}\frac{T^b}{b}} \quad \text{bzw.} \quad T_v = \sqrt[b-1]{(1-v)\frac{T^b}{b}}.$$

Durch jeden Austausch beginnt der Verschleißprozess von neuem. In Abb. 2.43 ist der Erneuerungsprozess dargestellt, der durch den fortwährenden planmäßigen Ersatz jeweils bei Ablauf der Sicherheitsperiode T_v erzeugt wird.

Beispiel
Die folgenden Daten sind gegeben: $v = 99{,}8\,\%\,\frac{1}{ZE}$, T = 900 ZE und b = 3. Jeweils nach Ablauf der Sicherheitsperiode T_v wird die Komponente ausgetauscht:

$$T_v(v) = \sqrt[b-1]{(1-v)\frac{T^b}{b}} = \sqrt[2]{0{,}2\,\% \cdot \frac{1}{ZE} \cdot \frac{(900\,ZE)^3}{3}} \approx 697\,ZE.$$

Spätestens nach ca. 697 Zeiteinheiten (ZE) sind die Komponenten auszuwechseln.

Die Länge der Sicherheitsperiode T_v entspricht nicht notwendigerweise der kostenminimalen Periodenlänge T_E^*. Ziel des folgenden Abschnitts ist die Entwicklung eines Entscheidungsmodells, mit dem sich die kostenminimale Periodenlänge T_E^* zwischen zwei Ersatzzeitpunkten unter der Bedingung $T_E^* \leq T_v$ ermitteln lässt. Die Komponente soll jeweils nach einer Periode der Länge T_E^* präventiv erneuert werden, wenn $T_E^* < T_v$, andernfalls nach Ablauf von Periode T_v. Allerdings ist es möglich, dass die Komponente vor dem geplanten Ersatzzeitpunkt ausfällt. In diesem Fall wird sie notdürftig repariert, so dass der Betrieb bis zum Ende der geplanten Erneuerungsperiode, T_E^* oder T_v, weiterlaufen kann. Die vollständige Instandsetzung findet dann zum nächsten geplanten Erneuerungstermin statt.

Die Lebensdauer einer Einheit wird mit τ bezeichnet. Die Lebensdauerverteilung kann durch die kumulierte Ausfallwahrscheinlichkeitsverteilung $F(t) = P(\tau \leq t)$ beschrieben werden. Die geplanten Erneuerungskosten betragen k_E und die zusätzlichen Reparaturkosten bei einem vorzeitigen Ausfall betragen k_A. Es wird angenommen, dass die Kosten einer geplanten Erneuerung deutlich niedriger als die Reparaturkosten bei einem vorzeitigen, ungeplanten Ausfall sind: $k_E \ll k_A$. Die Instandsetzungsmaßnahmen am Periodenende erneuern in beiden Fällen die Komponente vollständig. Die Dauer der Instandsetzungsmaßnahmen selbst werden vernachlässigt.[5]

Es soll nun die Höhe der erwarteten Kosten der präventiven Instandsetzungsstrategie geklärt werden. Zunächst multipliziert man die Ausfallwahrscheinlichkeit bis zum Zeitpunkt der geplanten Erneuerung mit den Reparaturkosten bei einem ungeplanten, vorzeitigen Ausfall: $F(T_E) \cdot k_A$. Hinzu addiert man die Kosten der geplanten Erneuerung k_E. Die geplante Erneuerung findet mit der Wahrscheinlichkeit eins jeweils zum Ende der Instandsetzungsperiode statt. Man erhält die im Mittel zu erwartenden Erneuerungskosten $\overline{k}(T_E)$ der geplanten Erneuerungsperiode: $\overline{k}(T_E) = F(T_E) \cdot k_A + k_E$.

Es lassen sich jetzt die zu erwartenden durchschnittlichen Kosten (GE) pro Zeiteinheit (ZE) bestimmen. Hierzu müssen die mittleren Erneuerungskosten durch die Länge der geplanten Erneuerungsperiode geteilt werden:

$$\overline{k}_{ZE}(T_E) = \frac{\overline{k}(T_E)}{T_E} = \frac{F(T_E) \cdot k_A + k_E}{T_E} \left[\frac{GE}{ZE}\right].$$

Beispiel

Das Getriebe einer Maschine verschleißt und muss von Zeit zu Zeit durch ein neues ausgetauscht werden. Die Kosten einer solchen Austauschmaßnahme belaufen sich auf $k_E = 2000$ €. Wenn aber das Getriebe im laufenden Fertigungsbetrieb ausfällt, dann sind die hierdurch entstehenden Kosten ungleich höher: In diesem Fall kommen $k_A = 10.000$ € hinzu. Die Charakteristische Lebensdauer des Getriebes beträgt $T = 900$ h, der Formparameter der Weibullverteilung wird auf $b = 3$ geschätzt. Die Verfügbarkeitsrate v soll mindestens 99,80 % betragen. Wie oben gezeigt, ergibt sich eine Sicherheitsperiode von ca. 697 h, nach der spätestens das Getriebe auszutauschen ist. Man möchte ermitteln, ob sich durch eine Verkürzung der Erneuerungsperiode die durchschnittlichen Instandsetzungskosten pro Zeiteinheit verringern lassen.

Mithilfe der Formel für die zu erwartenden durchschnittlichen Kosten pro Zeiteinheit $\overline{k}_{ZE}(T_E)$ kann die optimale geplante Periodenlänge für die Erneuerungsmaßnahmen abgeschätzt werden:

$$\overline{k}_{ZE}(T_E) \left[\tfrac{€}{h}\right] = \frac{F(T_E) \cdot k_A + k_E}{T_E} \left[\tfrac{€}{h}\right] = \frac{\left(1 - e^{-\left(\frac{T_E\,[h]}{900\,h}\right)^3}\right) \cdot 10.000\ € + 2000\ €}{T_E\,[h]}.$$

---

[5] Gertsbakh, I., Reliability Theory, 2005, S. 81–82.

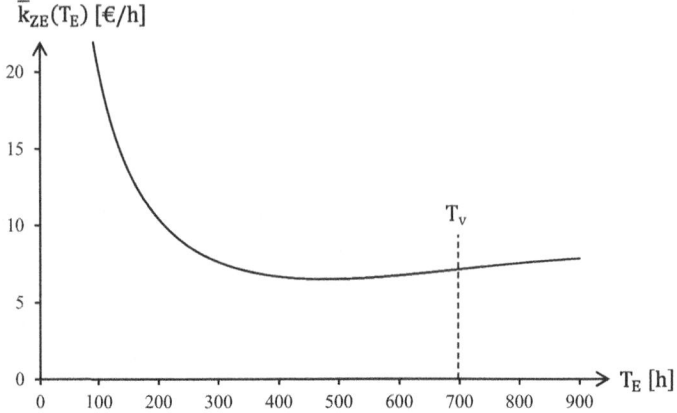

Abb. 2.44 Mittleren Kosten $\bar{k}_{ZE}$ (T_E) pro Zeiteinheit

Abb. 2.44 zeigt den Funktionsverlauf von $\bar{k}_{ZE}$ (T_E). Man erkennt, dass begrenzt auf das Intervall [0 h, 697 h] die geringsten durchschnittlichen Instandsetzungskosten pro Zeiteinheit bei einer Periodenlänge von ungefähr $T_E^* = 440$ h anfallen. Statt eine Verfügbarkeitsrate von 99,80 % $\frac{1}{h}$ umzusetzen, wählt der Betrieb eine größere Verfügbarkeitsrate in Höhe von ca. 99,92 % $\frac{1}{h}$:

$$v = 1 - \lambda = 1 - \frac{b}{T^b} \cdot T_E^{*\,b-1} = 1 - \frac{3}{(900\,\text{h})^3} \cdot (440\,\text{h})^2 \approx 0{,}9992/\text{h}.$$

Mit einer Wahrscheinlichkeit von 11,03 % kommt es bei dieser präventiven Strategie zu einem ungeplanten Ausfall innerhalb der Erneuerungsperiode:

$$F\left(T_E^*\right) = 1 - e^{-\left(\frac{440\,\text{h}}{900\,\text{h}}\right)^3} = 11{,}03\,\%.$$

Die durchschnittlichen Instandsetzungskosten pro Zeiteinheit betragen 7,05 €/h:

$$\bar{k}_{ZE}\left(T_E^*\right) = \frac{0{,}1103 \cdot 10.000\,€ + 2000€}{440\,\text{h}} = 7{,}05\,€/\text{h}.$$

2.7 Aufgaben

1. Aufgabe

Ein Großhändler beliefert regelmäßig einen Supermarkt mit einem Billigprodukt. Der Großhändler garantiert dem Supermarkt eine Ausschussquote von (maximal) 10 %, weiß aber insgeheim, dass durchschnittlich 12 % der Produkte nicht in Ordnung sind. Zwischen dem Großhändler und dem Supermarkt wird vereinbart, dass die Annahme bzw.

Ablehnung einer Lieferung auf Basis eines einfachen Prüfplans erfolgen soll. Das Lieferantenrisiko soll im Fall der zugesagten Ausschussquote maximal 2,5 % betragen. Der Supermarkt überprüft jeweils 400 zufällig ausgewählte Produkte einer Lieferung.

a) Welche Annahmezahl wird in dem einfachen Prüfplan gewählt?
b) Mit welcher Wahrscheinlichkeit wird eine Lieferung abgelehnt?

2. Aufgabe
Ein Kunde bezieht eine Lieferung, bestehend aus N $= 50$ gleichen Teilen. Die Entscheidung, die Lieferung anzunehmen oder abzulehnen, erfolgt auf Basis des einfachen Prüfplans (n, cc) $= (10, 2)$. Die Zufallsstichprobe wird aus der Lieferung „mit Zurücklegen" gezogen.

a) Berechnen Sie die Operationscharakteristik für den hypothetischen Fall, dass in der Lieferung 2, 8, 16 bzw. 25 Ausschussteile vorhanden sind.
b) Skizzieren Sie die Operationscharakteristik.
c) Wie groß ist die Wahrscheinlichkeit, dass die Lieferung akzeptiert wird, wenn 6 Teile in der Lieferung defekt sind?

3. Aufgabe
Die Annahme oder Ablehnung der Lieferungen eines Produzenten erfolgt auf Basis eines einfachen Prüfplans. Nachfolgend ist, in Abhängigkeit der Ausschussquote q, die Operationscharakteristik OC(q) dargestellt. Beantworten Sie nachfolgende Fragen anhand dieser Grafik.

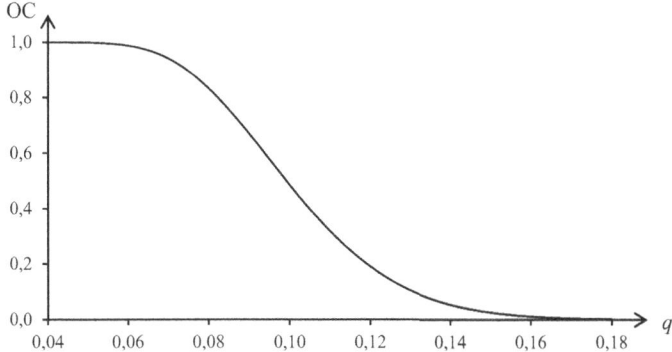

a) Wie groß ist die Wahrscheinlichkeit, dass eine Lieferung, in der 95 % der Teile ordnungsgemäß sind, angenommen wird?
b) Wie groß ist die Wahrscheinlichkeit, dass eine Lieferung mit einem Ausschussanteil von 10 % angenommen wird.
c) Durch diesen Prüfplan sollen das Lieferantenrisiko sowie das Kundenrisiko auf 10 % beschränkt werden. Wie groß ist die vom Lieferanten garantierte maximale Ausschussquote, wie groß ist die für den Kunden minimale inakzeptable Ausschussquote?

d) Welche Ausschussquote muss der Produzent anstreben, wenn er sein tatsächliches Lieferantenrisiko auf 1 % reduzieren will.

4. Aufgabe

Ein Lampenhersteller bezieht regelmäßig große Lieferungen mit Leuchtdioden und überprüft die Ausschussquote mithilfe von Stichproben. Der Produzent behauptet, dass mindestens 95 % jeder Lieferung den Anforderungen entsprechen. Der Kunde geht von einer Ausschussquote in Höhe von $q = 8 \%$ aus. Es wird ein einfacher Prüfplan verhandelt. Bei möglichst kleinem Prüfumfang soll das Lieferantenrisiko maximal 1 % bei $q = 5 \%$ und das Kundenrisiko maximal 10 % bei $q = 8 \%$ betragen.

Bestimmen Sie die Kennzahlen des einfachen Prüfplans. Erläutern Sie kurz den Prüfplan.

5. Aufgabe

Ein Unternehmen bezieht von einem Zulieferer Teile. Die Warenlieferung soll in einem zweistufigen Prüfplan kontrolliert werden. Es wird festgelegt, dass in der ersten und in der zweiten Stufe jeweils 100 Teile geprüft werden. Man unterstellt vereinfachend, dass die Stichproben „mit Zurücklegen" gezogen werden. Es wird auf Basis der Binomialverteilung gerechnet. Die nachfolgende Tabelle zeigt die kumulierten Wahrscheinlichkeiten $F_{BI}(x; q)$.

x	8	9	10	11	12	13
$q = 10\%$	0,3209	0,4513	0,5832	0,7030	0,8018	0,8761
$q = 20\%$	0,0009	0,0023	0,0057	0,0126	0,0253	0,0469

x	14	15	16	17	18	19	20
$q = 10\%$	0,9274	0,9601	0,9794	0,9900	0,9954	0,9980	0,9992
$q = 20\%$	0,0804	0,1285	0,1923	0,2712	0,3621	0,4602	0,5595

a) Beträgt die Anzahl fehlerhafter Teile in der ersten Stufe maximal 12, so wird die Lieferung angenommen. Ist die Anzahl fehlerhafter Teile größer als 20, wird die Lieferung abgelehnt. Liegt die Anzahl fehlerhafte Teile zwischen 12 und 20, dann kommt es zu einer erneuten Prüfung. Die Lieferung wird akzeptiert, wenn in der zweiten Stichprobe höchstens 13 fehlerhafte Teile auftreten.
   (1) Bestimmen Sie das Lieferantenrisiko bei einer wahren Ausschussquote von 10 %.
   (2) Angenommen, die wahre Ausschussquote beträgt 20 %. Bestimmen Sie das Kundenrisiko.
   (3) Bestimmen Sie die durchschnittliche Anzahl der zu prüfenden Teile.
b) Die Entscheidungsregel wird auf der zweiten Stufe wie folgt modifiziert: Die Lieferung wird angenommen, wenn die Anzahl fehlerhafter Teile in der ersten UND zweiten Stichprobe zusammen maximal 28 beträgt. Bestimmen Sie das Lieferantenrisiko bei

einer wahren Ausschussquote von 10 % und das Kundenrisiko bei einer wahren Aus-schussquote von 20 %. Wie verändert sich der Prüfaufwand im Vergleich zu a)?

6. Aufgabe

Bei 100 gleichen, nicht reparierbaren Komponenten ergeben sich die folgenden Ausfall-häufigkeiten im ersten bis zum fünften Jahr:

Jahr	1	2	3	4	5
Ausfälle pro Jahr	10	10	10	10	10

Bestimmen Sie für jedes Jahr die kumulierte Ausfallwahrscheinlichkeit und die Aus-fallquote.

7. Aufgabe

Aus einer Zufallsstichprobe von insgesamt 5000 baugleichen Komponenten sind im ersten Jahr 1200 ausgefallen. Die genauen Ausfallzeiten sind nicht bekannt. Es wird vereinfa-chend davon ausgegangen, dass die bereits erreichte Lebensdauer keinen Einfluss auf die Zuverlässigkeit hat.

a) Nach welcher geschätzten Zeitdauer fällt im Mittel eine Komponente dieses Typs aus?
b) Wie hoch schätzen Sie die Zuverlässigkeit einer drei Jahre alten, funktionstüchtigen Komponente über einen Zeitraum von einem Quartal?
c) Wie hoch ist vermutlich die Zuverlässigkeit dieser Komponente über einen Zeitraum von zwei Jahren?

8. Aufgabe

a) Begründen Sie den Verlauf der sogenannten Badewannenkurve.
b) Zeigen Sie, wie sich die Formel der Weibull-Überlebenswahrscheinlichkeit $R(t) = e^{-\left(\frac{t}{T}\right)^b}$ linearisieren lässt.
c) Wieso werden zur Ermittlung der Parameter der Weibullverteilung die kumulierten Ausfallwahrscheinlichkeiten geschätzt?
d) Beweisen Sie, dass die Überlebenswahrscheinlichkeit bis zur Charakteristischen Le-bensdauer 36,79 % beträgt.

9. Aufgabe

Die Lebensdauerverteilung eines Bauelements (in Jahren) ist durch $F(t) = 1 - e^{-\frac{t\ [\text{Jahre}]}{20\ \text{Jahre}}}$ gegeben.

a) Wie lange dauert es im Mittel bis zum ersten Ausfall?
b) Bestimmen Sie die statistische Zuverlässigkeit, die das Bauteil über eine Zeitdauer von einem Jahr besitzt, wenn es neu (Fall 1) bzw. bereits zwei Jahre alt (Fall 2) ist.

c) Es sei $F(t) = 1 - e^{-\frac{t}{T}}$. Beweisen Sie, dass die statistische Zuverlässigkeit nicht davon abhängt, ob das Bauelement neu (Fall 1) oder gebraucht (Fall 2) ist.

d) Ermitteln Sie die B10-Lebensdauer.

10. Aufgabe

Die Lebensdauer eines Elements ist weibullverteilt: $R(t) = e^{-\left(\frac{t}{T}\right)^b}$

a) Leiten Sie die Ausfallrate $\lambda(t)$ her.

b) Werden mit $b = 3$ Früh-, Zufalls- oder Verschleißausfälle beschrieben? Beantworten Sie die Frage anhand der Formel für $\lambda(t)$.

c) Zeigen Sie, dass für $b = 1$ die Weibullverteilung einer Exponentialverteilung entspricht. Wie ist die Beziehung zwischen der Charakteristischen Lebensdauer und der Ausfallrate?

11. Aufgabe

Die Ausfallrate eines Bauteils in Abhängigkeit von der Zeit t lautet: $\lambda(t) = 2 \frac{1}{ZE} \cdot \frac{t \ [ZE]}{ZE}$.

a) Leiten Sie die Zuverlässigkeit $R(t)$ her.

b) Um welche Lebensdauerverteilung handelt es sich? Welche Werte besitzen die zugehörigen Parameter der Verteilung. Interpretieren Sie diese.

12. Aufgabe

Die Ausfallrate $\lambda(t)$ steigt im ersten halben Jahr linear an und bleibt dann bei konstant 100 %.

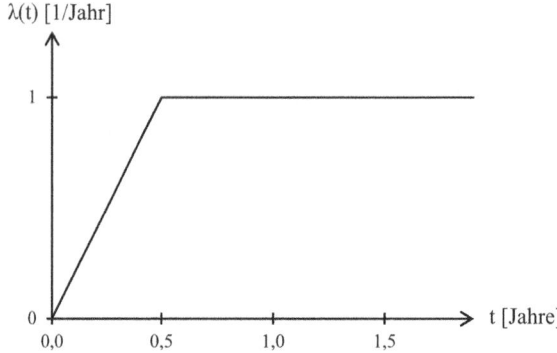

a) Bestimmen Sie die Zuverlässigkeitsfunktion $R(t)$ für das erste Halbjahr.

b) Wie groß ist die Zuverlässigkeit eines neuen Bauteils über einen Zeitraum von 6 Monaten?

c) Wie ändert sich das Ergebnis aus b), wenn das funktionstüchtige Bauteil vor seinem sechsmonatigen Einsatz bereits verwendet wurde?

    (1) Das Bauteil wurde zuvor bereits ein halbes Jahr verwendet.

    (2) Das Bauteil wurde zuvor bereits ein Jahr verwendet.

13. Aufgabe

Die Lebensdauer eines Bauteils ist weibullverteilt mit dem Formparameter $b = 2$ und der Charakteristischen Lebensdauer $T = 1$ Jahr.

a) Wie groß ist die Wahrscheinlichkeit, dass ein neues Bauteil
   (1) im 1. Jahr ausfällt,
   (2) im 2. Jahr ausfällt,
   (3) während der ersten beiden Jahre ausfällt,
   (4) im 2. Jahr ausfällt, wenn das Bauteil zu Beginn des 2. Jahres funktionsfähig ist?
b) Bestimmen Sie die statistische Zuverlässigkeit, die ein neues Bauteil über einen Zeitraum von 6 Monaten besitzt.
c) Wie ändert sich das Ergebnis in b), wenn das Bauteil bei seiner Verwendung bereits ein Jahr alt ist? Interpretieren Sie das Ergebnis.

14. Aufgabe

Für fünf baugleiche Zahnriemen liegen die folgenden Ausfalldaten vor: 134, 198, 89, 202, 167 [Laufleistung in Tkm]. Muss die Annahme einer Weibull-Lebensdauerverteilung der Zahnriemen revidiert werden? Führen Sie einen Kolmogorov-Smirnov-Test durch ($\alpha = 5\%$).

15. Aufgabe

Bis Mitte 2018 konnte das Ausfallverhalten einer Komponente durch die konstante Ausfallrate $\lambda = 20\%$ je Quartal beschrieben werden. Dann wurde Ende Juni 2018 die Konstruktion der Komponente durch den Hersteller geändert, um die Herstellkosten bei unveränderter Zuverlässigkeit zu senken. Anfang Juli wurden 400 Teile mit der Konstruktionsänderung ausgeliefert. Für das III. und IV. Quartal des Jahres 2018 und für die ersten beiden Quartale des Jahre 2019 zeigt die Reklamationsstatistik des Herstellers die folgenden Ausfallhäufigkeiten dieser modifizierten Teile.

Ausfall im Quartal	III, 2018	IV, 2018	I, 2019	II, 2019
Anzahl ausgefallener Bauteile	60	60	60	60

Muss die Annahme einer unveränderten Lebensdauerverteilung revidiert werden? Entscheiden Sie auf Basis eines geeigneten Hypothesentests ($\alpha = 1\%$).

16. Aufgabe

50 baugleiche Maschinenkomponenten werden einer Lebensdauerprüfung unterzogen. Das Prüfverfahren wird beendet, sobald 5 der 50 Maschinenkomponenten ausgefallen sind. Man erhält folgende Ausfallzeiten: 4 h, 9 h, 18 h, 27 h, 14 h.

a) Schätzen Sie die Weibull-Lebensdauerverteilung.
b) Schätzen Sie die B10-Lebensdauer.

c) Welche Parameterschätzwerte hätten sich in a) ergeben, wenn die Lebensdauerprüfung nach 25 h beendet worden wäre?

17. Aufgabe

Ziel der folgenden Maßnahme ist es, eine Lebensdauerverteilung für ein Bauelement zu ermitteln. Hierzu werden auf 20 Prüfanlagen insgesamt 100 gleiche Bauelemente auf ihre Lebensdauer untersucht. Es werden fünf Prüflose mit je zwanzig Bauteilen per Zufallsauswahl gebildet. Im ersten Schritt wird in jeder Prüfanlage ein Bauelement des ersten Prüfloses belastet. Sobald zum ersten Mal ein Bauelement dieses ersten Prüfloses bricht, wird die Lebensdauer dieses Bauelements notiert und die Untersuchung für das erste Prüflos beendet. Dann werden im zweiten Schritt wieder 20 Bauelemente, diesmal des zweiten Prüfloses, eingespannt und belastet. Auch hier wartet man solange, bis zum ersten Mal ein Element dieses zweiten Prüfloses bricht. Die Untersuchung wird analog bis zum fünften Prüflos fortgesetzt. Es ergeben sich die folgenden fünf Ausfallzeiten: 15, 4, 2, 9, 5 Stunden [h]. Für die Lebensdauer des Bauelements wird eine Weibullverteilung angenommen. Schätzen Sie den Formparameter und die Charakteristische Lebensdauer.

18. Aufgabe

Die Zuverlässigkeit einer Hydraulik-Schlauchleitung kann nach Angaben des Herstellers durch eine Weibullverteilung mit dem Formparameter b = 2 und der Charakteristischen Lebenszeit in Höhe von T = 80 ZE beschrieben werden. Der tatsächliche Zustand der Leitung im inneren und damit ihr technisches Alter ist unbekannt.

a) Wie ändert sich die Zuverlässigkeit der Leitung durch periodische Instandsetzungsmaßnahmen? Berechnen Sie hierzu die Zuverlässigkeit R(t) zu den Zeitpunkten $t = 10, 20, 30, 40, 80, 120$ ZE ohne periodische Instandsetzung und die Zuverlässigkeit $R_E(t)$ zu diesen genannten Zeitpunkten mit periodischer Instandsetzung, die jeweils nach 30 ZE erfolgt.

b) Da Schadensereignisse an Hydraulik-Schlauchleitungen die Arbeitssicherheit betreffen, müssen Betreiber diese in angemessenen Zeitabständen austauschen. Unter den vorliegenden speziellen Einsatz- und Umgebungsbedingungen ist der Austausch nach spätestens 40 ZE vorzunehmen (Sicherheitsperiode). Die Kosten einer Austauschmaßnahme belaufen sich auf $k_E = 100$ GE. Für den ungeplanten Ausfall während des Betriebs kalkuliert man mit zusätzlichen Kosten in Höhe von $k_A = 5000$ GE. Bestimmen Sie die mittleren Erneuerungskosten pro Zeiteinheit bei einem geplanten periodischen Austauschs nach jeweils 3 ZE bzw. 5 ZE, 10 ZE, 20 ZE, 30 ZE und 40 ZE. Die Erneuerungskosten pro Zeiteinheit werden nach folgender Formel berechnet:

$$\bar{k}_{ZE}(T_E) = \frac{\bar{k}(T_E)}{T_E} = \frac{F(T_E) \cdot k_A + k_E}{T_E} = k_A \cdot \frac{F(T_E) + k_E/k_A}{T_E}.$$

c) Schätzen Sie aus der Tabelle gemäß b) die optimale Länge der Erneuerungsperiode und die minimalen durchschnittlichen Instandsetzungskosten pro Zeiteinheit. Mit welcher Wahrscheinlichkeit kommt es bei dieser präventiven Strategie dennoch zu einem ungeplanten Ausfall innerhalb der Erneuerungsperiode?

19. Aufgabe

Ein Getriebe mit der Zuverlässigkeitsfunktion $R(t) = e^{-\left(\frac{t\,[ZE]}{900\,ZE}\right)^3}$ ist zur Reduzierung einer Schadensgefahr spätestens nach einer Sicherheitsperiode von 700 ZE auszutauschen. Die Kosten einer geplanten periodischen Austauschmaßnahme belaufen sich auf 2000 €. Bei einem ungeplanten Ausfall während des Betriebs kalkuliert man mit zusätzlichen 10.000 €.

Bestimmen Sie näherungsweise die optimale Periodendauer der Instandsetzung mithilfe des folgenden Graphen der Lebensdauerverteilung F(t):

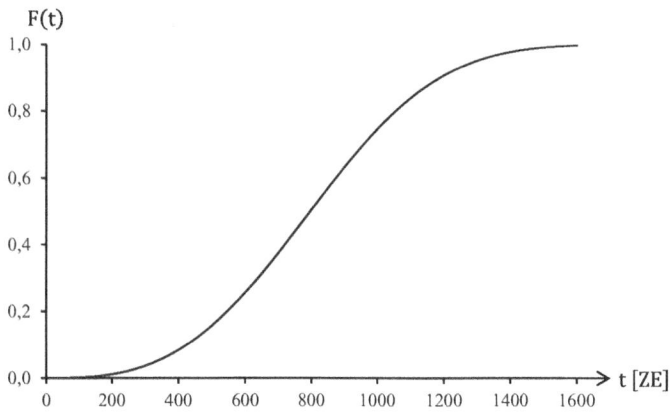

2.8 Lösungshinweise

1. Aufgabe

a) Da $nq_0(1 - q_0) = 400 \cdot 0,10 \cdot 0,90 = 36 > 9$, ist die Approximation der Binomialverteilung durch die Normalverteilung gewährleistet (Zentraler Grenzwertsatz).

$$\frac{cc - nq_0}{\sqrt{nq_0(1 - q_0)}} = z_{1-\alpha} \Leftrightarrow cc = 40 + 1,96 \cdot \sqrt{36} = 51,76.$$

Man wählt $cc = 52$.

b) $OC(12\,\%) = P\left(X \leq 52 \mid q = 12\,\%\right) = F_{St}\left(\frac{52 - 400 \cdot 0,12}{\sqrt{400 \cdot 0,12 \cdot 0,88}}\right)$

$= F_{St}(0,62) = 73,24\,\%$

$P\left(X > 52 \mid q = 12\,\%\right) = 1 - OC(12\,\%) = 26,76\,\%$

2. Aufgabe

a) $OC(4\,\%) = \sum_{k=0}^{2} \binom{10}{k} \cdot 0{,}04^k \cdot 0{,}96^{10-k} = 0{,}6648 + 0{,}2770 + 0{,}0519 = 99{,}37\,\%$

$OC(16\,\%) = \sum_{k=0}^{2} \binom{10}{k} \cdot 0{,}16^k \cdot 0{,}84^{10-k} = 79{,}36\,\%$

$OC(32\,\%) = 33{,}13\,\%$

$OC(50\,\%) = 5{,}47\,\%$

b)

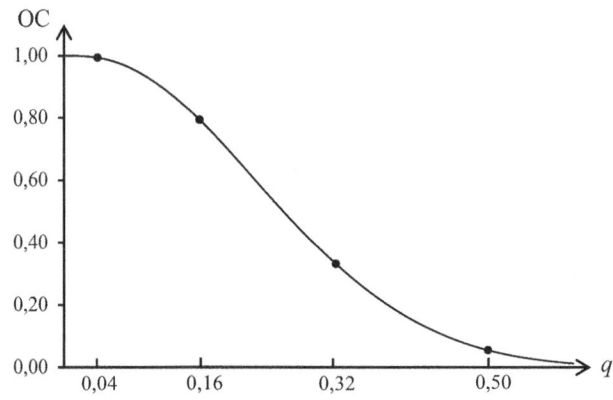

c) $\frac{6}{50} = 12\,\%$, also $OC(12\,\%) = 89{,}13\,\%$ (vgl. b)

3. Aufgabe

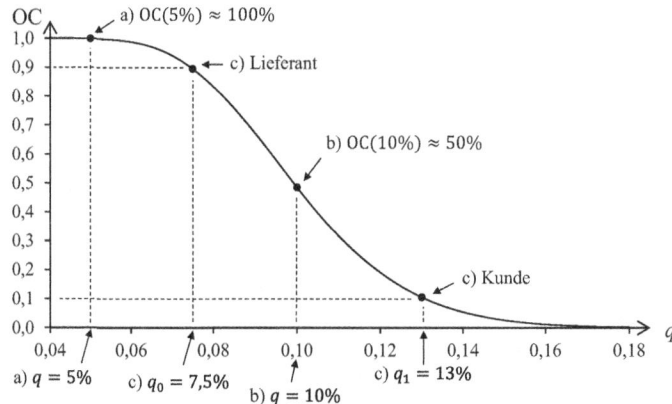

a) nahezu 100 %

b) circa 50 %

c) garantierte Ausschussquote: $q_0 = 7{,}5\,\%$

   inakzeptable Ausschussquote: $q_1 = 13\,\%$

4. Aufgabe

Lieferant: $\mathrm{OC}\,(q_0 = 5\,\%) = F_{St}\left(\dfrac{cc - n \cdot 0{,}05}{\sqrt{n \cdot 0{,}05 \cdot 0{,}95}}\right) = 99\,\% = 1 - \alpha$

Kunde: $\mathrm{OC}\,(q_1 = 8\,\%) = F_{St}\left(\dfrac{cc - n \cdot 0{,}08}{\sqrt{n \cdot 0{,}08 \cdot 0{,}92}}\right) = 10\,\% = \beta$

$$n = \left(\frac{z_{99\%} \cdot \sqrt{0{,}05 \cdot 0{,}95} - z_{10\%} \cdot \sqrt{0{,}08 \cdot 0{,}92}}{0{,}08 - 0{,}05}\right) = \left(\frac{0{,}8551}{0{,}03}\right)^2 = 812{,}4$$

Wähle n = 813 (Aufrunden! Erhöht die Trennschärfe.)

$$cc = nq_0 + z_{1-\alpha} \cdot \sqrt{nq_0\,(1 - q_0)} = 813 \cdot 0{,}05 + 2{,}33 \cdot \sqrt{813 \cdot 0{,}05 \cdot 0{,}95} = 55{,}13 \approx 55$$

Es ist eine einfache Stichprobe im Umfang n = 813 zu ziehen. Sind mehr als 55 Leuchtdioden fehlerhaft, dann wird die Lieferung abgelehnt, sonst angenommen.

5. Aufgabe

a) (1) Zweistufiger Prüfplan: $n_I = n_{II} = 100$, $cc_0 = 12$, $cc_1 = 20$, $cc_2 = 13$

   $\mathrm{OC}(10\,\%) = P(X_I \le 12) + P(12 < X_I \le 20) \cdot P(X_{II} \le 13) = 0{,}8018 + (0{,}9992 - 0{,}8018) \cdot 0{,}8761 = 0{,}8018 + 0{,}1974 \cdot 0{,}8761 = 97{,}47\,\%$

   Das Lieferantenrisiko beträgt 2,53 %.

   (2) $\mathrm{OC}(20\,\%) = 0{,}0253 + (0{,}5595 - 0{,}0253) \cdot 0{,}0469 = 5{,}04\,\%$

   Das Kundenrisiko beträgt 5,04 %.

   (3) $E\left(n_{ges}\right) = 100 + 100 \cdot 0{,}1974 = 119{,}74$,   für $q = 10\,\%$

   $E\left(n_{ges}\right) = 100 + 100 \cdot 0{,}5342 = 153{,}42$,   für $q = 20\,\%$

b) Zweistufiger Prüfplan (kombiniert): $cc_2^+ = 28$

   $\mathrm{OC}(10\,\%) = P(X_I \le 12) + P(X_I = 13) \cdot P(X_{II} \le 15)$
   $\qquad\qquad + P(X_I = 14) \cdot P(X_{II} \le 14) + \ldots + P(X_I = 20) \cdot P(X_{II} \le 8)$

   $\mathrm{OC}(10\,\%) = 0{,}8018 + (0{,}8761 - 0{,}8018) \cdot 0{,}9601 + (0{,}9274 - 0{,}8761) \cdot 0{,}9274$
   $\qquad\qquad + \ldots + (0{,}9992 - 0{,}9980) \cdot 0{,}3209 = 97{,}70\,\%$

   Das Lieferantenrisiko beträgt 2,30 %.

   $\mathrm{OC}(20\,\%) = 0{,}0253 + (0{,}0469 - 0{,}0253) \cdot 0{,}1285 + (0{,}0804 - 0{,}0469) \cdot 0{,}0804$
   $\qquad\qquad + \ldots + (0{,}5595 - 0{,}4602) \cdot 0{,}0009 = 3{,}65\,\%$

   Das Kundenrisiko beträgt 3,65 %.

   Der Prüfaufwand bleibt unverändert.

6. Aufgabe

Jahr	1	2	3	4	5
kumulierte Ausfallwahrscheinlichkeit	10 %	20 %	30 %	40 %	50 %
Ausfallquote	10 %	11,11 %	12,50 %	14,29 %	16,67 %

7. Aufgabe

Im ersten Jahr beträgt die Ausfallquote: $q = \frac{1200}{5000} = 24\,\%$. Die geschätzte jährliche Ausfallrate lautet: $\lambda = -\ln(1-q)\frac{1}{\text{Jahr}} = -\ln(0{,}76) \cdot \frac{1}{\text{Jahr}} = 27{,}44\,\% \cdot \frac{1}{\text{Jahr}}$.

a) $E(\tau) = \frac{1}{\lambda} = \frac{1}{0{,}2744/\text{Jahr}} = 3{,}64\,\text{Jahre}$

b) $R(\frac{1}{4}\text{Jahre}) = e^{-0{,}2744/4} = 93{,}37\,\%$

c) $R(2\,\text{Jahre}) = e^{-0{,}2744 \cdot 2} = 57{,}76\,\%$

8. Aufgabe

a) Die Badewannenkurve beschreibt den möglichen zeitlichen Verlauf der Ausfallrate $\lambda(t)$ in drei Phasen. Frühausfälle: Die Ausfallrate ist hoch und fällt schnell. Dieser Verlauf tritt auf, wenn durch Bedienungs-, Konstruktions-, Montage-, Software- oder Werkstofffehler die Komponente bereits nach kurzer Betriebszeit versagt. Zufallsausfälle: Im mittleren Bereich der Badewannenkurve ist die Ausfallrate konstant. Eine konstante Ausfallrate ist typisch für elektronische Komponenten. Spätausfälle: Mit fortschreitender Lebensdauer und zunehmendem Verschleiß steigt die Ausfallrate an. Diesen Verlauf finden wir bei mechanisch belasteten Teilen.

b) $R(t) = e^{-\left(\frac{t}{T}\right)^b} \Leftrightarrow \ln(R(t)) = -\left(\frac{t}{T}\right)^b \Leftrightarrow -\ln(R(t)) = \left(\frac{t}{T}\right)^b$

$\Leftrightarrow \ln(-\ln(R(t))) = b \cdot \ln\left(\frac{t}{T}\right) \Leftrightarrow \ln(-\ln(R(t))) = -b \cdot \ln(T) + b \cdot \ln(t)$.

$y_t = a + bx_t$ mit $y_t = \ln(-\ln(R(t)))$, $a = -b \cdot \ln(T)$ und $x_t = \ln(t)$.

c) Um die Regressionsrechnung zur Ermittlung der Parameter der Weibullverteilung durchführen zu können, benötigt man die kumulierten Ausfallwahrscheinlichkeiten $F(t_i)$, die zu den Ausfallzeiten t_i gehörigen: $((t_1, F(t_1)), (t_2, F(t_2)), \ldots, (t_n, F(t_i)))$. Die kumulierten Ausfallwahrscheinlichkeiten sind aber nicht bekannt. Also muss man sie schätzen.

d) $R(t = T) = e^{-\left(\frac{T}{T}\right)^b} = e^{-(1)^b} = e^{-1} = 0{,}3679 = 36{,}79\,\%$.

9. Aufgabe

a) $R(t) = e^{-\frac{t\,[\text{Jahre}]}{20\,\text{Jahre}}} = e^{-0{,}05 \cdot \frac{1}{\text{Jahr}} \cdot t\,[\text{Jahre}]}$, also $\lambda = 5\,\%\,\text{p.a.}$

$E(\tau) = \frac{1}{\lambda\left[\frac{1}{\text{Jahre}}\right]} = \frac{1\,\text{Jahr}}{0{,}05} = 20\,\text{Jahre}$

b) $P(\tau > 1\,\text{Jahr}) = R(1\,\text{Jahr}) = e^{-0{,}05 \cdot \frac{1}{\text{Jahr}} \cdot 1\,\text{Jahr}} = 95{,}12\,\%$

$P(\tau > 3\,\text{Jahre}|\tau > 2\,\text{Jahre}) = \frac{R(3\,\text{Jahre})}{R(2\,\text{Jahre})} = \frac{e^{-0{,}05 \cdot \frac{1}{\text{Jahr}} \cdot 3\,\text{Jahre}}}{e^{-0{,}05 \cdot \frac{1}{\text{Jahr}} \cdot 2\,\text{Jahre}}} = e^{-0{,}05} = 95{,}12\,\%$

c) $P(\tau > \Delta t) = R(\Delta t) = e^{-\lambda \Delta t}$

$$P(\tau > t + \Delta t | \tau > t) = \frac{R(t + \Delta t)}{R(t)} = \frac{e^{-\lambda(t+\Delta t)}}{e^{-\lambda t}} = \frac{e^{-\lambda t} \cdot e^{-\lambda \Delta t}}{e^{-\lambda t}} = e^{-\lambda \Delta t}$$

Die Zuverlässigkeit des neuen Bauteils $P(\tau > \Delta t) = e^{-\lambda \Delta t}$ und die Zuverlässigkeit des gebrauchten Bauteils $P(\tau > t + \Delta t | \tau > t) = e^{-\lambda \Delta t}$ stimmen überein.

d) $R(t_{0,10}) = e^{-0,05 \cdot \frac{1}{\text{Jahr}} \cdot t_{0,10} [\text{Jahre}]} = 0,90 \Rightarrow t_{0,10} = -\frac{\ln(0,90)}{0,05 \cdot \frac{1}{\text{Jahr}}} = 2,11 \text{ Jahre}$

10. Aufgabe

a) Die Ausfallrate kann wie folgt berechnet werden:

$$\lambda(t) = \frac{f(t)}{R(t)} = \frac{-R'(t)}{R(t)} = \frac{\frac{b}{T} \cdot \left(\frac{t}{T}\right)^{b-1} \cdot e^{-\left(\frac{t}{T}\right)^b}}{e^{-\left(\frac{t}{T}\right)^b}} = \frac{b}{T} \cdot \left(\frac{t}{T}\right)^{b-1} = \frac{b}{T^b} \cdot t^{b-1}.$$

b) Wegen $b = 3$ gilt: $\lambda(t) = \frac{b}{T^b} \cdot t^{b-1} = \frac{3}{T^3} \cdot t^{3-1} = \text{Konstante } \frac{1}{ZE} \cdot \left(\frac{t \, [ZE]}{ZE}\right)^2$

Die Ausfallrate steigt mit der Lebensdauer quadratisch an. Es liegen Verschleißausfälle vor.

c) Für $b = 1$ gilt: $R(t) = e^{-\left(\frac{t}{T}\right)^b} = e^{-\left(\frac{t}{T}\right)^1} = e^{-\frac{1}{T}t} = e^{-\lambda t}$, mit $\lambda = \frac{1}{T}$

11. Aufgabe

a) Wegen $\lambda(t) = 2 \frac{1}{ZE} \cdot \frac{t \, [ZE]}{ZE}$, lautet R(t):

$R(t) = e^{-\int \lambda(t) dt}$ mit $\int \lambda(t) dt = \int 2 \cdot t \, dt = t^2 + C$.

$R(t) = e^{-\left(\left(\frac{t \, [ZE]}{ZE}\right)^2 + C\right)}$, mit $R(t = 0) = e^{-C} = 1 \Rightarrow C = 0$

Es folgt: $R(t) = e^{-\left(\frac{t \, [ZE]}{ZE}\right)^2}$.

b) $R(t) = e^{-\left(\frac{t}{T}\right)^b}$, mit $b = 2$, $T = 1 \, ZE$. Es folgt: $R(t) = e^{-\left(\frac{t \, [ZE]}{1 ZE}\right)^2}$.

Formparameter $b > 1$: Spätausfälle, steigende Ausfallrate

Charakteristische Lebensdauer $T = 1 \, ZE$: Die Zeitdauer, nach der im Mittel 63,21 % der Teile ausgefallen sind.

12. Aufgabe

Ausfallrate im ersten Halbjahr: $\qquad \lambda(t) = \frac{2}{\text{Jahr}} \cdot \frac{t}{\text{Jahr}}$ für 0 Jahre $\leq t \leq 0,50$ Jahre.

Ausfallrate nach dem ersten Halbjahr: $\quad \lambda(t) = \lambda = \frac{1}{\text{Jahr}}$ für $t > 0,50$ Jahre.

Definition der Zuverlässigkeitsfunktion: $R(t) = e^{-\int \lambda(t) dt}$ mit $R(0) = 1$.

a) Siehe Aufg. 11. a): $R(t) = e^{-t^2}$, für $0 \leq t \leq 0,50$.

b) $R(0,5 \text{ Jahre}) = e^{-0,5^2} = e^{-0,25} = 77,88 \%$

c) zu (1): Das Teil wurde bereits sechs Monate verwendet. Es ist nach der Überlebenswahrscheinlichkeit für weitere sechs Monate gefragt.

$$R(1 \text{ Jahr}) = e^{-\int_0^1 \lambda(t) dt} = e^{-\int_0^{0,5} 2 t dt - \int_{0,5}^1 1 dt} = e^{-0,25 - 0,50} = e^{-0,25} \cdot e^{-0,50}$$

$$P(\tau > 1 \text{ Jahr} | \tau > 0,5 \text{ Jahre}) = \frac{R(1 \text{ Jahr})}{R(0,5 \text{ Jahre})} = \frac{e^{-0,25} \cdot e^{-0,50}}{e^{-0,25}} = e^{-0,50} = 60,65 \%$$

Zu (2): Das Teil wurde bereits zwölf Monate verwendet. Es ist nach der Überlebenswahrscheinlichkeit für weitere sechs Monate gefragt.

$$R(1,5\,\text{Jahre}) = e^{-\int_0^{1,5}\lambda(t)dt} = e^{-\int_0^{0,5}2\,tdt - \int_{0,5}^{1,5}1\,dt} = e^{-0,25-1,00} = e^{-0,25}\cdot e^{-1,00}$$

$$P\,(\tau > 1,5\,\text{Jahre}|\,\tau > 1\,\text{Jahr}) = \frac{R(1,5\,\text{Jahre})}{R(1\,\text{Jahr})} = \frac{e^{-0,25}\cdot e^{-1,00}}{e^{-0,25}\cdot e^{-0,50}} = e^{-0,50} = 60,65\,\%$$

Hinweis: Wenn das Bauteil das erste halbe Jahr ausfallfrei bleibt, dann ist in der Folgezeit nur die konstante Ausfallrate $\lambda = 1/\text{Jahr}$ relevant. Somit ergibt sich die Zuverlässigkeit über $\Delta t = \frac{1}{2}$ Jahre auch direkt aus: $e^{-\lambda\Delta t} = e^{-0,50} = 60,65\,\%$.

13. Aufgabe

$$R(t) = e^{-\left(\frac{t}{T}\right)^b} = e^{-\left(\frac{t\,[\text{Jahr}]}{1\,\text{Jahr}}\right)^2}$$

a) Zu (1): $P(\tau \le 1\,\text{Jahr}) = 1 - e^{-\left(\frac{1\,\text{Jahr}}{1\,\text{Jahr}}\right)^2} = 63,21\,\%$,

    Zu (2): $P(1\,\text{Jahr} < \tau \le 2\,\text{Jahre}) = F(2\,\text{Jahre}) - F(1\,\text{Jahr}) = R(1\,\text{Jahr}) - R(2\,\text{Jahre}) =$
        $e^{-1} - e^{-4} = 34,96\,\%$

    Zu (3): $P(\tau \le 2\,\text{Jahre}) = 1 - R(2\,\text{Jahre}) = 1 - e^{-4} = 98,17\,\%$

    Zu (4): $P(1\,\text{Jahr} < \tau \le 2\,\text{Jahre}|\tau \ge 1\,\text{Jahr}) = \frac{0,3496}{1-0,6321} = \frac{0,3496}{0,3679} = 95,03\,\%$

b) $P(\tau > 0,5\,\text{Jahre}) = R(0,5\,\text{Jahre}) = e^{-0,5^2} = e^{-0,25} = 77,88\,\%$

c) $P(\tau > 1,5\,\text{Jahre}|\tau \ge 1\,\text{Jahr}) = \frac{R(1,5\,\text{Jahre})}{R(1\,\text{Jahr})} = \frac{e^{-1,5^2}}{e^{-1^2}} = \frac{e^{-2,25}}{e^{-1}} = e^{-1,25} = 28,65\,\%$

Die Weibullverteilung mit dem Formparameter $b = 2$ beschreibt Spätausfälle. Die Zuverlässigkeit über ein halbes Jahr sinkt hier von 77,88 % auf 28,65 %, wenn statt einer neuen Komponente eine gebrauchte Komponente mit einer bereits erreichten Lebensdauer von einem Jahr eingesetzt wird.

14. Aufgabe

Mithilfe der Medianformel ermittelt man die Schätzwerte F_i der kumulierten Ausfallwahrscheinlichkeiten zu den geordneten maximalen Laufleistungen t_i:

$$F_1 = \frac{1 - 0,3}{5 + 0,4}, \quad F_2 = \frac{2 - 0,3}{5 + 0,4}, \dots, \quad F_5 = \frac{5 - 0,3}{5 + 0,4}.$$

Wir definieren: $x_i = \ln\left(\frac{t_i\,[10^3\,\text{km}]}{10^3\,\text{km}}\right)$ und $y_i = \ln\left(-\ln\left(1 - F_i\right)\right)$.

i	F_i	$t_i/10^3$ km	x_i	$y_i = \ln(-\ln(1-F_i))$
1	0,1296	89	4,4886	−1,9747
2	0,3148	134	4,8978	−0,9727
3	0,5000	167	5,1180	−0,3665
4	0,6852	198	5,2883	0,1448
5	0,8704	202	5,3083	0,7146

Wir berechnen die Weibullverteilung der max. Laufleistungen: Die Regression von Y auf X ergibt b = 2,9818, a = −15,4601 und T = $e^{-a/b} \cdot 10^3$ km = 178,5415 · 10^3 km.

H_0: $F(t) = 1 - e^{-\left(\frac{t}{178541,5\,km}\right)^{2,9818}}$ und H_1: $F(t) \neq 1 - e^{-\left(\frac{t}{178541,5\,km}\right)^{2,9818}}$

Die Prüfgröße wird nachfolgend ermittelt:

i	$t_i / 10^3$ km	$F_0(t_i)$	$F_n(t)$	$\lvert F_n(t_i) - F_0(t_i)\rvert$	$\lvert F_0(t_i) - F_n(t_i - 1)\rvert$
1	89	0,1179	0,2	0,0821	0,1179
2	134	0,3462	0,4	0,0538	0,1462
3	167	0,5593	0,6	0,0407	0,1593
4	198	0,7437	0,8	0,0563	0,1437
5	202	0,7642	1	0,2358	0,0358

Prüfgröße: $K_n = \sup_{t \geq 0} \lvert F_n(t) - F_0(t)\rvert = 0,2358$

Den kritischen Wert entnimmt man der Tabelle in Abb. 2.20: $k_{1-\alpha} = k_{95\%} = 0,5633$. Die Nullhypothese wird angenommen, da $K_n \leq 0,5633$. Die Daten sprechen bei $\alpha = 5\,\%$ nicht signifikant gegen die Weibullverteilung.

15. Aufgabe

Wir verwenden den χ^2-Anpassungstest: $F(t) = F_0(t)$ [H_0] und $F(t) \neq F_0(t)$ [H_1].

$$F_0(t) = 1 - e^{-\frac{0,20}{0,25\,Jahre} \cdot t\,[Jahre]} = 1 - e^{-\frac{0,80}{Jahr} \cdot t\,[Jahre]}$$

Perioden i	H_i	p_i	E_i	$\frac{(H_i - E_i)^2}{E_i}$
1	60	0,1813	72,52	2,1615
2	60	0,1484	59,36	0,0069
3	60	0,1215	48,60	2,6741
4	60	0,0995	39,80	10,2523
5	160	0,4493	179,72	2,1638

Prüfgröße: $\chi_H^2 = \sum_{i=1}^5 \frac{(H_i - E_i)^2}{E_i} = 2,1615 + 0,0069 + \ldots + 2,1638 = 17,2586$

Freiheitsgrade: $f = k - m - 1 = 5 - 0 - 1 = 4$

Der Tabelle in Abb. 1.51 entnehmen wir den kritischen Wert: $\chi_{99\%,\ f=4}^2 = 13,28$.

Die Gegenhypothese wird angenommen, da $\chi_H^2 > 13,28$. Mit einer Fehlerwahrscheinlichkeit von maximal $\alpha = 1\,\%$ sprechen die Daten signifikant für eine Änderung der Lebensdauerverteilung.

16. Aufgabe

a) Rechtszensierte Prüfung Typ II. Die Ausfallwahrscheinlichkeiten werden geschätzt:
$F_1 = \frac{1-0,3}{50+0,4}$, $\quad F_2 = \frac{2-0,3}{50+0,4}$, $\quad \ldots$, $\quad F_5 = \frac{5-0,3}{50+0,4}$

Die Weibull-Lebensdauerverteilung wird berechnet:

$x_i = \ln\left(\frac{t_i\,[h]}{1\,h}\right)$ und $y_i = \ln\left(-\ln\left(1 - F_i\right)\right)$

i	F_i	t_i/h	x_i	y_i	x_i^2	$x_i y_i$
1	0,0139	4	1,3863	−4,2689	1,9218	−5,9180
2	0,0337	9	2,1972	−3,3732	4,8277	−7,4116
3	0,0536	14	2,6391	−2,8988	6,9648	−7,6502
4	0,0734	18	2,8904	−2,5740	8,3544	−7,4399
5	0,0933	27	3,2958	−2,3234	10,8623	−7,6575

Die Regression von Y auf X ergibt $b = 1,0476$, $a = -5,6875$ und $T = e^{-a/b} \cdot 1\,h =$

227,9385 h. Die Weibull-Lebensdauerverteilung lautet: $R(t) = e^{-\left(\frac{t\,[h]}{227,94\,h}\right)^{1,0476}}$

b) $F(t_{0,10}) = 1 - e^{-\left(\frac{t_{0,10}\,[h]}{227,94\,h}\right)^{1,0476}} = 0,10 \quad \Rightarrow t_{0,10} = 26,60\,h$

c) Rechtszensierte Prüfung Typ I. Durch die Regression von Y auf X ergibt sich ohne Berücksichtigung des 5. Ausfalls nach 27 Stunden die folgende Weibull-Lebensdauerverteilung: $R(t) = e^{-\left(\frac{t\,[h]}{183,97\,h}\right)^{1,1165}}$.

17. Aufgabe

Sudden-Death-Untersuchung.

j	$\frac{t_j\,[h]}{1\,h}$	$i(t_j)$	$F_j = \frac{i(t_j)-0,3}{n+0,4}$	$x_j = \ln\left(\frac{t_j\,[h]}{1\,h}\right)$	$y_j = \ln(-\ln(1-F_j))$	x_j^2	$x_j y_j$
1	2	1	0,70 %	0,6931	−4,9583	0,4804	−3,4366
2	4	2,23	1,92 %	1,3863	−3,9432	1,9218	−5,4665
3	5	3,85	3,54 %	1,6094	−3,3231	2,5902	−5,3482
4	9	6,22	5,90 %	2,1972	−2,8000	4,8277	−6,1522
5	15	10,73	10,39 %	2,7081	−2,2100	7,3338	−5,9849
			∅	**1,7188**	**−3,4469**	**3,4308**	**−5,2777**

$b = \dfrac{\frac{1}{n}\sum x_j y_j - \frac{1}{n}\sum x_j \frac{1}{n}\sum y_j}{\frac{1}{n}\sum x_j{}^2 - \left(\frac{1}{n}\sum x_j\right)^2} = 1,3579$ und $a = \bar{y} - b \cdot \bar{x} = -5,7807$

$T = e^{-a/b} \cdot 1\,h = 70,6041\,h$

18. Aufgabe

Weibull-Lebensdauerverteilung: $R(t) = e^{-\left(\frac{t \, [ZE]}{80 \, ZE}\right)^2}$.

a)

t/ZE	R(t)	$R_E(t)$
10	98,45 %	98,45 %
20	93,94 %	93,94 %
30	86,88 %	86,88 %
40	77,88 %	$0,8688 \cdot 0,9845 = 85,53\,\%$
80	36,79 %	$0,8688^2 \cdot 0,9394 = 70,91\,\%$
120	10,54 %	$0,8688^4 = 56,97\,\%$

b) $\overline{k}_{ZE}(T_E) = \dfrac{F(T_E) \cdot k_A + k_E}{T_E} = \dfrac{\left(1 - e^{-\left(\frac{T_E \, [ZE]}{80 \, ZE}\right)^2}\right) \cdot 5000\,GE + 100\,GE}{T_E \, [ZE]}$

T_E/ZE	$\overline{k}_Z E(T_E)/(GE/ZE)$
3	35,68
5	23,90
10	**17,75**
20	20,15
30	25,20
$T_V = 40\,ZE$	30,15

c) Gemäß Tabelle liegt die optimale Periodenlänge der Erneuerungsstrategie bei etwa 10 ZE. Die durchschnittlichen Instandsetzungskosten betragen 17,75 GE/ZE bei $T_E^* = 10\,ZE$. Die Wahrscheinlichkeit eines ungeplanten Ausfalls beträgt:

$F\left(T_E^*\right) = 1 - e^{-\left(\frac{10}{80}\right)^2} = 1 - e^{-0,015625} = 0,0155 = 1,55\,\%$.

19. Aufgabe

Gesucht ist die Dauer T_E, $0 < T_E \leq 700\,ZE$, die zu minimalen Gesamtkosten pro Zeiteinheit führt. Hierzu ist $\frac{F(T_E) + k_E/k_A}{T_E}$ zu minimieren. Der Zähler $F(T_E) + k_E/k_A$ entspricht der um die Konstante k_E/k_A nach oben verschobenen Lebensdauerverteilung. $\frac{F(T_E) + k_E/k_A}{T_E}$ gleicht der Steigung eines Ursprungsstrahls, der an die Funktion $F(T_E) + k_E/k_A$ angelegt wird. Die kostenminimale Dauer T_E, $0 < T_E \leq 700\,ZE$ ergibt sich aus dem Tangentialpunkt des Ursprungsstrahls an die um 0,20 nach oben verschobene Weibullverteilung: $T_E^* \approx 440\,ZE$. Siehe hierzu auch Bd. I, Abschn. 1.4.2.

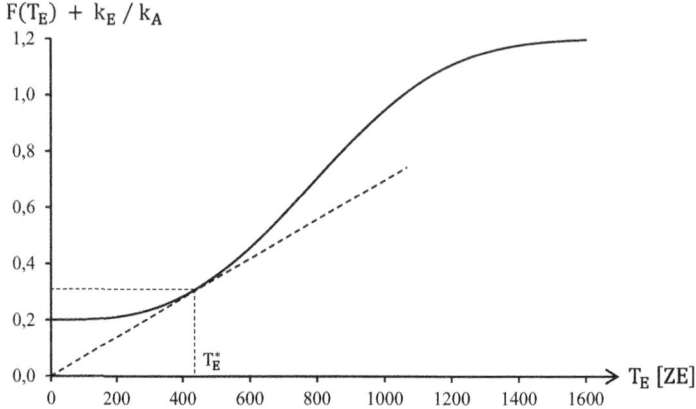

Stichwortverzeichnis

© Springer Fachmedien Wiesbaden GmbH, ein Teil von Springer Nature 2020
T. Bonart, J. Bär, *Quantitative Betriebswirtschaftslehre Band III*,
https://doi.org/10.1007/978-3-658-27937-0

The manufacturer's authorised representative in the EU is Springer
Nature Customer Service Centre GmbH, Europaplatz 3, 69115 Heidelberg,
Germany. If you have any concerns regarding our products, please
contact ProductSafety@springernature.com

Printed and bound by CPI Group (UK) Ltd, Croydon, CR0 4YY
28/04/2026
02098489-0009